U0521857

河北省社会科学基金项目

冯小红 著

高阳纺织业发展百年历程与乡村社会变迁

Centennial Development Course of Gaoyang Textile Industry and Social Changes in Rural Areas

中国社会科学出版社

图书在版编目（CIP）数据

高阳纺织业发展百年历程与乡村社会变迁/冯小红著.—北京：中国社会科学出版社，2019.5
ISBN 978-7-5203-4435-7

Ⅰ.①高… Ⅱ.①冯… Ⅲ.①纺织工业—工业史—研究—高阳县②乡村—社会变迁—研究—高阳县 Ⅳ.①F426.81②C912.82

中国版本图书馆CIP数据核字（2019）第090179号

出 版 人	赵剑英
责任编辑	宋燕鹏
责任校对	王佳玉
责任印制	李寡寡

出　　版	中国社会科学出版社
社　　址	北京鼓楼西大街甲158号
邮　　编	100720
网　　址	http://www.csspw.cn
发 行 部	010-84083685
门 市 部	010-84029450
经　　销	新华书店及其他书店

印　　刷	北京明恒达印务有限公司
装　　订	廊坊市广阳区广增装订厂
版　　次	2019年5月第1版
印　　次	2019年5月第1次印刷
开　　本	710×1000 1/16
印　　张	23.5
插　　页	2
字　　数	382千字
定　　价	108.00元

凡购买中国社会科学出版社图书，如有质量问题请与本社营销中心联系调换
电话：010-84083683
版权所有　侵权必究

前　言

一

我 1970 年出生于河北省高阳县城西辛留佐村，直到 1990 年考上大学，在高阳县生活了整整 20 年，是一个地地道道、土生土长的高阳人。最早接触高阳的纺织业，乃是七八岁时，我跟随其他小伙伴，从轮线的妇女家中将"线拐子"送到生产队织布厂。十二三岁时，外婆和母亲用手摇一锭纺车给南于八村纺腈纶线，我常常躺在纺车旁边读书，有时读着读着就会在纺线的"嗡嗡"声中睡去。

我最早认识高阳纺织业是 1990 年夏季。那一年高考结束，估完考分，报完志愿，我赋闲在家等待录取。恰逢村里要修《村志》。作为一名高中毕业生，我在村里算得上一个不大不小的"文化人"，便被村长招去帮忙。其间，我采访了 3 名 90 岁以上的老人，其中 1 名年龄最大的老人年轻时做过布匹生意，另外 2 名老人民国年间都上机织过布。3 位老人给我详细描绘了 20 世纪二三十年代高阳纺织业的盛况，使我第一次对高阳纺织业有了一个概观。

我对高阳纺织业进行系统研究始于 1999 年。当年，我考取了河北大学历史系中国近现代史专业的硕士研究生，师从刘敬忠先生。刘先生的主要研究方向是民国政治史，因研究冯玉祥和国民军而闻名。最初，刘先生让我多留意新出的《共产国际、联共（布）与中国革命档案资料丛书》，有意让我做关于共产国际与中国革命的选题。我读了相关的书籍和资料之后，感觉这方面确实大有文章可做，但是自己不感兴趣，也不易发挥我理工科出身的长处。一次在历史系资料室翻阅书籍，偶然发现了一本《高阳织布业简史》。因为事关家乡，所以借回宿舍详细阅读。读完之后才发现，民国年间家乡高阳的纺织业竟有如此辉煌的发展历程。随后，我查阅他人所写关于近代纺织业和手工业的论著，有不少处都涉及高阳纺织业。出于对家乡历史的关心，更出于对近代社会经济史研究的兴趣，我决定以"高阳织布业的近代化进程"作为硕士学位论文的选题。刘敬忠先生是一位非常开明且有前瞻性眼光的导师，他欣然同意我自选的题目，并且请李金铮先生协助指导我。虽为协助指导，但李先生毫不藏私。他给我开列了一个长长的书单，且经常令我汇报读书心得。在他的指导下，我阅读了大量论著，奠定了研究中国近代社会经济史的学术基础。

为了收集口述资料，2000年5月至12月，我首次回高阳县做田野调查。在高中同学的帮助下，我在高阳县东、西、南、北四乡找到25位85岁以上的老人（其中20名男性，5名女性），做了较为详尽的访谈。访谈内容不仅仅包括他（她）们记忆中的纺织业，还包括农业、家庭生活、风俗习惯，等等。① 此外，经朋友介绍，我结识了高阳县地方志办公室主任宋进良先生。宋先生将他编写新县志时在全国各地收集的大量资料无偿地提供给我。他还带我到高阳县档案馆查阅了《江南实业参观记》。

在河北大学读完硕士后，2002年我考取了复旦大学历史系中国近现代史专业的博士研究生，师从戴鞍钢先生。在戴先生和李金铮先生的帮助下，我暂时放弃了高阳纺织业的选题，转向研究国家与乡村社会的关系，以"乡村治理转型期的县财政研究（1928—1937）：以河北省为中心的考察"为题，完成了博士学位论文。博士毕业后，我应聘到邯郸学院工作。时值河北省各县乡村工业蓬勃发展之期，保定市周边各县的乡村工业发展势头尤为迅猛。同时，在做中国近代社会经济史研究的过程中，我长期关注吴承明、林刚等先生关于二元经济论和中国经济发展道路的讨论，对中国现代化过程中的经济结构变迁和农村剩余劳动转移的问题有所思考。于是，我决定重拾高阳纺织业这个选题，以高阳这个中观区域为个案，详细考量一下乡村工业化和农村剩余劳动力转移问题。此时，顾琳著《中国的经济革命：二十世纪的乡村工业》（英文本）已经出版。② 受顾琳女士

---

① 此次调查，我并非常驻高阳农村，而是断断续续进行，即同学每次给联系好老人之后，我便从保定动身赶往高阳做访谈。每次访谈需要三四个小时。时间允许的话，做完访谈我当天就赶回保定；如果时间来不及，我就在同学家住一夜，第二天赶回保定。25次访谈总计用了40天时间。

② Linda Grove, *A Chinese Economic Revolution: Rural Entrepreneurship in the Twentieth Century*, Washington DC.: Rowman and Littlefield Publishers, Inc., 2006.

所用研究方法的启发，我也将视野扩展到改革开放之后的 2008 年，跨越近代、现代和当代，以中长时段研究，考察高阳纺织业完整的现代化历程以及在这一历程中体现出的发展规律。于是，2007 年我以"中国乡村工业化的典型个案——河北高阳织布业百年历程及发展规律研究"为题，成功申报了当年的河北省社会科学规划项目。

从 2008 年 9 月至次年 3 月，我对高阳进行了第二次田野调查。与第一次调查不同，此次调查我常驻高阳 8 个月。在高阳县地方志办公室的协助下，我到县档案馆查阅档案；到纺织商贸城采访管理人员和"摆摊儿"者；到南圈头村与支书、村长、村会计等村委会成员座谈，走访家庭工厂并发放问卷；到家里、小卖部、豆腐摊儿和田间地头对村民做访谈；到南圈头工业区调研，访谈"三巾"企业老板和职工，并发放调查问卷；走访亚奥、三利等大型企业，与老板、企业管理人员和职工座谈；等等。此次调研所经历的辛苦也是前所未有的，查阅档案期间，我白天查找和拍摄案卷，晚上回到住处还要整理照片，往往一天工作十三四个小时。在南圈头调查时，我白天在该村工业区做访谈和收发问卷，晚上到村民家中做访谈。时值冬日，零下十几摄氏度的低温，我住在村委会的单砖房中，后半夜常常被冻醒。辛苦的付出换来的是巨大的收获。通过此次调研，我搜集到档案 1516 件，回收有效问卷 318 份，作访谈笔录 50 份。

调研结束后，本拟专用一年时间整理资料，再用一年时间写成书稿。但邯郸学院为培育科研特色，举全校之力成立了赵文化研究中心，聘请孙继民先生担任中心主任，委任我为中心副秘书长，辅助孙先生开展工作。于是从 2009 年开始，在孙先生的指导下，我先后转向先秦史和北朝史方向，浸淫赵地历史文化研究长达 4 年之久。其间，专用两年多时间，协助马忠理先生完成了一个国家古籍整理重点项目"'磁县北朝墓群'出土碑志集释"，本人负责校释的碑志将近 40 方，撰写校释稿近 30 万字。在这 4 年时间里，高阳纺织业的研究基本被搁置在一旁。

2012 年 10 月，舅父一病不起，我请长假回高阳农村照顾他。既回到高阳，我便摒弃一切杂念，趁此机会重拾高阳纺织业研究。我一边照顾老人，一边整理和补充调查资料，终于在次年 3 月将所有资料整理完毕，从而梳理出一部书稿的大致结构，开始着手撰写书稿。2013 年，我还以"高阳纺织业发展百年历程与乡村社会变迁"为题，成功申报了教育部人文社会科学规划项目,获得了9.8万元的资金支持。既有资金支持,又有资料和思路,本应很快完成书稿,不想中间又经历了许多变故。先是我本人因病赴京置换双髋关节,耗去七八个月时间;随后,舅父住院、去世和治丧,又花去数月时间;接着,学校成立了专职实体研究机构——地方文化研究院,委任我为副院长,负责太行山文书的整理研究工作。新单位草创伊始,软硬件皆需建设,日常事务至为烦琐,耗去大半时间和太多精力。其间,虽然我从未放弃研究高阳纺织业,但是一部书稿写得断了又续,续了又断,断断续续竟然长达4年之久。

在草成这部书稿之际,我掩卷长思,百感莫名。记得硕士毕业之时,黎仁凯先生(曾任河北大学历史系主任,2006年病逝)曾专门叮嘱于我:"读书广博,可以帮助你打开心胸和视野;研究专一,才能较快完成有深度的论著。李景汉先生一生专注于定县调研,留下来大量资料,取得了不凡的成就。你只要像李景汉先生一样,一生专注于高阳,必然有所成就。"黎师之言乃治学之至理名言,可惜我年少轻狂,未完全尊奉,以至于一部有关高阳的书稿竟蹉跎辗转多年方得以草成。今日闭目回想,黎师谆谆教诲时的音容笑貌仍历历在目,怎能不令我惶愧于心。但愿后辈青年学人以此为鉴,治学时能够恪守"专心致志"。

二

关于20世纪中国乡村工业化实践研究,李培林、孙立平、王铭铭等学者在《20世纪的中国学术与社会:社会学卷》一书中进行了详细梳理和概括。他们认为20世纪中国乡村工业化的实践研究存在一个瓶颈,即在类型学方面,以往研究多为横断面或共时性研究,缺乏对纵剖面或历时性过程的考察,难以透视乡村工业化给乡村社会带来的持续性影响。[①] 形成这个瓶颈的一个重要原因在于研究样本的选择。社会学界长期关注的一些样本,如开弦弓村,由于并非专为研究乡村工业所选,难以从社会史角度对乡村工业化实践进行有力诠释;改革开放后涌现出的一些样本,如苏南模式、温州模式,其乡村工业化历程又不具备跨越近代、现代和当代的

---

① 李培林、孙立平、王铭铭等:《20世纪的中国:学术与社会·社会学卷》,山东人民出版社2001年版,第206页。

历时性特征。

而高阳是一个以乡村工业著称的区域，并且其乡村工业具有跨越近代、现代和当代的历时性特征。民国年间，高阳织布区就是一个远近闻名的改良土布产区；中华人民共和国成立初期，纺织业仍然是高阳国有企业和社队企业的主导产业；改革开放后，当地纺织业迅速发展，高阳县成为闻名遐迩的"纺织之乡"。因此，高阳恰可成为从社会学角度诠释乡村工业化的最佳样本。以之为个案，探讨近代以来中国乡村工业演变的百年历程以及与此相关的乡村社会变迁，恰可弥补以往乡村工业化研究缺乏长时段历时性阐释的缺憾。

早在民国年间，高阳纺织业就引起了学界广泛关注。1933年，美国太平洋国际学会及资源调查委员会即出资资助南开大学经济研究所对高阳纺织业进行了详细调查。① 以此为基础，南开大学经济研究所的一些经济学家撰写了大批相关论著。② 这些论著主要揭示出当时高阳织布业的发展实况，且内容丰富、数据翔实，为后人研究高阳纺织业和民国年间的乡村工业提供了基础资料。此外，吴半农和朱尚英也到高阳进行了短暂考察，分别写出《河北乡村视察印象记》和《高阳布业调查记》。③

中华人民共和国成立以后，学界对高阳纺织业的研究大致可分为两类。

第一类是在研究中国近代社会经济史的过程中或多或少地涉及高阳织布业，如严中平的《中国棉纺织史稿》④、从翰香主编的《近代冀鲁豫乡村》⑤、王翔的《中国近代手工业的经济学考察》⑥、彭南生的《半工业

---

① 吴知：《乡村织布工业的一个研究》，商务印书馆1936年版，"何廉序言"第2页。
② 这些论著包括：吴知的《乡村织布工业的一个研究》（商务印书馆1936年版）、《从一般工产制度的演进观察高阳的织布工业》（《政治经济学报》第三卷第一期，1934年10月）、《高阳土布的组织现状和改革的建议》（《大公报·经济周刊》第四十八期，1934年1月24日），方显廷的《华北乡村织布工业与商人雇主制度》（《政治经济学报》第三卷第四期和第四卷第一期，1935年7月、10月），冯华德的《河北省高阳县的乡村财政》（《大公报·经济周刊》第十四期，1933年11月29日）等。
③ 吴半农：《河北乡村视察印象记》，千家驹编：《中国农村经济论文集》，中华书局1935年版，第390—437页；朱尚英：《高阳布业调查记》，《纺织周刊》第五卷第二十二、二十三期，1935年6月15日。
④ 科学出版社1955年版。
⑤ 中国社会科学出版社1995年版。
⑥ 中国经济出版社2002年版。

化——近代中国乡村手工业的发展与社会变迁》①、史建云的《论近代农村手工业的兴衰问题》②、慈鸿飞的《二十世纪前期华北地区的农村商品市场和资本市场》③、夏明方的《发展的幻象——近代华北农村农户收入状况与农民生活水平辨析》④ 等。

第二类则是以高阳纺织业作为主要研究对象的论著，主要包括顾琳的《中国的经济革命：二十世纪的乡村工业》⑤、赵志龙的《高阳纺织业的变迁（1880—2005）——对家庭工业的一个研究》⑥、笔者的《高阳织布业的近代化进程》⑦、李小东的《高阳商会与近代高阳织布业研究（1906—1933）》⑧ 以及 20 来篇论文。⑨ 对专门研究高阳纺织业的论著，李小东做过详细梳理，兹不赘述。⑩ 在这里，我们仅简单介绍一下近年来研究较为深入的一部专著和一篇博士论文。顾琳的专著是当代第一部专门研究高阳纺织业的专著。这部专著在研究时段上打破了近代、现代和当代的界限，完整地展示了高阳的乡村工业化历程。赵志龙的博士学位论文也打破了时代界限，集中考察了家庭工业与经济现代化的互动过程，最终展示出家庭工业在现代化过程中的顽强生命力。值得注意的是，二人在理论上有相似

---

① 中华书局 2007 年版。
② 《近代史研究》1996 年第 3 期。
③ 《中国社会科学》1998 年第 1 期。
④ 《近代史研究》2002 年第 2 期。
⑤ 王玉茹、赵玮、李进霞译，江苏人民出版社 2009 年版。
⑥ 中国社会科学院经济研究所 2006 年博士学位论文。
⑦ 河北大学 1999 年硕士学位论文。
⑧ 华中师范大学 2013 年硕士学位论文。
⑨ 研究高阳纺织业的代表性论文有：丁世洵《一九三四至一九四九年的高阳织布业》（《南开学报》1981 年第 1 期）、刘佛丁、陈争平《高阳织布业的历史和现状》（《河北学刊》1984 年第 6 期）、陈美键《直隶工艺总局与高阳织布业》（《河北大学学报》1992 年第 2 期）、赵志龙《高阳纺织业的变迁轨迹：1880—2005》（《中国经济史研究》2006 年第 2 期）、《农户与集群：高阳纺织业形态及其演变》（《中国社会科学院研究生院学报》2007 年第 5 期）、[日] 森时彦《两次世界大战之间中国的日资纱厂与高阳织布业》（《近代史研究》2011 年第 4 期）、《论20 世纪 20 年代中国棉纺织业的重建与高阳织布业》（《"近代中国与世界国际学术研讨会"论文集》，2010 年 5 月 23 日）、孟玲洲《城乡关系变动与乡村工业变迁——以近代天津与高阳织布业的发展为例》（《华南农业大学学报》2013 年第 3 期）、拙作《高阳模式：中国近代乡村工业化的模式之一》（《中国经济史研究》2005 年第 4 期）、《人文精神与区域经济近代化——以近代河北高阳织布业的发展为例》（《河北学刊》2006 年第 1 期）、《改革开放初期河北省高阳县社队企业转型与农村私营企业兴起的考察》（《当代中国史研究》2011 年第 5 期）等。
⑩ 李小东：《高阳织布业研究述评》，《河北广播电视大学学报》2015 年第 5 期。

的倾向性，即都试图从高阳百年乡村工业化历程中找寻中国工业化道路的特色。这种理论上的倾向引起杜恂诚的质疑，从而诱发了关于中国经济现代化道路的论争。其详情见本书第七章。

从总体上看，以往的研究仍存在以下不足之处。

其一，以往的研究多从经济史角度出发，以探索中国特色的工业化道路为出发点，集中阐释高阳纺织业自身的发展历程、特点和理论价值，这些研究大都很少涉及高阳的社会，未从社会史角度深入探讨乡村工业化对乡村社会变迁产生的持续性影响。

其二，如果以1949年为界限，将高阳纺织业的发展历程划分为前后两个阶段，则前一阶段研究较多，后一阶段研究较少，尤其是对改革开放后的研究更为薄弱，还形不成一个中长时段的历时性体系。诚然，近年来的研究在时段上有逐步后延的倾向，首先，丁世洵将其研究的时段延伸到1934—1949年；其次，刘佛丁、陈争平更将其研究延伸到20世纪80年代初；再次，顾琳将其研究延伸到20世纪90年代；最后，赵志龙则将研究下限延至2005年。尽管如此，由于上述论著所用后一阶段的资料缺乏系统性和延续性，其后一阶段研究的深度和广度均无法与吴知等人对前一阶段的研究相比，因此，高阳纺织业的研究在总体上仍存在前重后轻之弊。

其三，以往研究后一阶段所用资料多为调查资料，较为薄弱和单一，未能充分挖掘档案资料；同时后一阶段的调查资料缺乏系统性和完整性，与1933年南开大学经济研究所的调查资料相比要相形见绌得多。

有鉴于此，本书在前人的基础上做了如下调整。

第一，本书将研究时段延至2008年，且完整展示出高阳纺织业在各个历史时段的发展状况（详见本书第一章）。虽然赵志龙的博士学位论文也将时段延伸至2005年，但是他的研究对象仅限于家庭工业，未能充分显现后一阶段高阳纺织业的全貌。

第二，本书除阐释纺织业的发展历程、生产组织形式等经济史的内容外，还专章探讨了区域市场、农业、社会结构、社会治理等问题，将研究扩展至社会史视野。

第三，本书使用的资料既有档案资料，又有调查资料，还有诸如"高阳县工商局工、商企业和个体户注册资料"、《高阳县国民经济统计资料》、日记、"报告文学"等其他资料。与以往研究相比，本书使用的资料数量更为巨大，形式更加多样化。

尽管做了上述调整，但是本书仍存在很多缺憾。就写作过程中自知的问题，笔者在这里也——予以说明：

首先，除第一章外，其余各章均基本上仅仅记述20世纪二三十年代和改革开放后两个时段的状况，而将1937—1978年的情况略去不谈。之所以如此，一方面，由于20世纪二三十年代和改革开放后两个时段是高阳纺织业发展史上最好的两个时段，且它们同属市场经济阶段，在发展形态上具有一定的连贯性和一致性，便于比较和总结；另一方面，1937—1978年，高阳纺织区不是处在战争状态下，就是处在剧烈的社会制度变革之中，情形至为复杂，为笔者精力和能力所不及，只有留待他人做专门研究。

其次，本书所用调查资料皆为笔者亲自调查所得。尽管这些调查资料可能比当代其他研究者的同类资料更为翔实，但仍然无法与南开大学经济研究所1933年的调查资料相媲美。南开大学当年的调查资料涵盖了所有布线商号、高阳织布区5个县13个区29个村庄的382户织户；① 而我的调查仅及高阳县境内的南圈头、辛留佐两个村庄60户人家，南圈头村23家家庭工厂、工业区17家企业和辛留佐村3家企业，访谈各色人等前后总计50人，调查的地域范围和样本数量比当年南开大学的调查均有所不及。南开大学1933年的调查动用了经济研究所12人，据何廉所长说："最初于二十一年冬由研究主任方显廷君、研究员吴颂先君从事设计，在方先生指导之下，由吴君负责进行；其实地调查，则自二十二年二月起至同年十月告竣；调查事件，则在二十年以前者为主，间附以二十二年之事实，调查所得结果，当经整理分析，至二十三年九月始克完成。计参与调查工作者有研究员毕相辉、王药雨，调查员杭蕴章、权裕源、李省三、崔书樵诸君；担任统计分析者有计算员崔泽普、李声普、赵广成三君，担任绘图者有胡元璋君，而以研究员吴颂先君总其成，文字编辑亦由吴君负责。"② 可以说南开大学经济研究所动用的是一个专业调研团队，且领导者为方显廷、吴知等著名经济学家，其水平之高、阵容之强大无可比拟。并且，南开大学经济研究所的调研从准备到实施长达两年时间，实施期间

---

① 吴知：《乡村织布工业的一个研究》，第105页。
② 同上书，"何廉序言"第1页。

还得到高阳商会和高阳商界两代代表人物李叔良、苏秉璋的全力支持和配合。而笔者2008年的调研，从准备（包括拟订计划、设计问卷等）到实施仅自己一人设计，一人实施，资料的整理、统计也由自己一人承担。实施调查时，虽有以宋进良主任为首的县方志办的支持和配合，但他们毕竟不是专业团队，与笔者的意图常常不能完全合拍；同时，方志办不是实权部门，乡镇、村两委往往对其要求虚应故事，大多数时候宋主任也无可奈何；况且工、商企业更是对政府部门存有戒心，我们打着政府的招牌下到企业，很多时候老板们都讳莫如深。在这种情况下，我们的调查之所以还能获得真实信息，乃主要凭借私人关系。宋主任是土生土长的高阳人，又长期在政府工作，私官两面都有很多朋友，我本人也有不少知心同学和朋友。这些熟人面对我们时还是肯说和敢说真话的，他们所填问卷也基本上真实可靠。好在今天高阳的纺织企业，尤其是"三巾企业"，其生产组织形式大体相同，各纺织专业村的情形也相差不大，因此，虽然笔者调查的样本数量有限，但是还不至于对研究的普遍性意义造成太大影响。

最后，本书对后一阶段高阳纺织业的研究区域仅限于高阳县行政区划之内。其实，今天的高阳纺织区不仅包括高阳一县，安新县沿高保公里北侧靠近高阳的20余村、蠡县北部与东北部靠近高阳县的20余村、任丘市正西和西南方向靠近高阳的20余村也都从事纺织业，并以高阳县城为其原料和产品集散地，在经济区划上当属于高阳纺织区。因此，今天的高阳纺织区至少包括4县，240余村。因为高阳县政府管不到其他各县的相关村庄，宋主任和我的私人关系一般也伸展不到这些区域，所以我的调查难以在这些区域开展。好在这些区域的纺织企业都是步高阳之后尘而建，与高阳的企业大同小异，从样本上看并不具备独特价值。

目　　录

第一章　高阳纺织业百年历程 ……………………………………（1）
　第一节　凄风苦雨中的时起时落（1908—1937）……………（11）
　第二节　战争状态下的濒临绝境（1938—1945）……………（32）
　第三节　制度转型中的风风雨雨（1946—1981）……………（35）
　第四节　改革开放后的逐步发展（1982—2008）……………（69）
　小结 ……………………………………………………………（98）

第二章　高阳纺织业的生产和经营模式 ………………………（102）
　第一节　20世纪初高阳纺织业的生产和经营模式 ……………（102）
　第二节　改革开放后高阳纺织业的生产和经营模式 …………（115）
　小结 ……………………………………………………………（137）

第三章　高阳纺织区的市场 ……………………………………（140）
　第一节　清末高阳纺织区的市场 ………………………………（140）
　第二节　20世纪初纺织业兴起后市场的变化 …………………（154）
　第三节　改革开放后高阳的市场 ………………………………（163）
　小结 ……………………………………………………………（187）

第四章　高阳纺织区的农业 ……………………………………（190）
　第一节　20世纪30年代的农业 …………………………………（190）
　第二节　改革开放后的农业 ……………………………………（209）
　小结 ……………………………………………………………（227）

第五章　高阳纺织区的社会结构 ……………………………………（229）
　　第一节　20世纪初高阳纺织区的社会结构变迁 ………………（233）
　　第二节　土地改革至集体化时代高阳县的社会结构 …………（257）
　　第三节　改革开放后高阳县的社会结构 ………………………（269）
　　小结 ………………………………………………………………（289）

第六章　高阳纺织区的社会治理 ……………………………………（292）
　　第一节　20世纪初社会治理的新变化 …………………………（292）
　　第二节　改革开放后社会治理的新气象 ………………………（309）
　　小结 ………………………………………………………………（331）

第七章　高阳的个案与中国乡村工业的地位、前途和性质 ………（334）

参考文献 ………………………………………………………………（350）

后　记 …………………………………………………………………（361）

第一章

高阳纺织业百年历程

高阳县位于华北平原中部，因地处高河之阳而受名。高阳县历史悠久，据民国《高阳县志》载："（高阳）五帝时属涿。唐冀州。虞幽州。夏商冀州。周并州，属晋。战国属燕。赵、秦为县，属上谷。汉高帝十二年，幽州，隶涿郡。文帝元年，改属河间国。王莽曰亭高。① 东汉明帝太和元年，为河间国。桓帝建和初，仍以县，属河间。三国、魏，以高阳郡，隶幽州。晋仍郡，亦曰国，属冀州部。后魏仍郡、县，改瀛洲部。北齐东北道。后周幽州部燕郡。隋初废郡置瀛洲。炀帝复废州，为河间郡，置满洲，寻罢。② 唐武德，河北道河间郡，仍满洲。③ 贞观初，县属瀛洲，

---

① 天启《高阳县志》卷一"舆地志"记为"王莽曰亭高"。雍正《高阳县志》"舆地志"亦记为"王莽曰亭高"。可见高阳县在新莽时期的沿革从孙承宗所编明代县志就记为"亭高"，清代和民国时期重修县志的过程中直接沿用明志的记述，而未加考证。笔者最初也相信各志记述，对此处未加注意。后书稿初成，送高阳县地方志办公室主任宋进良先生审阅，宋先生指出各志关于"亭高"和"满洲"记述有误。据《汉书·地理志上》（中华书局1964年点校本）"涿郡""高阳"条记为"高阳，莽曰高亭"，可见在新莽时期高阳改名为"高亭"，而非"亭高"。

② 明天启县志记高阳隋初的设治情况为"隋初废郡置瀛洲，炀帝复废州，为河间郡，置满洲，寻罢"。雍正县志和民国县志均沿用明志的记述而未加考证。《隋书·地理志中》"河间郡""高阳"条曰："高阳，旧置高阳郡，开皇初郡废。十六年置蒲州，大业初州废，并任丘县入焉。"可知隋初在高阳县曾置"蒲州"，而非"满洲"。

③ 明天启县志记高阳唐初的设治情况为"唐武德仍满洲，贞观初罢州为县，属瀛洲"。雍正县志记曰："唐武德，河北道河间郡，仍满洲。贞观初县属瀛洲。"《旧唐书·地理志二》曰："高阳……武德四年，于县置蒲州，领高阳、博野、清苑三县。属蠡州。八年，二县又割属蒲州，九年复隶蠡州。贞观七年废蒲州，以鄚、高阳二县属瀛洲。"《新唐书·地理志三》曰："武德四年，以高阳、鄚、博野、清苑属满洲。五年以博野、清苑属蠡州。贞观元年州废，以鄚、高阳来属。"新、旧唐书，一记为蒲州，一记为满洲。《太平寰宇记》"瀛洲高阳"条记曰："高阳……隋开皇三年罢郡，十六年又于县理置蒲州，大业中废州。唐武德四年又置蒲州，贞观初州废，以县隶瀛洲。"该书与《旧唐书》记述相同。郭声波《中国行政区划通史·唐代卷》（复旦大学出版社2012年版）对唐初蒲州的设治和高阳的归属进行了考证，其结果从《旧唐书》和《太平寰宇记》所记。

开元改属范阳。后唐庄宗同光元年，升为郡。石晋仍郡。周世宗置瀛洲高阳关。宋太宗太平兴国四年，河北东路，以县属河间府。七年，因故唐兴县，置唐兴寨。熙宁中省为镇，寻复为县，属瀛洲。淳化中，建顺安军，至道三年，以瀛洲高阳县来隶顺安军，属河北路。庆历八年，始置高阳关路安抚使，统瀛、鄚等十一州。又属定州路。辽大都路顺安。金以县属鄚，后改属安州，隶中都大兴路。元至元中，军、关俱废，隶保定路安州。明洪武初，属北平布政司；二年，改隶保定府安州；八年，并入蠡县；十二年仍置高阳县，属安州。清雍正二年，改属保定。民国三年设道，隶保定道，寻废道，直隶省。十七年，改省名河北，仍隶省。"①

高阳县东为任丘县（后改为县级市），东南为河间县、肃宁县，南临蠡县，西界清苑县，北为安新县。南京国民政府时期，河北省民政厅根据面积、人口和赋税将属县划分为三个等级，高阳县属于三等小县。

表1—1　　　　南京国民政府时期高阳县与周边各县等级

县名	等级	面积（方里）	人口（人）	财赋（元）	备考
高阳县	三	1444	145217	68091	
任丘县	二	3340	260072	144810	
河间县	一	4300	373643	172856	
肃宁县	三	1404	153416	72986	
蠡县	二	2086	182860	136907	
清苑县	一	3210	392584	149485	
安新县	三	2150	163252	82419	

资料来源：河北省地方志编纂委员会办公室整理点校：《民国河北通志稿》（三），北京燕山出版社1993年版，第2866—2871页。

表1—1显示，南京国民政府时期，高阳县与周边各县相比，除面积比肃宁县略大外，人口和赋税均为最少。这样一个小县之所以百年来能够驰名中外，完全因为其纺织业发达，从而获得"纺织之乡"的美誉。

高阳县纺织业由来已久。据明天启《高阳县志》载，早在明朝，高

---

① 民国《高阳县志》卷一《沿革》，《中国方志丛书·华北地方·第一五七号》，成文出版社1968年影印本，第63—64页。

阳就产绵、丝、麻、苘，"其织为布为绢"①。清末，高阳及周边各县属于产棉区，高阳县西区，蠡县北区与清苑、高阳交界一带，蠡县东区与高阳交界处以及任丘西区都是出产棉花的地方。当地农民以业农为主，同时也多利用自产棉花纺纱织布，自给之余到集市上出卖，以补贴家用。纺纱工具多用手摇一锭纺车，每人每11小时工作日至多出纱半斤，而且只能纺十六支以下的粗纱。②织布工具多用投梭机。一般来说，织布过程由开口、投梭、打纬、送经、卷布、移综六个动作组成。投梭机司开口者为足踏板，做投梭动作时需要双手互相投接，做打纬、送经、卷布、移综动作时必须停止开口和投梭，因此投梭机还构不成一个连续的工作系统。投梭机的工作效率极低，即使是熟练织工，每人每日也不过成布30尺。布幅受双手互投互接力量限制，一般不能超过一尺四寸，因而产品俗称窄面土布。

据厉风调查研究，19世纪末，在高阳县及周边各县毗邻高阳的地域内，围绕高阳县城、清苑县的大庄镇、任丘县的青塔镇、蠡县的莘桥镇，形成了四个狭小的土布产区。③在这四个镇的集市上，每集都有周围农村的大量农民买卖手纺土线和出售窄面土布。商贩们收购布匹后，将之运销到左近各县以及太谷、张家口、宣化、涿州、房山、良乡一带。其具体运作情形详见本书第三章。

综上所述，高阳的传统纺织业具有以下特征：一，当地供给原料，这使织布业离不开手工纺纱，而手工纺纱离不开棉花种植，因此纺织业仍然处在依附于农业的家庭副业地位；二，生产工具仍停留在手工工具的水平上，纺织的劳动生产力低下，布匹产量有限；三，商品生产虽有所发展，但其规模仍然很小。

当时，纺织业本是华北农民一种最为普遍的家庭副业，直隶省很多县份都出产土布，非高阳县及周边区域一地独有。19世纪后期，华北农村作为家庭副业的棉纺织业的一般形态就是农民自纺自织，或从当地集市上购入手纺土线，织成布匹，直接在集市上出售给消费者或者商贩。据厉风

---

① 天启《高阳县志》卷一《风俗》。
② 彭泽益主编：《中国近代手工业史资料》（第三卷），生活·读书·新知三联书店1957年版，第684页。
③ 厉风：《五十年来商业资本在河北乡村棉织手工业中之发展进程》，《中国农村》第1卷第3期，1935年12月。

统计，直到1929年，河北省89个棉产县区中仍有86个县织造窄面土布，有73个县仍使用木制投梭机，而这89个县手工棉纺织业的历史一般都可上溯到1890年以前。① 以定县为例，"定县妇女向业手工纺织者甚多，故种棉亦多"②。19世纪末定县输出西北土布数量、产值见表1—2。

表1—2　19世纪末20世纪初定县输出西北土布数量、产值

年份	数量（匹）	产值（元）	年份	数量（匹）	产值（元）
1892	600000	420000	1901	890000	623000
1893	650000	455000	1902	950000	665000
1894	740000	518000	1903	980000	784000
1895	820000	574000	1904	1100000	880000
1896	830000	581000	1905	1200000	960000
1897	840000	588000	1906	1250000	1000000
1898	920000	644000	1907	1350000	1080000
1899	940000	658000	1908	1450000	1160000
1900	850000	595000	1909	1800000	1350000

资料来源：张世文：《定县农村工业调查》，中华平民教育促进会1936年发行，第113页。

据表1—2，1892—1909年，定县输出西北各地的布匹数量和产值均呈上升趋势，且历年输出布匹数量均比高阳及周边地区输出布匹数量多。③ 那么，为什么高阳县后来得以成为华北地区著名的织布区，被誉为中国的"纺织之乡"，而像定县一样的其他织布区域没有高阳的成就呢？究其根本，主要在于高阳纺织业较早地引进了机纱和铁轮机，迅速走上了现代化历程。

机纱即机制棉纱。最早行销于中国市场上的机纱都是进口洋纱。1870年以前，运抵中国的大都是英国的细支纱，不大适合做土布的原料，因而销量不大。19世纪80年代，印度机纱输入中国。印度机纱全部是10—12

---

① 厉风：《五十年来商业资本在河北乡村棉织手工业中之发展进程》，《中国农村》第1卷第3期，1935年12月。

② 民国《定县志》卷二《物产》，《中国方志丛书·华北地方·第二〇四号》，成文出版社1969年影印本，第103页。

③ 据厉风《五十年来商业资本在河北乡村棉织手工业中之发展进程》一文统计，约1890—1910年，高阳纺织区每年产布357866匹，其数量比表1—2中定县历年输出西北地区数量都少得多。

支的粗纱,与中国土纱相埒,同时其纱支均匀,捻度紧密坚韧,不易断头,渐为织布农家所采用。19世纪最后十年,日本机纱开始进入中国市场,与印度机纱竞争。在19世纪的最后几年中,印纱销华数量虽不断增加,但其在中国进口棉纱总量之比重已由100%的独占降至75%。① 此后,日纱销华数量逐年上升,并在20世纪初超过印纱。进口的印纱和日纱各有其销售区域,印纱以华南市场为主,日纱则称霸于华北及东北市场。机器纺纱的劳动生产率比手工纺纱高得多,以后来兴起的中国机器纺纱而论,纺机平均每锭每11小时工作日可纺16支纱6两;普通每纺机万锭需要工人185名,所以平均每人每11小时工作日出纱20斤;而一个熟练的手纺工人,平均每11小时工作日只能纺纱(假定也是16支)4两,机纺工人的劳动生产率约当手纺工人的80倍。② 因此,机纱的售价要比土纱低得多。1895—1905年,河北省西河区的土纱每斤约售400文,而同时行销于该区域的机纱每斤售价177文。③ 机纱质优价廉,逐渐得到织布农户的认可。同时,19世纪70年代之后,洋纱的市价一再下跌,而棉花的市价有所上升,这一降一升对中国的手纺业形成了一种长期的剪刀攻势。从19世纪80年代开始,洋纱的进口量迅速增长,从1870—1913年,洋纱进口增长了50倍以上。④ 19世纪90年代以后,由于中外纱厂相继开设,国内生产的机纱上市越来越多。并且国内纱厂的开设与发展,大量吸纳了棉区的棉花做原料,使之转化为商品,从而割断了棉区小农植棉与纺纱的关联,减少了机纱代替土纱的阻力。这样农村的手工纺纱业便逐渐走向没落,织和纺逐渐分离开来。

铁轮机是日本1887年前后发明的,由直隶工艺总局引入华北。⑤ 铁轮机的具体构造,"机之部分为铁制,支架部分为木制。主要机件为发士盘一、提纱弯轴一、发动弯轴一、脚踏拉条一、铜波士四、带线轮盘二、牙轮四,以上均铁制。经纱轴、卷布棍、综座、吊综轴、簆梭、扯手、踏

---

① 赵冈、陈钟毅:《中国棉纺织史》,中国农业出版社1997年版,第126页。
② 严中平:《中国棉纺织史稿》,科学出版社1955年版,第267页。
③ 厉风:《五十年来商业资本在河北乡村棉织手工业中之发展进程》,《中国农村》第1卷第3期,1935年12月。
④ 严中平:《中国棉纺织史稿》,第58页。
⑤ [日]顾琳:《中国的经济革命:二十世纪的乡村工业》,王玉茹等译,江苏人民出版社2010年版,第24页。

杆、转轴等各一，脚踏板二，以上均木制"①。它利用齿轮传动、杠杆等机械原理，用足踏板驱动铁轮，铁轮操纵飞梭，杠杆运动带动打纬，卷轴带动送经和卷布。在足踏板的驱动下，铁轮机把开口、投梭、打纬、卷布、送经等动作联结为一个整体，大大提高了生产效率。老式投梭织机每分钟打纬60下至70下，而铁轮机每分钟打纬约120下，生产效率提高近1倍。同时，布幅可加宽到2.2尺以上，配以机纱，布的质地细密均匀，可与进口洋布媲美。

铁轮机和机纱的使用和推广，给高阳纺织业带来了深刻变化，即逐渐使高阳纺织业脱离了传统手工业范畴，走上现代化历程。经济现代化包括工业化和市场化两个层次，② 工业化的主要标志是使用机器。马克思认为，一切发展了的机器都是由发动机、传动机构和工具机三部分组成，发动机提供动力，传动机构传递运动，它们都起到促使工具机运动的作用。接触劳动对象并使其朝着预定方向变化的是工具机。③ 铁轮机利用机械原理，将开口、投梭、打纬、送经、卷布、移综等动作联结成一个连续不断的工作系统，已经具备了工具机和传动机构的特征，离真正的动力织机仅一步之遥。市场化过程就是从自然经济向市场经济转变的过程。高阳纺织区原有的纺织业本就具备了一定的市场化特征，而引入铁轮机和机纱之后的高阳纺织业，原料均需从市场购入，产品也直接投放市场，可以说完全实现了市场化。

关于高阳纺织业在20世纪初走向现代化的动力机制，吴半农、毕相辉等人有过详细研究，他们所揭示的动力机制大致可分为外部条件和内部因素两大类。④

就外部条件而言，吴半农等人主要强调了以下两点。

第一，清末民初，窄面土布在市场上遭洋布打击而无法立足，但同时输入中国的洋布又供不应求，尤其在农村还有巨额需求，因此，改良土布

---

① 彭泽益主编：《中国近代手工业史资料》（第三卷），第689页。
② 赵德馨：《市场化与工业化：经济现代化的两个层次》，《中国经济史研究》2001年第1期。
③ 《马克思恩格斯全集》第23卷，人民出版社1972年版，第411页。
④ 吴半农：《河北乡村视察印象记》，千家驹：《中国农村经济论文集》，中华书局1935年版，第390—437页；毕相辉：《高阳及宝坻两个棉织区在河北乡村棉织工业上之地位》，方显廷编：《中国经济研究》下册，商务印书馆1937年版，第671页。

有应运而生之可能。

第二，在同时期内，中国境内新设纱厂如雨后春笋，但大规模的机器织布厂却寥寥无几，这给改良土布提供了市场契机。

以上两点都是从市场环境上剖析高阳纺织业走向现代化的条件。笔者认为第一点值得商榷。兹将1894年及1913年进口洋布与农村土布量值比较如表1—3。

表1—3　　1894年及1913年进口洋布与农村土布量值比较　　单位：百万匹

布匹种类	1894年	1913年
进口洋布	91.70	253.61
农村土布	589.16	497.42
农村土布商品量	290.36	187.51
农村土布自给量	298.80	309.91

资料来源：徐新吾：《近代中国自然经济加深分解与解体的过程》，《中国经济史研究》1998年第1期。

如表1—3所示，清末民初，随着美国粗布和日本粗布进口量大幅上升，农村土布的总产量确实有所下降，但主要是土布商品量的大幅缩减，土布自给量不但没有下降，反而略有增加。从总量上看，即使到1913年，农村土布的产量也远远超过洋布的进口量，因此，窄面土布遭洋布打击而无法立足的说法并不成立。高阳纺织业兴起后，所产改良土布与进口洋布在华北市场上形成竞争，致使天津进口印度棉布的数量从1906年的13.62万匹下降到1910年的2万匹。[①] 这个事实说明，高阳的改良土布不是补充进口洋布供不应求时的额外市场，而是起到进口替代作用。因此，吴半农等人的第一点说法与史实并不完全相符。但是，这不等于说高阳纺织业的现代化与进口洋布毫无关系。洋布一方面打击了高阳纺织区传统纺织业的商品生产，使其再也不能沿着原来的轨道自发地发展下去，迫使当地人进行改革；另一方面又为高阳土布的改良提供了参照对象。何止洋布，洋纱和日本产铁轮机对高阳纺织业的影响更为巨大，因此，高阳纺织

---

① 日本调查局编：《通商汇报》第45号，1911年8月5日，转引自［日］顾琳《中国的经济革命：二十世纪的乡村工业》，第31页。

业的现代化是在外来工业文明的冲击之下开启的。

此外,吴半农等人忽视了一个重要的外部条件,那就是直隶工艺总局对乡村手工业的改造。清末新政时,直隶总督袁世凯委周学熙筹建了直隶工艺总局,从日本引进铁轮机,并聘请日本人为教习,传播织布技艺。《周止庵先生别传》中称:"经高阳李氏派人来实习工厂实习机织……返乡之后逐年推广,遂造成河北省高阳县之巨大工业。"可见,直隶工艺总局对铁轮机织布技艺的传播成为高阳纺织业走向现代化的先决条件之一。①

至于内部因素,吴半农等人着重强调了以下几个方面。

第一,自然环境因素

高阳县素来地瘠人稠,夏季又常闹水灾,有"十年九涝"之说,农民仅靠农业难以维持生计。且一年中农作期短,农闲期长,农民有充足的时间和精力经营家庭副业。

第二,交通因素

高阳向东北行,有水路直通天津,航程不过300华里。向西北行,距平汉线上的保定不过70华里。这给运输棉纱和布匹提供了极大便利。

第三,商业资本因素

在清光绪后期(1890—1908年),高阳的钱粮业较为发达,有商号60余家,经营的借贷资本额从1500元到6000元不等,流动资金每家自12500元至75000元不等。这就为高阳纺织业的改造准备了资金。

第四,劳动技术因素

高阳的乡村传统纺织业相当发达,农民对传统织布技艺掌握得很熟练,对于使用机纱和铁轮机引起的技术革新能迅速适应。

纵观前人观点,尽管比较全面,但还是不能做出令人信服的解释。外来工业文明的冲击以及国内纺织工业格局所提供的市场环境绝非高阳一地所独享,因此就外部条件而言,高阳并没有突出的优越之处。从内部因素看,在华北各县中,自然环境较高阳更为恶劣者有之,在交通上较高阳更为便利者有之,在商业资本上较高阳更为充盈者有之,在农民的传统织布技艺上不亚于高阳者亦不在少数,因此,仅凭这些因素还不足以使高阳纺

---

① 直隶工艺总局对高阳纺织业的影响参见陈美健《直隶工艺总局与高阳织布业》,《河北大学学报》1992年第2期。

织业脱颖而出。

笔者认为促使高阳纺织业现代化最关键的动力乃是人的因素。"高阳人民，素称机警而进取。"① 首先，高阳的旅外人士中不乏远见卓识之辈，并且他们对家乡人民的疾苦又极为关心。高阳最早的改良织机就是由李鸿藻嫡孙李长生介绍到高阳的，他在题为《论中国宜用人力机器纺纱》一文中说：

> 昔袁官保之督直隶也，于光绪二十九年创办工艺学堂，购买日本人力织布机器，以教授工徒。余往参观，与该堂提调单蔚如君、管理赵体仁君论及土布改良，以旧日织布匠学今日新式之织机，必能事半而功倍，其速成可以一月为期。两君颇为许可。即联络同乡田赞臣君、王励齐君，选雇善织土布者三人来津，及入堂时，而洋教习不承认，百般刁难，初则谓须三年毕业，继则谓年岁不合，后经严范孙侍郎开办文昌宫工艺学堂，允准入学，而该堂之洋教习又不许。严侍郎与之再三磋商，始蒙勉诺，然入堂后终相歧视，不能同大众上班。幸此三人暗中偷习，两月竟能织花纹布四样。余等喜极，即在高阳城内组织一小工厂，谓获利在指顾间。及试办月余，竟赔钱二百余千，始悟火力机器固非我所宜，即用人力机器而开设工厂，所见亦左。遂决变方针，遣散工徒，各回本村，自相传习。敝县又适值畅大令文藻到任，竭力提倡，于是敦留相佐王君改良织机，令各木工仿造，至光绪三十三年，高阳人力织机织布之工艺乃大著。②

后来，号称"国民党四大元老"之一的李石曾对高阳纺织业也提供过帮助。20 世纪 30 年代，他曾组织高阳的工商界人士赴江南考察实业，对宣传高阳纺织业和开阔高阳工商业者的眼界做出了一定贡献。③

其次，在高阳商界中有一批被当地人称为"能人"的有识之士，如后来曾任全国商联会副会长的杨木森、任过直隶商联会参议的张兴汉以及韩伟卿、李条庵、李香阁、张筱良、李馨齐诸人，在洋布倾销，土布市场

---

① 吴知：《乡村织布工业的一个研究》，第 34 页。
② 李长生：《论中国宜用人力机器纺纱》，《天津大公报》1910 年 5 月 24 日。
③ 苏秉璋、李福田：《江南实业参观记》，全和机器织染工厂 1936 年印行。

萎缩的紧要关头,他们挺身而出,立志革新。1906年,他们组织成立了高阳商会,随后对土布开展了一系列改良活动。美国经济学家诺斯认为:"有效率的经济组织是经济增长的关键。"① 在这些"能人"的努力下,高阳商会成为一个效率较高的经济组织,它不仅致力于改良生产工具和开拓市场,而且建立了商业学校,致力于工商人才的培养。可以说,它充当了高阳纺织业现代化总设计师的角色。② 高阳人的远见卓识和进取意识在当地,特别是在当地商界之中,形成了一种开放进取的风气,走在了当时尚属保守的华北农村的前列。正是这种风气,使高阳人能够抓住外部环境提供的契机,利用自身的有利因素,不失时机地将高阳纺织业推上现代化道路。

自从1908年前后高阳纺织业踏上现代化历程,迄今已有一百余年历史。下面我们分阶段研究高阳纺织业的发展历程。有关高阳纺织业发展的阶段划分前人做过一些研究。早在1936年,吴知在《乡村织布工业的一个研究》一书以兴衰为标志,结合生产组织形式、产品变化以及内部市场结构演变等因素,将1933年以前的高阳纺织业划分为五个阶段:1909—1914年为萌芽时期;1915—1920年为初次兴盛时期;1921—1925年为过渡时期;1926—1929年为二次兴盛时期;1930—1933年为"最近的衰落时期"③。赵志龙在《高阳纺织业的变迁轨迹:1880—2005》一文以家庭纺织业的兴衰为标志,把高阳纺织业1880—2005年的发展历程划分为四个阶段:1880—1937年为家庭生产的发展与区域纺织中心的建立阶段;1937—1949年是农村纺织业衰落和复苏阶段;1949—1980年是家庭纺织生产的国有化阶段;1980—2005年是家庭纺织的复兴与纺织中心的重建阶段。④ 顾琳在《中国的经济革命:二十世纪的乡村工业》一书中突出了高阳纺织业的三个增长期:第一个增长期为20世纪初至1937年;第二个增长期为20世纪50年代初;第三个增长期为20世纪80年代之

---

① [美]道格拉斯·C.诺斯等:《西方世界的兴起》,厉以平等译,华夏出版社1989年版,第1页。
② 参见拙文《高阳商会与高阳织布业》(《社科论坛》2001年第6期)和李小东的《高阳商会与近代高阳织布业研究(1906—1937)》(硕士学位论文,华中师范大学,2013年)。
③ 吴知:《乡村织布工业的一个研究》,第一章"背景和历史"。
④ 赵志龙:《高阳纺织业的变迁轨迹:1880—2005》,《中国经济史研究》2006年第2期。

后。① 赵志龙和顾琳都是根据自己研究的兴趣点对高阳纺织业进行阶段划分的，吴知的阶段划分则是综合考虑了各种经济因素，相比较而言，吴知的划分更为细致和科学，从中可以管窥高阳纺织业的发展全景，可惜的是吴知的划分仅仅截至 1933 年。赵志龙和顾琳的研究虽然延伸到当代，但是他们的阶段划分忽略了高阳纺织业发展过程中的一些重要内容，并且对改革开放后高阳纺织业的发展历程没有划分子阶段，难以像吴知的研究一样展现当代高阳纺织业的发展全景。本书以高阳纺织业自身的发展特点为主要依据，同时参照经济制度变化的大背景，将高阳纺织业的发展历程划分为四个时期：

第一个时期　凄风苦雨中的时起时落（1908—1937）；
第二个时期　战争状态下的濒临绝境（1938—1945）；
第三个时期　制度转型中的风风雨雨（1946—1981）；
第四个时期　改革开放后的逐步发展（1982—2008）。

第一节　凄风苦雨中的时起时落（1908—1937）②

本书之所以将 1908—1937 年作为高阳纺织业发展的第一个时期，原因在于本时期内高阳纺织业在经济上有几个统一的特点。

第一，使用的织机都是以人工为动力。

这一阶段中，高阳纺织业使用的织机有铁轮机和提花机两种，这两种织机都是从日本引进的改良人工织机。虽然其间曾有雄心勃勃的商家引进过动力织机，但仅仅是昙花一现，因试织效果和经济效益都较差，迅速将之淘汰。

第二，生产组织方式始终以农民的家庭工场为主。

这一阶段中，绝大部分织机都散落在四乡农民家庭中，布匹的织造采取家庭工场的方式。在纺织业发展的第二次高潮（1926—1929）以及第三次高潮（1935—1936）时，虽然也出现过一些小工厂，但是数量极其

---

① ［日］顾琳：《中国的经济革命：二十世纪的乡村工业》，王玉茹等译，"目录"。
② "凄风苦雨"一词是用来形容 1908 年至 1937 年中国经济大环境的恶劣。该词系借用石柏林、朱英《凄风苦雨中的民国经济》（河南人民出版社 1993 年版）。

有限，仅仅作为家庭工场的补充而存在。因此，如果单从生产组织方式上看，1908—1937年高阳纺织业的初兴阶段亦可称为高阳纺织业的家庭工场阶段。

第三，商业资本在商品生产和流通中起支配作用。

这一阶段中，沟通商品生产和流通，同时也是支配商品生产和流通的始终是商业资本。商业资本从外埠购进棉纱，撒给四乡织户织成布匹，然后再将布匹运往外埠销售。商业资本与四乡织户的基本关系是一种典型的包买主制度。

根据高阳纺织业的兴衰状况以及产品结构和行业结构的变化，这一时期又可划分为两个阶段：1909—1920年，1921—1937年。

一 1909—1920年①

在这一阶段，高阳纺织业发生了以下几种变化。

（一）改良织机逐步替代传统的手工织机

高阳商会会董李秉熙所著《直隶高阳布业之沿革纪略》一文详细地记述了清末民初高阳引进和推广改良织机的历程，兹将该文主要内容摘录如下：

> 高阳地居窪下，潴龙河、马夹河盘踞境内，为滋、滹、沙诸河之下游。自光绪初年至宣统末叶，数十年来，水患频仍，田壤屡被漫潦，多变境卤，民仅务农，难为生计，惟是耕耘之余，佐以纺织。向产窄面粗布，由商懋迁销售古北口、张家口、晋省等处，乡民恃此织业，聊作糊口计焉。自泊来布品入口，颇受华人欢迎，输入日益繁多，以致土布窒销，织工失业，困窘情形，不堪言状，关怀桑梓者，莫不触目悲伤也。于光绪辛丑间，邑有改良织业之思想者绅商数人，曾集资数百缗，置织机两架，招生徒两三人，在濡上书院之偏室，设立小工厂，仿织洋式布，作为试办。因织机不良，每日出布无多，尚且窳劣，未及数月，赔累殆尽，竟作罢歇。嗣后因有鉴前车，无敢再

---

① 这个子阶段以及下一个子阶段1933年以前高阳织布业的发展历程主要参考吴知《乡村织布工业的一个研究》第一章"背景和历史"的内容，凡引用该书第一章的内容这里就不再加注。

问津者。

　　光绪三十一年秋，邑绅商韩君伟卿、杨君木森、张君兴汉、李君桂元等，创立初等商业学堂于城内南街之关帝庙，鄙人亦附骥末，每会集于斯。复议立商会，并论及高阳市况萧条，织业凋敝各情形，遂研究改良进步之法，佥谓工与商有连带关系，虽求商业振兴，非由工业发达则不可；欲求工业发达，非由商界提倡则可；不提倡它法，非由推广家庭工艺着手则又不可也。缘家庭工作虽日有度用，无工作亦须度用，有工作资助，则度用从容；无工作资助，则度用维艰，是添一分工作之资助，即增一分度用之活动，无工厂消耗之计较也。当是时适闻洋商从东瀛运来新式人力织机于津埠，而韩君伟卿、杨君木森、张君兴汉、李君桂元即赴津从事调查，鄙人亦随与诸君子后焉。遂查得新式织机有两种：一木轮，一铁轮，其原动力之机关，皆灵活敏捷，木轮机每日能出洋式布五六十尺，而铁轮机则尤倍之，乃较我旧有织机每日仅能出布十数尺者，不啻霄壤之别。其铁轮虽功倍于木轮，然一轮失灵，则全机不动，如无工师指导，断难作用；而木轮机式，易于仿制，织法亦不甚难，且价廉易于推广，遂购木轮机两架。归即访觅巧工照式仿作三十架，分与四乡织户，嘱令学制洋式布。因织户无此置本，复议定公推殷实商号十二家，发与织户线纱，不收纱价，俟织成收布，优给手工，每百尺与工资大洋一元二角，以资提倡。惟初学仿制，未免拙劣，且因旧织机之卷线轮置于上面，而新式机则置于下面，乡民用不惯焉。旋有工作家王士颖君，研求新旧参用之法，遂有心得，则改置卷线轮上面，颇适于用，而他木工竟依样之，故织机逐渐增多，其出布即逐渐畅旺矣。然极贫苦之家，仍有无力置机者。会关中畅声生先生来莅斯土，鄙人每因公谒见先生，询余与高阳织业，鄙人即以极贫之民无力置机告，并请以筹款设立制造织机木工厂，制机给予贫民，以期工业普及。先生慨然允诺，即嘱余详拟办法，并委经理其事。鄙人以提倡实业天职所在，义不容辞，遂担任焉。复邀同人王步洲、房声关、孙翼亮诸君，共勤此举。其办法摘定福泉寺为工厂所在地，以省建筑之资本，即召工作于其间，与议定织机营造全身尺寸，其木质悉用旧拆栋梁之废材，缘价廉易购，且无角弓反张之虞，非榆槐者不用，以求坚实耐久而不敝。向工人批定合同，运料包作，每机一架，发价京制钱一十六千文，外无工食之可言，交机时如验有尺寸、木质不符者，即摈斥不收，以杜偷工减料之弊。经理员胥为名誉职，枵腹从公，不受薪水，故无丝毫经费也。贫民来领机者，须由村正、副担保，限三个月缴还机价，缘三个月所得工资，除度日外，即有盈余可缴纳矣。缴价时只收京制钱一十五千，折本一千，以示矜恤。如是办理三年，境无失业游民，产布较前益多。复由我商会同人设立商业工艺研究所，附属会内。每集同人研究工商利弊，于利则兴，于弊则除；并规定《取缔布业简章》，品评优劣，优者由布商加发工资，用资鼓励。复由商运售四远，凡所经过之天津钞关、北京崇文门、张家口通桥等税关，由商会禀请农工商部转咨税务大臣，批准减轻税额，广开销路。而布商频年增添织工，获利益多，昔之贫窘者，悉变为富饶矣。

仍木轮机全境殆徧，而铁轮机阗属罕有，未免憾有缺点。而敝会同人大资本家杨木森君于商业工艺研究所集议时，衷然有提议扩充铁轮之举，谓众曰：今揣时度势，铁轮机可以提倡矣。戚以家庭工艺罗布四乡，工师不能徧及问题为难。杨君曰：昔吾人提倡木轮也，以地方民贫，购机无力，木轮价格较廉，易于措置，故先从木轮着手，兹织布手民，度支充裕，且有储蓄，需数十元置机不难。矧一铁轮，功倍木轮之二，一人操作兼得二人工资，铁轮之功用，民心早趋向，以此度量，推广极易事。如以工师不能徧及为难，本席设法尚可办到，拟由本席先出资五千元，设置一铁轮织工厂，延聘工师，召集四乡织工，轮班传习，一班习成，再换一班，每班以四个月为度，不收饭费，亦不给工资，习成后回家改换铁轮，则铁轮机必日见其多，诸君以为何如？宣布毕，研究员全体鼓掌，极端赞成，其议乃决。杨君遂履行其事，于南边窪村之旷地建一工厂，可容数十人，聘请工师召班迭次传习。如是三年，耗资七千余元，学成者五百余人，此五百余人，即皆成四乡之工师。于是县民之向用木轮者，全然改换铁轮矣。

然仅出白素布，而提花色布则无之。复有敝会同人李秉成君，倡议扩充提花机，其办法与杨君同，遂在城内西街建筑一提花织工厂，容纳百人，并设置化学染料，从京师农商部之工艺局聘来名师，召集乡人轮班学习，每班以一年为度，缘提花织染较难于白素也。办理三年，消耗八千余元，习成者三百余人，此三百余人织染娴熟，即成三百余之工师。于是各样提花机遂遍布全境，所制出之各色提花布不下百余种,其进步之速有如是也。似杨、李两君,热心公益,不惜巨资,提倡织业,媲美后先,为商界特放异彩,吾商界与有荣焉。然鄙人尤望后之兴者接踵而起,勿使两君特擅其美,勿以吾高布业发达为荣,幸勿自矜,勿自足,仍求进步,勿作休止,或曰:子诚不自功足者也。①

由李秉熙《直隶高阳布业之沿革纪略》和上文所引李长生《论中国宜用人力机器纺纱》两文可知以下几点。

其一,高阳引进改良织机经历了一个由木织机到铁轮机再到提花机的过程,最终铁轮机和提花机完全替代木织机,成为高阳纺织业的主要生产工具。

其二,改良木织机最早是由李长生于1903年引进到高阳的,但未能较快推广。高阳商会成立后,韩伟卿、杨木森、张兴汉、李桂元、李秉熙等会董又从天津引进改良木织机,并设法推广,形成了一定的生产规模。

将二李的文章相互印证可知:李秉熙文章一开始提到的"邑有改良织业之思想者绅商数人"当为李长生、田赞臣、王励齐等人,这些绅商引进的织机当为改良木织机。李长生的文章中提到他们引进的织机经高阳知县畅文藻敦促留祥左(留祥佐)村王君改良,王君即李秉熙文章中提到的"工作家王士颖"。民国《高阳县志》所载"王士颖传"记述了他改良木织机之事,其籍贯亦为留祥佐村,与二李文中所记述之"王君"和"工作家王士颖"当为同一人,因此可以断定李长生等人引进的是改良木织机。②二李文章对高阳最早引进改良木织机的时间记述有异,一者为"光绪辛丑间"(1901),一者为光绪二十九年(1903),因为李长生文章对引进过程介绍得十分详细,且华北的改良木织机是由直隶工艺学堂从日本引进而来的,高阳引进这种木机的时间当在直隶工艺学堂成立之后,所以我们断定李长生所记时间为确切时间,高阳最早引进改良木织机的时间当为1903年。

其三,高阳的铁轮机最早是由杨木森引进和推广的,杨木森在其家乡安州南边吴村办厂的注册时间为宣统元年(1909)九月初十日,因此,

---

① 李秉熙:《直隶高阳布业之沿革纪略》,《中华全国商会联合会会报》第3年第9号和第10号,1916年。

② 民国《高阳县志》卷一《沿革》,《中国方志丛书·华北地方·第一五七号》,成文出版社1968年影印本,第63—64页。

高阳最早引进铁轮机的时间为1909年。①

其四，提花机最早是由李秉成引进和推广的，并且此时引进的提花机为小提花机。李秉成，字叔良，高阳县城南街人。李秉熙文中提到的"容纳百人"并"设置化学染料"的提花织工厂就是后来在高阳漂染业中大名鼎鼎的"合记"工厂。民国元年（1912），李秉成由北京返回高阳，"把仅有的土地完全卖出，并将仅有的积蓄一并用作改良高阳土布的经费"②，于1913年与二哥李秉仁（字仲良）一起开设合记工厂，因此高阳县最早引进提花机的时间为1913年。吴知在《乡村织布工业的一个研究》一书中指出高阳的提花机有小提花机和大提花机之分，其中小提花机"在民四五年即盛行于高阳东南乡的小王果庄、王福村、南圈头村等地，以织造电光小提花布、方锦被面布及线卍字等布匹，构造与平面机相似，有综絖三片以至十二片之多，每片下系踏木一，由各踏木参差上下而织成小的花纹于布上，故要有相当的技术，且出产力也很少"③。李秉成引进和推广的就是这种小提花机。

那么，在高阳纺织区，究竟何时手工织机全部为改良织机所替代呢？

表1—4　　　　　　1915—1920年高阳织布区的织机数量　　　　　　单位：台

年份	高阳		蠡县		安新	清苑	任丘	总计		合计
	平面	提花	平面	提花	平面	平面	平面	平面	提花	
1915	1756	49	2088	4	872	661	296	5673	53	5726
1916	2210	54	4023	6	1200	932	1326	9691	60	9751
1917	2698	71	4659	6	1518	1875	2356	13106	77	13183
1918	3188	91	5258	7	1924	2089	3387	15846	98	15944
1919	3663	172	5877	7	2168	2735	4420	18863	179	19042
1920	4082	202	6523	8	2475	3162	5452	21694	210	21904

说明：高阳织布区所用织机包括平面机和提花机两种。平面机即通常所说的铁轮机，因其只能织造平面布，因而又称为平面机；提花机又分为小提花机和大提花机，用以织造带有花纹的布匹。

资料来源：吴知：《乡村织布工业的一个研究》，第18页。

---

① 《直隶总督部堂为保护直隶蚨丰纺织工厂事致天津商务总会的札（附直隶蚨丰纺织工厂抄单）》，1910年2月23日，天津市档案馆藏，资料号：J0128—2—002261—056。

② 董欣哉：《记高阳实业家李叔良先生》，《工商天地》第3卷第2、3期合刊，1948年6月20日。

③ 吴知：《乡村织布工业的一个研究》，第145页。

根据厉风的估算，1890—1910 年，高阳织布区每年共产商品窄面土布 357866 匹。高阳的土布每匹普通长 5 丈左右，幅宽 1 尺 2 寸，则 357866 匹布共合 17893300 尺。如果弄清楚这一区域的产布总数，还需要估算这一区域自用布匹数量。据侯建新计算，1930 年，清苑县 11 村每人每年平均消耗棉布为 13—14 尺，① 高阳织布区与之处在同一地区，人均消耗布匹当与之相似，在这里我们取其上限 14 尺。又假定从清末到民国年间，这一区域人们的服饰水平没有显著提高，则清末高阳织布区平均每人每年消耗布匹也为 14 尺。再看高阳织布区的人口数。根据吴知统计，1932 年高阳织布区共有 113459 人，但缺少这一区域人口自然增长率方面的数据。侯建新引河北省统计局编《二十八年来保定农村经济调查报告》（1958），清苑县固上等 5 村 1930—1946 年人口年均自然增长率为 7.79‰，高阳织布区当与之相近。② 1930—1946 年有 8 年抗战，人口增长速度当比清末民初缓慢一些，因此，我们假定从 1890—1932 年高阳织布区人口的自然增长率为 10‰。则 1890—1910 年高阳织布区的平均人口当为 83384 人，每年平均消耗布匹数量为 1167376 尺。与商品布合计，高阳纺织区全年产布量为 19060676 尺。每台手工织机每天平均织布 25 尺，以每年 200 个工作日计，每年可产布 5000 尺。则高阳织布区原来共有手工织机 3812 台。表 1—4 显示，到 1915 年高阳织布区的铁轮机数量已超过 5000 台。由此可见，在 1915 年之前一二年间，在高阳织布区铁轮机已经完全替代了手工织机。

（二）改良土布逐步替代传统窄面土布

高阳纺织区原产窄面土布布幅一般不超过一尺二寸，所用原料为手纺土纱，质地厚重，布面粗糙。由于传统手工机逐步被铁轮机和小提花机所替代，高阳纺织区原来出产的窄面土布便逐步被改良土布所替代。改良土布布幅一般都在二尺以上，所用原料为机纱，质地轻薄，布面光滑。本阶段高阳的改良土布以铁轮机织造的本色白布为大宗，包括本色粗布和细布；同时开发出以小提花机织造的爱国布、电光布、被面布等品种。到 1916 年，高阳纺织区出产本色白布 1064000 匹，提花布

---

① 侯建新：《农民、市场与社会变迁——冀中 11 村透视并与英国乡村比较》，社会科学文献出版社 2002 年版，第 200 页。
② 据侯建新《农民、市场与社会变迁——冀中 11 村透视并与英国乡村比较》第 29 页"表 2—1"计算而来。

624500匹，产值合计12273800元。据1914—1916年三年的海关册记录，平均每年输入洋布价值104560000元，高阳织布区所产改良土布价值约当洋布价值的十分之一强。①

表1—5　　　　　　　1916年高阳纺织区各种布匹产销

布匹种类	尺寸（宽×长）	每匹重量	每匹价格	全年产销额（匹）	全年产值（元）
头号白粗布	2尺6寸×104尺	11斤	5元5角	155000	852500
二号白粗布	2尺5寸×100尺	10斤	4元7角	156000	733200
白标布	2尺2寸×130尺	11斤	5元8角	101500	588700
白斜纹布	2尺2寸×104尺	9斤	4元8角	101000	484800
头号白市布	2尺5寸×100尺	8斤	5元	302000	1510000
二号白市布	2尺5寸×100尺	7斤	4元2角	248500	1043700
本色白布合计				1064000	5212900
各色爱国布、袍料	2尺1寸×100尺	8斤半	10元	301000	3010000
各色花被面布	2尺1寸×120尺	8斤半	8元	35000	280000
各色方格布	2尺×100尺	6斤	5元	36000	180000
各样提花布	2尺×100尺	5斤	5元8角	31000	179800
各样电光提花布	2尺×100尺	6斤	15元4角	221500	3411100
提花布合计				624500	7060900
总计				1688500	12273800

说明：1. 高阳纺织业悉为家庭工艺，罗布四乡八千余户，改良织机一万余架，其每家工作或三四人，五六人，或八九人不等，总以三四人者居多数，皆与城镇布商定机，由布商交与棉纱，织成收布，给予手工费，粗细花素各布，均（平均）每匹可得手工费一元。2. 电光提花布，其光艳不逊于丝织品，新奇花样一百数十种，名目纷繁，不及备载，因以各样提花布包括之。3. 高阳布销于北京、天津、张家口、库伦、汉口、沙市、直隶各县及奉、吉、黑、秦、晋、鲁、豫诸省各县，高阳布商，足迹殆遍，销路繁多，不及备列。4. 产额与销额无所区别，白布商运售各省，随销随定，如销额多少，则产额亦然，盖销额之数即产额数也。5. 布匹行市、价值时有涨落，所列价目约以全年售价平均填列。

资料来源：张兴汉：《直隶高阳织布之发达》，《中华全国商会联合会会报》第4年第3号，1917年。

---

① 张兴汉：《直隶高阳织布之发达》，《中华全国商会联合会会报》第4年第3号，1917年。

（三）纱布商人势力崛起，并通过"撒机制"控制了大部分织户

高阳的纱布商人有四个来源：第一是原来贩卖绸缎和布匹的商号，如杨木森的蚨丰布线庄就是由原来的蚨丰缎店转化而来；第二是鉴于纱布买卖获利而新设的商号，这类商号多由城乡的地主和绅商投资新建；第三是由钱庄、粮行、洋杂货铺转化而来的商号，如德和纱布号就是由德和钱庄转化而来；第四是保定、冀州等外地商号在高阳设立的分号，如庆丰义布线庄就是保定庆丰义洋广杂货店在高阳所设分号。民国初年（1912），高阳的纱布商号已经不下20余家，名称多为"某某布线庄"。这些商号最初的业务是从天津或其他城市购进棉纱和织机卖给当地织户，收购或以棉纱换取织户的布匹，运销外埠。后来，随着纱布贸易的兴盛，纱布商号逐渐通过"撒机制"控制了部分织户。关于"撒机制"的兴起及其具体运作情况见本书第二章。

（四）形成了高阳纺织业发展的第一次高潮

约1915—1920年，高阳纺织业的发展形成了第一次高潮。促成本次发展高潮的主要原因有两个：其一是第一次世界大战的影响；其二是高阳所产改良土布在国内独树一帜。

第一次世界大战给高阳纺织业的快速发展提供了契机。

首先是洋布进口数量下降，为高阳的改良土布提供了更加广阔的市场。

表1—6　　　　　　1913—1922年中国进口洋布数量

年份	数量（千匹）	指数	年份	数量（千匹）	指数
1913	30754	100.00	1918	18594	60.46
1914	28799	93.64	1919	24879	80.90
1915	21679	70.49	1920	24737	80.44
1916	19332	62.86	1921	18579	60.41
1917	23441	76.22	1922	23178	75.37

资料来源：徐新吾：《江南土布史》，上海社会科学院出版社1992年版，第273页。

其次，进口洋布价格上扬，高阳土布的性价比占有一定优势。《银行

周报》第 131 号所载《1913—1917 年日美输入棉货之比较》一文指出："今查欧战后，中国市场已发生大变化……货价大贵，致华人改用中国货。即如布匹一项，今华人多改穿土布，以其价廉也。"① 据日本调查，1911 年前后，在低档粗布市场上，高阳布比英国货便宜 20%。在白布市场上，高阳布要比日本白布便宜 10%。② 从质量上来看，高阳布无论从布幅宽度，还是从细密程度上都不输于英、日洋布，因此，高阳布在性价比上占有一定优势。

高阳的改良土布独树一帜，国内鲜有出产者。民国初年，国内纱厂以生产棉纱为主，附设的织机极其有限。据丁昶贤统计，1915 年，国内的华商纱厂、日商纱厂和英商纱厂共有织机 5393 台；到 1920 年达到 9179 台。③ 而同期高阳织布区的织机分别为 5726 台和 21904 台。其绝对数量和增长速度远远超过国内纱厂。同时，农村纺织业仍然以传统手工纺织业为主，其产品仍然以窄面土布为大宗，在产品性能上无法与高阳的改良土布相竞争。

第一次高潮期，高阳纺织业迅速发展，呈现出一派繁荣景象。首先是织机数量的迅速扩张，1922 年织机数量达到 24698 台，比 1915 年增长了 3.31 倍。其次是产品数量迅速增加，产品种类有所增多，产品的销售区域也不断扩展。据后人回忆，1920 年前后，高阳织布区年平均消耗棉纱 10 万包，产布 400 万匹。④ 产品遍销河北、河南、山西、山东、绥远、察哈尔、外蒙古新疆、辽宁、吉林、黑龙江、湖北、江苏、陕西等省份和地区。⑤ 再次，高阳的纱布商号迅速增加，青塔、大庄和莘桥的分号及中间人商号也迅速增加，1920 年，高阳县城的布线商号由民国初年的 20 余家增加到 60 多家。⑥ 1917—1919 年，青塔镇有高阳纱布商号的分号和中间人商号 10 余家，全年约可收布 40 万匹。莘桥 1917 年前后约有高阳的分号和中间人商号 20 余家，全年约可收布 50 万匹。大庄有中间人商号 30

---

① 徐新吾：《江南土布史》，上海社会科学院出版社 1992 年版，第 273 页。

② 《通商汇报》，1911 年 8 月 5 日，转引自［日］顾琳：《中国的经济革命：二十世纪的乡村工业》，王玉茹等译，第 31 页。

③ 丁昶贤：《中国近代机器棉纺工业设备、资本、产量、产值的统计和估量》，《中国近代经济史研究资料》（第六辑），上海社会科学院出版社 1987 年版，第 94 页。

④ 河北大学地方史研究室、政协高阳县委员会编：《高阳织布业简史》，第 4 页。

⑤ 吴知：《乡村织布工业的一个研究》，第 233 页。

⑥ 河北大学地方史研究室、政协高阳县委员会编：《高阳织布业简史》，第 4 页。

余家，全年约可收布60万匹。①

在第一次高潮期，织户的经营方式也有一定变化，那就是"织卖货"的发展和"换线制"的勃兴。织户的经营方式有"织手工"和"织卖货"之分，二者的界定详见本书第二章。相比较而言，"织卖货"要比"织手工"收入高一些，同时占用资本比"织手工"多，风险也较大。在第一次高潮期，因为布匹供不应求，价格上涨，商家对布匹质量也不甚挑剔，因此"织卖货"在赚钱之余，风险并不大，于是"织卖货"的织户就多起来。"换线制"是商人和织户之间以棉纱和布匹直接交换的一种经营方式。这种方式古已有之，从前就有商人用大车装载棉纱到四乡去换布的。在第一次高潮期，因为布匹供不应求，商人和织户都想加快周转速度，于是，织户为了免去售布后再行购买棉纱的麻烦，商人为了免去售纱后再行购买布匹的麻烦，纷纷采用"换线制"，使得这种经营方式发展到极致。

二 1921—1937年

在这一阶段，高阳纺织业经历了一个过渡—繁荣—萧条—复苏的完整周期。

过渡期为1921—1925年。这一时期是结束了第一次高潮并向第二次高潮过渡的时期，也可以说是一个短暂的萧条期，主要表现在商人盈利减少，"撒机"业务收缩。之所以用"过渡"而不用萧条，主要是在萧条之中孕育了新的增长因素。过渡期的成因有经济、政治两方面因素，经济因素主要是国内本色棉布市场竞争加剧，政治因素主要是外蒙古独立等。这些因素吴知在《乡村织布工业的一个研究》一书中有详细分析，兹不赘述。所谓新的增长因素主要是指条格布、色布、棉麻布等新产品的开发以及由新产品开发带来的生产体系、生产链条的变化。详情见下文。

繁荣期为1926—1929年。这一时期是高阳纺织业发展的第二次高潮。繁荣期的成因主要是国内经济形式的好转和人造丝浆经法新技术的引进，这些原因吴知在《乡村织布工业的一个研究》一书中也有详细分析。繁荣期主要表现在布匹产销量的增加和市场的扩张。在繁荣期，每年消费棉纱不下8万包，以每包出棉布40匹计，每年可出棉布320万匹。1929年

---

① 吴知：《乡村织布工业的一个研究》，第15页。

输入麻丝不下 2 万箱之多，以每箱出麻布 30 匹计，全年可出麻布 60 万匹。繁荣期内，高阳纺织业的市场不断扩张，形成了一个遍及河北、河南、山西、山东、绥远、察哈尔、新疆、东三省、湖北、江苏、安徽、湖南、江西、福建、广东、陕西、甘肃等国内 20 余省区，并远及新加坡等东南亚国家的广阔销售市场。繁荣期的变化与过渡期相似，主要是麻布新产品的开发以及由新产品开发带来的生产组织形式等的变化。下文我们将两个时期的变化放在一起讨论，以显示这一子阶段的变化趋势。

萧条期为 1930—1934 年。萧条期的成因主要有受世界经济危机冲击和灾荒影响而导致的国内经济形势的恶化、"九一八事变"后东三省市场的丧失、抵制日货导致日纱倾销和纱价暴跌等。关于这些成因，吴知在《乡村织布工业的一个研究》一书的最后一章中有非常详细的论述。萧条期的表现主要是布商营业收缩，织户开机不足，产销量逐年下降。繁荣期达到顶峰的 1929 年，高阳有平面织机 25000 多架，提花机 4300 多架，消耗棉纱 8 万包，麻丝约 2 万箱，产布约 380 万匹。到 1931 年，平面机开机者约 2 万架，提花机开机者约 2300 余架。1932 年，平面机开机者更减少为 15000 架，提花机开机者减少为 1100 余架，消耗棉纱约 25000 包，麻丝 4000 箱，产布 110 多万匹，还不及 1929 年的 1/3。1933 年全年消耗棉纱不过 21600 余包，麻丝不过 2000 箱，达到最低谷。① 在萧条期内高阳纺织业只是表现为产销量收缩，产品结构、生产组织形式等方面并没有发生显著变化。吴知在研究萧条的成因时分析了高阳织布区生产设备、技术、产品、商业组织和金融组织的种种不足，并建议改用动力织机，革新技术和建立合作组织。在笔者看来，在当时的社会条件下，改用动力织机并不可行。因为采用较为先进的电动织机，需建立火力发电厂，并建设完整的乡村电网，这样的基础设施建设，非政府出面组织不可，而当时的南京国民政府似乎并未把乡村基础设施建设提上议事日程。合作制度是当时中国知识界提倡的一个潮流，方显廷为高阳纺织业设计的改革方案也是用合作制度代替"商人雇主制度"。② 但是，就当时农民的智识而言，还不具备主动建立生产、销售和金融合作社的能力。从产品来看，与其他乡村

---

① 吴知：《乡村织布工业的一个研究》，第 260 页。
② 商人雇主制度是对高阳织布区盛行的"撒机制"的一种理论抽象。用合作制代替商人雇主制度的观点见方显廷《华北乡村织布工业与商人雇主制度》（南开大学经济研究所印行，1935 年 10 月）。

织布区相比，高阳的条格布、色布、棉麻布、麻布仍属于在市场上有一定优势的产品，① 如果说独领风骚也不为过，在当时的技术和市场条件下进一步改变产品结构既没有必要，也难以做到。因此，笔者认为萧条期造成高阳纺织业日渐衰退的主要原因是外部环境恶化导致人民的购买力下降。随着外部环境的好转，高阳纺织业必然会复苏。

吴知的调查研究到 1933 年截止，其著作不涉及 1934 年以后的发展变化。据当时人回忆，1935 年以后高阳纺织业逐渐复苏，并在 1936 年迎来了第三次发展高潮。形成这次复苏的原因主要是国内经济形势的逐步好转。首先看物价，据王玉茹研究，以 1913 年的批发物价指数为 100，1929—1936 年的批发物价指数分别为 162、178、190、170、152、145、150、175，② 可知批发物价在 1934 年达到最低点，1935 年开始回升。据张东刚测算，1936 年的国民收入和人均国民收入分别为 257.98 亿元和 50.51 亿元，均达到民国时期的最高峰。③ 据吴承明先生披露，中华人民共和国成立后，国家统计局也实事求是地把中华人民共和国成立前农业和工业的最高产量定在 1936 年。④ 上述学者的研究表明，我国经济从 1935 年起开始回升，到 1936 年达到繁荣。其间，农民的购买力有所增加。丁世洵引《中国银行报告》，估计农民收入 1935 年"较前两年或高出十分之一"，1936 年较前三年的平均数增加"约合百分之四十四"。"高阳布的销售对象，最终主要是农民，农民购买力的提高，是促进高阳纺织业再次走向繁荣的重要原因之一。"⑤

顾琳在其著作中强调了冀东人造丝走私和抵制日货对高阳纺织业走向第三次繁荣的作用。⑥ 的确，抵制日货对高阳纺织业的复苏和第三次走向繁荣具有双重作用。一方面，抵制日货迫使日本原料商跌价倾销，32 支棉纱由每包 300 元一直降到 170 元，人造丝由 20 余元一捆一直降到 8 元多一捆。在纱价暴跌的影响下，固然有一些资力不济的商号因累赔而歇

---

① 如山东潍县织布区，到 20 世纪 30 年代，其出品仍大部分是白布，条格布极少，且织工的技术不精。见吴知《乡村织布工业的一个研究》，第 30 页。
② 王玉茹：《近代中国价格结构研究》，陕西人民出版社 1997 年版，第 23 页。
③ 张东刚：《近代中国消费需求结构的宏观分析》，《中国经济史研究》2001 年第 1 期。
④ 吴承明：《中国近代经济史若干问题的思考》，《中国经济史研究》1988 年第 2 期。
⑤ 丁世洵：《一九三四至一九四九年的高阳布业》，《南开学报》1981 年第 1 期。
⑥ [日] 顾琳：《中国的经济革命：二十世纪的乡村工业》，王玉茹等译，第 43—44 页。

业，但是那些资力雄厚的商号则乘机大量采购原料，多撒机，广开销路；① 另一方面，抵制日货，使得日本布利润下降，销售量减少，给高阳布提供了更大的市场空间。据大亨号布线庄职员韩相辉回忆，当时 1 匹日本布可盈利 0.4—0.5 元，1 匹高阳布可盈利 1 元。②

在第三次发展高潮，"不但以前所停之织布机都活动起来，并有增添"③。原有织布工厂也扩大规模，如同和工厂添购提花机 80 余张，扩建了北厂，新建了南厂，职工增至 400 余人。一些商家纷纷设立新厂，如鸿记、正大、酉记、新彰、有为等厂。由于布匹的销路很好，各地外庄纷纷函电高阳总号催货，有的甚至一天接到两次加急电报。布匹畅销使布线庄获利丰厚，大丰号 1935 年仅开业一年便获利 24 万元。④ 本生和布线庄 1931 年开设，头三年（1931—1934）赚钱不多，6 年头上（1936）赚钱不少，赚了 12 万多元。⑤ 高阳布的销售市场，除原有区域外，又扩展至西南诸省。"如湖南、湖北、贵州、四川等销售麻纺织成品或棉麻合织成品，不但数量多，而且还能获厚利。"⑥ 乡村织户和手工染坊的生产规模也有所扩大，如于留佐村织户合作组织的小工厂发展到 33 个，每厂平均有 5 张织机；手工染坊发展到 16 个，每个染坊带动的织机平均达到 600 张；雇佣外来工人 1000 余名。该村因织染业发达博得"小天津卫"之美称。⑦

从总体上看，在这一阶段，高阳纺织业发生了以下几种变化。

（一）产品结构多样化

在第一次高潮期，高阳纺织业以本色棉布为大宗，间或有爱国布、电光布、被面布、条格布等出品。本色棉布俗称白布，是利用原色棉纱织成的平纹布。高阳纺织业第一次高潮期出产的本色棉布多是由 20 支以下的粗纱织成的白布。第一次世界大战期间，日本推出一种电光线，爱国布、电光布等就是用电光线织成的。第一次世界大战停止后，外国棉布重新充

---

① 高阳工商管理局印制：《高阳织布业发展简史》，油印本，1948 年 6 月 20 日。
② 丁世洵：《一九三四至一九四九年的高阳布业》，《南开学报》1981 年第 1 期。
③ 彭泽益主编：《中国近代手工业史资料（1840—1949）》（第三卷），第 453 页。
④ 河北大学地方史研究室、政协高阳县委员会编：《高阳织布业简史》，第 7—8 页。
⑤ 《本生和布线庄掌柜王佐良口述资料》，政协高阳县委会 1983 年采集。
⑥ 高阳工商管理局印制：《高阳织布业发展简史》，油印本，1948 年 6 月 20 日。
⑦ 《中共高阳县委关于农村资本主义发展导致阶级分化的一组报告》，1952 年 6 月 12 日，高阳县档案馆藏，资料号：1—5—19、20、21。

斥中国市场，夺去了高阳布的一部分销路。同时，国内纱厂因纱价暴跌不已，纷纷添设动力织机。1920年之前，全国动力织机不足1万台，1921年激增至2万台以上，1924年更增至29232台，且大部分出品是白布，又夺去了高阳布的一部分销路。此外，高阳布在华北市场上还遇到潍县布的竞争。山东潍县纺织业在1921年之后崭露头角，出品亦以白布为大宗。潍县离青岛很近，其织布原料多采用日纱，"来源便利而价廉，因此潍县布在华北各省，到处和高阳布竞争销售"①。高阳本色棉布市场因而大大萎缩。而爱国布、电光布、被面布等品种又因品质日趋恶劣，信用丧失，相继绝迹于市场。于是，高阳布不得不另谋创新，这种创新主要表现在织造技术较为复杂的条布、格布、色布、棉麻混合布和麻布等品种上。

条布是经线带有条子的平纹棉布，又分为白条布（白底色条）、色条布（色底色条）、花条布（条子带小花）、提条布、提点条等品种。格布是经纬线都带有条子的平纹棉布，又分为白格（白底色格）、色格（色底色格）、色套格（有两种以上颜色的格子相套的）、条格（格布而兼带条子的）、印格（色底白格）等品种。色布即染色布，即将白布染成各种单色的布，如红布、红标布、蓝布等。条布、格布以前并非没有，只是因为织造技术较为复杂，出品较少。1921年之后，因为白布销售不畅，而条格布销售较好，能织条格布的织户迅速增加，渐成勃兴状态，条布、格布、色布遂成为高阳出品的大宗。

1921年前后，人造丝被引入高阳。人造丝在高阳俗称麻丝，是一种丝质的人造纤维，由纤维素构成。人造丝有软、硬之分，软丝丝质柔软，类似天然丝，可织造春绸一类的柔软织物；硬丝硬如麻，多用于织明华葛一类质地较硬的织物。最早输入高阳的是D150和D120粗而硬的人造丝，②用途只限于与棉纱交织成一种以棉纱为经线、人造丝为纬线的棉麻混合织品，如罗纹布、霞缎等提花布。因人造丝缺乏柔韧性，经不起长时间摩擦，因而不能直接作为经线使用。1926年天津织布界首先发明人造丝浆经法。人造丝浆经法俗称浆麻法，即将人造丝在胶水及油类的液体中浸泡，取出晾干，使其质地变韧，做经线时不至于因摩擦而折断，这样一

---

① 吴知：《乡村织布工业的一个研究》，第19页。
② D150、D120等是人造丝的标号。标号越大，人造丝的织度越粗，每捆的长度就越短。

来，经线和纬线就都可以使用人造丝，便可以织出纯粹的人造丝提花布来。最早的人造丝提花布称为明华葛，① 鲜艳夺目，赛如真丝织品，而每匹 100 尺，价格只二十五六元，很受一般用户的喜爱，销路十分畅旺。不到半年，明华葛传入高阳，于是高阳纷纷派人到天津学习人造丝浆经法，不到半月便纷纷学成归来。自从人造丝浆经法传入高阳之后，高阳纺织业的产品结构又发生了一次巨大转变，即增加了人造丝布（俗称麻布）一项大宗出品。

高阳的人造丝布有葛、绸、缎、罗纺、绨等多个品种。葛是由硬麻丝织成的麻织品，又分为明华葛、电丝葛、印花葛等。明华葛是一种用 D150 或 D120 硬麻丝织成的提花布，质地粗厚，光泽明显；电丝葛是以 D150 或 D120 硬麻丝为经线，以 42 支电光线为纬线织成的提花布；印花葛是在布匹上印花的明华葛。绸是用软麻丝织成的布匹，有春绸、雁翎绸等品种。春绸是用 D120 或 D100 软麻丝织成的质地仿线春绸的提花布，光彩沉着，质地柔软，有如真丝制品；雁翎绸是 20 世纪 30 年代之后发明的品种，它是以数色软麻丝为经，黑色蜡线为纬，模仿真丝雁翎绸的闪光花纹织成的提花布。缎包括铁机缎、被面缎、软缎、印花缎、宫丝缎等品种。铁机缎是用数色软麻丝为经，数色硬麻丝为纬织成的带有大花和闪光底子的提花布，因系仿造真丝铁机缎而得名；被面缎是用 D120 数色硬麻丝织成的提花布；软缎一般是用 D100 单色软麻丝织成的提花布，质地柔软细腻，赛过真丝软缎；印花缎是在其上印花的软缎；宫丝缎一般是用 D120 模仿真丝宫丝缎的提花布。罗纺大抵是用软麻丝织成的平纹麻布，因仿造真丝的罗和纺绸而得名。罗是用缯绕三片以上的铁轮机织成的带有一色的条子或格子的麻布，又分为条罗、格罗、印花罗等品种；纺即纺绸，完全是平纹麻布。绨全称为国华绨，是以 D120 或 D150 软麻丝为经，42 蜡线为纬织成的提花布。②

高阳纺织业第三次发展高潮时，其产品结构又有了新的变化，那就是印花麻布勃兴，并成为大宗出品。高阳的印花麻布不仅花纹图案华丽，色泽鲜艳，而且能够保持色彩牢固不褪。

---

① 该品种因系天津明生织工厂所倡织，而由庆华厂经售，故而称为明华葛。见吴知《乡村织布工业的一个研究》，第 24 页。

② 吴知：《乡村织布工业的一个研究》，第 219—220 页。

(二) 生产工具和生产流程复杂化

在这一阶段，随着产品结构的变化，主要生产工具——织机的种类也发生了一定变化，那就是平面机数量下降和提花机数量迅速增加。所谓平面机就是以足踏而织平面布的普通铁轮机。高阳纺织业第一次高潮期使用的织机绝大部分都是平面机。提花机是用于织造提花布的织机。在高阳织布区曾出现过两种提花机——小提花机和大提花机。高阳的织户最早使用的是小提花机，在 1915 年前后，小提花机就盛行于高阳县东南乡的小王果庄、王福、南圈头等村，用以织造电光小提花布、方锦被面布及线卍字等布匹。① 小提花机与平面机相似，只是缯绕较多，有 3—12 片不等。每片缯绕下系一片踏木，由各踏木参差上下，在布匹上织成小的花纹。由于操作小提花机技术非常细腻，同时生产效率很低，自从大提花机盛行之后，小提花便不得不归于淘汰之列。

大提花机是顶上装有提花楼框的提花机，在高阳俗称楼子机。大提花机的构造和工作原理与小提花机迥异，它是凭借提花楼框内的竖针刀片与吊线、花筒、花板的协调运动，织成大而复杂的花纹。楼框有四百扣针、六百扣针、九百扣针、一千二百扣针等型号，针数越多，能织造的花纹就越大。

大提花机是由北沙窝村苏秉衡最先引入高阳的。民国初年，苏秉衡从高阳乙种农业学校毕业后因家贫无力继续求学，乃与堂兄苏秉凯相约赴天津直隶工艺总局实习工厂学习织布，两年左右便熟练掌握了日本产大提花机的操作技术。1914 年前后，二人合购一台大提花机回高阳，安装在苏秉衡家中，开始织造提花布。这是大提花机在高阳最早的现身。②

在高阳织布区，凡是织人造丝布的都使用大提花机，因此，大提花机是随着人造丝织品的盛行而推广开来的。浆麻法传入高阳后，当时每织一匹明华葛可得手工费四五元，织卖货一匹可获利五六元，而且产品供不应求。一时间，高阳县城周边各村，得风气之先，织户纷纷把平面机转售远处农村而添购提花机。

---

① 吴知:《乡村织布工业的一个研究》，第 146 页。
② 河北大学地方史研究室、政协高阳县委员会编著:《高阳织布业简史》，第 16 页。

表 1—7　　　　　　1921—1932 年高阳织布区的织机数量

年份	高阳		蠡县		安新		清苑	任丘	总计		
	平面	提花	平面	提花	平面	提花	平面	平面	平面	提花	合计
1921	5047	240	7315	26	3387		3387	5097	23587	266	23853
1922	5250	289	7506	41	2826		4044	4742	24368	330	24698
1923	5618	394	7932	73	3220		4471	4387	25628	467	26095
1924	6129	531	8197	99	3064		4213	4032	25635	630	26265
1925	6863	734	8411	128	2505		4379	3677	25835	862	26697
1926	7838	1354	8779	290	2699		4994	3322	27632	1644	29276
1927	7692	1900	8461	486	2533	122	4431	2967	26084	2508	28592
1928	8056	2195	8073	1696	2367	165	4466	2613	25575	4056	29631
1929	8465	2219	7509	1976	2199	129	4468	2259	24900	4324	29224
1930	8043	1762	7296	1237	2029	90	4195	1905	23468	3089	26557
1931	6307	1449	6931	886	1852	20	3812	1550	20452	2355	22807
1932	4549	795	5290	323	1365		3445	1194	15843	1118	16961

资料来源：吴知：《乡村织布工业的一个研究》，第 18 页。

由表 1—7 可知，提花机增加速度最快的年份是 1925—1928 年，增长率分别为 90.7%、52.6%、61.7%，这几年恰值高阳纺织业发展的第二次高潮。在 1930—1934 年的萧条期，由于人造丝布销量大幅度下降，提花机开机数量逐年下降，最萧条之时，开机数量不及繁荣期年份的 1/3。1934 年之后，以前所停布机逐渐恢复活动，1936 年达到高潮时，提花机的数量比 1929 年还有所增加。

这一阶段，随着产品结构的变化，生产流程也趋于复杂。1921 年以前，高阳纺织业出品以白布为大宗，无须经轧光、染色等整理工序，即可运销市场。当时即便出产色布，由于数量较少，也多用人工轧光法行之。1921 年之后，条格布、色布产量日益增加；1926 年之后，人造丝布又风行一时；凡此条格布、色布、人造丝布都需要染色、轧光等整理工序，以增加布的光泽、平整。织本色棉布的工序主要由准备工序和织造工序组成，准备工序由上浆、络经、整理、装机、络纬等步骤组成，织造工序由开口、投梭、打纬、送经等几项动作组成。织造色布、条格布和麻布，准备工序增加了一个染线的步骤，生产工序增加了一个后整理步骤。

凡织花条杂色布，须先进行染线，它是织造色布、条格布的第一道准备工序。染线的步骤是用碱或苛性钠去除棉纱中之杂物，然后用漂白粉漂白，最后再用颜料进行染色。从事染线的除了 10 数家机器整理工厂之外，还有染线工厂。1933 年年初，高阳有染线工厂 30 家，其中 25 家是在 1932 年以前创立的，5 家是在 1933 年开办的。其中 11 家设在高阳城关内，其余都散处四乡，而以城西的于留佐村为最多。① 染线工厂最初不过是出售染色线的染坊，规模很小。自从 1925 年后色布、条格布等兴盛，这些工厂除出售色线外，也仿效布线庄，开始撒机收布。

后整理工序主要包含漂染、轧光和打包三个步骤。

1. 漂染。首先检查织物上有无缺陷，有缺陷的须进行修补，用刷子或化学方法去除布匹表面的污点；随后用碱或苛性钠去除织物中之杂物，再用漂白粉漂白；再用颜料进行染色。接着对织物进行水洗，即以机器或人工用清水洗濯漂染之后存留在布匹上的污物；然后用机器或人工脱水，将布匹展开进行扩布，再用干燥机或通过自然晾晒使其干燥。

2. 轧光。首先进行"出幅"，即先给布匹均匀地喷洒水分，恢复布匹天然固有的湿度，再用拉宽机或人工将布匹拉宽；接着给布匹上浆，增加布匹硬度，用轧光机轧光，增加布匹的平展和光泽，用打布机或人工打布，增加布匹的柔韧性和光泽度。

3. 打包。较厚的布匹用挂码机（亦称检尺机），较薄的布匹用折布机，将布匹折叠成匹；随后用打包机把布匹压紧，以十数匹至数十匹为一包。

打包一般由布线庄自己做，而漂染和轧光则主要是由机器整理工厂完成。高阳县主要的机器整理工厂见表 1—8。

表 1—8 高阳县主要机器整理工厂一览

序号	厂名	地址	成立时间（年）	资本额（元）	经理人	投资人	职工人数	生产规模
1	义丰工厂	县城东关	1914	10000	王虎坡	李福田①	59	不详
2	蚨丰染厂	县城北关	1916	2500	丁巨卿	杨木森	36	不详

---

① 吴知：《乡村织布工业的一个研究》，第 38 页。

续表

序号	厂名	地址	成立时间（年）	资本额（元）	经理人	投资人	职工人数	生产规模
3	蚨丰整理工厂	县城北关	1928	2000	刘香亭	杨木森	16	年轧布2万余匹
4	光丽整理工厂	县城南关	1923	4000	赵紫阁	不详	26	年轧布约4万匹
5	鹿泉工厂	县城南关	1921	6000	张铭西	不详	37	年轧布5万匹
6	恩记工厂	县城东街	1923	4000	李泽生	李恩波	56	全年约7万匹
7	永昇工厂	县城西关	1926	6000	穆湘浦	不详	47	全年约5万匹
8	久彩化学染厂	县城西关	1927	9000	孙耀曾	不详	36	每日染布200余匹，浆麻200磅，合股梳线20磅
9	华北工厂	县城之内	1923	5000	米秋塘	不详	26	全年约5万匹
10	全和工厂	城西北沙窝村	1912	10000	苏秉璋	苏秉衡	56	不详
11	合记工厂	县城南关	1913	2000	张香亭②	李叔良	200	不详
12	元新工厂	县城西关	1916	不详	不详	李叔良	不详	不详
13	庆丰义工厂	县城西关	不详	不详	不详	刘氏③	不详	不详
14	鸿记工厂	县城西关	1936	不详	不详	刘氏③	不详	规模比庆丰义大
15	汇昌工厂	县城东大街	不详	不详	常翊华	常翊华等多个股份	不详	规模小于蚨丰
16	荣泉工厂	县城西街	不详	不详	不详	侯氏④	不详	规模与汇昌相仿

续表

序号	厂名	地址	成立时间（年）	资本额（元）	经理人	投资人	职工人数	生产规模
17	天庆丰工厂	县城南街	不详	不详	不详	李氏⑤	不详	规模与汇昌相仿
18	酉记漂染整理工厂	不详	1923	不详	不详	不详	50余	不详
19	新彰机器轧布蜡线工厂	县城东街	不详	不详	不详	不详	不详	蜡线320捆，条布1万匹
20	增厚昌工厂	不详	1927	4000	王洛九⑥	饶阳大尹村人⑦	不详	年轧布45000匹
21	华丰工厂	不详	1929	7000	不详	李叔良	不详	年轧布9万匹

说明：1.①②⑥⑦四处信息来自《冀中行政公署对高阳工厂机器处理保管的意见》（1948年1月，河北省档案馆藏，资料号：5—1—215—2），其中义丰工厂的投资人《高阳织布业简史》（《河北文史资料》第19辑）第121页记为李仲良，则可知李福田与李仲良为同一人。此外，据表5—2可知义丰工厂财东又名李秉义，则可知李秉义又名李福田，字仲良。他是高阳南街李氏家族的老二，三弟为李秉成（字叔良）。2.③④⑤因朱尚英《高阳布业调查记》一文对投资人仅记为"某姓"，如其记庆丰义工厂为"亦在西关，规模与前者无大异，东家刘姓"，本表为表达便利，将投资人（东家）称为"某氏"。

资料来源：本表所载机器整理工厂是根据不同时期的资料整理而成，大体上反映出高阳机器整理工厂的全貌，其中前10家工厂的资料来源于《河北省建设厅工商业调查报告》（1928年12月）；第11家至第17家企业的名称来源于朱尚英的《高阳布业调查记》（《纺织周刊》第5卷第22、23期，1935年6月15日）；第18、19、20号企业的名称来源于善后救济总署冀热平分署编《工业调查报告》（1936年8月）；第21号企业的名称来源于董欣哉的《记高阳实业家李叔良先生》（《工商天地》第3卷第2、3期合刊，1948年6月20日）。

1934年之后，高阳织布区麻布生产的后整理中还出现了印花工序。高阳的麻布印花技术是由恩记工厂的老板李恩波从上海引入高阳的，在1934—1937年经过张虫、刘仓、葛大龙等人的不断革新，形成了高阳独一无二的"土法"印花技术。①

---

① 河北大学地方史研究室、政协高阳县委员会编著：《高阳织布业简史》，第126页。

（三）生产组织形式有所变化，"织卖货"的织户增多，并出现了小工厂

详情见第二章第一节。

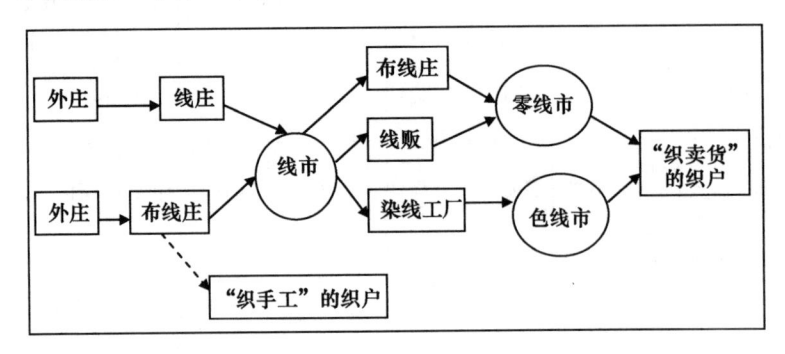

图1—1　高阳纺织区棉纱交易示意（1933）

注：实线箭头代表棉纱流向。虚线箭头代表"撒机织布"。

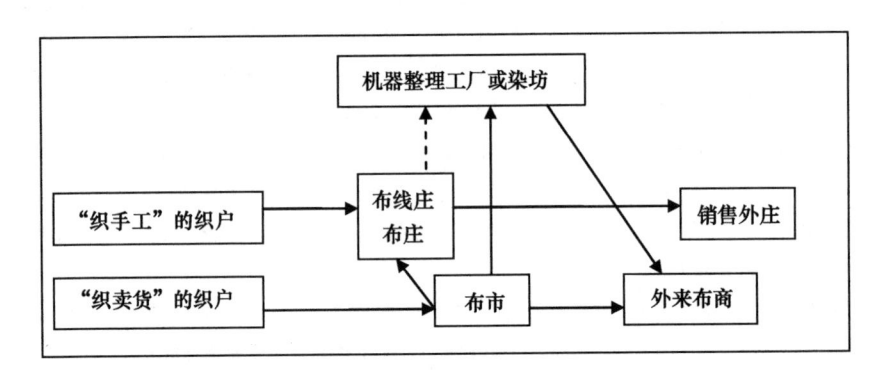

图1—2　高阳纺织区布匹交易示意（1933）

注：实线箭头代表布匹流向。虚线箭头代表"布匹深加工"。

第二节　战争状态下的濒临绝境
（1938—1945）

日本侵华战争爆发后，日本侵略军于1938年9月占领高阳，高阳纺织业从发展的顶峰迅速跌至谷底，整个战争期间，高阳纺织业几乎完全处于停滞状态。

首先，纱布商人纷纷逃亡，高阳的纱布贸易迅速萧条。战争爆发后，

绝大部分纱布商人携家人和资金逃往平、津、保等大城市，本来极为红火的布线生意迅速萧条下去。如蚨丰号布线庄在高阳无法经营，遂将大部分人员遣散，撒出去的几百张机子以及2000多匹布也没有来得及收回。掌柜丁云阁把现存的棉纱和布匹运往北平，随后便带着几个人逃往北平。大丰号布线庄丢弃了在农村撒的300多张机子和1000匹布，将人员和买卖迅速转移到北平。汇昌号布线庄把现存的1000多匹布、100多包棉纱和部分颜料悄悄运往东家常翊华的老家莘桥村藏起来，随后遣散了伙计，几个掌柜的有的回了老家，有的去了平、津，常翊华只身逃往汉口。本生和布线庄掌柜王佐良将货物和机子清理装车，运到了北平。①

其次，随着纱布贸易衰落，高阳的后整理行业迅速解体，所有染轧工厂全部停业。如高阳最大的织染工厂仝和工厂被迫关门，400多名工人被遣散回乡，东家苏秉璋出走西安，苏秉璋的大哥苏秉衡携一家老小到北平避难，三弟苏秉杰逃往甘肃天水。高阳四大名厂之一的恩记工厂将机器全部封存，东家李恩波带领全家老小和四五十个工人迁往北平外庄。四大名厂之一的合记工厂停产后将大部分工人遣散，只留下张化溪等几人看守厂子，东家李叔良把剩余的布匹、棉纱和颜料都运到天津。② 后来，随着日本侵略者的洗劫，各工厂的机器设备损失殆尽。1942年，日本侵略者将蚨丰、宝祥、元新等工厂的器材全部抢走，其他工厂也受到不同程度的破坏。据1947年调查统计，抗战期间，各商户物品损失5322.9374亿元（边币），织机损失698亿元，两项合计共损失6020.9374亿元。③

最后，作为织造主力军的乡村织户，在纱布商人逃亡，纺织原料供应断绝的情形下，只能望机兴叹。前文说过，在高阳纺织业发展的上一时期，商业资本担负着购进棉纱、人造丝和运销布匹的重任，起着支配作用。乡村织户中，"织手工"者完全依附于纱布商号，即便是"织卖货"者，其所用人造丝和棉纱也是由纱布商号从天津、青岛等外埠购买而来。日本侵华战争爆发后，随着纱布商人的逃亡和交通的阻碍，机纱和人造丝

---

① 见河北大学地方史研究室、政协高阳委员会编著：《高阳织布业简史》有关各商号的访谈记录。

② 见河北大学地方史研究室、政协高阳委员会编著：《高阳织布业简史》有关各工厂的访谈记录。

③ 《高阳县城工商业发展历史材料》，1948年10月15日，高阳县档案馆藏，资料号：51—29—239，此处使用的货币为边币。

供应断绝，乡村织户的织机只能闲置起来。如南圈头村的两户农家 B 和 C，B 农家拥有织布机 4 台，战争爆发前，雇佣 4 名工人，假如每年织 10 个月，用原料费 3600 元，支出工资（不包括伙食）480 元，产品销售 5660 元，扣除伙食费，约净赚 1000 元左右。C 农家拥有织布机 16 台，战争爆发前有 3 台开工，雇佣工人 3 名，织 1 年布用去原料费 20000 元，支出工资 720 元（不包括伙食费），登记费 3500 元，销售额 32400 元，除去伙食费及其他附属劳动报酬，约净赚 5000 元。① 日本侵略者占领高阳后，由于织布原料供应断绝，这两家农户完全放弃了纺织业，仅靠农业勉强糊口。接着，1939 年高阳发生水灾，1941 年又发生旱灾和蝗灾，大部分农民只能砸机卖铁维持生存，织机的木架也都被当作木柴烧掉了。李果庄村战前拥有织机 300 多张，到 1945 年只剩下 30 张；崔家庄战前拥有织机 350 张，到 1945 年只剩下十几张。1945 年高阳解放后统计，高阳织布区仅剩下织机 2600 多张。②

日军占领高阳后，曾有日本商号迁至高阳经营布业。其间，还有人新开了两家小型织布厂。③ 1939 年秋，日商北泽商店迁到高阳县城，但因局势不稳，直到 1941 年才开始营业。该商店因资金太少，经营管理混乱，于 1941 年被东洋棉花会社（以下简称东棉）所取代。东棉的经营方式也是撒机织布，其撒机对象仅限于高阳县城内的织户，并且织户要想得到棉纱，首先必须加入新民会的织业分会，并提交一份有保人的保证书。截至 1942 年 5 月，东棉撒机的织户达 293 户，织机 517 台，共撒出原纱 894 包 10 捆，回收布匹 38686 匹。由于高阳的后整理工厂完全瘫痪，东棉回收的布匹全部发往天津，由天津的整理工厂进行染色和整理，再投放市场出售。出售时完全不用高阳布的名称，而改用其他商标。两家小型织布厂，一名隆德棉织厂，一名久章工厂。前者由居于保定的城居地主管季勋开设，用 6 台提花机织毯子，经纱用染色原纱，纬纱用手纺土线，产品全部销往保定。后者是战争爆发后由财东王汉章重建，用 3 台机子织床单，亦为洋经土纬，产品印天津工厂名称。日商洋行与两家小工厂的存在虽然给

---

① ［日］大岛正、桦山幸雄：《事变前后的高阳织布业》，北方经济调查所，1943 年。
② 《高阳纺织业的调查研究》，1948 年 11 月 16 日，高阳县档案馆藏，资料号：51—30—248。
③ 有关抗战期间日本商号在高阳的经营情况及两家小型织布厂的经营情况均见［日］大岛正、桦山幸雄《事变前后的高阳织布业》，北方经济调查所，1943 年。

了高阳纺织业一线生机，但它们都仅仅在县城内活动，联系的织户数量又十分有限，相对于高阳纺织业的偌大规模而言，其经营规模只不过是沧海一粟，终难挽回高阳纺织业的颓势。

第三节　制度转型中的风风雨雨（1946—1981）

综合生产、运销组织的变化以及纺织业的盛衰情形等因素，结合社会发展的大趋势，这一时期又可细分为四个阶段，即1945—1948年，1949—1952年，1953—1957年，1958—1981年。

一　1945—1948年

这一阶段是抗日战争结束后高阳纺织业的缓慢恢复阶段。

1945年9月12日，中国共产党的抗日政权光复高阳县城，高阳县解放。从1945年年底到1946年年初，高阳纺织业便有所恢复。在这一时段中高阳纺织业之所以能够迅速恢复，主要有以下两方面原因。

其一，抗日战争胜利之初，百废待兴，高阳的集市贸易迅速恢复，人民的创业热情空前高涨。高阳县城集市的管理人员说："过去集上是汉奸老婆多，肥皂粉多，汉奸抢回来的衣裳卖得多，鬼子汉奸到集上白吃东西的多，各商家摊贩关门的多。今天则是粮食布棉多，赶集的人多，开张的买卖多，各种营业赚的钱便利得多。"①

其二，人民政府对高阳纺织业给予了大力提倡和支持。

1945年11月1日，县政府召开全县工人代表大会，动员重建本县纺织业。为了使纺织业迅速恢复，高阳县政府采取了一系列措施。首先，建立公营及公私合营企业，用国家资本的力量直接带动纺织业发展。其次，为私营企业提供资金和物资，扶助它们恢复和发展。如县政府借煤5100斤给合记工厂，并派专人到琉璃河去给合记买煤，致使该厂于12月7日开工，当天便轧布500匹，赚钱20万元（边币）。② 再次，宣讲政策法

---

① 刘平、春田、铁志：《高阳城两月来的经济建设概况》，《冀中导报》1946年3月16日。
② 彦卿、春田、张全来：《在政府帮助下高阳合记染轧厂开工》，《冀中导报》1945年11月。按：1945至1949年的数字均以晋察冀边区银行发行的边币计值。

规，打消私营工商业者的顾虑。如《冀中工商业所得税暂行办法》颁布后，高阳县政府召开了各大小工商业户座谈会，对发展工商业与私人经济起了很大推动作用，自1946年3月15日到4月底，县城织布工厂便由3家增加到15家，布庄由15家增加到31家，染坊由9家增加到11家。①

据统计，1945年年底高阳县有织机3000余架，到1946年3月便增加到4000余架。② 其中高阳县城最多时织机达到285张，每天可出布336匹；③ 其余3800多张织机则散布于四乡农村织户手中。新增加的织机，有半数是战争中遭破坏后来被修好的，有半数是从平、津、保等城市运回或新购的。这些织机大部分为平面铁轮机，一小部分为旧式木织机，抗日战争前盛极一时的楼子机已不复存在。据1946年5月调查统计，高阳的上市布匹每集达到8120匹。④ 布匹的种类有色布、花布、白布、毯子、毛巾等，花布中有花条布、印花布等。从织布原料上划分，有完全洋线布，有洋经土纬布，有完全土线布。⑤ 其中销售最为畅旺和盈利最丰厚者为印花布，三斤重白布卖8000元一匹，染了色、印了花就能卖到16000元。⑥

1946年下半年，尽管受到全面内战爆发和初步土地改革工作的影响，高阳纺织业仍然保持着较为平稳的恢复态势。截至1946年年底，高阳的织布工厂发展到21家，染厂增加到23家（仅9月、10月两月即增添了大生、新生、信记等6家染厂），印花业增加到21家。不少厂家盈利颇丰，如幸福织布工厂，除添置7张织机外，全年还盈利1000余万元。新民染布工厂以20万元的资本，全年获纯利2000余万元。新华土靛布工厂全年盈利亦有2000余万元。⑦ 仅1946年冬天3个月，高阳县即产布

---

① 铁志、彦卿、春田等：《高阳工商业突飞进展》，《冀中导报》1946年5月16日。
② 《高阳工商业初步调查》，1946年3月，高阳县档案馆藏，资料号：51—29—237。
③ 春田、铁志、长兴、彦卿：《高阳城关六百六十辆纺车二百八十张机子生产》，《冀中导报》1946年5月20日。
④ 《河北著名棉织区高阳民间纺织业振兴》，《冀中导报》1946年6月5日。高阳县城的集市是每逢阴历三、八为一大集，阴历一月即有6个大集，以每集平均上市布匹8000匹计，则每月上市布匹将近5万匹。
⑤ 高阳本地人将机制棉纱统称为"洋纱"，概因当地出现最早的机纱是由外洋进口的。此处沿用高阳人的习惯用法，但其含义是泛指各种机纱。
⑥ 《高阳工商业初步调查》，1936年3月，高阳县档案馆藏，资料号：51—29—237。
⑦ 春田：《高阳一年来的工商业》，《冀中导报》1947年2月15日。

190350 匹，以冬季市价每匹可得纯利 2 万元计，只织布一宗全县可收入 380700 万元。①

1947 年，高阳纺织业的恢复出现了波折，诱发波折的因素主要是抵制美货运动和土地改革运动。

抵制美货运动起因于边区对国统区的巨大贸易逆差。抗日战争胜利后，美货大量涌入中国，中共控制下的冀中区百姓日常消费的洋油、洋纱、香烟绝大部分均为美国进口货，这些货物的入口，使得边区对国统区形成巨大的贸易逆差，只按煤油、洋火（进口火柴）、洋线、食盐、币张五种入口计算，国统区在中共领导的边区一年可赚 1200 亿元。在这种情况下，边区政府为保护自给工业，扭转对国统区贸易的被动局面，于 1946 年 11 月 21 日发出"抵制美货、提倡土货"的指示，彻底禁止洋布、洋纱、煤油、洋火入境，现存之货物限期售完；大力发展以纺织为中心的自给工业，开展土布、土线整庄。②

抵制美货运动使得高阳赖以织造宽面布的主要原料——机纱供应断绝，致使铁轮机的能效无法充分发挥出来。为解决织布原料，高阳县政府大力发展手纺业；同时为使手纺土纱适应铁轮机织造的需要，大力开展土线土布整庄。土布整庄的本义是将手工织成的布匹，经过漂染和轧光，增加其外表的整齐和美观。而这里的土线土布整庄则是借指统一土线、土布的规格和质量，以达到替代洋纱、洋布的标准。其具体过程可分为弹轧花、纺线、拐线、织布四个步骤。弹轧花将棉花轧成棉絮，用风弓弹两遍，拣去陈絮，顺丝搓成棉条。纺线是用手摇纺车把棉条抽成棉纱，要求粗细均匀，拉力要强，重量要达标，还要择掉线表面的疙瘩，坚决反对使潮、掺假、短两等投机行为。拐线是将纺成的穗子拐成拐，具体做法是：按照标准尺度做一个轮子，大轮圆径 3 尺 6 寸，木轴下安两个起带动作用的小轮，各 9 尺。大轮转 81 圈为 1 子，7 子为 1 拐，每拐 2 千尺，10 拐为 1 支，每支 2 万尺。弹轧花、纺线、拐线是土线整庄的完整过程。土线整庄完成后，即可用之上机织布，织布的过程与

---

① 谷峰、春田：《高阳纺织业飞速发展，去冬收入五十八万万元》，《冀中导报》1947 年 3 月 1 日。

② 《冀中行政公署、冀中军区、冀中各团体关于抵制美货、提倡土货、进一步贯彻自力更生方针的指示》，华北解放区财政经济史资料选编编辑组编：《华北解放区财政经济史资料选编》，财政经济出版社 1996 年版，第 43—45 页。

使用机纱完全相同。①

高阳纺织业自从进入现代化历程以来，织布原料就完全仰仗外来的机纱，县内虽有一些妇女纺线，但人数不多，土线产量有限，无法满足纺织业的原料需求。因此，要实现抵制美货和土线整庄，首先必须有组织地发展手纺业。为此，政府贷款贷物，帮助农民购买或制造纺车，并组织公营布线庄，或在市场上大量收购土纱，或开展以棉换线业务，或开展"撒花收线"业务。如华丰布线庄派工作人员到各个集市收购土纱，并借助可靠小贩到远距离村庄收买；莘桥村一带纺线的很多，为解决群众买棉的困难，华丰便在莘桥设立了一个弹花坊，以弹好的皮棉换线，并给予一定的手工费；它还与县妇救会合作，组织南蒲口和季朗村的妇女，向她们低于市价出售棉花，高于市价回收土线。通过以上三种方式，华丰每月可收购土线9500斤。② 中兴布线庄则开展"撒花收线"业务，具体做法：每新辟一个村庄，首先了解该村纺户的数量、纺线技术，向纺户宣讲整庄土线的意义和具体做法；接着选择村中技艺娴熟的村民，组成纺线小组，撒给棉花，发给拐线轮（最初组织起来的小组每组一个，小组扩大每纺车十辆配给一个）。通过这种办法，中兴在一村组织一个或两三个纺线小组，每小组纺车三四十辆至五六十辆不等。③

为了促进土布整庄，一些公营布线庄还开展了"撒机"业务，即将整庄土线直接撒给城乡织户，在回收布匹时付给织户手工费。如中兴布线庄为开拓撒机业务，采取"典型示范"方式，在东留各庄、付家营等村找了十几家积极分子做示范，使撒机业务迅速发展起来。④ 华丰布线庄为使无资本的织户和已停机的织户恢复生产，并处理已收到的土线，大量撒机，原计划撒机100张，后由于无资本群众和抗属很多，实际扩大到撒机350张。⑤

尽管政府和公营布线庄大力发展手纺业和开展土线土布整庄，但"抵制美货运动"仍然给高阳纺织业的恢复造成了不利影响。首先，手纺业生产效率低下，致使棉纱缺口很大。从公营布线庄的经营来看，华丰、

---

① 谷峰：《闫玉田谈土线土布整庄技术》，《冀中导报》1947年3月19日。
② 赵光礼：《华丰布线庄怎样扶植了高阳纺织业》，《冀中导报》1946年10月8日。
③ 《高阳中兴布线庄整庄土布的初步经验》，《冀中导报》1948年5月22日。
④ 李华：《高阳中兴布线庄进行土布、线整庄经验》，《冀中导报》1947年5月6日。
⑤ 赵光礼：《华丰布线庄怎样扶植了高阳纺织业》，《冀中导报》1946年10月8日。

中兴、永利、新丰等布线庄掌握纺车 4000 余辆，每集可收整庄土线 4000 余斤；而它们"撒机"达 600 余张，每集需撒土线 10800 余斤。其土线缺口每集将近 7000 斤。从整个纺织业来看，到 1947 年 5 月，高阳县共有织机 3000 余张，每张机子需 20 辆纺车供给土纱，至少需纺车 60000 余辆，而当时高阳全县才有纺车 30000 余辆，土纱缺口近半数。① 冀中各地农村纺线捻度不统一，高阳是正劲线，其他许多地区是侧劲线，高阳所缺之线也无法从冀中其他地区调剂。土纱的缺口致使织机开工严重不足，迟滞了纺织业的恢复速度。其次，在"抵制美货"过程中，颜料也禁止进口，高阳的一般染坊多用皂青（用五贝子和臭碱）染色，既损坏了布的质量，使其不能经久耐用，又容易褪色，使高阳所产布匹背上了"高阳破布"之名，严重影响了条格布和色布的市场声誉。再次，公营布线庄领导下的土布整庄只是盲目地从尺码上和质量上入手，而不顾及市场需求及消费者购买力，使产品与市场脱节，造成滞销。如元兴布线庄 1948 年使用洋纱整庄，所产布匹虽质量好，但价格昂贵没人买，结果中兴收布 2000 匹即不敢再收，农村织户织整庄布赔累两千多万元，致使此次整庄流产。此前高阳的几次整庄都因产销脱节而遭到失败。②

另一个引起纺织业波动的因素是土地改革运动。高阳县的土地改革分两个阶段进行。第一个阶段是 1946 年 9 月至 12 月，为贯彻《中共中央关于清算减租及土地问题的指示》（即"五四"指示），高阳县委采取"以点带面，点面结合"的方法，在全县逐步展开以"抽多补少，抽肥补瘦"为主要内容的土地改革运动。因为这次运动主要是针对地主的土地展开的，运动之后地主即便还有浮财，也不敢拿来投资纺织业。有的村庄还发生了没收地主织机的现象。③ 按高阳县乡村的一般情形而言，土地占有量和织机数量往往成正比，地主土地多，一般织机也多，因此这一阶段的土地改革主要影响的是乡村中较大的纺织户。

第二个阶段是 1947 年 12 月至 1948 年 5 月，为贯彻《中国土地法大纲》，高阳县委成立土地平分运动核心组，领导全县开展以平分剥削阶级土地、房屋、粮食、牲畜、生产工具等为主要内容的平分运动。这次运动

---

① 李华：《高阳土线整庄后所出土线供不应求，急需外县土线输入》，《冀中导报》1947 年 5 月 6 日。
② 冀中行政公署：《冀中纺织业》，1948 年 11 月，河北省档案馆藏，资料号：5—1—195—1。
③ 《高阳工商业初步调查》，1947 年 3 月，高阳县档案馆藏，资料号：51—9—237。

是一场轰轰烈烈的大规模全方位的群众运动，群众忙于斗争、评议和分浮财，因此在运动开展过程中乡村纺织几乎完全停滞。运动过后很长一段时间，高阳农村的织机仍然开工不足。据县委1948年8月调查，野王村共有铁轮机63架，开工47架，未开工16架；① 季朗村共有铁轮机77架，开工60架，未开工17架。② 据1948年9月统计，高阳全县共有织机3685张，未开动的就有801张，占织机总数的21.7%。③ 之所以如此，主要原因在于政府在平分运动中执行政策有偏差，过后亦未得到很好的纠正，致使很多织户心存顾虑，不愿开工。仅对乡村纺织业而言，执行平分政策出现的偏差主要表现在两个方面：其一，一些村直接侵犯了织户利益。如高阳县李果庄把凡有织机的户都定成富农，并分了其中32户的纱、布，过后纠正时，有14户的纱、布没有退还；④ 其二，许多村庄都侵犯了中农利益。据高阳县委1948年8月对李果庄、崔家庄、季朗村、前柳滩、野王村等5个村的调查统计，织户共395户，其中地富12户，中农245户，贫农138户，中农占织户的62.03%，⑤ 由此可见，高阳乡村织户大多数是中农。不少村平分时侵犯了中农的财产，过后纠正时，或由于村干部想不通，或由于被平分之物品已经出售无法退还，致使问题难以解决，造成中农的思想顾虑。除了执行政策偏差造成的影响外，平分运动还在农民中造成了一种普遍的怕富心理，使其不敢开机赚钱。县委在调研时，博士庄的农民就说："中农吧，现在不吃也不发，每天凑合着过，保持着中农就好了，什么时候也没有关系。如果过有了，再平分时就得挨斗。"⑥ 季朗村的农民说："现在就怕说有票子（即钞票），地主、富农消灭得差不多了，再斗还斗谁呢？所以现在都不敢动，闹不清下一步怎么回事。"⑦

与乡村织户相比，县城的工商业者在土改中受到的冲击更大，他们大多数系地主、富农，在运动中非常恐慌，所经营的工商业一时都陷于停

---

① 《高阳县七区野王村调查资料》，1948年7月，高阳县档案馆藏，资料号：51—30—244。
② 《高阳县七区季朗村调查材料》，1948年7月，高阳县档案馆藏，资料号：51—30—246。
③ 《关于发展高阳纺织业的意见》，1948年9月，高阳县档案馆藏，资料号：51—27—227。
④ 冀中行政公署：《冀中纺织业》，1948年11月，河北省档案馆藏，资料号：5—1—195—1。
⑤ 《高阳纺织业的调查研究》，1948年11月16日，高阳县档案馆藏，资料号：51—30—248。
⑥ 《高阳县一区博士庄调查材料》，1948年7月，高阳县档案馆藏，资料号：51—30—243。
⑦ 《高阳县七区季朗村调查材料》，1948年7月，高阳县档案馆藏，资料号：51—30—246。

顿。土地改革过后，由于政府对保护工商业的政策宣传不够，执行不力，致使许多工商业者思想上有顾虑，对政策持怀疑态度，害怕再次挨斗和平分。如布商王瑞珍说："我家里是贫农，但因在城里做买卖，整了十来张机子，城里贫民团便斗了我，这一来谁还发展哪！"东街织户齐本有6张机子，只开动着2张，剩余的4张机子也能开动，但是他怕目标大了斗争他，不敢全部开动。布商张仲英说："现在高阳的工商户没有一个是发展扩大的。谁也不是赚回钱来大吃大喝。主要是大了怕斗争。"郝奎星说："八路军的政策变得太快，现在这样，以后不知又怎样。"①

抵制美货运动和土地改革造成的影响直到1948年下半年才稍稍有所缓解，之后高阳纺织业的恢复又慢慢步入常态。石家庄解放后，大兴纱厂迅速恢复生产。1948年下半年，大兴纱厂在高阳设立分销处，每月批到高阳的机纱指数为3000多捆，批到其他县的棉纱也大都由商人运销高阳。此外，公营元兴商店也从石家庄购进机纱，开展"撒机"业务。② 如此一来，断绝一年多的机纱又重返高阳市场。但是，石家庄的机纱产量有限，满足不了高阳市场的需求，高阳纺织业的恢复仍然摆脱不了机纱短缺的困扰。1948年5月17日至7月2日，华北解放区在石家庄召开了工商会议，会议根据"发展生产、繁荣经济、公私兼顾、劳资两利"的方针，出台了实行中共中央保护与发展工商业政策的各种具体办法，并提出检查过去工作的缺点，纠正土地改革中侵犯工商业等问题。为贯彻华北工商会议精神，高阳县委组织调查组下乡调研，下大力气纠正土地改革中侵犯工商业的错误，并多次组织工商业者召开座谈会。在县委的努力之下，土地改革造成的不利影响逐渐被消除，停机不织的户也渐渐动了起来。李果庄村1948年春开动织机108张，到9月即增加到151张。③ 据统计，1948年9月，高阳有织机3685张，只开动2884张，到12月即增加到4140张，且全部开动起来。残存的提花机也开动了1191张。布匹的上市量，10月每集日上布1000匹至2000匹，12月即达到6000匹左右。④

---

① 《高阳县城工商业发展历史材料》，1948年10月15日，高阳县档案馆藏，资料号：51—29—239。

② 辛振华：《逐渐恢复中的高阳纺织业》，《冀中导报》1948年11月27日；《高阳纺织业发展简史》，1948年6月20日，高阳县档案馆藏，资料号：51—29—238。

③ 辛振华：《逐渐恢复中的高阳纺织业》，《冀中导报》1948年11月27日。

④ 《关于发展高阳纺织业的意见》，1948年9月，高阳县档案馆藏，资料号：51—27—227。

与抗战前相比,这一时段高阳纺织业的生产和运销组织已经发生了明显变化,那就是公营与公私合营经济成分产生,形成了与私营经济成分共存的局面。

布匹生产包括织造和深加工两个环节。布匹的织造主要靠散布于城乡的个体织户完成,他们一般从集市上购买棉纱,在家中织成布匹,然后再到集市上出售。除个体织户外,在高阳县城关一带还产生了一些织布工厂。较大的工厂有鸿记、元丰、恩记、元新、同和等,均为公营或公私合营,这些工厂一般拥有十余张织机,同时经营染轧布匹深加工。较小的工厂有民主、幸福、魏金波、新民、蚨丰等,全部为私营性质,这些工厂一般拥有六七张织机。从经济效益上看,私营的小工厂效益多比较可观,如魏金波工厂开张一个半月便获纯利20万元。幸福工厂从1945年春节到次年4月初赚纯利40余万元。公营和公私合营的大工厂效益都不好,多数不赚钱或赔钱。与私营工厂相比,公营或公私合营的工厂存在机关化、人浮于事、成本高、工作不积极等弊病,如鸿记工厂与魏金波工厂相比,魏金波工厂是6人合资创办,有6张织机,其职工包括织布工人6人,打桴子4人,轮线1人,浆线1人,做饭1人,买线、卖布、写账3人,共17人。负责买线卖布的都是买卖老手,经验丰富。织布工人都是熟练工。工资待遇:打桴子一月3500元,浆线3000元,做饭4000元。织布一匹250元(1匹8丈的布),花条布一匹300元(织多了加钱)。三个人股月薪6000元。每人每日饭费约100元(主食全部为小米),半月吃一次白面,此外没有其他福利。鸿记工厂是由陈姓掌柜与冀中七分区合营的,有5张织毯机和7张铁轮机,有职员8人,织布工人30人,女工3人,共有职工41人。厂长和会计都是七分区派去的,不懂生产和经营。织布工人半数以上是从军队复原回来由七分区介绍来的,技艺较为生疏。工资待遇:织布工人每月70—110斤小米(视生产布匹多少而定,一月织40块70斤小米,织45块85斤小米,织50块110斤小米),每年发一床棉被、三身衣服、四双单鞋、一双棉鞋、四条毛巾,职员与织布工人相同。全厂职工一起吃饭,25%的细粮。相比之下,鸿记工厂每匹布的成本要比魏金波工厂高400元。① 如果从成本上比较,在以铁轮机作为主要生产工具的条件下,个体织户比织布工厂的成本低,因为个体织户可以充分利用家庭内部

---

① 《高阳工商业初步调查》,1936年3月,高阳县档案馆藏,资料号:51—29—237。

的间余劳力和半劳力,这些劳力的边际报酬甚至可以降到必要劳动价值以下;其次是私营织布厂,再次是公营或公私合营的织布厂。由于生产成本上的差异,当高阳纺织业在1947年之后遇到波折时,织布工厂便难以为继,纷纷歇业,部分兼营染轧业的工厂变成专营染轧业。

布匹的深加工包括染轧和印花等流程。如上文所述,抗战前高阳有19家机器染轧工厂,这些工厂在抗战爆发后全部停业,其机器设备也遭到了不同程度的破坏。高阳解放后,政府接管了剩下的9家工厂。为了避免机器设备被毁坏和偷盗,1948年2月23日冀中专区成立了由高阳县政府、工人和商人组成的清理保管委员会(简称"清保会"),以对这些工厂尽到清理及保管之责。① 由于这些工厂的原主多在国统区,致使多数工厂长期无人接管。后来随着形势的发展,县政府陆续没收了合记、义丰、元新、鸿记、增厚昌、永新6家工厂,宣布代管同和、酉记、恩记3家工厂。这些工厂的机器设备,有的直接被公营染轧工厂所利用,如前文提到的合记工厂,1935年10月县政府曾借给该厂5100斤煤协助其复业,以张香亭为经理。后来合记私存的2000斤颜色没有登记,被税务局查抄,张香亭又因抽大烟被警察公安局抓捕。释放后,他举家逃往天津。1936年12月,县政府将合记没收,归属冀中实业建华公司经营,改名为建华染轧厂。② 建华还利用了酉记的大部分机器。同和工厂的南厂被军区军染工厂占用,该厂后改名为军用总厂,它还借走鸿记的大部分设备、合记的3对染槽、增厚昌的1个发动机和恩记的1架码布机。其余设备都被太行纸厂、晋冀豫工业局、冀中工业局等非纺织部门运走。③ 这样一来,抗战前盛极一时的私营机器染轧工厂便消失了,代之而起的是建华、军用两家公营机器染轧厂。这两家机器染轧厂除经营染轧业务外,还兼营布庄和印花,并进行撒机织布。此外,还有二三十家手工染坊,都是私营的。它们起初仅经营染布和染线业务,因为高阳市场上素有赊欠水色线的习俗,染坊资本有限,随着物价上涨,赊欠往往造成赔累,于是它们纷纷放弃染线

---

① 《冀中行政公署呈为呈报高阳酉记漂染工厂处理情形及存在问题》,1949年7月,河北省档案馆藏,资料号:5—1—21—2—2。

② 《冀中行政公署对高阳工厂机器处理保管的意见》,1948年1月,河北省档案馆藏,资料号:5—1—215—2。

③ 《高阳工厂机器各地搬运统计表》,1949年7月25日,高阳县档案馆藏,资料号:51—27—230。

业务，而转向兼营布匹买卖。①

　　战前高阳就形成独一无二的"土法"麻布印花技术，战后纺织业恢复时，高阳人更是将这种技术运用到棉布深加工之中，创造出颇受市场欢迎的印花棉布，于是大大小小的印花厂便应运而生。印花厂一般是由几个人集资开办，所雇工人多为女工。资本小的印花厂只给布庄或大布贩印手工，资本大的印花厂也兼营布匹买卖，即在市场购进白布，交染坊或机器整理工厂加工后再印花，再把布匹运到市场上出售。1948年年初，高阳有印花厂80家左右，雇佣女工300多人。②

　　高阳的棉纱和布匹买卖也是公营商业企业和私商并存。

　　高阳解放后，冀中的华丰商店便在高阳建立公营的华丰布线庄，专营棉纱和布匹买卖。后又有公营的中兴等布线庄相继成立。1946年前后，运入高阳的机纱有2/3是由北平、天津、保定等地的商号运销到高阳的，另1/3则是由华丰、中兴等几家公营的布线庄从华北的天津、青岛、石家庄、卫辉、新乡、郑州、榆次等地的纱厂购进的。③在后来的土线土布整庄中，公营布线庄更是发挥了主导作用。1948年之后，只剩下建华公司染轧厂和元兴布线庄两家公营企业经营机纱买卖和撒机织布，同时石家庄大兴纱厂（当时是私营性质）在高阳设立分销处，销售自产机纱。土纱除公营布线庄经营撒花收线业务外，大部分都是由农民自纺，在集市上出售给公营布线庄或乡村织户。还有倒线的商贩从饶阳、肃宁等地收购土线来高阳集市上出售的。从总体上看，这一阶段的机纱购销主要由公营企业所掌握，土纱的购销则由公营布线庄、线贩和纺线户一起参与。

　　参与布匹买卖的有私营布庄、染坊、印花厂、高阳和外地布贩以及公营布线庄、机器染轧厂。布庄多是由乡村中的中农合作组织的，几个人出资合股，股东兼任经理和职员。布庄的经营方式一般是在集市上收了白布，到染坊去染色，到整理工厂去轧光，再销售给布贩。与抗战前的布线庄相比，此时的布庄资本要薄弱得多，只是单纯地进行布匹买卖，而无力兼营布线生意，开展撒机织布。据1948年1月统计，高阳共有布庄54

---

①《高阳纺织业的调查研究》，1948年11月16日，高阳县档案馆藏，资料号：51—30—248。以下关于印花业、布庄等内容大都出于这份调查报告。

②《高阳市的印花业》，1948年9月18日，高阳县档案馆藏，资料号：51—29—240。

③《高阳工商业初步调查》，1946年3月，高阳县档案馆藏，资料号：51—29—237。

家，总资本31000万元。1935年前后，高阳最小的布线庄也存有五六百匹布，而此时的布庄最大者存布也不超过两百匹。染坊和印花厂都是兼营布匹买卖，其经营方式都是从市场购买本色棉布，自己进行染色和印花，而后批售给布贩。公营的布线庄最初有华丰、中兴、元兴等数家，到1948年只剩下元兴一家。① 它们的经营方式除与布庄一样在市场上买卖布匹外，还开展撒机织布。其产品或卖给布贩，或自己组织运销。公营的机器染轧厂有建华染轧厂和军用染轧厂两家，前者经营方式与公营布线庄完全相同，后者则主要做军工生产，不参与市场营销。高阳所产布匹大部分都经布贩之手销售出去。高阳本地的布贩很多，他们大都用自行车驮着布匹到临近各县兜售，每辆自行车可驮10—15匹布。只有三四家大布贩用大车运到远处销售。外地布贩来自深州、饶阳、博野、安国、武强、蠡县、彰德、顺德、冀西山区各县、沧县、郑州等地。布匹的部分销售区域及所销布匹种类为：冀西的易县、行唐、阜平、涞源等县，以色布、条格布为大宗；冀南顺德、临清、南宫、冀州等地，也以色布、条格布为大宗；冀中北部和西南部各县、石家庄一带，各种布匹均有销售。总体上看，在布匹运销环节，私营经济发挥着主导作用，公营布线庄和染轧厂尽管资本较为雄厚，但数量太少，尚不能掌控市场。

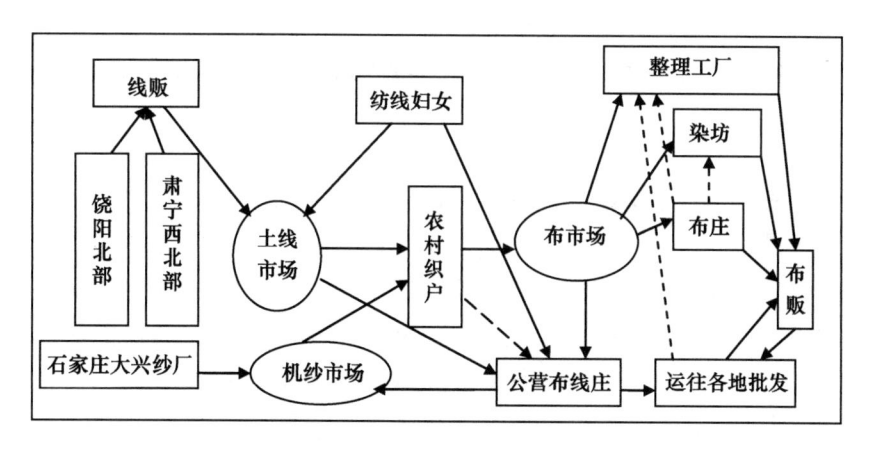

图1—3 高阳纺织业生产、交易示意（1948）

注：实线箭头代表流向。虚线箭头代表"撒机织布"。

---

① 《调查总结：高阳县纺织业的发展障碍》，1948年9月，高阳县档案馆藏，资料号：51—30—248。

二 1949—1952 年

顾琳称这几年为高阳纺织业的"第二个增长期"①，的确在这一阶段高阳纺织业发展十分迅猛，其发展速度超越了以往任何一个时期，创造了高阳纺织业发展速度之最。

表1—9　　　　1949—1952 年高阳县纺织业发展统计

年　份	1949	1950	1951	1952
织机数量（台）	4428	6654	8236	8973
布匹产量（匹）	223600	458823	940321	1308405
产值（百万元）	49415	101399	207810	289167
原料消耗量（件）	5680	11470	23508	32711
从业人数	13824	19962	24708	26919

说明：1. 织机数量中仅统计了铁轮机（平面机）的数量，据 1955 年 3 月统计，高阳县还有织线毯的楼子机 187 台、织小土布的木机 149 台；2. 原料消耗按每匹布用纱 1 捆计算；3. 产值按每匹布 221000 元计算；4. 布匹产量是将各种布折合成大白布计算出来的，实际生产品种则约有 80% 的大布，有 20% 的条格等布；5. 从业人数按每台机子用 3 个整人的劳动力计算（织布、浆纱、送布、取纱、络经、打纬等工序）。

资料来源：《解放以来高阳县织布机历年发展情况统计表》，1954 年 10 月 8 日，高阳县档案馆藏，资料号：1—30—11。

从表 1—9 可以看出，1949—1952 年，高阳纺织业的织机数量、布匹产量、产值、原料消耗量和从业人数都翻了一番。与中华人民共和国成立前高阳县织机最多的 1929 年相比（平面机 8465 台，提花机 2219 台），高阳县的平面织机已经恢复到战前水平，而提花机却远远不及战前水平。这一时期高阳纺织业之所以能够迅速发展，主要有以下几方面原因。

其一，外部环境有了根本性改善。大陆解放，交通畅通，高阳纺织业所需机纱能够大批量源源不断地运进来，彻底解决了纺织业的原料供应问题，同时也使得高阳布的销售市场顺利地向远方扩展。

---

① ［日］顾琳：《中国的经济革命：二十世纪的乡村工业》，王玉茹等译，第 165 页。

其二，为救灾政府对纺织业给予了大力提倡。中华人民共和国成立之初，高阳县连年遭受重大自然灾害的侵袭。1949年6月，69个村庄被冰雹袭击，造成农作物减产30%。7月，五区、七区遭受严重绿虫灾害。8月上旬，境内水灾，169个村庄被淹，农田受灾44万余亩。1950年8月连降大雨，潴龙河、孝义河相继决堤，112个村庄被淹，农田受灾40万亩。1951年春夏大旱，大田作物多旱死，同时一区、二区、三区发生蝗灾。① 政府为帮助农民生产自救，乃大力提倡纺织业。如1949年，政府领导深入灾区进行调查，帮助灾民订立织布生产计划，在组织上责成村支书、村长和生产主任负责领导督促本村织布生产。政府还与花纱布公司协调，商定只要经过村、区、县三级政府介绍，花纱布公司即发给灾民原料进行加工。②

1949—1952年被学界定位为国民经济恢复时期。在这一时段，高阳纺织业中的公营经济迅速发展，同时私营经济也迅速发展，形成两种经济成分共同发展的局面。

公营经济是政府利用国家资本的力量在原有基础上改扩建而成的。自1945年解放以来，高阳纺织业之所以发展缓慢，最主要的问题是机纱供应不足。为解决这一问题，县政府不止一次提出由公家出资设立一个较大布线庄的想法，城乡织户根据以往的经验也迫切希望有布线庄开展撒机织布，于是全国解放后，花纱布公司便应运而生。花纱布公司前身是米业商店，1949年之后改为专营棉花、棉纱和布匹。③ 它从天津、青岛等地采购大批棉纱到高阳，采取撒机织布的方式，吸引大批农民"织手工"，即公司把棉纱发给织户加工布匹，在回收布匹时付给织户加工费。除撒机织布外，花纱布公司还向"织卖货"的织户出售棉纱。此外，机染厂、县合作社等公营单位也采购部分棉纱，开展撒机织布。

---

① 高阳县地方志编纂委员会编：《高阳县志》，方志出版社1999年版，第139页。
② 《高阳1954年棉织手工业调查工作总结》，1954年10月22日，高阳县档案馆藏，资料号：1—20—3。
③ 关于花纱布公司的成立、演变及经营情况散见于高阳商业局中华人民共和国成立初期的档案之中。

表1—10　　　　　　　公营经济控制下的织机数量

年份	全县织机总数	公营单位名称					合计	占全县织机总数的百分比（%）
		花纱布公司	机染厂	县合作社	福利染厂	宏大染厂		
1949	4428	1600	430	680	30		2740	61.9
1950	6654	3301	900	900	245	220	5566	83.6
1951	8236	5186	900	1100			7186	89.2
1952	8973	4527	1046	1200			6773	76.8

说明：福利染厂、宏大染厂是公营厂，在1951年后并入机染厂。

资料来源：《中央工作组调查材料——解放后高阳手工纺织业中的私人资本调查报告》，1954年10月20日，高阳县档案馆藏，资料号：51—38—371。

由表1—10可以看出，公营经济成分从一开始便掌握了高阳县大部分织户，成为高阳纺织业中最大的包买商。

机染厂和县合作社撒机回收的布匹一般自己销往外地。而花纱布公司最初无力自销布匹，而是把布匹赊售给私营布商和小商贩，由他们运销外地商埠；或直接批售给外地布商。1950年以后，中国花纱布公司成立，随后省、地分公司相继成立，整个公司形成了一个遍布全省乃至全国的商业系统，高阳花纱布公司掌握的大部分布匹便由省分公司直接调拨给各地的花纱布公司经销。这使得高阳布迅速遍及全国各地市场，遂造成供不应求的状况，在短时间带动了高阳织机数量的迅速增长。

1949—1952年，在公营经济和政府的扶助下，私营经济也获得了长足发展。而公营经济和政府对私营经济的扶助是符合国家大政方针的。1949年9月通过的起着临时宪法作用的《中国人民政治协商会议共同纲领》第30条规定：凡有利于国计民生的私营经济事业，人民政府应鼓励其经营的积极性，并扶助其发展。

公营经济和政府对私营经济的扶助主要体现在以下两个方面。

其一，公营经济直接把布匹赊售给私营布商，在业务上给予他们极大的便利。

其二，高阳县人民银行向私商发放大量贷款，为其业务的扩展提供了大批资金。据统计，1949年高阳县人民银行的工商贷款总额为164529万元，其中工业贷款112039万元，占94.5%；商业贷款8970万元，占

5.5%。1950年工商业贷款总额189908万元，其中工业贷款112039万元，占59.5%；商业贷款77869万元，占40.5%。1951年工商业贷款总额460537万元，其中工业贷款411367万元，占89.3%；商业贷款49170万元，占10.7%。1952年工商业贷款总额346412万元，其中工业贷款225867万元，占65.2%；商业贷款120545万元，占34.8%。1953年工商业贷款总额464680万元，其中工业贷款269770万元，占58%；商业贷款194910万元，占42%。① 这些贷款基本上全部发放给纺织业的私营工商企业。

高阳纺织业中的私营经济包括布庄、印花厂和漂染厂。

私营布庄的资金十分有限，已经无力像20世纪30年代一样撒机织布。其经营方式与20世纪30年代的布庄完全相同，是纯粹的商业经营，即从花纱布公司赊购布匹，或从市场上购买布匹，通过在外埠设立的分庄，运销布匹谋利。从表1—10的数据来看，表面上公营经济似乎控制了绝大部分织户，私营布庄在市场上应该很难购买到布匹，但实际情况并非如此。公营经济和织户的结合是松散的，当自营的利润超过"织手工"所得加工费时，织户往往放弃"织手工"而转为"织卖货"。更有甚者，有些织户从花纱布公司领取棉纱后偷工减料，交回公司次布，把偷减下来的棉纱织成布到市场上出售，或者干脆不向公司交布，而是把产品拿到市场上出卖。如西果庄全村欠花纱布公司3338匹布，欠布最多的曹老本一户即达26匹。② 如此一来，私营布庄便能够从市场上购买到大量布匹。私营布庄的发展壮大可以从其外庄的扩展反映出来。1949年高阳布还只能运销到石家庄、泊镇、易县一带。1950年逐步扩大至北京、太原、邯郸、张家口。在京汉铁路线上远达郑州。1951年更远达许昌、徐州、西安、包头和沈阳等地。条格布的主要销路在西安、太原、石家庄、定县、涞水、易县等地。③

随着全国经济的恢复，城乡人民购买力提高，高阳的漂染印花布颇受

---

① 《中央工作组调查材料——解放后高阳手工织布业中的私人资本调查报告》，1954年10月20日，高阳县档案馆藏，资料号：51—38—371。
② 《高阳县人民委员会关于高阳手工棉织业情况的报告及今后改造意见》，1955年3月24日，高阳县档案馆藏，资料号：1—32—6。
③ 《中央工作组调查材料——解放后高阳手工织布业中的私人资本调查报告》，1954年10月20日，高阳县档案馆藏，资料号：51—38—371。

市场欢迎，获利极其丰厚。如1950年、1951年高阳外销一匹印花布可获4万元左右的利润，而1952年在郑州市场销售一匹印花布可获利55100元，1953年运销东北一匹布可获利7万元。高阳的手工印花和漂染设备较为简单，技术也不复杂。在高额利润的驱动下，不少私商投资兴办漂染厂和印花厂，部分布庄也转向兼营印花厂。这样一来，印花厂和漂染厂的数量和资本也迅速增长。二者之中，由于印花厂设备简单，投资较少，发展尤为迅速。

表1—11　　高阳布业、漂染、印花三业历年发展趋势

行业	项目	1949年	1950年	1951年	1952年
布业	家数		29	33	35
	总投资额（元）		574321000	681371000	1209397500
	指数		100	119	211
	平均每户投资额（元）		19803862	20647606	34554214
	指数		100.00	104.26	174.48
漂染业	家数	13	13	23	22
	总投资额（元）	294500000	383777060	729212170	1273951074
	指数	100	130	248	433
	平均每户投资额（元）	22653846	29521312	31704877	57806867
	指数	100	130	140	255
印花业	家数	19	34	83	79
	总投资额（元）	72180000	271642180	1148060000	1855074500
	指数	100	376	1591	2570
	平均每户投资额（元）	3798947	7989476	13832048	23481955
	指数	100	210	364	618

说明：缺乏1949年的布业统计数字，因而布业只能从1950年开始算起。

资料来源：布业统计数字来自《中央工作组调查材料——解放后高阳手工纺织业中的私人资本调查报告草稿》，1954年10月20日，高阳县档案馆藏，资料号：51—38—371；漂染业和印花业统计数字来自《1954年手工业调查表一套》，高阳县档案馆藏，资料号：1—30—11。

三 1953—1957 年

这一时期是中国经济制度变化最为剧烈的时期之一。1953 年 6 月，中共中央提出了过渡时期总路线，即在 10—15 年内实现新民主主义经济向社会主义经济的过渡，基本完成国家的工业化和对农业、手工业、资本主义工商业的社会主义改造，随即各行业的社会主义改造全面铺开。高阳纺织业中私营工商业的改造开始较早，它是在公营和私营经济竞争的作用下，由一个突发性事件引起的在政府力量主导下的突发性变化。[①]

公营和私营两种经济力量是存在一定竞争的。私营布商与花纱布公司的竞争主要发生在争购产品方面。前文说过，这一时段花纱布公司掌控着棉纱的运销，并用撒机织布的形式控制着绝大部分织户。私营布商除了转销花纱布公司的布匹外，为了提高利润，也想方设法从织户手中直接购买布匹。其办法：一是抬高价格，以高于花纱布公司牌价的办法诱使织户卖布给它；二是降低收布的规格，收取织户的次布；三是派人深入农村，走街串巷去收布。私营布商的这些活动最初因其力量薄弱，收布数量不多，对花纱布公司的业务影响不大；随着私营布商力量加强，收布数量大增，花纱布公司的业务便受到一定影响，出现了前文提到的织户把给公司加工的布匹直接出售给私营布商的现象。

私营印花业在给花纱布公司加工订货的过程中，为了获取超额利润，更是采取非法手段直接损害公司利益。如 1950 年时，双方议定如果印花厂在加工中出现废品，要按照花纱布公司牌价赔偿。而印花布的市场价格要高于花纱布公司牌价（赔偿费），印花厂便故意将部分成品报成废品，私自向市场出售，每匹布可获利 1 万元。印花厂还在花色品种上做手脚。如 1953 年第一季度中花布滞销，小花布畅销，印花厂便给自营产品刷上小花，而给公司加工的产品刷上中花。在花纱布公司要求改刷小花时，印花厂又给自营产品刷点底和篦子花。此外，印花厂还在颜料上做手脚，给花纱布公司加工时掺杂次等颜料，致使公司产品颜色较浅；而自营产品则使用上等颜料，色泽鲜艳。

[①] 对 1953 年私营经济改造的研究主要依据《中央工作组调查材料——解放后高阳手工织布业中的私人资本调查报告》（1954 年 10 月 20 日，高阳县档案馆藏，资料号：51—38—371），下文不再一一注明。

公、私营经济之间的竞争在1953年上半年因一个突发性事件被完全凸显出来。1953年上半年，在高阳纺织业中作为公营经济支柱的花纱布公司进行清产核资，为了避免积压资金、压缩库存，决定不再收布，完全退出市场。① 这样一来，1953年上半年，高阳纺织业的货源几乎完全为私营经济所控制，大部分销售市场也被私营经济占领。据统计，1953年1月至6月，花纱布公司仅收布6632匹，占市场份额的3.4%。在布匹销售方面，花纱布公司仅销布8089匹，私商销布则达13196匹，超过公司63%。②

而此时贩卖布匹的利润又极其丰厚，如交色23花布，每匹（110尺）在高阳收购价为218000元，运至邯郸、郑州每匹可售价238000元，运至济南可售价250000元。因而私营经济的实力迅速扩张。仅3月，高阳四乡便增加了印花厂24家。发昌印花厂有资金3000万元，上半年经营布匹3400匹，经营额8亿1千万元，获纯利7000余万元，超过资金额的2倍以上。天成布庄自有资金36000万元，上半年经营总额为6亿4千余万元，获纯利50500万元。

私营经济的实力扩张使其竞争力大大增强，以至于花纱布公司8月重返市场时再也无法恢复往日的市场份额。在收购布匹时，私商或采取高于公司牌价的价格向织户收购，或采取降低规格质量的方式收购（收购价格与公司牌价相同，但降低了布匹的规格质量，如按规定用22.7支纱织成的大白布降低为使用17支纱或18支纱），以此来吸引织户，使得一部分原来为公司加工的织户转而为市场生产。如花纱布公司8月计划加工印花布4万匹，但实际只完成26000匹。在销售布匹时，私商利用地区差价和批零差价，以低于公营公司的价格占领销售市场，以至于公营公司的货滞销。如百货公司的金钟牌青布，每尺售价3500元，新华牌青布每尺售价3600元，而私商的售价却各降为3400元和3500元。

为了加强竞争力，恢复往日的市场份额，花纱布公司最初采取了一系列经济手段。首先，公司在纱布交易所帮助下，采取国家、集体、私营三

---

① 《花纱布公司关于清理资产核算资金的决定》，1953年1月1日，高阳县档案馆藏，资料号：23—2—6。
② 《高阳1954年棉织手工业调查工作总结》，1954年10月22日，高阳县档案馆藏，资料号：1—20—3。

方联购措施,以增加自身市收布所占份额。① 其次,公司又与大量织户订立合同,试图约束织户行为。这两项措施虽有一定效果,但未能完全扭转局面。当时布匹市价偏高,织户在市场上销售布匹所得利润超过为公司生产所得加工费,加之私商避开纱布交易所,直接派小贩奔赴四乡,对布匹进行套购和赊购,致使花纱布公司在经营上仍处于不利态势。10月8日,花纱布公司决定抬高纱价降低布价,以抑制私商的收购活动。私商便离开高阳市场,转向相邻各县活动。高阳县的织户为追逐高额利润,也纷纷随私商转向邻县,致使高阳市场上布量大为减少。

在经济手段不能完全扭转不利局面的情形下,花纱布公司转向依靠政府采取行政手段。10月23日,经河北省财经委员会批准,花纱布公司在高阳及相邻各县实行棉纱核配,并停止出售棉纱,切断了小生产者的原料来源。10月26日,省财委下令取缔高阳的棉布批发商,高阳县城关原有的37户棉布批发商在命令下达后即全部停止营业。棉布批发商停业后,绝大多数人垂头丧气,怪话连篇,既不报请歇业,又不设法转业。到次年五六月,除两户分别转向煤厂和竹货瓷器业之外,其余全部由政府批准歇业。在命令下达后,私营染业、印花业兼营布匹批发业务者的布匹批发业务即全部停业,其漂染和印花业务仅靠给花纱布公司等公营商业企业加工而惨淡经营。私营染厂和印花厂一般无力改进生产工艺和技术。随着公营机染厂生产能力的扩大和生产技术的改进,私营染厂和印花厂的工艺和技术渐趋落后,其加工出的产品在规格质量上逐渐落伍,从公营商业企业分得的加工份额越来越少,最后不得不全部停工。② 停工后,这些厂的职工多数被调往石家庄棉纺厂工作,少部分职工回农村参加农业生产。③ 这样一来,高阳纺织业中的私商便全部被取缔,此后便形成了公营经济一统天下的局面,高阳纺织业中资本主义工商业的社会主义改造即告完成。

1954年之后政府对棉纱棉布的管理越来越严格。6月1日,政府明令公布取消棉纱市场。9月14日,中央政府发布《关于实行棉布计划收购和计划供应的命令》,规定由国营花纱布公司对棉布实行统购统销,又取

---

① 纱布交易所成立于1951年1月,是政府为加强纱布管理、杜绝投机、稳定物价而设,所有纱布交易均要经由纱布交易所管理。

② 《中共高阳县委统战部对私营布商改造中的报告》,1954年9月26日,高阳县档案馆藏,资料号:1—26—9。

③ 《工副业生产资料及现状》,1981年6月10日,高阳县档案馆藏,资料号:26—9—11。

消了棉布市场。之后，高阳纺织业完全被纳入国家计划，在计划经济的配额下进行生产，生产品种发生了很大变化。之前，高阳大量生产花胚、条格等次布，以花色品种新奇赢得市场青睐。之后，在国家计划的要求下，除生产20%的帆布、合线布、哔叽、斜纹布等杂项品种外，其余完全生产大布（即宽幅棉布），以补充城市机器纺织厂生产量之不足。①

对个体织户的社会主义改造主要采取互助合作办法。中华人民共和国成立后，高阳县政府为了有力推动棉织业的互助合作，在县供销社内建立了生产科，专门负责发展和管理棉织业合作组织。经过一年多努力，到1952年年底，在全县建立起7个生产社和3个筹备委员会，社员达930名，共有织机919台，股金99446950元。1953年年初，省委批准建立高阳区棉织专业生产联社，作为统一领导高阳区棉织业互助合作运动的机构。② 1953年2月，高阳县供销社将组织起来的10个织布生产社移交高阳区棉织生产联社筹委会统一领导。到1953年年底，高阳的棉织业合作社发展到14个，社员4527人，织机2055台，股金23505万元。③ 1954年，河北省委鉴于高阳区棉织手工业管理分散，由手工业生产联社、花纱布公司、供销合作社等部门多头领导，以致生产、经营步调不一，常发生矛盾的状况，决定将高阳区棉织生产联社扩大为专区级经济组织机构，作为统一领导高阳区棉织业合作运动的专门机构。高阳区所属的高阳、安新、清苑、蠡县、博野、任丘、河间、肃宁8县成立县级联社筹委会，成为高阳区专业联社的社员社。各县联社需接管原有各机构管理的基层生产社，使其成为县生产联社的社员社。④ 此后，高阳县棉织生产联社筹委会就成为领导全县棉织业合作运动的唯一组织机构。筹委会下设八科一室，即办公室、秘书科、财务科、计划科、统计科、组导科、生产科、棉织科、供销科。10月，花纱布公司将直接掌握的织户移交给县棉织生产联

---

① 《高阳1954年棉织手工业调查工作总结》，1954年10月22日，高阳县档案馆藏，资料号：1—20—3。

② 高阳区是对以高阳县为中心的棉织生产区域的特殊称谓，它包括当时在行政上隶属于保定专区的高阳、清苑、蠡县、安新、博野，天津专区的任丘，沧县专区的河间、肃宁，共8个县。

③ 《高阳县人民政府转发财政经济委员会关于手工业组织调查总结报告》，1954年，高阳县档案藏，资料号：1—20—4。

④ 《中共河北省委关于统一高阳区棉织手工业领导的决定》，1954年7月6日，高阳县档案藏，资料号：1—30—1。

社筹委会，至此高阳县棉织手工业便实现了统一管理。在县棉织生产联社的大力推动下，加之私商改造、取缔纱布市场等行动大大限制了小生产者的自由，激发了小生产者组织起来的积极性，高阳县棉织业的互助合作运动的发展速度明显加快。据1955年3月统计，高阳县共有大布机8797台，其中20个棉织基层社占有织机4616台，棉织、农业混合社占有织机2200台，棉织、农业混合互助组占有织机1172台，由单干农民组织的棉织互助组占有织机808台，仅有1台织机游离于合作组织之外。[①] 高阳棉织业中个体织户的社会主义改造基本完成。

有关棉织基层社的具体组织和运转情形，可以延福屯乡为代表说明之。[②] 延福屯乡由延福屯、延福村和史家佐三个自然村组成。全乡共有铁轮机348台，纺织业从业人员1063名，其中上机织布者517名，附属工序546名。延福屯乡的棉织手工业供销生产合作社（简称乡棉织社）是1953年10月在苏联专家建议下组建的，截至1954年11月，共有社员224名，铁轮机157台，股金1923万元，固定资产合款7000万元。社内有厂房和库房。选出理事5人，监事58人，有脱产干部6人。合作社除负责从县社领线、向县社交布外，1953年还组织了6个集体浆线组，把浆线集中于社内；1954年又把52台织机的整经集中于社内。也就是说，除供销环节外，该社还把部分生产环节集中于社内完成。

除乡棉织社外，该乡各村共组织了12个农业合作社和多个农业互助组。农业社和农业互助组也都兼有农业和纺织两种生产，社、组中从事纺织的农户有的是乡棉织社社员，有的不是乡棉织社社员。各农业社和互助组根据与乡棉织社结合的具体情况，对社内棉织业的经管采取了多种方式。

第一种是全部由乡棉织社社员组成的农业社、组。农业社、组到乡棉织社取纱、浆线、整经、交布，织机为农业社集体所有，织布集中在农业社内集体生产。产品按照质量等级单件计工分（经评议织一匹一号布和农业耕三亩地都计10分，不足一号布者按质量等级类推下降）。织布工

[①]《高阳县人民委员会关于高阳手工棉织业情况的报告及今后改造意见》，1955年3月24日，高阳县档案馆藏，资料号：1—32—6。

[②]《高阳县延福屯乡棉织手工业基本情况调查报告》，1954年11月19日，高阳县档案馆藏，资料号：1—20—6。以下关于延福屯乡棉织业互助合作的内容均来自此调查报告，不再一一注明。

资归农业社，与农业收入统一分红。延福村的先锋社和国民社即如此。

第二种是由乡棉织社员和非乡棉织社员组成的农业社、组。农业社、组内乡棉织社员织布生产由农业社到乡棉织社取纱交布，非乡棉织社员织布由农业社到县供销社或县棉织生产联社取纱交布。有的社织机的所有权归集体，集体浆线、整经、织布，记工与分配方法与第一种相同，如延福屯高达线社、尹长消社；有的社织机的所有权归个人，织布和络纬分散在各户进行，集体浆线、整经。其余与前者同，如延福屯戴瑞林社。

第三种是没有乡棉织社员参加的农业社、组。农业社、组直接到县供销社取纱交布，与乡棉织社无关。其余生产和分配环节或全部实现集体化，与第一种相同；或仅集中浆线、整经，络纬和织布分散在各户进行，织布工资也由社、组和各户单独结算；或仅限于供销环节合作，各个生产环节和分配均分散于各户。

从合作化的发展程度上看，这几种方式的具体形式中都有高有低，较高者几乎所有生产、供销和分配环节都实现了合作化，较低者仅供销环节实现了合作化，生产和分配环节还处于分散化状态。

总之，到1955年年初，随着纺织业中的资本主义工商业和个体织户的社会主义改造基本完成，高阳纺织业的社会主义改造便基本完成了。以后，随着纺织品的归口管理和农业合作社迅速高级化，高阳纺织业的计划管理模式逐渐定型：由纺织品公司（1956年6月，中国花纱布公司更名为中国纺织品公司）高阳加工供应站制订供销计划，加工供应站与高阳区棉织联社订立加工合同。由区联社根据合同向下属的8个县联社下达生产计划，县联社再将计划分配给下属的棉织基层社，棉织基层社再与农业社订立加工合同，农业社向棉织基层社领纱交布，农业社内一般由副业股专门领导织布生产。①

高阳纺织业的这种计划管理模式，从其定型之日起便存在机构冗杂、层次过于繁复的弊端。如棉纱的下拨，自纺织品公司高阳加工站出纱，要经过区联社、县联社、棉织基层社等数层机构才能下达到农业社，这数层机构都搞计划、立账目、设仓库和设置专门的经管人员，其间经过的环节过多，延误的时间过长，影响了产品销售；同时加大了产品成本，使得农

---

① 《中共高阳县委关于执行省委批转的改进高阳布生产经营问题的意见向省委的报告》，1956年12月3日，高阳县档案馆藏，资料号：1—73—9。

业社织布利润过低,挫伤了农业社发展纺织业的积极性。据1954年10月调查,花纱布公司的布匹加工费为布匹批发价的2%,其中区手工业联社、县手工业联社和基层社各留0.5%的管理费,农业社的加工费仅有布匹批发价的0.5%,这样农业社除去社员分红和纺织成本,织布积累便寥寥无几。① 加之各管理部门存在部门意识和官僚主义倾向,在互相配合的过程中常常发生相互抵牾现象,致使生产计划往往不能顺利执行。如1954年第四季度,花纱布公司高阳加工站原计划在高阳生产褥单布4750匹,条格布58600匹,并和高阳区手工业联社订立加工合同。统购统销政策实施后,每人购布有了定额,凭布票购买,群众多购买经久耐用的大布,褥单布、条格布等次布滞销。花纱布公司高阳加工站于9月和10月分别向区联社提出停止褥单布和条格布生产,改织大布的要求,并数次致函联社催促执行变更计划,但棉织联社以生产救灾需要和改织困难为由拒绝执行,造成花纱布公司的褥单布和条格布积压。② 再如1957年第一季度,高阳县在计划生产的10种布匹中有7种布未完成生产任务,造成这种结果的原因之一即在于棉织基层社管理上的失误。部分基层社在向农业社分配任务时,不顾农业社生产的实际情况,只是单纯地为了手续简单,而盲目地下达生产任务。再如三区石氏村有织造条格布、卡其布、帆布、劳作布等各种布匹的织机,而基层社在分配任务时,只分给石氏村帆布一个品种,致使织造其他种类布匹的13台织机闲置。③

造成高阳纺织业计划管理模式弊端的主要因素是国家对高阳纺织业生产的专业化管理,也就是说问题的主要症结在于高阳区棉织联社及其领导下的县联社、基层联社这套生产管理机构的设置上。这一阶段高阳纺织业的织户仍然以乡村织户为主,而乡村织户也都分有土地,全部从事农业生产,因此这一阶段的纺织业仍然具有农兼性质,而非专业化生产。高阳的农业合作社绝大部分兼营纺织业,随着农业迈入高级合作化,农业社的内

---

① 《高阳组织起来的棉织手工业情况》,1954年10月30日,高阳县档案馆藏,资料号:1—20—5。

② 《中共高阳县委关于靳宗愈同志反映高阳区棉织联社不按照与花纱布公司签订之协议条款规定进行生产而大量生产条格布褥单布造成国家资财积压问题的检查报告》,1955年1月19日,高阳县档案馆藏,资料号:1—58—15。

③ 《高阳县人民委员会财办室关于1957年上半年对大布生产进行检查结果向县委的专题报告》,1957年3月21日,高阳县档案馆藏,资料号:51—3—9。

部管理日趋完善，都设立了副业股（或织布股）专门管理纺织业生产。由区棉织联社、县联社和基层社组成的这套机构便不再直接管理纺织生产，而仅仅在纺织品公司高阳加工站和农业社之间起到一个传递计划的作用。农业社完全可以撇开这套机构，直接和纺织品公司建立加工关系。由此可见，纺织联社的成套机构已经结束了其历史使命，完全没有必要继续存在下去。因此，用专业化的机构管理非专业化生产是造成高阳纺织业计划管理模式机构冗杂、层次繁复的根本原因。

从1953—1957年，尽管高阳纺织业经历了剧烈的制度变革，尽管制度变革后建立起来的计划管理模式存在这样或那样的问题，高阳纺织业在总量上仍然保持着平稳的发展态势。1953年高阳县的织机数量达8992台，产布1311900匹。① 1954年高阳县的织机数量达9154台，产布1312755匹。② 尽管缺乏1955年统计数据，但综合各种材料分析，高阳纺织业的织机数量仍维持在8000台上下，产布近100万匹。③ 1956年，高阳县第一季度产布20万匹，第二季度产布205500匹，第三、四季度没有确切的统计数字，因这两个季度属于纺织生产旺季，产布数量当高于前两个季度，估计全年产布当在100万匹左右。1957年第一季度，高阳县投入生产的织机数量为7917台，产布197056匹，与1956年相差无几，估计全年产布数量也能达到100万匹左右。④

四 1958—1981年

这一阶段可称为高阳纺织业的国营化和社队化阶段。

高阳县的国营纺织印染企业原本只有机染总厂一家，1958年"大跃进"之后，由合作社发展转变，又建成毛巾厂、染织厂和红旗丝织厂3家企业。加上1977年从高阳织染厂（前身为机染总厂）分出的棉织厂，

---

① 《解放以来高阳县织布机历年发展情况统计表》，1954年10月8日，高阳县档案馆藏，资料号：1—30—11。
② 《高阳县人民委员会关于对棉织、针织两种行业调查和补查工作的总结报告》，1955年4月15日，高阳县档案馆藏，资料号：1—33—8。
③ 1954年7月10日，高阳县的张庄、三坊子、孟仲峰、西梁淀、东梁淀、小关、百尺、出岸8个村划入任丘县，故1955年全县织机的数量有所下降。
④ 《高阳县人民委员会财办室关于1957年上半年对大布生产进行检查结果向县委的专题报告》，1957年3月21日，高阳县档案馆藏，资料号：51—3—9。

到1978年高阳县共有国营纺织印染企业5家。兹将5家企业简介如下。①

机染总厂的前身为"合记"染坊，始建于1913年，由李叔良、李仲良兄弟与孙月奇、杨爱卿合伙开办。"七七"事变前，合记工厂发展成占地1万平方米，有职工200余人，资金20多万元，拥有较为先进的染轧设备，既加工，又自营，还兼营"撒机"的综合性企业。抗战期间，该厂被迫停业，李叔良逃往天津。高阳解放后，李叔良派张香亭回高阳重开"合记"。后来张香亭因抽大烟被县政府扣押，释放后弃厂回津。1947年，该厂被县政府接管，改名为建华染轧公司，成为公营企业。从1947年到1952年，该厂陆续合并了三益、元丰两公司、冀中八分区的群利工厂以及民利、利民、宏大、友好、新华、群众、红旗等7个机关工厂和福利军工厂，更名为机染总厂，成为当时高阳县唯一的公营工业企业。该厂的业务以为花纱布公司染轧加工为主，并兼营"撒机"自染。主要产品有"三马头"牌硫化青布、"双鱼"牌海蓝布和"醒狮"牌大红布，均为染色棉布。1958年，该厂新置提花机37台、平绒织机120台，新建提花、平绒两个织布车间，遂更名为织染厂。主要产品有毛巾、沙发巾、提花浴巾、提花床单和平绒布。1977年，织布车间自原厂分出建立县棉织厂，原厂更名为高阳染厂。"拨乱反正"后，该企业迅速扩建。1980年投资328万元，扩建染色工房2175平方米，新建高温高压染色工房410平方米，引进065轧漂机、042退浆机、热熔染色设备等8台（套），自制悬浮体染轧机1台，形成3条染整生产线、2条纯棉生产线和1条涤棉生产线。当年产值5892万元，实现利润574万元。1981年产值达6154.59万元，实现利润611.09万元。② 从机染厂分出的棉织厂1981年有工人459人，1980年产值250万元，实现利润3.97万元；1981年产值298.6万元，实现利润5.25万元。③

毛巾厂始建于1958年，前身是由东赵堡、赵堡店、延福棉织社合并建立的延福棉织社。1958年，延福棉织社与北沙窝棉织社合并建立高阳城关丝织厂。该厂是城关人民公社所有的社队企业，有手工提花织机20台和1口染锅，主要生产人造丝产品，兼织线毯。1959年开始承担外贸

---

① 高阳县5家国营纺织工厂的资料均来自：高阳县地方志编纂委员会编《高阳县志》，第318—322页。

② 《1981年各厂基本情况》，高阳县档案馆藏，资料号：10—176—2。

③ 同上。

加工，改产提花浴巾，年出口9000条。1960年有职工130人，手工织机40台。1961年开展技术改造，以电力传动代替手工操作，增加提花枕巾、毛巾等新产品，年出口浴巾16.2万条。1970年转为县办集体企业，更名为高阳针织厂。1971年增置国产宽幅织机5台，始生产毛巾被，形成毛巾被、枕巾、浴巾三大类产品。1978年8月转为县办国营企业，更名为毛巾厂。党的十一届三中全会之后，企业迅速发展。1978年完成产值295万元，实现利润47万元；1979年完成产值340万元，实现利润65万元；1980年完成产值386万元，实现利润81.8万元。主要生产提花浴巾、毛巾被、毛巾三大类产品，其中70%出口日本、美国、罗马尼亚、南斯拉夫、加拿大、新加坡、中国香港等26个国家和地区。[①]

染织厂始建于1958年，其前身是1953年由县城内巨轮、民主两个印花合作社合并组建的印染合作社。最初，该厂有职工百余名，承揽各种印花业务，完全为手工操作。后来随着手工印花业逐渐衰落，该厂职工多被输送到石家庄、天津、唐山、邯郸、保定等地的纺织厂，到1955年职工减至60人。1958年，该厂添置起绒机1台、阔幅自动织机8台，开始生产线毯和白坯布，改厂名为起绒厂。1960年改织帆布、冲服呢，并建染线车间。1964年更名为染线厂，主要承担高阳区棉纱漂染业务，年生产能力达60吨。1970年更名为染织厂，所有制定为集体企业。之后相继推出一系列印花、提花产品，包括毛巾、茶巾、餐巾；提花床单、枕套；床罩、台布、沙发套等。1979—1981年分别实现产值223万元、334万元、312万元。[②]

红旗丝织厂始建于1958年，前身是由延福、长果庄、赵堡店、东赵堡等村合组的棉织合作社。建厂之初，该厂有提花机80余台，专织缎被绉、平纺麻布，年产量30万米。1958年转为县办国营企业，更名为红旗丝织厂，有提花机70台、铁轮机20台，主要生产新地葛、人丝纺、黎明绸、高寿绸，年生产能力80万米。20世纪70年代更新设备，购置电动丝织机，以合成纤维长丝为原料，开发出美丽绸、安乐绸、涤丝绸等新产品。

---

① 《贯彻调整方针，促进生产发展——高阳县毛巾厂》，1982年2月5日，高阳县档案馆藏，资料号：10—174—6。
② 《高阳县1982年国民经济计划草案》，高阳县档案馆藏，资料号：1—575—2。

总的来看，县办国营纺织企业的规模都比较小，织布方面的能力四个厂合起来也不过有织机将近400台，织工数百人。尽管如此，县办国营企业给高阳纺织业带来了三大转变。其一是管理工厂化。每个工厂都建立了管理科室和车间，并摸索出一套正规的管理制度。其二是设备机械化。进入20世纪70年代之后，各厂陆续淘汰了手工织机，购置了国产1511型织机、1515—75型阔幅织机、1515B—230、GA615—180阔幅自动毛巾织机、JK212—840、GT503—900、1515—75型多梭多臂提花机，实现了生产设备的机械化。① 其三是产品的"三巾"化。② 20世纪70年代之后，各厂相继放弃生产大布，转而生产毛巾、毛巾被、浴巾等"三巾"类产品，为高阳纺织业增添了新产品。以上三大转变为改革开放后高阳"三巾"类私营企业的崛起埋下了浓重的伏笔。

而乡村中的纺织业在这一阶段的开始之年就在"大炼钢铁"中受到了极大摧残。1958年7月19日，高阳县委提出"全党全民总动员，保证钢铁元帅升帐"的口号，开始大炼钢铁。全县广敛千家万户的铁器，大搞土法炼钢。小到一颗铁钉，大到铁锅、织布机件、灌溉用水车，均用于炼钢。农村中被毁织机达5000余架，占农村织机总数的62%。10月，全县土法炼钢再掀高潮。县委成立小洋群办公室，各公社成立战区钢铁指挥部，领导炼钢工作。各村纷纷垒炉炼钢铁。据笔者调查，各村又有一批织机被毁。"大炼钢铁"结束后，乡村中的织机所剩无几，乡村纺织业迅速衰落下去。

同时，随着人民公社体制的迅速建立以及国家对社队副业的提倡，高阳乡村中剩余的纺织设备大部被各公社集中起来创立社办企业。1958年8月23日，高阳县突击实现人民公社化，在原有164个农业社的基础上，建成城关、旧城、西演、邢家南4个人民公社。1961年，人民公社经过整顿化大为小，分化为14个公社。社办纺织企业多是将原来的几个纺织合作社合并而成，如城关公社创办的城关丝织厂就是将延福棉织社与北沙窝棉织社合并在一起组建的。

1959—1961年的三年困难时期，乡村中的织机数量继续减少，截至

---

① 高阳县地方志编纂委员会编《高阳县志》，第297页。
② "三巾"原指毛巾、浴巾、枕巾，是高阳县毛巾厂对自己生产的巾被类产品的总称，最早出现于该厂给县政府的报告中。改革开放后，"三巾"一词被高阳县政府及相关企业广泛使用，代指该县生产的毛巾、毛巾被、浴巾、枕巾、童巾等巾类产品。

1963年仅存2400台，且大部分闲置。其间，随着中央对国民经济的调整，河北省采取了一系列措施调整农村的生产关系，逐步确立了"三级所有，队为基础"的管理体制，即农村的生产资料归人民公社、生产大队和生产队三级组织所有，以生产队作为基本核算单位。此后，随着中央对社队副业的进一步调整，生产队和生产大队纷纷建立社队企业，开展副业生产。在高阳县的社队企业中，纺织企业始终是一个重要的组成部分。笔者走访了高阳县辛留佐村几位在生产队担任过会计的村民以及在社队纺织厂工作过的村民，了解了该村社队纺织企业的发展历程，兹将详情叙述如下。①

辛留佐大队在高阳县城西10公里处，大公社时期属于邢家南公社，公社化大为小之后属于北于八公社，下辖12个生产队。1958年"大炼钢铁"之时，该村的铁轮机全部被拆毁，铁机件作为炼钢原料被扔到熔炉里，木件被用作炼钢燃料。1963年大水灾之后，县里为生产救灾提倡发展社队企业，辛留佐村的各生产队才开始着手重建纺织业。②四队从石家庄购买了4台国营企业淘汰的铁轮机，在队部盖了一个机房，1963年当年就建成本队的织布厂。生产队长兼任厂长，生产队会计兼任工厂会计。由队里派人到县城大布站领纱交布，浆线、整经和织布三道工序都在厂里由男劳力集中完成，络纬由妇女在家中用手摇纺车完成。上机织布一般是两人包一张织机，白班和夜班两班倒，有时也三班倒或一人包一台织机，如何组织生产要视织工多寡而定。所织产品多为豆包布和纱布，织造工艺比较简单。如果是两班倒，两个织布工人1天可织40米/匹的豆包布3匹。

织布厂的分配是与农业生产统一核算，具体办法是织布工人每织一天布记一个整工，合10个工分。③到年终，生产队将所有的农、副业收入

---

① 笔者于2011年5月28日至7月1日分别走访了原辛留佐大队三队会计冯小球、四队会计李小民，在四队织布厂工作过的村民李平均、冯闷、冯蛤蟆以及在八队织布厂工作过的村民李玉发，以下内容都是根据他们的口述资料整理出来的。在撰写本书的过程中，笔者征求被采访者意见，问及他们是否介意在书中公布他们的姓名，他们都表示无所谓，因而本书在这里使用他们的真实姓名。

② 据高阳县地方志编纂委员会编《高阳县志》第49页记载：1963年8月，海河流域发生特大洪灾。高阳县境内26483间民房倒塌，灾民死亡20人，受伤297人。洪灾发生时，辛留佐村农田全部被淹没，整个村庄被洪水围困。

③ 生产队记工有男、女、整、半之分，男劳力一个整工记10分，女劳力记6分，半劳力减半。

核算在一起，除去公积金、公益金和来年的预留生产费用，剩余的净收入除以全队全年的工分总和，得出每个工分的工值，再乘以织布工人全年的工分数，即得出该工人的全年总收入。四队每个工分的工值最低时只有3分钱，最高时也不过8分钱。如果以一个织布工人全年工作300天计，则其年终收入当在90—240元。这些收入只是账面上的，并不意味着织布工人到年底能分到这么多钱。在麦收和秋收之后，各队除上缴农业税外，将剩余的粮食按人头平分到各户。年终核算时，队里要将各户已分的粮食按国家牌价折合成粮食款，各户的工分总收入减去粮食款才是其净收入。这个净收入，有的户盈，有的户亏，盈的户年终才能从队里分到一些钱，亏的户还要拿出钱来给队里，如果拿不出钱，就给队里打欠条，待来年再从工分中扣除。除工分收入外，织布工人还有两项收入。一项是提奖，一等布每匹提工缴费的20%，二等布每匹提工缴费的10%，三等及次品不提奖。织布的工缴费随行情经常变化，在1.5—2.5元，则一个工人一天可提奖2角至8角。这项收入要远比工分收入高得多。另一项收入是偷工减料节余的棉纱。熟练工人织10来匹布即可节余一管纬纱，他们把节余的纬纱偷偷弄回家，再私下里卖给涞源等地走街串巷的小贩，1斤纱可卖到3元钱。

辛留佐大队的其他生产队也陆续建起了织布厂，各队有织机3—8台不等，生产组织方式和分配方式与三队大同小异。由于大布社的生产任务时有时无，各队织布厂的生产也时断时续。进入"文化大革命"之后，尽管高阳县两派的武斗闹得相当剧烈，但是正常的农副业生产没有受到根本性影响。据四队老会计李小球回忆，县城两派闹武斗最激烈的1968年，他到大布社去交布，为避开武斗区域，每次都从县城南边绕着走。据四队织布工人李平均回忆，1969年他和冯闷包一台织机，他织夜班，冯闷织白班，晚上冯闷就在厂里睡觉。因为冯闷贪睡，每到交接班时，李平均都叫不醒他。8月，两派造反组织搞联合，通知村里的造反派到县城开会。到开会的那天，冯闷一反常态，早早起床往县城赶。那天辛留佐及周边各村去开会的有上百人，将搭乘的军车的车帮挤开了，车上的人连摔带轧，酿成死伤10余人的惨祸。这两人的回忆证实，即便在"文化大革命"中秩序最为混乱之时，社队的织布厂仍在按部就班地生产。

1969年前后，辛留佐大队在村子的东南角盖了一个大厂房，将各生产队的织机收缴，把各生产队的织工召集在一起，建立了一个约有50台织机的大队属织布厂。该厂设有专门的厂长、会计和车间主任，设有专门的浆线、整经和织布车间，并且厂长和车间主任都是由从石家庄国营纺织厂返乡的工人担任，管理较为正规。该厂还对铁轮机进行了技术改造，由一台电动机带动底轴，再从底轴分出传动系统，带动几台织机一起工作，实现了织布工序的机械化和自动化。但这个系统存在一个致命的缺陷：只要系统中一台织机出现故障，就得断电修理，整个系统便完全瘫痪，系统中没有发生故障的其他织机也一并停止运转，造成生产效率低下。因此，技改试行几个月后宣布失败，最终又回复到手工操作。分配方式一开始是由大队统一核算，与生产队不再挂钩。后来，由于管理松懈，造成偷工减料现象频发，致使次品率过高，工缴费屡屡被大布社扣除，织布厂收不抵支。随即大队不再统一核算，而分由各生产队自行核算，大队只提取取纱交布、浆线、整经的费用及一部分管理费。再后来，大队织布厂宣布解散，该村的纺织业又回复到生产队属的原状。

进入20世纪70年代，四队的织布厂仍然断断续续维持着生产，一直坚持到80年代初生产队解散。而三队、五队、六队、八队等生产队的织布厂因工缴费过低队里收不抵支而被迫关闭。之后，三队转向榨油，五队转向翻砂，六队转向焊接，八队转向生产皮带蜡，队属企业在行业上全面开花。

综上所述，辛留佐大队纺织业的发展历程表明，虽然在极"左"路线的指挥下高阳的乡村纺织业受到极大破坏，但是它并未完全沉寂到一蹶不振的程度。首先，社队纺织企业的建立在织布技艺上实现了传承，各队织布厂基本上采取传、帮、带的方式教授织布技术，如四队织布厂是由老织工冯季华教会李平均、冯闷等第一批青年织工，李平均等人又教会冯蛤蟆等第二批更年轻的织工。其次，社队织布厂的建立改变了过去乡村纺织业家庭生产的组织模式，使青年农民耳闻目睹了小工厂的管理模式。以上两点为改革开放后高阳乡村纺织小企业的兴起提供了必要条件。李平均和冯蛤蟆等人就是凭借在社队企业中掌握的技术，仿照社队企业的管理模式，在1987年创办了辛留佐村第一家织布厂。

"文化大革命"结束后，随着中共中央逐渐将工作重心转移到经济工作方面，社队企业越来越受到党和政府的重视。早在1975年10月，时任国务院副总理的华国锋在全国农业学大寨会议上就指出："社队企业的发展，使公社、大队两级经济强大起来，有效地帮助了穷队，促进了农业生产，支援了国家建设，加速了农业机械化的步伐……各地党委应采取积极态度和有力措施，推动社队企业更快更好地发展。"① 1978 年 12 月召开的党的十一届三中全会提出了把全党的工作重心转移到社会主义现代化建设上来，并通过了《关于加快农业发展若干问题的决定（草案）》，指出："社队企业要有一个大发展"，"凡是符合经济合理的原则，宜于农业加工的农副产品，要逐步由社队企业加工。城市工厂要把一部分宜于在农村加工的产品或零部件，有计划地扩散给社队企业经营，支援设备，指导技术"②。1979 年 7 月，国务院颁发了《关于发展社队企业若干问题的规定（试行草案）》，指出了社队企业的发展方针，确定了社队企业的经营范围、资金来源和所有制结构，并号召各行各业要积极支持社队企业发展。③ 随后，河北省召开了全省社队企业工作经验交流会和社队企业局长汇报座谈会，研究促进社队企业发展诸问题，决定将社队企业的产供销纳入国民经济计划。④

在国家政策的支持下，1978—1980 年高阳县的社队企业迅速发展，形成了一个短暂的繁荣期。

表 1—12　　1978—1980 年高阳县社队企业基本情况统计

年　份	企业个数	从业人数	总产值（万元）①
1978	1051	9650	1448.0
1979	1171	15148	1943.8
1980	1238	16723	1593②

注：①1979 年和 1980 年数值都是按照 1978 年不变价格计算而来。②1980 年的数据是总收入。

资料来源：《高阳县社队企业局关于一九七八年工作总结报告》；《一九七九年社队企业基本情况登记表》；《一九八〇年社队企业基本情况登记表》，高阳县档案馆藏，资料号：26—1—4；26—4—1；26—5—1。

---

① 华国锋：《全党总动员，大办农业，为普及大寨县而奋斗——在全国农业学大寨会议上的总结报告》，《人民日报》1975 年 10 月 21 日。
② 中共中央文献研究室、国务院发展研究中心编：《新时期农业和农村工作重要文献选编》，中央文献出版社 1992 年版，第 39 页。
③ 《国务院颁发关于社队企业若干问题的规定（试行草案）的通知》[国发（170）号]，1979 年 7 月 3 日，高阳县档案馆藏，资料号：10—276—3。
④ 《河北省革委会关于转发王金山同志 1979 年 7 月 20 日在全省社队企业工作经验交流会上的讲话的通知》，1979 年 8 月 3 日，高阳县档案馆藏，资料号：10—279—6。

由表 1—12 可知，1978—1980 年三年间，高阳县社队企业无论企业个数，还是从业人数，均有所增长。总产值 1979 年比 1978 年增长了34.2%。因 1980 年高阳县社队企业局的统计标准由总产值变成总收入，从而使 1980 年的数据与前两年无法比较，但从企业个数和从业人数增长的情况来看，1980 年的总产值当继续呈增长之势。由此可见，高阳县的社队企业在这三年间发展较为迅速。

高阳县社队企业在行业方面的分布十分广泛。按工业部门分类，高阳县社队企业大体包括冶金工业、化学工业、机械工业、建筑及材料工业、森林工业、食品工业、纺织缝纫及皮革工业、造纸及文教用品工业等部门。据社队企业局 1978 年统计，高阳县社队企业共有 73 个行业项目，生产产品近 500 种。① 而在这 73 个行业项目中，纺织业始终是最突出的一个行业项目。纺织业之所以突出，是因为与其他行业相比，纺织业表现出以下特征。

其一，企业数量众多。1979 年高阳县共有社队纺织企业 180 个，从业人数 3319 人。其中公社属纺织企业 1 个，大队属纺织企业 57 个，生产队属纺织企业 122 个。② 其他较大行业，如中小农具修造厂（坊）35 个，从业人员 616 人；刺绣厂 35 个，从业人数 1728 人，在企业数量和从业人数上均不及纺织业。③ 其他更小的行业，如铸造厂 4 个、地毯厂 3 个、景泰蓝厂 1 个、磨光餐具厂 2 个等，其总体规模更无法与纺织业相媲美。

其二，地域分布广阔。高阳共有 15 个公社，除了位于县城以东和东北方向与任丘县毗邻的旧城公社和龙化公社没有纺织企业外，其余 13 个公社都有纺织企业。在高阳的 180 个大队中，有 55 个大队办有织布厂。④ 可以说，高阳的社队纺织业星罗棋布，遍及整个乡村。

在当时计划经济和国家对棉纱棉布执行统购统销政策的大背景下，高阳县的社队纺织企业是被纳入省、地生产计划的，而生产计划的执行者就是省纺织品公司高阳大布站（农民称为大布社）。高阳 13 个公社 55 个大队的 900 多台织机全部给大布站做加工，生产被面、被单、药布、豆包

---

① 《高阳县社队企业局关于 1978 年工作总结报告》，高阳县档案馆藏，资料号：26—1—4。
② 《1979 年社队企业基本情况登记表》，高阳县档案馆藏，资料号：26—4—1。
③ 《高阳县社队企业局关于社队企业资源和经济情况的汇报》，1980 年 8 月 13 日，高阳县档案馆藏，资料号：26—6—1。
④ 《高阳县社队企业分类登记表》，1981 年 8 月，高阳县档案馆藏，资料号：1—571—19。

布、次白布、里子布等 19 个品种。到 1979 年前后，由于能够买到高价棉纱，部分社队纺织企业开始脱离大布站搞自营。据联合调查组对北沙公社的西王草大队、东田果庄大队及邢家南公社的邢家南大队、季朗大队、赵官佐大队调查，5 个大队 150 台织机中，65 台为大布站加工，85 台搞自营。1979 年全年，这几个大队以残纱名义（事实上多为正品棉纱）购进各种规格棉纱 63790 斤，每吨纱价格 5500—6000 元，比国家牌价高 25% 左右。这些棉纱，一部分是社队企业通过老乡关系从石家庄信托公司、北京光华染织厂、包头火箭公社更生布厂、保定色织厂、辽宁客佑棉织厂等单位购买的，另一部分是蠡县辛兴公社社办厂、大百尺养猪场、东明大队、清苑县全坤三小队等单位派人到高阳推销的。各社队厂自营品种有劳动布、白帆布、床单式条布、白布等。销售渠道五花八门，有的企业派专人到外地销售，有的在当地集市上出售，有的卖给小商贩，有的为国营企业做订单。这些社队企业在销售过程中一律不收布票，而销售价格要比国家牌价高 60% 左右，其所得利润要比给大布站加工高一两倍。①

为了提高生产效率和经济效益，1980 年前后，部分社队纺织企业在管理上实行了联产计酬责任制，这里以邢南公社赵官佐大队织布厂和留祥佐大队织布厂为例说明其具体内容。赵官佐大队织布厂的做法可称为"六定"，即定机台、定费用、定产量、定工分、定奖励。其具体办法是：织机由专人承包，承包人对机台包管、包修、包使用。厂里规定每个机台每天 1 匹布的定额，承包人完成定额，一等布记工 12 分，二等布 9 分，三等布 7 分，等外品 5 分。额外超织 1 匹，奖励承包人加工费的 20%。大件（如大轴、大轮等）的修理费由厂方负担，小件（绑棍、码子等）的修理费及润滑油等费用由承包人负担。打纱工每匹布记工 5 分，奖励 1 角 5 分。浆纱工每天定额 6 块纱，记工 12 分，超额 1 块纱，奖励 1 角 2 分。整经工每轴记工 12 分，奖励 1 角。络纬工每天定额 18 支，记工 10 分，没有奖励。"六定"实行之后，生产效率和经济效益有明显提高。平均每个机台一天可织布 1.5 匹，最高的可织 3 匹，工效提高 1 倍以上；一个半月下来，39 台织机共获纯利 8000 元，经济效益提高 1 倍。而生产费用节

---

① 《关于高阳县农村织布自营情况调查报告》，1979 年 12 月 31 日，高阳县档案馆藏，资料号：26—4—7。

省了将近1半，仅润滑油一项开支全厂每天便下降5元左右。① 留祥佐大队织布厂的做法可称为"五定"，即定人员、定质量、定产品、定消耗、定奖惩，其具体办法与赵官佐大队织布厂大体相似，只是规定更加严格。"定消耗"一项详细规定了每匹布的用纱重量、每轴经纱和每管纬纱的重量，哪个工序亏了分量，由负责该工序的职工包赔损失。这项规定可抑制各工序中的偷工减料。"定奖惩"一项有奖有惩，如织布者额外超织1匹奖1元，而布匹上的隔线、挑边、破洞，发现一处罚1角。② 社队纺织企业在管理上的某些做法为后来的私营企业提供了经验，联产计酬责任制中"定机台""定奖惩"等做法后来就被私营企业广泛采用。

"文化大革命"结束后，在高阳县的社队纺织企业中还出现了一个新的行业门类——腈纶针织业。高阳县的腈纶针织业是在蠡县腈纶针织业带动下兴起的。蠡县的腈纶针织业大体产生于20世纪70年代初，"文化大革命"结束后社队的腈纶针织业形成了一个发展高潮。③ 受蠡县腈纶针织业影响，高阳临近蠡县的村庄，如于八公社的南于八、北于八、南路台以及邢家南公社的赵官佐、留祥佐等大队率先办起了腈纶厂，以后逐渐扩展到县城以西晋庄公社的北晋庄、南晋庄、杨佐等大队和尖窝公社南尖窝、北尖窝等大队。④ 到1978年前后，高阳的腈纶针织行业形成了一定规模，总计有大队办腈纶厂2个，生产队办腈纶厂56个。⑤ 仅于八公社的腈纶产业1978年1月至10月产值就达到19.6万元，占该公社社队企业总产值的22%。⑥ 腈纶行业成为高阳县社队企业中仅次于大布生产的第二大纺

---

① 《邢南公社社队企业办公室关于1980年邢南公社社队企业基本情况的汇报》，1981年1月15日，高阳县档案馆藏，资料号：26—10—6。

② 《邢南公社关于社队企业基本情况的汇报》，1980年4月20日，高阳县档案馆藏，资料号：26—10—11。

③ 《中共河北省委批转省委农村政策研究室、保定地委关于蠡县腈纶纺织专业化生产的调查报告》，1983年11月15日，高阳县档案馆藏，资料号：1—819—11。

④ 于八公社的南于八、北于八、南路台以及邢家南公社的赵官佐、留祥佐等大队与蠡县的万安公社和北郭丹公社仅隔着一条孝义河，这些大队与河对岸的蠡县各大队往来频繁。

⑤ 大队办腈纶厂分别为斗洼大队纤维厂和西河大队纤维厂，参见《高阳县社队企业分类登记表》，1981年8月，高阳县档案馆藏，资料号：1—571—19；生产队办腈纶厂的数目是对各生产队上报企业局的数字合计而来，详见《高阳县生产队办社队企业基本情况一览表》，1980年，高阳县档案馆藏，资料号：26—7—1。

⑥ 《于八公社社队企业情况汇报》，1978年11月10日，高阳县档案馆藏，资料号：26—1—13。

织行业。各厂采用的生产工艺大都是原始的半手工工艺，其基本流程为：从国营厂购进腈纶下脚料，用粉碎机粉碎后用风弓开花，再用手摇纺车纺成腈纶线。[①] 此时高阳的社队腈纶企业还仅具雏形，都没有上针织设备，只是加工腈纶线，一般将之就近销售给蠡县的社队针织企业。

综上所述，在1958—1981年，随着政治形势的风云变幻，高阳纺织业经历了由盛到衰的巨变，在织机数量和布匹产量上已难望中华人民共和国成立初之项背。尽管如此，高阳纺织业并未彻底沉沦，而是以国营企业和社队企业的组织形式顽强生存下来，并且在生产设备、生产技术上有了质的提高，推出了"三巾"类新产品，形成了腈纶针织业的雏形，为日后"三巾"类产业和腈纶针织业的兴起准备了前提。

第四节　改革开放后的逐步发展（1982—2008）

1982—2008年的28年间，随着国家改革开放的不断深入，高阳纺织业的所有制模式和经营管理方式不断发生变化；其规模总体上呈稳步扩大之势；其行业门类也随着国内外市场的变化而几经转变。

根据高阳城乡纺织业所有制模式和经营管理方式的变化以及行业门类变化的特点，结合国家经济体制改革和对外开放政策的演变趋势，高阳纺织业这30年的发展历程又可细分为三个发展阶段：1982—1988年为第一阶段，1989—1991年为过渡阶段，1992—2001年为第二阶段，2002—2008年为第三阶段。

一　1982—1988年

在这一阶段，随着农村经济制度的巨大变革，高阳的民营纺织业迅速恢复和发展，到1988年织机数量和布匹产量均达到顶峰；县属纺织企业处于发展的"黄金时代"，到20世纪80年代末达到历史最高水平。

这一时段农村经济制度的变革概言之就是集体经济解体，个体、私营经济初兴，其起点是土地经营方式的变革，即联产承包责任制的推行。在集体化时代，有工副业的生产队一般把社员分成农业和副业两块，都实行

[①] 《南于八村村民龚艳栓访谈资料》，访谈时间：2005年8月16日。

工分制。推行联产承包责任制后，原来从事工副业生产的社员也分得了土地，而当时的农业生产机械化水平非常低，种地几乎全部靠人力，这就需要他们把大量的精力和时间投入责任田中，社队企业原有的经营管理模式已无法继续维持下去。因为高阳县社队纺织企业以棉纺织企业为主，1981—1989年高阳私营纺织业也以棉纺织业为主，所以这里主要叙述棉纺织业的发展演变。

单就高阳的社队棉纺织企业来看，包干到户甫一实行，其经营管理便出现了三种不同变化。

第一种是分散生产、统一经营。具体做法是把织机分配给农户，农户负责织布，集体负责联系加工业务和取纱、交布。如李果庄大队把70台铁轮机直接分配给农户，农户负责织布，大队负责到棉布加工站取纱、交布和对外联系加工业务，分配方法是大队每匹布提取1.5角手续费，余者都归农户所有。①

第二种是分散生产、包干到户。具体做法类似于土地的包干到户，把织机分配给农户，由农户自行安排生产、经营，集体只按月收取包干费。如骆屯大队就将织布厂的织机全部下放给农户，每台织机每月收取5元的包干费。六合屯大队也将24台织机以每台每月若干包干费的办法分散给农户经营。②

第三种是集中生产、承包经营。最普遍的做法是把织机分包给工人，所得利润由承包人和集体分成。如边家务大队织布厂用"定额生产、超额奖励、利润分成"的办法，将38台织机（铁轮机、电动织机各半）分包给84人。铁轮机月定额60匹，电动织机每天两班倒，日定额8匹。超额完成的，超额收入承包人和大队对半分；完不成定额的，每匹布扣承包人5分钱。所得利润承包人分取55%，大队分取30%，余下的15%作为生产费用。③崔庄大队织布厂采用大包干计件工资制，把22台织机包给47人，规定每台织机每月上缴大队12元，每匹布上缴0.15元管理费，

---

① 《发挥优势，扬长避短，个体经营，速猛发展》，1982年11月20日，高阳县档案馆藏，资料号：26—11—45。

② 《高阳县社队企业局关于当前社队企业情况和安排意见的报告》，1981年5月10日，高阳县档案馆藏，资料号：26—9—10。

③ 《边家务大队实行包干到户的做法》，1981年4月29日，高阳县档案馆藏，资料号：10—168—10。

剩余的利润全部归承包人所有。①

几乎在社队纺织企业改变经营管理方式的同时，一些有纺织技术的农民也趁机安装了织机，农村个体纺织业悄然萌生。如长果庄大队农民就购买安装了 215 台织机。② 而社队纺织企业在分散经营后也逐渐发展成个体经营。如李果庄大队将原大队织布厂的 70 台铁轮机分散经营几个月后，分得织机的农民就纷纷购买了电力织机，将铁轮机全部淘汰掉，其他村民也纷纷凑钱安装电动织机，到 1982 年 11 月，全村织机增加到 470 台，全部为个体经营。六合庄大队将大队织布厂的 38 台铁轮机以大包干的方式包给村民，几个月后，包机农民就购置了电动织机，淘汰了铁轮机，加上其他农民购置的织机，机台数量达到 100 来台。③ 据高阳县社队企业局调查，到 1982 年 6 月，高阳全县共有织机约 3000 台，其中除 28 个社队企业 496 台织机仍属于生产大队所有并保持集中生产外，其余 2500 余台织机均为个体经营。④ 以上数据表明，到 1982 年上半年，高阳县在实行土地包干到户仅仅一年时间，个体纺织业已经取代社队企业，成为高阳县纺织业的主力军。

续后数年，高阳乡村的织机数量呈逐年增长之势。兹将改革开放以来高阳县乡村纺织业历年发展状况列如表 1—13 所示。

表 1—13　　1980—1988 年高阳县乡村纺织业历年发展状况一览

年 份	织机数量（台）	产值（万元）	利润（万元）	备注
1980	1600	650	130	
1981	3100	1200	300	
1982	4500	1600	460	

---

① 《高阳县社队企业局关于对赵布公社队办企业摸底情况的调查报告》，1983 年 5 月 30 日，高阳县档案馆藏，资料号：10—168—10。

② 《工副业生产资料及现状》，1981 年 6 月 10 日，高阳县档案馆藏，资料号：26—9—11。

③ 《高阳县社队企业局关于一九八二年工作总结》，1982 年 12 月 23 日，高阳县档案馆藏，资料号：26—11—3。

④ 《高阳县人民政府批转县商业局〈关于加强农村织布副业管理的报告〉的通知》，1982 年 6 月 23 日，高阳县档案馆藏，资料号：10—180—13。

续表

年 份	织机数量（台）	产值（万元）	利润（万元）	备注
1983	5800	2500	820	含腈纶针织业
1984	6000	3400	865	含腈纶针织业产值 700 万元，利润 145 万元
1985	6050	2910	800	含腈纶针织业产值 180 万元，利润 40 万元
1986	6300			
1987	6500	3500		
1988	7350	7000	1800	

资料来源：1981—1985 年的数字来自：《高阳县乡镇企业局关于一九八〇年以来农村纺织业发展状况》，1986 年 8 月 4 日，高阳县档案馆藏，资料号：26—21—8；1986 年数字来自《高阳县人民政府一九八六年工作总结》，1987 年 1 月 10 日，高阳县档案馆藏，资料号：10—238—20；1987 年数字来自《"高阳土布"调查》，1987 年 9 月，高阳县档案馆藏，资料号：26—24—26；1988 年数字来自《高阳县农村纺织业基本情况》，1988 年 9 月 25 日，高阳县档案馆藏，资料号：26—31—28。

表 1—13 的数字都来自乡镇企业局和县政府的报告，不见得十分精确，但从中可看出高阳乡村纺织业大致的发展趋势。由表 1—13 可知，1980—1988 年，织机数量增长最快的是 1982—1984 年以及 1987—1988 年两个时间段，前一个时间段正是社队企业解体，个体经济迅速增长的时期；后一个时间段则是"三巾"行业初兴，股份合作制企业迅速增长的时期。

从 1983 年年初开始，高阳乡村原有的铁轮机均被淘汰，新增织机全部为电力织机。其中一部分织机是农村的能工巧匠凭经验和技术自己制造的，每台织机需二三百元；大部分织机是县五金厂或纺织机械配件厂制造的，每台织机价格约 600 元。1984 年以后，部分农民和厂家开始使用从国营纺织厂更新下来的 1511 型和 1515 型织机，如苇元屯村民李秋长从石家庄的棉织厂购进淘汰的 1511 型织机 6 台；赵堡乡地毯厂从沧州购进 1515 型织机 5 台。[①] 截至 1985 年年底，全县约有两款织机 200 台。[②] 1987

[①]《中共高阳县委关于大布生产的调查报告》，1985 年 7 月 18 日，高阳县档案馆藏，资料号：1—599—24。

[②]《高阳县乡镇企业局关于一九八〇年以来农村织布业发展状况》，1986 年 8 月 4 日，高阳县档案馆藏，资料号：26—21—8。

年以后，随着"三巾"行业初兴，新增织机大都是新出厂的 1511 型和 1515 型织机。

1984 年下半年之后，高阳私营纺织业在生产组织形式上也发生了一定变化。首先，从 1984 年下半年开始，乡村纺织业中出现了一种后来被学术界称为"股份合作制"的组织形式。尽管后来不少学者和政府文件都将股份合作制企业归为合作经济范畴，① 但是据笔者考察，在高阳纺织业中它是改革开放后乡村私营纺织企业最早的生产组织形式。高阳乡村纺织业中的股份合作制企业一部分是由个体纺织户合作兴办的，如李果庄印花厂始建于 1987 年 1 月，是由韩实义等 22 户联合兴办的，共 22 股，每股出资 1500 元，贷款 27000 元，总投资 6 万元。起绒厂始建于 1986 年 1 月，是由韩起峰等 3 户纺织户联办，共 3 股，每股出资 2 万元，贷款 4 万元，总投资 10 万元。② 另一部分是由有意愿办厂的农民合资兴办的。如赵官佐村经编厂，始建于 1984 年 12 月，共 15 股，每股出资 1 万元，贷款 15 万元，总投资 30 万元。③ 其次，个体织户在整体规模不断扩大的同时，某些家庭的生产规模也有所扩张。据高阳县税务局统计，1987 年高阳县农村个体织户共有织机 5680 台，占全县织机总数的 80%。④ 多数个体织户是一家一台织机，靠家庭成员生产；少数织户一家两三台织机，个别织户拥有五六台织机，雇工生产。⑤ 再次，乡、村两级纺织厂都实行了"能人"承包制。所谓"能人"，是指乡村中有管理经验和经营办法的人。如晋庄乡乡办织布厂 1983 年亏损 4711 元，1984 年承包给"能人"程栓，当年程栓就将积压半年之久的价值 3 万元的药布推销出去，还与北京昌平毛纺厂签订了 100 万米底布的加工合同。⑥

---

① 有关学界对股份合作制性质的争论见：邢敏《论股份合作制企业的性质》，《经济体制改革》1999 年第 4 期。高阳县委、县政府的文件中称股份合作制企业为"联合体"。

② 《高阳县乡镇企业大调查资料汇总》，1987 年 6 月 29 日，高阳县档案馆藏，资料号：1—625—1。

③ 《赵官佐村户联办企业是一条好路子》，1986 年 10 月 15 日，高阳县档案馆藏，资料号：1—608—22。

④ 《高阳县人民政府关于降低纺织品增值税税负核减一九八七年税收任务的请示》，1987 年 5 月 15 日，高阳县档案馆藏，资料号：10—236—20。

⑤ 《高阳土布调查》，1988 年，高阳县档案馆藏，资料号：26—24—26。

⑥ 《中共高阳县委高阳县人民政府关于乡镇企业发展情况的报告》，1984 年 8 月 25 日，高阳县档案馆藏，资料号：1—596—3。

随着织机数量增长，所需原料棉纱也逐年呈增长之势。据高阳县企业局统计，1984年全年用棉纱3500吨；① 到1988年，全年用纱接近8000吨。② 这一时段，高阳县内没有纺纱企业，所用棉纱全部由外地纺纱厂购进。1983年之前，因棉纱尚属统购统销产品，几乎全部由国营商业系统购销。1983年12月之后，棉纱统购统销政策逐渐放开，高阳县才开始出现运销棉纱的私营商户。20世纪80年代中后期，棉纱运销仍然以国营商业部门为主，从事运销的部门有商业局棉布加工站、高阳县土布贸易中心、社队企业局纺织品公司、县联社纺织品联营公司。③ 如纺织品公司从1986年成立至1989年共销售棉纱1800吨。④ 1987年，高阳从事棉纱运销的私营商户只有华新纺织采购供应站、东城布线庄、益民纺织经销部、光明棉纱经销部等数家，都集中在高阳县城的东街和北街。⑤

在这一时段中，高阳私营棉纺织业的产品结构也有所变化。20世纪80年代初期和中期，高阳乡村棉织业的产品以条格布、被衬布、豆包布、包皮布、鞋里子布、提包里子布、蚊帐布、药纱布、窗纱、渔网等产品为主，⑥ 这些产品一般批量小，档次低，生产工艺简单，多是国营大厂不想生产或不宜生产的产品。20世纪80年代末，在县毛巾厂的带动和帮助下，"三巾"行业初兴。据乡镇企业局统计，1987年，尖窝乡新建和改扩建纺织企业21家，其中16家生产毛巾，3家生产童毯或线毯；高阳镇新建纺织企业7家，其中3家生产毛巾、毛巾被；高庄乡新建纺织企业2

---

① 《中共高阳县委关于大布生产的调查报告》，1985年7月18日，高阳县档案馆藏，资料号：1—599—24。

② 《高阳县农村织布业基本概况》，1988年9月25日，高阳县档案馆藏，资料号：26—31—28。

③ 棉布加工站是县商业局的下属单位，在集体化时代只开展"撒机"业务，改革开放后，随着农村自营织户增多，"撒机"业务无法正常进行下去，也开始买卖棉纱；土布贸易中心是1984年7月由高阳县委、县政府批准成立的棉纱棉布运销机构，由副县长张凤池兼任经理，地点设在李果庄纱布市场；纺织品公司是社队企业管理局的下属公司，专门面向农村纺织业经营纱布运销业务；县联社纺织品联营公司是1984年春由县联社与大布运销专业户齐树欣联营成立的纱、布运销企业。

④ 高阳县乡镇企业局纺织品公司：《深化企业改革，搞好专项服务》，1989年，高阳县档案馆藏，资料号：26—34—1。

⑤ 《高阳乡镇企业大调查资料汇总》，1987年6月29日，高阳县档案馆藏，资料号：1—625—1。

⑥ 《家庭经营现状及发展情况调查》，1986年10月17日，高阳县档案馆藏，资料号：26—21—15。

家，都生产毛巾；西演镇新建纺织企业 2 家，都生产毛巾；赵堡乡新建企业 33 家，其中 20 家生产毛巾；小王果庄乡纺织专业村长果庄新建企业 7 家，其中 3 家生产毛巾。① 1988 年，毛巾、毛巾被走俏，当年高阳乡村就新增提花楼机 1000 多台。②

在这一时段，高阳棉纺织品的营销渠道也发生了很大变化。20 世纪 80 年代初，部分织机给县商业局所属的棉布加工管理站做加工业务，部分织机搞织布自营。据高阳县委统计，截至 1982 年年底，高阳全县已有织机近 4000 台，其中为棉布站做加工的织机有 1600 台。③ 自营织户，或在本地赶集卖布，如在高阳县城的集市上，西街靠近南关的一段马路当年就是布市，每到集期，农村自营织布户都在马路两旁摆摊卖布；或联合起来派出有经验的业务员到外地联系加工业务，如李果庄大队就派出业务员往定县、唐山、日照等地联系加工业务，由原生产大布一种产品发展到生产药布、窗纱、蚊帐、渔网等多种产品。④ 到 80 年代中后期，随着个体自营织户和私营纺织企业增多，高阳棉纺织品的运销发展出四条主渠道：第一条渠道是本县国营商业机构，上述从事棉纱运销的棉布加工站、高阳县土布贸易中心、纺织品公司、县联社纺织品联营公司等国营商业部门也都从事布匹运销，如 1984 年县联社纺织品联营公司在河北省各地签订 90 万米包皮布加工合同。⑤ 第二条渠道是直接来高阳县采购的外地客商。1984 年前后，高阳县筹建了李果庄大布市场、徐果庄围巾市场、南于八腈纶市场等纺织品专业市场，这些市场上每天都有大批外地客商活动。如李果庄大布市场 1985 年上市摊点 1500 多个，每天布匹上市量达到 15000 匹，有十几个省市的客商来这里购买纺织品，日成交额十几万元。⑥ 第三

---

① 《各乡镇 87 年新上企业调查》，1987 年年底，高阳县档案馆藏，资料号：26—25—1。
② 《高阳县乡镇企业局关于乡镇企业现状和趋势调查报告》，1989 年 10 月 20 日，高阳县档案馆藏，资料号：26—33—43。
③ 《高阳县一九八二年基本情况（附一九八三年国民经济主要指标设想）》，高阳县档案馆藏，资料号：1—584—6。
④ 《发挥优势，扬长避短，个体经营，速猛发展》，1982 年 11 月 20 日，高阳县档案馆藏，资料号：26—11—45。
⑤ 高阳县人民政府办公室编印：《信息快报（88）》，1985 年 7 月 17 日，高阳县档案馆藏，资料号：10—217—88。
⑥ 《高阳县乡镇企业局关于一九八〇年以来农村织布业发展状况》，1986 年 8 月 4 日，高阳县档案馆藏，资料号：26—21—8。

条渠道是私营纺织企业派出业务员经销。股份合作制企业一般都有股东专门负责产品营销，在高阳本地称之为"搞业务"，其主要工作就是到各地推销产品和联系加工订单。第四条渠道是高阳本地专营布匹运销的商户，县委、县政府的文件中称之为"布匹运销专业户"。最初，这些商户多是两三个人结队出行，每人携带一二百匹布，走街串巷销售。后来，随着资本积累和社会关系拓展，他们开始和外地厂家签订加工合同，开展订单加工业务。据乡镇企业局统计，1985年高阳四乡共产布7000多万米，其中国营商业机构运销约1000万米，外地客商采购约1500万米，纺织企业自销500多万米，高阳本地商户运销近4000万米，分别占布匹总销量的14%、21%、7%、58%。① 由此可知，从80年代中期开始，高阳本地商户已经成为棉纺织品运销的主要渠道。

80年代初，高阳的棉纺织品主要销往华北、西北和东北的中小城市和农村。80年代中期，高阳的棉纺织品开始打入北京、天津等大城市。据社队企业局统计，1985年全年高阳销往京、津两市的各种棉纺织品就有2400多万米，约占当年棉织品总销量的1/4。② 此后，高阳棉纺织品的销售区域迅速扩张，到1988年，高阳布已行销国内20多个省、自治区、直辖市，并通过天津、保定、石家庄等地的外贸部门，远销美国、加拿大、日本、东南亚等国家和地区，年创汇300多万美元。③

在这一时段，除棉织业之外，高阳新兴的纺织行业还有腈纶针织业和毛纺织业。

腈纶针织业主要集中在县城以西于八公社的南于八、北于八、尖窝公社的南尖窝、邢南公社的季朗等村。这些村在土地实行"包干到户"之后，原有社队腈纶厂一般都以作价出售的方式处理给村民经营。当时，与高阳相邻的蠡县腈纶针织业蓬勃发展，到1983年已经拥有现代化毛纺厂8个，针织横机8000多台，圆机19台，年产腈纶衣物2000多万件，腈纶

---

① 乡镇企业局原统计数字为国营商业机构运销2000万米，外地客商采购2000万米，本地商户运销4000万米。这些数字总和与年总销量7000万米不合。笔者根据国营商业机构的账册以及调查资料对原数字进行了修正。原始数字见：《高阳县乡镇企业局关于一九八〇年以来乡村织布业发展状况》，1986年8月4日，高阳县档案馆藏，资料号：26—21—8。

② 《高阳县乡镇企业局关于一九八〇年以来农村织布业发展状况》，1986年8月4日，高阳县档案馆藏，资料号：26—21—8。

③ 《高阳县农村织布业基本情况》，1988年9月25日，高阳县档案馆藏，资料号：26—31—28。

线1500吨左右。① 在蠡县的带动下，购买社队腈纶厂的村民迅速淘汰了落后的废旧腈纶加工设备，购置了横机，其他村民也起而仿效，到1984年年初，高阳乡村中的横机发展到1000多台，全部为个体经营，年收入500多万元。腈纶针织业最发达的南、北于八两村有横机500多台，从业人员1500人。② 在南于八大队还自发形成了腈纶专业市场，一天一市，上市摊点1000多个，上市针织成衣50000余件，日成交额16万—18万元。③ 高阳的腈纶针织业只红火了两三年时间，到1985年就陷入困境。1985年，腈纶原料涨价40%，而腈纶针织品价格涨不上去。个体加工户为了盈利，不在开发新型产品上下功夫，而是偷工减料，粗制滥造，严重者一件成衣仅使用2两多线，导致自堵销路。④ 此后，高阳的腈纶针织业每况愈下，到1987年全行业彻底倒闭。

高阳县乡村第一家毛纺织企业是邢南乡赵官佐村的红旗毛纺厂。该厂始建于1984年11月，是郭艳凯、郭艳庆兄弟联合20户村民一起创办，是一家典型的股份合作制企业。到1987年高阳县的民营毛纺织企业发展到10家。

表1—14　　　　　1987年高阳县民营毛纺织企业一览

编号	厂名	地址	负责人	股份数	建厂时间	投资额（万元）			设备	产品
						总投资	自筹	贷款		
1	红旗毛纺厂	赵官佐村	王贝	21	1984.11	55	25	23	两梳两纺	地毯纱
2	前锋毛纺厂	赵官佐村	张子明	18	1987.3	60	11	49	一梳一纺	毛线
3	永盛毛纺厂	于留佐村	郭羊子	23	1987.3	90	60	30	一梳一纺	毛线
4	振华毛纺加工厂	于留佐村	郭荣跃	10	1987.2	51	21	30	七梳三纺	毛线
5	建新毛织厂	于留佐村	赵辛田	17	1986.9	34	22	12	1515型织机8台	毛呢

---

① 闵学冲：《蠡县腈纶专业市场调查》，《北京商学院学报》1984年第3期。
② 《高阳县农村工副业服务公司关于当前农村工副业情况的调查报告》，1984年1月25日，高阳县档案馆藏，资料号：26—16—1。
③ 《高阳县人民政府关于申请南于八腈纶针织专业市场建设资金的请示》，1984年6月10日，高阳县档案馆藏，资料号：10—205—6。
④ 《高阳县乡镇企业局关于对乡镇企业调查情况的汇报》，1985年7月7日，高阳县档案馆藏，资料号：26—19—19。

续表

编号	厂名	地址	负责人	股份数	建厂时间	投资额（万元）			设备	产品
						总投资	自筹	贷款		
6	京建毛纺厂	留祥佐村	赵振昌	8	1987.3	97	48	49	一梳一纺	毛线
7	侨光毛纺厂	斗洼村	未存信	4	1986.9	89	32	57	一梳一纺	地毯纱
8	新宇毛纤加工厂	邢南村	邓连高	78	1986.7	55	25	30	毛呢织机4台	毛呢
9	西郊毛纺厂	南于八村	曹大安	10	1987.2	52	20	32	一梳一纺	毛线
10	毛纺厂	高阳机窑	韩军良	20	1987.1	50	42	8	毛纺设备	毛线

资料来源：《高阳县乡镇企业大调查资料汇总》，1987年6月29日，高阳县档案馆藏，资料号：1—625—1。

由表1—14可知，1986年年底至1987年年初是高阳县农民创办毛纺织企业的高潮期。高阳县毛纺织企业集中于邢南乡的赵官佐、于留佐、留祥佐等村。按其产品，这些企业可分为三类：一类生产地毯纱，主要给国营地毯厂做加工；二类生产手编毛线；三类生产毛呢，做高档衣料。

1988年，高阳乡村的毛纺织行业发展迅速。据乡镇企业局统计，截至1988年7月，高阳毛纺织企业发展到17家，其中毛纺厂发展到9个，年产量500吨，产值800万元，利润180万元；地毯纱厂8个，年产量440吨，产值700万元，利润160万元。[①] 到1989年10月，高阳的毛纺织企业达到19家，分布在城西六个乡，仍以邢南乡为中心。

改革开放之后，在短缺经济的拉动和国家投资的扶持下，高阳的县属纺织企业也迎来了发展的"黄金时代"，到80年代末达到了历史的顶峰。

首先，县属纺织企业的数量增多。80年代初，高阳县属国营、集体纺织企业共5家，分别为染厂、红旗丝织厂、毛巾厂、棉织厂、染织厂。[②] 1984年年底棉织厂因效益不佳被关停，后并入红旗丝织厂，成为红

[①] 《高阳县乡镇企业局关于当前我县乡镇企业基本情况》，1988年7月，高阳县档案馆藏，资料号：26—31—15。

[②] 这5家企业前4家是县属全民所有制企业，简称"国营企业"；最后1家是县属集体所有制企业，简称"集体企业"。

旗丝织厂"南厂",转产美丽绸和粗纺毛呢,后更名为高阳县毛纺织总厂,仍隶属于红旗丝织厂。① 1986 年 1 月 1 日,毛纺织厂从红旗丝织厂析出,重新成为独立核算的国营企业。② 因 1986 年羊毛供应紧张,价格上升,毛纺织总厂因生产成本增加而导致亏损。1987 年 3 月 10 日,毛纺织总厂划归染厂,并将设备搬迁到染厂。③ 因效益不佳,与棉织厂一起关停的还有县磷肥厂,1986 年该厂转产棉毛针织,更名为高阳县棉毛针织厂,当年盈利 5 万元。④ 县化肥厂原产氮肥,1985 年 4 月因销路不畅而停产,1986 年 4 月,县政府将毛纺织厂多余的 1511 型 44 英寸织机拨给该厂,令其转产纺织,并更其厂名为高阳县织物厂。⑤ 随着高阳纺织业的发展和县委、县政府对外联工作的重视,一些外地纺织单位,特别是天津纺织界来高阳考察,并与高阳县政府合作兴建了两家企业——津阳新型纺纱厂和天阳地毯毛纱厂。前者是一家纺纱企业,始建于 1985 年年初,是由天津纺织工业研究所与高阳县政府共同兴办,一期工程投资 195 万元,新上一条涡流生产线,10 月份正式投产,年产异型腈纶膨体纱 1200 吨,预计年利润 100 万元。当年又经天津纺织工业研究所搭桥,投资 128 万美元,从美国康劲毛衣公司引进一套气流纺设备,建成后年产棉纱 2000 余吨,预计产值 1854 万元,实现利润 246 万元。⑥ 后者是一家地毯纱生产企业,始建于 1987 年 11 月,由天津市地毯工业公司与高阳县纺织联合开发公司共同投资兴建,总投资额 366 万元,计划规模为"五梳三纺",首期工程安装"两梳一纺",一次试车成功,年产 3.5 支毛纱 60 吨。⑦ 到 1988 年年底,

---

① 高阳县人民政府办公室编印:《信息快报(6)》,1985 年 1 月 22 日,高阳县档案馆藏,资料号:10—217—6。

② 《高阳县经委关于红旗丝织厂与毛纺织总厂分开的请示和批复》,1985 年 12 月 29 日,高阳县档案馆藏,资料号:10—214—103。

③ 《高阳县人民政府关于高阳县毛纺织厂划归染厂的决定》,1987 年 3 月 10 日,高阳县档案馆藏,资料号:10—235—19。

④ 《高阳县人民政府一九八六年工作总结》,1987 年 1 月 10 日,高阳县档案馆藏,资料号:10—238—20。

⑤ 《高阳县人民政府关于化肥厂转产纺织的请示》,1986 年 4 月 2 日,高阳县档案馆藏,资料号:10—228—8。

⑥ 《中共高阳县委高阳县人民政府关于打入京津唐经济开放区的综合调查报告》,1985 年 5 月 24 日,高阳县档案馆藏,资料号:1—599—18。

⑦ 高阳县人民政府办公室编印《信息快报(115)》,1987 年 11 月 2 日,高阳县档案馆藏,资料号:10—242—115。

高阳县县属国营、集体纺织企业达到8家,分别为染厂、红旗丝织厂、毛巾厂、棉毛针织厂、织物厂、津阳新型纺纱厂、天阳地毯毛纱厂、染织厂。

其次,大部分县属纺织企业的生产规模都有所扩大,经济效益也有所提高。1987年毛纺织总厂划归染厂后,染厂添置毛纺织印染设备,年产毛呢150万米。是年,染厂的固定资产达到1900万元,年创利税250万元,被高阳县政府定型为中型企业,成为高阳县属企业中唯一一家中型企业。① 毛巾厂80年代初实现主要生产设备更新换代,到1983年先后安装1515型75英寸织机98台,1511B型44英寸织机38台,原有旧织机全部淘汰。1983年因棉纱涨价,出口产品压价,经济效益下滑。为摆脱困境,1984年新上丝绸车间,成功试制醋酸安乐绸和美丽绸,并投入批量生产。② 1985年生产"三巾"折纱375吨、丝织品71万米,实现利润77.6万元。1986年试制出高密度毛巾被,次年通过省级奠定,填补了河北省纺织出品的一项空白。1987年,毛巾厂参加国家计委轻纺出口技改项目投标中标,毛巾厂因而开始改扩建。整个工程投资491.42万元,1988年下半年开始施工,1990年12月通过验收,总计新建工房4731.7平方米,增置毛巾织机72台、提花机62台、毛巾印花机1台、高温高压染色机1台,形成先染后织和先织后染两条生产线。1988年毛巾厂的经济效益达到顶峰,所创利税和出口交货值在河北省同行业中名列前茅。

二 1989—1991年

从1988年9月开始,中国进入了为期三年的治理整顿阶段,中共中央提出治理经济环境、整顿经济秩序,主要目标是压缩社会总需求,抑制经济过热。在治理整顿的过程中,高阳民营棉纺织业发展速度放缓,进入了过渡阶段。1989年民营棉织业中的"三巾"行业出现产品严重滞销的困难局面。据乡镇企业局调查,截至第三季度,高阳全县积压毛巾被38万条,其他"三巾"类产品50万条,"三巾"行业发达的赵堡乡,积压

---

① 《高阳县人民政府关于高阳染厂定为中型企业的通知》,1987年8月19日,高阳县档案馆藏,资料号:10—235—22。

② 《高阳县经济委员会关于建立第二丝绸厂的报告》,1984年8月26日,高阳县档案馆藏,资料号:10—209—13。

毛巾 20 多万条，毛巾被 4 万多条；邢南乡积压毛巾被 5 万条，其他 "三巾" 类产品 30 万条。产品大量积压，占用了巨额资金；同时，外欠货款增加，资金回笼速度放缓。截至第三季度，高阳全县的 "三巾" 行业共积压货值约 1300 万元，外欠货款总计 2000 余万元。加之国家在治理整顿过程中紧缩银根，货币供给量不足，私营企业和个体织户贷款困难，造成全行业流动资金严重不足，致使部分企业和个体织户无法维持正常生产。据统计，第三季度 "三巾" 类规模企业完全停产的有 31 家，半停产的有 35 家。① 1990 年和 1991 年受经济大气候影响，"三巾" 类行业仍然困难重重，突出表现为 "市场疲软，产品销售不出去，资金短缺，结算资金大幅度增多，不安全资金累累出现"②。

在此期间，受治理整顿等因素的影响，高阳国营棉纺织厂的生产经营普遍陷入困难局面。1990 年年初，县属工商企业开始全面滑坡；③ 1991 年，受国际国内市场疲软和国家限产压库政策的影响，县属企业普遍出现了严重困难局面。④ 以毛巾厂为例，该厂 1989 年上半年出口顺利，盈利 90 万元。1989 年春夏之交的政治风波以及随之而来的西方国家对中国的制裁，导致其下半年出口锐减，亏损 70 万元。续后两年，毛巾厂的经营一直亏损，到 1993 年年底连续累亏 500 万元。⑤

三 1992—2001 年

1992 年是中国经济发展出现重大转机的一年。1 月 6 日至 10 日，国务院在北京召开经济体制改革工作会议，李鹏在会上宣布治理整顿的任务基本完成。1 月 8 日至 2 月 21 日，邓小平视察武昌、深圳、珠海、上海等地，发表了著名的南方谈话，进一步解放了思想。5 月 16 日，中共中央政治局通过《中共中央关于加快改革，扩大开放，力争经济更好更快地上一个新台阶的意见》，提出把 "抓紧有利时机，加快改革步伐，力争

---

① 《高阳县乡镇企业局关于乡镇企业现状和趋势的调查报告》，1989 年 10 月 20 日，高阳县档案馆藏，资料号：26—33—43。
② 《高阳县人民政府 1990 年工作总结》，1990 年 12 月 18 日，高阳县档案馆藏，资料号：10—265—4。
③ 同上。
④ 《高阳县人民政府 1991 年工作总结》，1992 年 1 月 5 日，高阳县档案馆藏，资料号：10—271—9。
⑤ 王贤根：《火红的阳光》，长征出版社 2004 年版，第 85 页。

经济更快地上一个新台阶"作为当前党的战略任务。

在国家刺激经济发展的大好形势下,高阳的民营纺织业迅速崛起,形成毛线、毛呢、地毯纱、"三巾"、丝网五大行业门类。毛线、毛呢行业在20世纪90年代中期达到高潮,而后迅速衰落。与毛线、毛呢行业的大起大落不同,高阳的民营棉纺织业始终发展平稳,并形成"三巾"类产品一统天下的局面。而高阳的国营纺织企业从一开始便举步维艰,而后每况愈下,最终全部破产或改制。

1992年,在国家政策的扶持下,高阳民营纺织业迅速开启了投资拉动下的新一轮增长。在毛纺、棉织、丝网几个纺织行业门类中,增长最快最显著者当属毛纺织业。据统计,1992年全县新上规模企业92家,固定资产总投资5600万元,其中投资100万元以上的企业19个,新建、扩建项目绝大多数是毛线、毛呢织造企业。① 截至12月底,全县共有毛纺织企业72家,总投资2亿元,其中固定资产3000万元,流动资金1.2亿元。年产值2亿元左右,占乡村工业总产值的50%以上。② 1993年,全县以毛线、毛呢行业为主的大规模乡村工业投入比1992年增加一倍,达到1.3亿元,新增固定资产投资10万元以上规模企业90家。③ 到1994年,高阳县的毛线产量达2万吨,毛呢600万米,地毯纱近万吨。④ 续后两年,毛纺织企业的生产规模继续扩大。截至1996年年底,高阳的毛线企业发展到28家,3万纺锭,毛线总产量2.4万吨,占全国纯毛手编毛线总量的15%;毛呢及染整企业发展到61家,年产各种毛呢1200万米,占全国粗纺毛呢总量的5%。地毯纱企业发展到91家,年产地毯纱6000吨。⑤

从1997年起,高阳毛呢、毛线两个行业陆续开始走下坡路。最早走

---

① 《中共高阳县委1992年工作报告》,1993年1月7日,高阳县档案馆藏,资料号:1—654—1。
② 《高阳县乡镇企业局1992年工作总结》,1992年12月27日,高阳县档案馆藏,资料号:26—37—26。
③ 《中共高阳县委1993年工作报告》,1994年1月5日,高阳县档案馆藏,资料号:1—662—1。
④ 《厘清思路,振奋精神,加快发展,努力实现乡镇企业发展的新突破——颜士民同志在全县乡镇企业工作会议上的讲话》,1995年7月7日,高阳县档案馆藏,资料号:1—672—3。
⑤ 《高阳县个体和私营纺织业蓬勃发展》,1997年11月24日,高阳县档案馆藏,资料号:26—46—15。

下坡路的是毛呢行业。1997 年，除了立绒呢销路较好外，平呢、麻纹呢等产品滞销，到年底，高阳全县共积压毛呢 300 万米，占全县毛呢总产量的 1/4 左右。1998 年第一季度，全县 43 家毛呢企业开工的只有 20 家，就是这 20 家开工的企业也只开动了部分设备，如春光毛呢厂有 25 张织机，1998 年第一季度开动 16 台，积压毛呢 2000 多匹约 10 万米；飞舟毛呢厂有织机 40 台，1998 年第一季度开动 20 台，积压毛呢 4000 匹约 20 万米；振华毛呢厂有织机 100 台，1998 年第一季度卖掉 1515 型织机 50 台，开动织机 26 台，积压毛呢 8000 匹约 40 万米；华阳毛呢厂有织机 20 台，1998 年第一季度仅开动 5 台，积压毛呢 2000 匹约 10 万米。以上开工不足的企业一般都是实力较为雄厚的大型企业，这些企业在市场不景气的情形下尚能勉强维持生产。而那些实力薄弱的小型企业，如海明毛呢厂、于八毛呢厂、光明毛呢厂、板桥毛呢厂等，由于外欠账款过多、周转资金不足、股东之间不和等原因纷纷倒闭。① 此后数年，毛呢行业每况愈下。2000 年，除振华、飞舟、星火、仁和、恒大、鹿鸣 6 家企业部分织机开工外，其他企业均停产，其中春光、庆峰两厂转产棉纱。② 进入 21 世纪后，飞舟、仁和等厂也倒闭了，高阳县只剩下振华、星火、恒大等毛呢织造和染整企业 13 家，生产规模大大下降。③ 毛呢行业之所以出现大幅度滑坡，主要有以下四个原因。其一，90 年代初期以来，我国毛呢行业的总体规模扩张过快，市场处于过饱和状态，供过于求。加之市场上不断涌现羽绒服、太空棉、羊绒衫等新产品，它们美观、大方、轻便，随着人民生活水平的提高，这些产品逐渐得到人们的喜爱。因此，毛呢的销售市场日趋狭小。其二，市场信息不灵，大部分企业都是根据以往的经验进行押宝式生产，一旦市场出现波动，很容易造成产品大量积压。其三，相对于南方毛呢而言，高阳县毛呢产品质量稍好，但生产成本高。受到南方低档次、低质量、低价格毛呢产品冲击，加之原料价格不断上涨，④ 高阳县毛呢产品价格一降再降，利润越来越低。企业积累不足，一旦出现产品积压，就会造成周转资金不足，企业无法维持正常生产。其四，在市场容量不足的情况

---

① 《毛呢行业专题调查报告》，1998 年 4 月 24 日，高阳县档案馆藏，资料号：26—47—2。
② 《乡镇企业管理局对乡镇企业总体形势的估计及今后的工作意见》，2000 年 4 月 3 日，高阳县档案馆藏，资料号：26—49—10。
③ 13 家企业是通过查阅工商局的《纺织企业注册表》得出的。
④ 毛呢的主要原料黏胶（占原料的 40%）1999 年到 2000 年每吨上涨 1300 元。

下，各生产厂家相互压价，"窝里斗"情况严重，大大削弱了高阳毛呢行业的整体竞争力。

毛线行业从 1998 年起总体上也出现下滑态势。1998 年当年，28 家毛纺企业中，除了三利、东风、红旗等大厂尚能保持较好的态势外，其余 20 来家中小企业均举步维艰，产量和利润都出现不同程度的下降。① 之所以出现这种局面，主要原因有二。其一是资金不足。造成资金不足的原因多种多样，有的是股份太多，部分股东撤股，带走不少资金；有的是企业信誉较差，告贷无门，筹款无路；有的是外欠货款过多，一时难以周转。与高阳的其他纺织门类相比，毛线企业投资数额巨大，维持正常周转所需资金数额也较大。加之毛线企业每年淡季时间长，没有相当数量的资金作保障，难以维持正常生产。其二是毛线市场出现过饱和状态，供大于求，致使企业销售困难。并且随着羽绒服、南极棉、羊绒衫等新产品上市，传统手编毛衣的替代品不断涌现，毛线市场更加萎缩。到 2000 年第一季度，高阳 26 家毛线企业中，除三利、东风、双羊（前身为红旗毛纺集团）能维持正常生产外，其余企业都处于打打停停状态。搞自营的企业以销定产，能销就干，不能销则停；搞加工的企业有订单就干，没订单就停，加工费下降到每吨 1600—1800 元。兴军、创誉、鹏达 3 家毛纺厂转产亚克力纱。② 2001 年中国"入世"前后，羊毛价格上扬，市场供应紧张，而毛线价格却下跌了 13.64%。③ 在这种情形下，多数毛线企业转产或破产，就连拥有知名品牌的三羊毛纺厂也不得不转产毛毯，另一家拥有知名品牌的东风毛纺厂也被迫停产，高阳的毛纺企业就只剩下三利集团有限公司一枝独秀了。④

与毛呢、毛线等毛纺织业的大起大落不同，高阳的民营棉纺织业一直

---

① 《高阳县乡镇企业局关于乡镇企业情况的汇报》，1998 年，高阳县档案馆藏，资料号：26—46—12。
② 《高阳县乡镇企业管理局对乡镇企业总体形势的估计及今后的工作意见》，2000 年 4 月 3 日，高阳县档案馆藏，资料号：26—49—10。
③ 《2001 年毛纺市场回顾与展望（一）》，2003 年 4 月 18 日，中华纺织网（http//www.texindex.net.cn）。
④ 1996 年双羊毛纺厂生产的"双羊牌"毛线被中国轻工业总会命名为全国知名品牌；东风毛纺厂生产的"戏珠牌"绒线入选中国名优产品。

处于稳定的发展态势，且形成改革开放后第一个发展高潮。① 首先是织机数量逐年增多，到1997年，全县织机总数达到16000台，且都是1515—75型织机和1511型织机。② 其次，棉织业的产品结构发生了很大变化。20世纪90年代初，高阳的纺织品有条格布、被衬布、豆包布、包皮布、鞋里子布、提包里子布、蚊帐布、"三巾"类等多种产品。后来因利润微薄、市场销售不畅等原因，次布产量逐年下降，"三巾"类产品的产量逐年上升，到20世纪末形成"三巾"类产品一统天下的局面，高阳成为全国最大的"三巾"类产品生产基地。据乡镇企业局统计，高阳的"三巾"产业1997年生产折纱（含丝）13万吨；③ 到2000年，高阳的"三巾"类产品形成纯棉、涤棉、纯涤三大类产品，④ 生产毛巾、浴巾、毛巾被、餐巾等近200多个花色品种。当年"三巾"类产品折纱15万吨，实现产值近30亿元，利润2.5亿元，上缴税金3000万元。产品除国内销售外，还出口日本、东欧、东南亚等近30个国家和地区。"三巾"出口企业16家，以京阳、益民、东方、光大、双吉、二英等毛巾厂为代表，2000年出口额达4500万元，占全县乡镇企业出口交货值的55.9%。⑤

　　高阳民营"三巾"行业的兴起与县毛巾厂的技术扩散有直接关联。"三巾"织造设备的安装调试及操作需要有一定的技术水平，尤其是操作

---

①　1997—1998年，亚洲爆发金融风暴，高阳"三巾"行业的外销受到一定影响。但所幸的是当时"三巾"行业外销量还不大，因而整个行业所受影响并不大，仍然保持快速发展势头。1998年和1999年两年里，由于涤棉毛巾质量过次，影响了高阳毛巾的声誉，致使涤棉产品滞销。但同时高阳的纯棉水洗毛巾兴起，颇受市场青睐，抵消了涤棉滞销的损失。从总体上看，自20世纪90年代初至21世纪初，以"三巾"产业为主的高阳民营棉纺织业几乎一帆风顺，没有出现过大的波折。本书之所以将之人为地分为两个阶段叙述，主要在于该行业在前后两个阶段发展的表现有所不同。第一阶段（1993—2001年）是"三巾"行业的奠基阶段，主要表现为："三巾"替代次布一统天下；"三巾"类产品的种类逐渐定型；初步奠定内销和外销两大营销渠道，等等。第二阶段（2002—2008年）是"三巾"行业的高速发展阶段，主要表现为：行业的整体规模迅速扩大；单个企业的生产规模普遍扩大；出现大量工业区，并形成五大"三巾"企业聚集区；外销不断扩大，逐渐与内销分庭抗礼，等等。当然在前后两个大阶段中，高阳棉纺织业的增速也时快时慢。据业内人士观察，从1992年到2008年，高阳棉纺织业增长最快的两个时期分别为1995—1997年以及2004—2006年。
②　《高阳县乡镇企业概况》，1998年，高阳县档案馆藏，资料号：26—46—13。
③　同上。
④　纯棉、涤棉和纯涤是由原料来划分的，纯棉产品是用完全用棉纱织成的产品，涤棉产品是用涤纶和棉的混纺纱织成的产品，纯涤产品是完全用涤纶纱织成的产品。
⑤　《三巾行业基本情况》，2001年7月25日，高阳县档案馆藏，资料号：26—50—8。

多臂多梭等复杂织机。80年代末至90年代初，个体、私营"三巾"企业在高阳县城周边兴起之时，都是聘请毛巾厂的技术人员安装、调试和维修设备，并聘请毛巾厂的职工教授织造技术。据原县毛巾厂技术科长郭新民回忆，那时毛巾厂的部分干部和职工白天在厂里上班，下班后就到农村的私营企业中干私活儿。因为到私企工作收入比厂里高得多（厂里的工资每月一百多元钱，在私企工作每月可达五六百元），所以上至副厂长、车间主任，下至班组长和挡车工，有的人请病假，有的人请事假，有的人干脆扔掉工作应聘走了，还有人明里暗里与他人合办企业。① 后来，随着民营"三巾"行业的发展，为解决挡车工紧缺的问题，县里号召毛巾厂搞技术服务，毛巾厂先后无偿地举办了十二期技术培训班。培训班一般是先学习两个星期的理论知识，然后到车间实际操作，厂里给每名学员配备一个师傅，手把手地教。培训班总计为高阳民营"三巾"行业培训工人600多人，这些人回到民营企业后又以师傅带徒弟的办法将织机操作技术教给其他人。

县毛巾厂的技术扩散解决了民营"三巾"行业的技术问题，为其发展提供了必要条件。除此之外，"三巾"行业之所以能够在高阳遍地开花并最终一统天下，乃在于它的生产组织形式的特点及市场适应性。从生产组织形式上看，"三巾"行业与高阳以往的棉布制造业相类似，都属于单机作业型行业，适合个体家庭生产。农民利用自家房舍，安装一两台织机和整经机等辅助设备，掌握了相应的生产技术，即可投入生产，因而这个行业在以个体家庭为基本生产单位的农村极易推广。从市场适应性来看，"三巾"属于生活必需品和易耗品，使用周期短，需求量大，且高阳生产的"三巾"类产品高、中、低档并存，既有档次较高的纯棉水洗毛巾，也有价格低廉、色泽鲜艳的混纺织物，这种产品的多档次适应了城乡不同层次居民的消费需求，因而得以历久不衰。

除"三巾"行业之外，高阳还有一种被称为"丝网业"的纺织行业，主要生产窗纱、渔网布等产品。这个行业主要集中于李果庄、南圈头等几个村庄，起初有织机六七百台，到2000年发展到3700余台。② 虽然该行

---

① 王贤根：《火红的阳光》，长征出版社2004年版，第77—78页。
② 《2000年乡镇企业运行情况及建议》，2000年12月30日，高阳县档案馆藏，资料号：26—49—32。

业的整体规模在高阳县远逊于"三巾"类行业,产量产值也远逊于"三巾"类行业,但是该行业在全国同类产品中占有较大的市场份额,据李果庄村村支书称,高阳的丝网产量占全国丝网总产量的百分之七八十以上。① 他的话未免有些夸张,但因笔者找不到相关行业的统计资料,且他在该行业从业时间较长,对全国的市场行情甚为熟悉,姑且信之。

由于毛纺企业与"三巾"类企业的生产组织形式迥然不同,在高阳的乡村工业中形成了两种完全不同的发展模式。毛纺企业的生产包括制条和纺纱两大系统,生产组织属于流水线型,需要资金量较大。尽管高阳的著名毛纺企业三利、双羊、东风等起步阶段的经历各异,但是在进入羊毛精纺行业之后,无一不是在国有银行大量贷款的支持下,走跨越式大企业大集团的发展道路。以三利为例,三利老总王克杰最初靠生产腈纶线起家,80年代末靠高阳工商行贷款转而生产毛线,以后靠高阳、任丘、河间等地银行贷款和利润再投资迅速扩大规模,到1995年就申请成立了三利集团有限公司,下辖河北省三利毛纺厂、任丘市三利工业用呢厂、河北省高阳县三利贸易实业有限公司、高阳县三利喷胶棉厂4个经济实体,共有固定资产3000多万元,职工1900多名,年产值能力5亿元。② 1995年三利集团为提高产品知名度,投资800万元在中央电视台做了广告,使"三利毛线"步入名牌产品行列。1996年,三利被河北省政府命名为"河北省骨干企业",是年,它还被中国毛纺协会批准为会员企业。2000年,"三利"投资3000万元开发出"开司米丝光防缩绒线"等高新技术产品,以13%的产量获企业50%的利润,成为全国驰名商标产品。

而"三巾"行业的生产是单机作业型,一两台、三四台织机皆可开始生产,所需资金相对较少,一般通过个人筹资、合伙集资即可解决资本问题,因而高阳的"三巾"类行业形成了一种被当地政府总结为"小规模、大群体"的区域集聚型发展模式。所谓"小规模"是指单个生产单位的规模较小。当时,最大的"三巾"类织造企业也不过几十台织机的规模,如被列入高阳县22家骨干乡镇企业的"三巾"类企业只有位于北圈头村的益民毛巾厂一家,该厂1995年只有40台织机,固定资产仅150

---

① [日]顾琳:《中国的经济革命:二十世纪的乡村工业》,王玉茹等译,第212页,注③。
② 《高阳县人民政府关于成立三利集团和三利集团有限公司的批复》,1995年10月6日,高阳县档案馆藏,资料号:10—290—35。

万元，与三利等毛纺类企业相比规模要小得多。① 当时诸如益民毛巾厂规模的"三巾"类织造企业尚属凤毛麟角，"三巾"织造业的主体是农民的家庭工厂，每个家庭工厂普遍拥有一两台乃至数台织机。所谓"大群体"指的是"三巾"类行业的整体规模巨大。小企业与家庭工厂散布于城乡各处，星罗棋布，形成了许多织布专业村，每个村有数百台乃至上千台织机，如 1996 年北圈头村有织机近 500 台，西田果庄有织机 400 多台。在全县范围内，2000 年"三巾"织机总数已达 20000 台，巾被年产量 25 亿条，占全国巾被总产量的 1/3。②

在这一时段，与民营纺织业的迅速发展相反，高阳的国营纺织厂每况愈下，到 20 世纪末全部实现破产或改制。国营纺织企业从 90 年代初出现困难之后，始终未能全面扭转被动局面。90 年代中期，高阳的国有中小企业开始改制。从 1995 年 8 月到 1997 年年初，红旗丝织厂、棉织厂、毛纺织总厂、棉纺厂陆续破产。1999 年 9 月，高阳县纺织印染总厂正式宣告破产。与上述各厂相比，毛巾厂的改制历程稍显曲折。1993 年任启哲接任厂长后，内抓管理，外抓销售，毛巾厂一度扭亏为盈。但从 1994 年开始，棉纱价格猛涨，毛巾厂又出现大幅度亏损。在这种情况下，县政府开始对毛巾厂实行租赁经营。1996 年，在毛巾厂租赁经营的基础上又成立了保定春燕巾被集团有限公司。到 2001 年 4 月，春燕巾被集团实行股份制改造，退出国有。至此，高阳的国营纺织企业完全实现破产或改制。20 世纪 80 年代高阳国营纺织企业的发展主要靠短缺经济的拉动和国家投资的政策扶持，进入 90 年代之后，随着民营纺织业的发展，短缺经济已不复存在；同时，国家推行限产压锭以及国有经济退出中小企业层面的政策，国家政策的扶持也不复存在。国营棉纺织企业在失去这两大依靠之后直接与民营企业进行市场竞争，存在生产成本高，产品调整不灵活等诸多不利因素。此外在民营纺织业高工资、高利润的吸引下，国营纺织企业的技术人员和工人大量流失，导致人心涣散，不少企业连正常的生产都无法维持。于是，破产或改制乃成为其必由之路。

---

① 《高阳县二十二家骨干乡镇企业基本情况》，1996 年，高阳县档案馆藏，资料号：26—45—34。

② 《高阳县人民政府二〇〇〇年工作总结》，2000 年 12 月 24 日，高阳县档案馆藏，资料号：10—372—1。

四 2002—2008 年

这一时段是高阳民营纺织业高速发展阶段。在这一阶段中，毛毯行业崛起并迅速发展，最终替代毛纺行业，成为高阳县大型民营企业的主导行业。毛纺行业虽然仅剩下三利一家企业，但其经过再次创业，实现了从毛纺到针织的转化。"三巾"行业发展迅猛，整体规模迅速攀升，并且在棉纺织产业链上增加了棉纺一个环节，印花（绣花）和染色环节也随之发展迅速，最终形成纺、织、印、染门类齐全的棉纺织产业链。

高阳的民营企业家对毛毯的认识始于一场观摩活动。1996 年前后高阳的毛纺行业不景气，时任高阳县委书记的刘非带领一部分民营企业家到蠡县美亚毛毯厂参观访问。当时美亚是保定市唯一一家毛毯厂，该厂为了保护商业机密，只允许刘非及其夫人参观了毛毯生产流程，随行的企业家们都被拒之于生产车间之外。尽管如此，高阳县大多数毛毯企业的老板们还是把这次参观作为高阳人接触毛毯行业的开端。[1] 1998 年下半年，亚奥毛纺有限公司和新天羽纺织有限公司成立，率先转产毛毯，接着曙光毛毯有限公司和泰兴毛绒制品有限公司转产毛毯，荣仪毯业有限公司成立，也开始生产毛毯。2001 年，双羊毛纺集团有限公司、羽豪纺织有限公司、正大毯业有限公司、振华毛纺织有限公司、华阳毛纺染织有限公司均转产毛毯。至此，高阳县拥有十大毛毯厂的基本格局便形成了。这 10 家毛毯企业有 9 家位于县城以西的邢南乡，1 家位于高阳镇。[2] 2000 年前后，高阳的毛毯产量仅有 300 万条左右，2001 年 5 家企业上马之后，生产量扩大了 2 倍多，各厂合计有圆机 471 台，经编机 12 台，年产毛毯 1000 多万条，实现产值 10 亿元左右，在全国同行业中所占市场份额达到 25%。[3] 在激烈的竞争中，各厂迅速扩大生产规模，到 2006 年，各厂合计有圆机 1160 台，经编机 31 台，年产毛毯 2600 万条，产值 17 亿元，在全国同行业中所占市场份额达到 30% 左右。[4] 各厂生产的产品主要有拉舍尔和亚克

---

[1] 刘屏：《情暖人间》，长征出版社 2004 年版，第 79 页。
[2] 10 家毛毯企业中，亚奥、新天羽、荣仪位于邢南工业区，双羊、羽豪位于邢南乡赵官佐村，曙光位于邢南乡斗洼村，振华位于邢南乡留祥佐村，正大位于邢南乡邢家南村，华阳位于邢南乡北于八村，泰兴位于高阳县城。
[3] 《高阳县毛毯行业调查报告》，2001 年 8 月 27 日，高阳县档案馆藏，资料号：26—50—13。
[4] 高阳县工业促进局：《高阳县毯业发展情况调查报告》，2006 年 3 月 22 日。

力两大类 20 多种规格 200 多个花色品种，价位一般在 100—300 元。产品除在国内销售外，还出口欧美、日本、俄罗斯、东南亚等国家和地区，2005 年出口创汇值达 1800 万美元。[①]

高阳的毛毯企业多数是由毛纺或毛呢企业转化而来的，10 家毛毯厂中，亚奥、天羽、双羊、正大、曙光都是由毛纺转产毛毯的，振华、华阳是由毛呢转产毛毯的，因而可以说高阳的毛毯行业是承接毛纺、毛呢行业的衰落而兴起的新兴产业。不仅如此，毛毯生产企业的兴起还带动了一些小毛纺厂转产，如兴军、创誉、腾达、天祥等毛纺企业就转产亚克力纱，为各大毛毯厂提供原料。毛毯企业的生产工艺和毛纺企业相类似，属于流水线型，由梳毛、纺纱、织布、印花四道工序组成。经过数年发展，10 家企业的规模都有所扩大，其中较大的荣仪、天羽、亚奥等厂的资产都达到 1 亿元以上，年产量都在四五百万条。上述情形表明，21 世纪初，毛毯行业已经替代毛纺行业，成为高阳县大型民营企业的主导行业。

在这一时段，三利毛纺集团成为高阳县硕果仅存的毛纺企业。在其他企业转产、破产或停产的情况下，三利不仅顽强地生存下来，而且实现了集团化、正规化和规模化，到 21 世纪，三利逐渐发展成为以毛纺和针织为主，兼及服装和棉织业，同时向金融证券业、投资咨询业、房地产业扩张辐射的大型民营企业。2008 年，三利毛线占全国毛线总销量的 28%。三利的发展主要基于以下几方面因素。第一，集团化、规模化。三利利用贷款和利润再投资迅速扩大生产规模，到 2001 年，其资产已达 4.48 亿元，比高阳其他中小毛纺企业的资产总额都大得多，因而其抗风险能力比中小毛纺企业强得多。第二，名牌战略。三利是迄今为止高阳唯一一家在中央电视台做过广告的民营企业，短短的两句广告语"三利毛线，好毛好线"使其产品家喻户晓，风靡全国。1999 年，三利的品牌估值 9 亿元，2000 年入选全国品牌 500 强，2007 年在全国品牌 500 强中的排名上升至 237 位。第三，根据市场需求的变化及时调整产品结构。世纪之交，当全国手编毛线市场开始萎缩时，三利一次性购进了 500 台针织机，建立了针织车间，大踏步地迈入了毛纺织业的终端市场。后来，随着羊绒制品走俏，2006 年三利又从意大利原装进口成套的羊绒纺纱设备，年产绒线 200 吨，新增产值 1.2 亿元。并且三利还通过其销售网络为顾客量身定做毛衫

---

① 高阳县工业促进局：《高阳县毯业发展情况调查报告》，2006 年 3 月 22 日。

和绒衫，满足了消费者对服装的个性化需求。第四，在全国构建了完备的销售网络。三利的销售网络与电器行业相类似，呈金字塔式，全国分为六个大区，设总代理，每个大区下面又分若干代理商，代理商之下为专卖店（全国共3000多家）。销售价格由集团控制，全国一致，集团向各级代理商返利，如此一来，既避免了地区之间的恶性竞争，又避免了各级代理商漫天加价，保护了三利品牌的信誉。①

在这一时段，以"三巾"为主导产品的棉纺织业发展迅猛，形成改革开放后第二个发展高潮。2006年之前，织机数量以每年2000台的速率递增，到2006年高阳县的织机数达到26000多台，年产"三巾"30亿条，折纱27吨，占全国"三巾"类产品总产量的38%。②此后两年，"三巾"行业发展速度加快，据县政府调查汇总，到2008年高阳县全县织机总量达40000台，年产"三巾"40亿条，折纱40多万吨。③

从总体上看，高阳县的"三巾"行业呈现出以下特点。

第一，在高阳县所有乡村工业门类中，"三巾"行业成为总体规模最大、分布最为广泛的行业。除"三巾"行业之外，高阳县还有毛纺织、毛毯、地毯纱、农机配件、电料等行业，这些行业或只有几家至几十家企业，或局促于某个乡镇，或散布于十几个、二十几个村庄，其影响并不能遍及全县。④而"三巾"行业却遍布全县三镇六乡，根据高阳县工商局"企业注册登记表"和"个体工商户注册登记表"，2008年全县在册的"三巾"织造企业共有1274家，其中西演镇347家，高阳镇302家，晋庄乡235家，邢家南乡185家，小王果庄乡133家，蒲口乡35家，庞口镇24家，龙化乡8家，庞家佐乡5家。全县180个村庄中，在县工商局注册有纺织企业的村庄达120个，其中拥有10家以上"三巾"织造企业的村庄共37个，分别为于堤（79家）、东赵堡（72家）、野王（70家）、

---

① 以上有关三利毛纺集团的资料和数据均出自《三利集团副总经理冯文兴和企业文化部部长董白的口述资料》，2008年11月16日。

② 《高阳县人民政府2006年工作总结》，高阳县档案馆藏，资料号：10—390—1。

③ 2008年销售棉纱的数量由高阳县棉纱协会提供，织机数和"三巾"产量是业内人士根据棉纱数量估算而来。

④ 毛纺、毛毯行业的情况见前文。地毯纱行业2008年全县共有37家企业，主要分布在陶口店（13家）、南于八（4家）、赵官佐（4家）、留祥佐（3家）等村庄。农机配件行业以庞口农机配件市场为中心，分布于庞口村以及市场周边庞口镇的其他10来个村庄。电料行业主要位于县城东南庞家佐乡的十几个村庄中。

季朗（62家）、北圈头（49家）、县城（36家）、岳家佐（36家）、西田果庄（34家）、赵堡店（32家）、南尖窝（31家）、北尖窝（31家）、魏家佐（31家）、徐果庄（28家）、南赵堡（27家）、北沙窝（26家）、南圈头（25家）、史家佐（25家）、赵堡辛庄（25家）、西王草庄（24家）、莘桥（23家）、于留佐（22家）、尚家柳（22家）、南沙窝（22家）、李果庄（20家）、王福（20家）、延福屯（19家）、北晋庄（18家）、西河屯（18家）、赵通（18家）、路台营（16家）、西演（16家）、崔庄（16家）、布里（15家）、小团丁（15家）、杨佐（13家）、六合庄（11家）、杨家屯（10家）。

第二，织造企业的规模普遍有所扩大，并出现了一些拥有百台以上织机的较大企业，形成了一些名牌产品。首先，家庭工场的规模普遍有所扩大。许多家庭工场均由一两台织机起家，而后靠利润再投资和民间借贷逐渐添置织机，到2008年都发展到拥有数台织机乃至十数台织机的规模。一批起步较早的小工厂，也是靠利润再投资和民间借贷，到2008年普遍发展成拥有三四十台乃至五六十台织机的规模。这一时段的新建厂家甫一上马便多为十数台织机乃至数十台织机的规模。其次，涌现出一批规模上百台的较大企业，如麦迪生、三妹、永亮、三利、东飞、益民、万格、光大、东恩等企业都拥有百台以上织机。据县政府2002年统计，高阳的"三巾"类企业中，固定资产100万元以上的企业有166家，其中500万元以上999万元以下的企业19家，1000万元以上亿元以下的16家，超亿元的企业2家。三利、麦迪生、永亮、三妹等品牌已经成为业内的知名名牌。

第三，规模企业突破家庭工场模式，逐渐向工业区集中，并在全县范围内形成了五个纺织企业聚集区。随着部分纺织企业规模逐渐扩大，原有的在纺织专业村村内和织户家内建厂的模式已难以满足纺织企业的发展空间需要。为了满足较大型企业的需要，21世纪初，高阳县政府在县城周边规划了"纺织产业聚集区"（后改名"经济开发区"），具体而言，在县城西部建立纺织服装区，规划占地963公顷，区内入驻宏润公司、宏利佳公司、振华公司、智阳公司等骨干企业；在县城东部建立循环经济示范区（全称为"河北省3255循环经济示范区"），规划占地面积579公顷，入驻三利集团、蓝波公司、瑞春公司、建强公司等骨干企业，并建有县污水处理厂；在县城西南部建立综合制造与物流仓储区，规划占地669公顷，入驻福利公司、柏立信公司、泰晟公司、图强公司、三妹公司等骨干企业；在县城南部建立纺织品研发展销区，规划占地235公顷，入驻永亮公司、华澳公司、冀中药业等骨干企业。此外，高阳县还依托四乡纺织专业村建立了20多个乡村纺织工业区，分别为邢南工业区、北于八工业区、留祥佐工业区、赵官佐工业区、于留佐工业区、斗洼工业区、季朗工业区、六合屯工业区、晋庄乡温泉开发区、野王工业区、尖窝染整工业区、南尖窝工业区、北圈头工业区、北沙窝工业区、南沙窝工业区、东王工业区、岳家佐纺织工业区、陶口店工业区、李果庄工业区、于堤工业区、西演镇工业区、南圈头工业区、延福屯工业区、东赵堡村工业区、赵堡店工业区、后柳滩工业区等。这些工业区主要集中在高阳镇、西演镇、邢家南镇和晋庄乡，每个区占地都在一百亩以上，拥有二三十家乃至七八十家规模较大的纺织企业。[①]

随着较大规模的纺织企业向县城和四乡的工业区集中，在高阳全县范围内形成了五大"三巾"产业聚集区：一是县城及县城周边的村庄，包括县城、季朗、北沙窝、南沙窝、北圈头、南圈头、西田果庄、东田果庄、西王草庄、东王草庄、岳家佐、赵通、杨家屯、骆家屯等村庄，总计有企业348家；二是县城东南高阳至河间的公路两侧10—15华里的区域，包括赵堡店、东赵堡、南赵堡、赵堡辛庄、魏家佐、布里、莘桥、王福、延福屯、崔庄、西演、延福村、北梁家庄、小团丁、团丁庄等村，总计有企业321家；三是县城以西沿高保公路两侧离县城10—15华里的区域，包括南尖窝、北尖窝、野王、尚家柳、西河屯、东河、徐果庄等村庄，总计有企业200家；四是县城以东沿高任路两侧10—15华里的区域，包括于堤、李果庄等村以及高任路两侧企业，总计有企业106家；五是县城以南沿高蠡路两侧10华里的区域，包括史家佐、赵官佐、斗洼、于留佐、留祥佐，总计有企业59家。这五个聚集区共有"三巾"织造企业993家，占全县同类注册企业总数的81.2%。由图1—4可知，除建设工业区这个决定性因素外，这五个聚集区的形成还与市场和交通息息相关，20世纪末到21世纪初，高阳县城因纺织商贸城的建设成为全县纺织业的中心市场，棉纱和"三巾"大都通过县城中转，详情见第三章第二节。这

---

① 高阳县人民政府办公室印发：《袁振江同志在全县乡镇工业小区建设现场会上的讲话》，2002年5月24日，高阳县档案馆藏，资料号：10—371—13。

五个聚集区除县城及其周边区外，其余四个聚集区都距离县城10—15华里，且都处于县城通往保定、任丘、河间、蠡县的主要公路交通干线两侧，与县城之间的交通极其便利，便于厂家取货、发货和沟通信息。

第四，纺纱行业逐渐兴起，高阳纺织业有织无纺的状况有所改观。高阳县首家纺纱厂是三利集团投资兴建的，2002年三利投资1.2亿元建成10万纺锭。① 2004年宏润公司从三利集团中剥离出来，专营棉纺。三利（宏润）纺纱主要采用环锭纺，兼有少量气流纺，主要纺中高档棉织品所用高支纱。在宏润之后，高阳陆续建成一批小型纱厂，到2008年，高阳全县在工商局注册的小型纱厂共21家，大都分布在县城及周边村庄和城西辛留佐、北尖窝等村。这些小型纱厂绝大部分采用气流纺，用提净棉加工次等棉纱。从总体上看，纺纱行业的规模仍然比较狭小，与高阳县庞大的棉织行业仍难以匹配，高阳纺织业还形不成纺织一体化的完整产业链条。

第五，与棉织业相配套的漂染、绣花等后整理行业和浆纱、合线等前准备行业发展迅速。20世纪90年代中期高阳水洗毛巾兴起之时，漂染等行业就有所发展，1995年漂染厂和水洗厂达到60余家。1996年经过取缔关停小漂染之后，剩余巾被漂染企业36家；进入21世纪之后，随着"三巾"行业迅猛发展，漂染企业也随之有所发展，到2002年新增漂染企业13家。② 此后，随着"三巾"织造业的发展，高阳的漂染企业不但数量有所增加，而且加工规模不断扩大。截至2008年年底，高阳县共有注册漂染企业52家，其中县城边缘及周边的西田果庄、南沙窝、北沙窝、季朗、赵通、杨家屯等村最多，共计26家；县城以南10华里高蠡公路两侧的赵官佐、留祥佐、斗洼、史家佐等村庄次之，共计9家；其余17家企业则散布在"三巾"织造企业聚集的各工业区之中。一般漂染厂的加工水平平均每天二三百缸，三利集团的漂染车间可达到平均每天2000缸的水平。电脑绣花行业是21世纪初的新兴行业，是伴随绣花技术的自动化而产生的，其主要工艺是用电脑绣花机操纵各种色线在巾被表面绣出五颜六色的花形。截至2008年年底，高阳县共有注册电脑绣花企业10家，多

---

① 《高阳县委九届八十八次常委会纪要》，2002年6月21日，高阳县档案馆藏，资料号：1—793—2。

② 《高阳县人民政府关于整顿规范漂染行业发展秩序的函》，2002年9月9日，高阳县档案馆藏，资料号：10—378—1。

命名为"某某刺绣（绣花）厂"。这些工厂大都集中在县城及县城周边的北沙窝、南圈头等村，每家有十几台乃至几十台绣花机不等。合线又称合纱，是将两根或三根单纱合成一股。高阳县出产的高档"巾被"大都使用合股纱线织成，故事先需将单股纱线合股，于是合线厂应运而生。据 2008 年高阳县工商局"工商企业注册表"，截至 2008 年年底，高阳全县共有注册合线企业 15 家，其中 8 家在县城边缘及周边村庄，7 家分别位于北尖窝、南沙窝、赵官佐等工业区之内。浆纱是在经纱上施加浆料以提高其韧性的工艺过程，"三巾"企业使用次等棉纱织造低档毛巾，有的要经过浆纱。2008 年高阳县"工商局企业注册表"显示，高阳全县有浆纱厂 4 家，全部位于县城边缘。高阳从事绣花、合线的企业有的是单独从事绣花或合线，如海滨绣花厂、勇屯绣花厂、南沙合线厂、睿达合线厂等，有的是将绣花、合线结合在一起，或将绣花、合线与织造、纺纱、染整结合在一起，如河北泰美纺织有限公司既从事织造、纺纱，又经营绣花、合线；广汇纺织印染有限公司既从事织造，又兼营染色、合线。

第六，在企业的资本组织形式上，股份合作制企业大为减少，个人独资企业成为"三巾"织造企业的主体。据笔者调查，在 20 世纪 80 年代或 90 年代刚起步时，由于资本短缺，不少"三巾"织造企业采用股份合作制的组织形式。到 20 世纪 90 年代末和 21 世纪初，这些企业往往因股东之间不和而导致部分股东撤股或企业解体，撤股股东或解体企业的原股东再兴办企业，一般都采取个人独资的形式。由家庭工场发展而来的"三巾"织造企业几乎全部为个人独资企业。由下岗工人和"摆摊儿"者新办的"三巾"织造企业一般也多为个人独资企业。

第七，在织造设备上，少数企业引进了较为先进的剑杆织机。三利集团一次性引进 100 台剑杆织机，建立了自己的棉织车间。据笔者调查，截至 2008 年年底，高阳县纺织企业所用织机仍以 1515—75 型织机和 1511 型织机为主，剑杆织机仍然较少，只是被少数生产高档巾被的大厂家所使用。究其原因，一方面由于剑杆织机价格昂贵，中小型厂家资本薄弱，无力购置；另一方面由于剑杆织机需配套使用质量好的棉纱，一般用于织造高档巾被，而高阳的巾被则仍以低档产品居多，剑杆织机并不适用。但据业内人士分析，随着挡车工工资水平的不断提高和"三巾"行业利润率的不断下降，必然会有越来越多的厂家倾向于使用更为先进的织机，以提高劳动生产率和降低成本，随着新设备的研发和使用，未来高阳的纺织企业必然从劳动密集型向资本密集型发展。

第八，在产品销售方面，"三巾"出口量越来越大，高阳成为中国国内最重要的"三巾"出口基地。高阳"三巾"的出口主要通过三条渠道：一是高阳本地的经销商走出国门，到外国"摆摊儿"；二是通过中国的外贸公司出口；三是通过外国客商出口。高阳出口的"三巾"类产品，无论出口到非洲、中东、东南亚、中亚、东欧各国及俄罗斯、乌克兰，还是出口到日本、韩国以及美国和欧洲各国，都是以批发价较低的中低档产品为主，高档产品数量较少。据高阳县统计局调查，2002年高阳的棉织出口企业8家，出口交货值2786万元；① 2003年高阳的棉织出口企业增加到32家，出口交货值14174万元。② 这两组统计数据的注释中称："本表由全部出口企业填报"，据笔者了解其所选企业多为较大的企业，家庭作坊和中小企业的出口量值不在统计范围内，因而其数据与实际情况相去甚远。据业内人士称，2007年前后，高阳"三巾"的出口量占到总产量的50%。2008年的世界金融危机对高阳棉织业的影响甚大，由于外币竞相贬值，绝大部分以外销为主的厂家出现累赔而被迫停产。笔者在南圈头工业区调研时，工业区中最大的企业东恩纺织品有限责任公司，产品主要出口罗马尼亚、俄罗斯、乌克兰等国，2008年下半年因为外币竞相贬值，对人民币的汇率不断下降，而出现累赔现象，到11月即开始停产整顿。

五 改革开放后纺织业产值的增长趋势

表1—15　　　　1983—2007年高阳县历年乡村工业总产值　　　　单位：万元

年　份	乡村工业产值 （按当年价格计算）	乡村工业产值 （按1979年不变价格计算）
1983	2586	2303
1984	5971	5174
1985	3685	2922
1986	7857	5850
1987	12588	8736

---

① 高阳县计划统计局：《高阳县国民经济统计资料（2002年）》，第200—202页。
② 同上书，第248—249页。

续表

年 份	乡村工业产值 （按当年价格计算）	乡村工业产值 （按1979年不变价格计算）
1988	15238	8901
1989	16536	8182
1990	17861	8575
1991	23862	11078
1992	37721	16458
1993	83852	31895
1994	118989	36466
1995	276291	72327
1996	310317	74992
1997	199272①	46854
1998	341768	81007
1999	402087	96656
2000	472036	113008
2001	551397	131098
2002	630988	151207
2003	781530	185065
2004	992736	226290
2005	757178	169543
2006	881866	194544
2007	982540	206807

注：①1997年的乡村工业产值仅统计了638家成规模的工业企业，没有统计农民家庭工业的产值。

说明：（1）1983年和1984年的乡村工业产值包括公社（乡）、大队（村）、生产队三级社队企业产值和农民家庭工业产值；（2）1985—1993年的乡村工业产值是将《高阳县国民经济统计资料》中各该年的村及村以下工业产值和乡办工业产值合计所得；（3）1994—2001年的乡村工业产值是指《高阳县国民经济统计资料》中各该年的乡镇企业产值；（4）2002—2007年的乡村工业产值指的是全县工业总产值中的制造业产值。

资料来源：1983—2007年历年《高阳县国民经济统计资料》。

表1—15显示的是改革开放后高阳县乡村工业产值的变化趋势。在高阳的乡村工业门类中，除纺织业外，还有以庞口市场为中心的农机配件、

县东南乡的电料、蓝波集团的节能灯芯等门类，但这些行业门类对整个县域工业产值的总贡献率从未超过10%。因此，表1—15的数字虽不是纺织业一个行业的数字，但也能大致反映出纺织业的变化趋势。

表1—15显示，改革开放以来，高阳纺织业的产值呈持续增长之势，2007年与1983年相比，产值增长了近89倍。在这24年中，产值增长最快的时期分别为20世纪80年代中期、90年代中期和21世纪初，这三个时期恰与前文所述的20世纪80年代中期的纺织业初兴、90年代中期的投资拉动增长及21世纪初纺织业的快速发展相吻合。

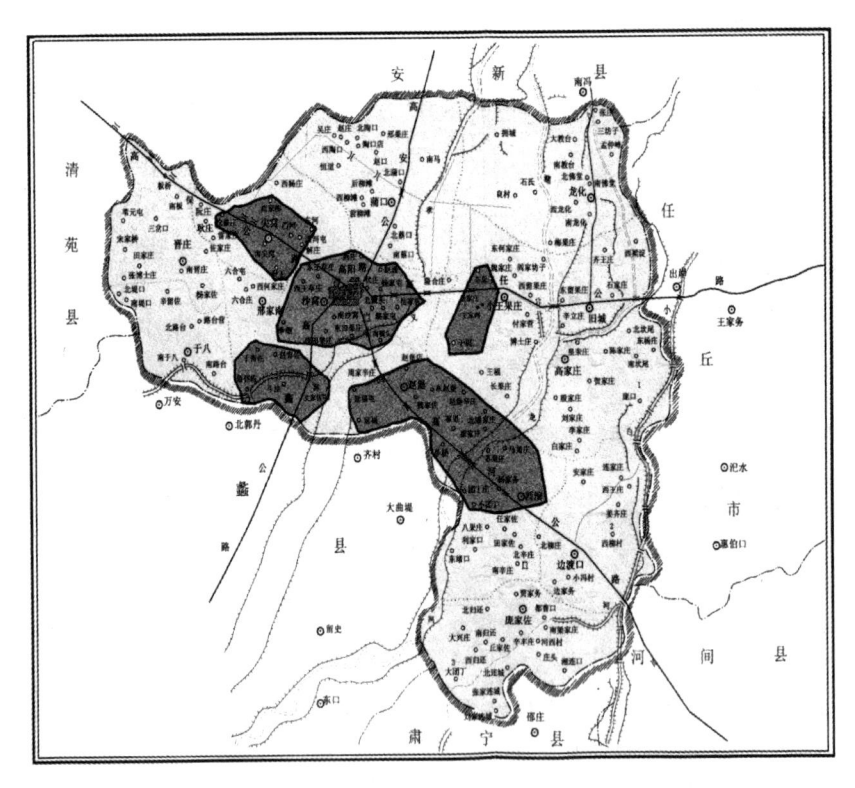

图1—4 2008年高阳县"三巾"企业分布示意

小 结

高阳纺织业从清末引进铁轮机和机纱开始，就进入现代化历程。与华北其他地域相比，高阳的纺织业之所以能够走上现代化道路，其主要原因在于人的因素。高阳人的远见卓识和进取意识在当地，特别是在当地商界之中，形成了一种开放进取的风气，走在了当时尚属保守的华北农村的前列。正是这种风气，使高阳人能够抓住外部环境提供的契机，利用自身的有利因素，不失时机地将高阳纺织业推上现代化道路。

从1908—2008年，高阳纺织业在其现代化历程中经历了四个发展阶段。

第一个发展阶段从1908—1937年。高阳纺织业的现代化始于引进铁轮机和机纱，到1915年前一二年间，铁轮机和机纱完全取代了传统的手工织机和手纺土纱。在这一阶段，高阳纺织业经历了三次发展高潮，分别为1915—1920年、1926—1929年、1935—1937年。其间，织户使用的生产工具都是以人工为动力的平面机和提花机；织布的生产组织形式始终以农民的家庭工场为主，在繁荣期兼有小工厂的形式；商业资本在布匹生产和流通中始终起支配作用。生产的产品在第一次高潮期以棉白布为主，兼有部分条格布和小提花布，在第二次高潮期增加了人造丝布，在第三次高潮期增加了印花麻布。布匹的生产工艺也日趋复杂，在第二次高潮期增加了染色、轧光等后整理环节，出现了20余家染色整理工厂；在第三次高潮期，还增加了一道麻布印花工序。

第二个发展阶段为1937—1945年。在这一阶段，由于日本侵华战争的影响，高阳的纱布商人纷纷逃亡，机纱供应断绝，农民为生活所迫，纷纷砸机卖铁，致使高阳纺织业濒临绝境。其间，虽有一家日本商号在县城内经营过"撒机"业务，也有人在县城开设过两家小型织布厂，但是其经营规模十分狭小，难以挽回高阳纺织业的颓势。

第三个发展阶段是1946—1981年。1946年高阳县城解放，织布业开始缓慢恢复。到1947年，受抵制美货运动和土改运动的影响，纺织业恢复出现短暂波折。1948年华北工商会议后，纺织业的恢复速度加快。中华人民共和国成立之初，高阳纺织业迅速恢复和发展，到1952年达到高潮。1946—1952年，布匹生产仍然以农民家庭生产为主，兼有部分私营和公营的小工厂；漂染、轧光和印花等后整理环节以及布匹的经营均出现公营企业和私营企业并存且共同发展的局面。高阳纺织业的社会主义改造从1953年即开始，当年由于公营的花纱布公司在经营中不敌私营布商，乃由河北省财委下令彻底取缔了私营棉布批发商。之后，乡村织户纷纷加入各种合作社。到 1956 年前后，高阳纺织业的社会主义改造彻底完成。从 1958 年开始，高阳的纺织业进入国营化和社队化阶段。县城的国营纺织企业从最初只有机染总厂 1 家逐渐发展到 1978 年拥有机染总厂、毛巾厂、染织厂、红旗丝织厂和棉织厂 5 家企业的规模；农村的织机在"大炼钢铁"中损失严重，乡村纺织业迅速衰落。后来，随着集体化体制的建立和调整，乡村纺织业以社队企业的形式有所恢复。即使在"十年动乱"中，乡村的社队纺织企业仍然能够坚持正常生产。"拨乱反正"后，社队纺织企业纷纷实行了不同形式的岗位责任制，促进了生产的发展。1958—1981 年，随着政治形势的风云变幻，高阳纺织业经历了由盛到衰的巨变，在织机数量和布匹产量上比 1953 年大大减少。尽管如此，高阳纺织业并未彻底沉沦，而是以国营企业和社队企业的组织形式顽强生存下来，并且在生产设备、生产技术上有了质的提高，推出了"三巾"类新产品，形成了腈纶针织业的雏形，为日后"三巾"类产业和腈纶针织业的兴起准备了前提。

第四个发展阶段是 1982—2008 年。其间，县城的国营纺织企业经历了一个从上升到下滑再到破产、改制的过程。1982—1989 年，国营纺织企业处于发展的"黄金时代"。到 1988 年年底，县属国营、集体纺织企业达到 9 家，大部分企业的生产规模有所扩大，经济效益也有所提高。在 1989—1991 年的治理整顿期间，国营纺织企业开始全面滑坡。此后，国营企业每况愈下。90 年代中期，国有中小企业开始改制。先是红旗丝织厂、棉织厂、毛纺织总厂、棉纺厂陆续破产，接着印染总厂破产，最后由毛巾厂改组的春燕巾被集团实行股份制改造，国有股份退出。到 2001 年，县营企业全部实现破产或改制。80 年代初，农村实行农业"包干到户"之后，社队纺织企业迅速走向个体、私营化，此后，从总体上看，个体、私营纺织业一直处于较为稳定的发展态势。从产值和企业数量增速来看，其间民营纺织业经历了初次兴盛和两次发展高潮，前者为 20 世纪 80 年代中期，后两者分别为 20 世纪 90 年代中期和 21 世纪初。从产业门类和产品来看，20 世纪 80 年代初期和中期，民营纺织业以棉纺织为主，产品以条格布、被衬布、豆包布、鞋里子布、提包里子布、蚊帐布、药纱布、窗纱、渔网为主，多为国营企业不想和不宜生产的产品。到 20 世纪 80 年代末，"三巾"行业和羊毛粗纺行业初兴，分别生产巾被类产品和地毯纱。在县城以西以南靠近蠡县一带的村庄，腈纶针织业迅速兴起又迅速衰落，至80年代中期全行业倒闭。从1992年开始，民营纺织业开启了投资拉动下的新一轮增长，迅速形成毛线、毛呢、地毯纱、"三巾"、丝网5个行业门类，其中毛纺、毛呢行业走的是大企业、大集团的跨越式发展道路，而"三巾"行业则形成"小规模、大群体"的区域集聚型发展模式。毛线、毛呢行业于20世纪90年代初迅速兴起和发展，于90年代末又迅速衰落，到21世纪初，只剩下三利集团1家羊毛精纺企业。民营棉纺织业稳步发展，"三巾"行业发展迅猛，次布行业逐年萎缩，到20世纪末形成"三巾"行业一统天下的局面。进入21世纪，毛毯行业崛起，并取代毛纺行业，成为大型民营企业的主导行业。"三巾"行业发展迅猛，成为高阳纺织区整体规模最大、分布最为广泛的行业。在"三巾"行业中出现了几十家拥有百台以上织机的较大企业，形成了一些业内知名品牌。规模企业逐渐向全县20多个工业区集中，并于县城周边地区以及县城通往保定、任丘、河间和蠡县的主要公路干线两侧形成了5个"三巾"产业聚集区。同时，纺纱行业、浆纱与合线等前准备行业、漂染与绣花等后整理行业快速兴起，"三巾"行业纺、浆（合）、织、漂（染）、绣（印）域内一体化趋势初现端倪。"三巾"出口量也日益增大，已与内销呈分庭抗礼之势。在这一阶段中，民营纺织业的资本组织形式最初以一家一户的家庭工场为主，部分小棉织厂、大部分地毯纱厂、毛纺厂、毛呢厂采用股份合作制。从20世纪90年代中期以后，随着"三巾"行业的迅速发展以及毛纺、毛呢行业的破产重组，无论"三巾"织造企业，还是随后兴起的大型毛毯企业，都基本上是以个人独资为主。

第 二 章

高阳纺织业的生产和经营模式

从 1908 年至 2008 年的 100 年时间，高阳纺织业的发展勾勒出一个较为完整的乡村工业化过程。在这个过程中，随着生产力的发展，纺织业的生产和经营模式发生了巨大变化。虽然历史上的高阳纺织业包括棉纺织、针织、毛纺织、毛毯等多个行业，但是始终以棉纺织为主，因而本章就以棉纺织为例，研究高阳纺织业的生产和经营模式。

第一节 20 世纪初高阳纺织业的生产和经营模式

20 世纪二三十年代，高阳的棉布生产始终以家庭作坊个体生产为主，以小企业为辅。原料供应和布匹销售则大多由布线庄掌控。

一 "撒机制"和"织手工"

20 世纪初，高阳纺织区的布匹生产大部分是在"撒机制"的模式下完成的。

在最初引进木轮机时，高阳旅津人士尝试过采用小工厂的生产组织模式，李鸿藻嫡孙李长生等人"即在高阳城内组织一小工厂"，本指望能盈利，"及试办月余，竟赔钱二百余千"[①]。高阳本地商人也试办过小工厂，1909 年 4 月，高阳商会会员杨木森便自筹洋银 1 万元，在其家乡位于高阳县城西北 10 华里的安新县南边吴村开办蚨丰工厂。[②] 但该厂也因经营不善而屡至亏损，不得不于宣统末年停闭。

[①] 李长生：《论中国宜用人力机器纺纱》，《天津大公报》1910 年 5 月 24 日。
[②] 宋美云整理：《高阳土布档案选》，《近代史资料》总第 74 号，中国社会科学出版社 1989 年版，第 93 页。

上述两个在高阳纺织区昙花一现的小工厂并非近代意义的工厂。近代意义的工厂是随着动力机器的产生而形成的，是与近代机器大工业相适应的生产组织形式。而高阳的两家小工厂使用的主要生产工具木轮机和铁轮机仍然以人工为动力，严格来说，它还不属于机器，而是一种自动化程度发展到极致的手工工具，因而使用这种手工工具的小工厂仍然属于手工工场范畴。根据马克思的理论，在西方社会，手工工场的产生是社会分工，首先是手工业和农业分工的结果。而在20世纪初的高阳，社会分工尚不明显，乡村纺织业和农业仍以"男耕女织"的传统形式在农民家庭中顽固地结合在一起，还没有形成工场手工业赖以存在的社会基础。此外，在高阳改良土布上市之前，中国市场上早已被进口洋布所充斥。高阳的改良土布本是仿照进口洋布改良的，其质量普遍比机器大工业生产的洋布稍次，如此一来，高阳的改良土布要想在市场上立足，唯一可行的办法就是采取低价策略，也就是说改良土布的生存之道就是与洋布在价格上具有比较优势。如果采取工场的组织模式，商家需要对厂房、设备进行投资，厂房维修、设备折旧、工场管理等费用均需计入成本，其每件产品的平均管理成本不比机器大工厂低，而铁轮机的生产效率又明显低于动力织机，这样其单件产品的平均成本就比洋布高，在这种情况下如果想在销售价格上保持对洋布的比较优势，高阳的商人就赚不到钱甚至赔钱；否则，改良土布在市场上就没有立足之地。在社会条件不允许和对洋布的比较优势不存在的情况下，高阳商人不得不放弃手工工场的生产组织模式，转而寻求新的模式。

从生产组织方式的发展序列来看，既然工场手工业在高阳行不通，那么只能去寻求一种较手工工场更为低端的模式，置诸高阳当时的农村生产习惯，就只能选择农民的家庭生产了。但是，使用铁轮机和机纱织造改良土布，却远非一般贫苦农民家庭的财力所能承受。首先，每架铁轮机售价不菲，当时从天津购进的日本产铁轮机每台售价大洋80元，后来高阳人仿造的铁轮机售价亦需大洋50元。[①] 其次，机纱和铁轮机使得织户购买原料的负担大大加重。机纱隔离了织户和原料制造者之间的联系，往日，织户所需原料取之于固定集市、邻里或自纺，而使用机纱作为原料，织户却需仰赖英国、美国、日本、印度或本国大城市的机器纺纱厂，仰赖本地纱布商人的贩运。虽然从单价来看，机纱比土纱便宜，但是铁轮机的生产

---

① 河北大学地方史研究室、政协高阳县委员会编著：《高阳织布业简史》，第15页。

能力比手工织机大得多，所需原料的数量激增，织户购买原料的负担大大加重。

> 以平均一日织经纬20支纱每匹重九斤的白布半匹（五十尺）而论，约需棉纱半捆，则一月可消费棉纱十五捆之多。又每织布一机，至少须一次预备棉纱四捆（因为浆经整经和装置等准备工程的便利起见，每次织布，在机上所预备的经线长度，要够织六匹以致十匹之用，今以每匹布需用经料半捆计算，那末每织布一机，至少需用经纱三捆。至于纬线，则可以络续添用，但因为购买方便和络纬的关系，第一次也需用棉纱一捆，故与经线合计需四捆）。那时候每捆棉纱价约五元至六元，那末农民第一次至少须预备二十元左右的活动资金。布织成后，如果因为价格的不合，集期的等待，或其他的原因，不准能当天就售出，其间常有一日或数日的等待期，若因原料价格的变动，季节的变迁或成本的关系，等价钱最合算的时候再出卖，那末等待的日子当然更得要多。等待中织机不能任它闲置着，要照常工作的，原料照常要消费的，这时候除非资力雄厚的农民，能购入棉纱十捆以上，屯积棉布五匹以上而金融上不起恐慌的，方才可以办到，如此非有五六十元至一百元以上的活动资本不可，但是普通一般的农民是没有这种资力的。①

也就是说，如果纱布商人继续以卖纱买布的方式经营下去，农村织户继续以自由的小生产者的身份自置机器和自购棉纱维持生产，多数织户凭自身实力很难办到，这样一来，铁轮机和机纱在农村中就得不到迅速推广。

为解决上述问题，使铁轮机和机纱在农民家庭生产中得以迅速生根发芽，杨木森在手工工场累赔的情形下，转而实验"撒机制"。《高阳织布业简史》一书说高阳纺织区的"撒机制"发端于杨木森和他创办的蚨丰号布线庄，② 其实早在高阳商会推广改良木织机的过程中就出现过"撒机制"。本书第一章所引李秉熙《直隶高阳布业之沿革纪略》一文中提道：

---

① 吴知：《从一般工业制度的演进观察高阳的织布工业》，《政治经济学报》第3卷第1期，1934年10月，第60—61页。
② 河北大学地方史研究室、政协高阳县委员会编著：《高阳织布业简史》，第68页。

"因织户无此置本，复议定公推殷实商号十二家，发与织户线纱，不收纱价，俟织成收布，优给手工，每百尺与工资大洋一元二角，以资提倡"。这种发纱—收布—给手工费的做法就是为推广机纱而实行的"撒机制"。后来，商会在推广自制改良木织机的过程中，规定"贫民来领机者，须由村正副担保，限三个月缴还机价，缘三个月所得工资，除度日外，即有盈余可缴纳矣"。这种以"工资盈余抵还机价"的做法就是为推广织机而实行的"撒机制"。杨木森及其蚨丰号只不过是将商会推广改良木织机的这两种做法应用于铁轮机和机纱的推广之中。

杨木森在安州南边吴村开办蚨丰纺织工厂，复在高阳县城开设蚨丰号布线庄，专营纱、布生意。蚨丰纺织工厂因亏损被关闭后，为推广铁轮机，杨木森最初规定，高阳四乡农民凡愿用铁轮机织宽面布者，只要交织机售价之半价，即可到工厂中买去一台织机。购买织机的织户须定期从蚨丰号领取机纱，织成的布匹交回蚨丰号，由蚨丰号付给手工费。所欠一半机价由手工费中扣除，机价扣清，织机便归织户所有。后来干脆连织机的半价也不收了，凡愿意领纱织布者，只要有可靠的保人，即可到厂中领取织机和棉纱，机价完全从手工费中扣除。① 商会经过调查研究，认为杨木森的做法可以收到商人"不用巨大之经费扩充工业，贫民不用分文之资本借助营生"的功效，② 乃予以大力推广。这就是后来在高阳纺织区长期流行的"撒机制"。"撒机制"是从纱布商号的角度来命名这一经营方式的，就是商号撒原料给织户的意思。如果从织户的角度来看，这一经营方式被当地人称为"织手工"（或称为"织茬子""织定机"），就是为商号织布，赚取手工费之意。

在"撒机制"兴起之前，高阳纺织业内部由纱到布要经由商人和织户之间前、后两次市场交易过程，前次过程是商人把棉纱卖给织户，后次过程是织户把棉布卖给商人。"撒机制"则是将这两次市场交易过程内化为生产流程，其具体运作过程是：由商号将棉纱直接发给织户，织户按商人的具体要求织成布匹交回商号，商号在回收布匹后付给织户手工费。

在"撒机制"下，布匹的生产完全由四乡织户自行完成，纱布商人

---

① 河北大学地方史研究室、政协高阳县委员会编著：《高阳织布业简史》，第67页。
② 天津市档案馆、天津社会科学院历史研究所、天津市工商业联合会编：《天津商会档案汇编（1903—1911）》，天津人民出版社1989年版，第227页。

不参与生产的任何环节，而只需使用两三个伙计负责验布和收布、使用一两个伙计负责分发棉纱、付给织户加工费即可。如此一来，商人便以投入加工费和几个伙计的薪酬为代价，将厂房、设备等固定资产投资、维修、折旧、工人薪酬、工场管理等费用转嫁给乡村织户，大大降低了生产成本。乡村织户直接从商人处领取棉纱，并通过自己的劳动即可获得铁轮机。商人办厂不利以及农民无力购置铁轮机和棉纱的问题都得到解决，因而在"撒机制"被推行之后，铁轮机和机纱得以迅速推广。

表2—1　高阳纺织区历年来"织手工"和"织卖货"的织机数比较

年份	平面机					提花机				
	织机总数	织手工	百分比（%）	织卖货	百分比（%）	织机总数	织手工	百分比（%）	织卖货	百分比（%）
1912	1458	503	34.50	955	65.50					
1913	2556	980	38.34	1576	61.66					
1914	3773	1574	41.72	2199	58.28	12			12	100.00
1915	5673	2972	52.39	2701	47.61	53			53	100.00
1916	9691	6287	64.87	3404	35.13	60	3	5.00	57	95.00
1917	13106	9116	69.56	3990	30.44	77	8	10.39	69	89.61
1918	15846	114925	75.26	3921	24.74	98	13	13.27	85	86.73
1919	18863	14662	77.73	4201	22.27	179	68	37.99	111	62.01
1920	21694	17307	79.78	4387	20.22	210	80	38.10	130	61.90
1921	23587	19093	80.95	4494	19.05	266	123	46.24	143	53.76
1922	24368	19803	81.27	4565	18.73	330	158	47.88	172	52.12
1923	25628	20936	81.69	4692	18.31	467	244	52.25	223	47.75
1924	25635	21644	84.43	3991	15.57	630	307	48.73	323	51.27
1925	25835	21793	84.35	4042	15.65	862	335	38.86	527	61.14
1926	27632	23620	85.48	4012	14.52	1644	848	51.58	796	48.42
1927	26084	22366	85.75	3718	14.25	2508	1254	50.00	1254	50.00
1928	25575	22051	86.22	3524	13.78	4056	1498	36.93	2558	63.07
1929	24900	21668	87.02	3232	12.98	4324	1529	35.36	2795	64.64
1930	23468	20457	87.17	3011	12.83	3089	1084	35.09	2005	64.91
1931	20452	18302	89.49	2150	10.51	2355	775	32.91	1580	67.09
1932	15843	14318	90.37	1525	9.63	1118	491	43.92	627	56.08
1933年5月	7096	6320	89.06	776	10.94	209	113	54.07	96	45.93

资料来源：吴知：《从一般工业制度的演进观察高阳的织布工业》，《政治经济学报》第3卷第1期，1934年10月，第63页。

由表2—1可知，在平面机中，1915年"织手工"的织机已经超过"织卖货"，此后更是呈逐年上升之势，到1921年所占比例已超过80%；同时从表中可以看出，"织手工"增长最快的1915—1921年也是平面织机总量增长最快的年份。

从生产组织形式上看，"撒机制"是一种典型的包买主制度。在这种制度下，纱布商人直接把原料分发给织户进行生产，并在回收产品时付给织户手工费。彭南生在《包买主制度与近代乡村手工业的发展》一文中，根据手工业者对包买商的依附"度"，剥离出"资本依附""原料依附"和"原料供应和产品销售的双重依附"三种类型，并认为最后一类"双重依附"，商人为手工业者提供了简单工具以外的大部分资本，手工业者变成了为商人加工生产的工资劳动者，因而在生产关系上，这里的商业资本已经接近或转化为工业资本。笔者在以往的研究中，也将商人付给织户的手工费等同于计件工资，将包买商与织户的关系定位为雇佣与被雇佣的关系。[①] 但是，赵冈认为包买主制不是计件工资制，商号与织户之间的契约并非工资合同，而是货品买卖合同，"它与工资制度看来相似，是因为一旦棉纱与布匹的价格固定，织户每织一匹布的所得也就变成固定之数。除此之外，包买主制度下的织户与独立的织户并无区别，他们仍然以织布为副业，而他们的织布所得并不受最低生活费的限制"[②]。从生产和生活方式来看，包买主制下的织户与纺织工厂的雇佣工人确实有很大差异。首先，他们对生产工具拥有所有权，且分散在各个家庭中进行生产；其次，他们对生产的过程具有决定权，可以较为自由地支配劳动时间；再次，他们在织布之余还兼营农业。[③] 因为存在这些差异，所以我们不能简单地把织户等同于雇佣工人，进而也不能简单地把加工费在理论上等同于工人工资。此外，由前文可知，织户之所以为包买商"织手工"，主要原因在于一般的织户无力大批量购置棉纱，而需要仰仗包买商供给，在经济上不得不依附包买商。包买商雇佣织户，一般只经过熟人、柜上同人或其他织户介绍即可，在纺织业处于萧条期时，为稳妥起见，有时还需要人保或铺保，但无须缴纳保证金，这些介绍人和保人大都只负道义上的责任，而不

---

① 冯小红：《高阳纺织业的近代化进程》，硕士学位论文，河北大学，2002年，第12页。
② 赵冈、陈钟毅：《中国棉纺织史》，第211页。
③ 彭南生：《包买主制度与近代乡村手工业的发展》，《史学月刊》2002年第9期。

负经济上的赔偿责任。布线商人与织户之间主要凭借信用建立关系，布线庄可以随时解雇织户，织户也可以随时"辞庄"。更有甚者，在20世纪30年代初的经济大萧条中，常有"织手工"的织户把棉纱或织成的布匹卖掉以糊口，布线庄对此亦无可奈何。因此，包买商和织户之间主要存在经济上的依附关系，而不存在超经济的强制依附关系。总之，高阳纺织业中的包买商与织户之间的确不是雇佣与被雇佣关系，而是合同关系，但这种合同与货品买卖合同在内涵上相去甚远，应该属于带料委托加工合同。包买商付给织户的"手工费"不是工资，而是加工费。

表2—1显示，从1915年至1933年5月，包买制在高阳纺织业中历久不衰，且在平面机中长期占据主导地位。之所以如此，乃是由于在以平面机为主要生产设备的条件下，包买制成为高阳纺织业能够与国内外大机器织布业相抗衡的最佳生产组织形式。当时一台普通动力织机售价约630元，一台平面铁轮机售价约50元，二者的资本投入比为13∶1；而以普通动力织机织造14磅粗布，平均每机每8小时可出布125尺，以平面铁轮机织造14磅粗布，平均每机每11小时可出布120尺，二者的产出比为1.33∶1。① 因此，在当时的技术和市场条件下，相比较而言，铁轮机对于资金短缺的高阳纱布商人来说具有更大的资本边际效应，包买制是实现这种较大资本边际效应的最佳组织形式。因为农村劳动力价格偏低，正如赵冈所言，包买主制下的家庭劳动往往不计成本，其边际报酬甚至可以降到必要劳动价值之下。1932年织8斤白布（宽2尺5寸，长100尺）的平均工资为每匹0.819元。② 假定一家织户只有一台织机，每天可出布100尺，这0.819元便是该织户一天的平均工资。而织布工序，除一人专事上机织布外，其余家人须分担上浆、络经、络纬、整经等工作，如果一家有四五口人，则几乎每人都需参加机房里的工作。将这0.819元平均分配到每个人头上，所得就极其微薄了。因为机会成本几乎等于零，所以对织户而言，挣多挣少无所谓，能挣总比不挣强。布线庄正是利用农村织户的这种境况，尽可能地压低织布工资，最大限度地降低生产成本，从而降低产品的销售价格，以增强产品的市场竞争力。

---

① 严中平：《中国棉纺织史稿》，第267页。
② 吴知：《乡村织布工业的一个研究》，第127页。

二 "织卖货"和手工工场

由表2—1可知,除"织手工"外,高阳纺织区的乡村织户还有一种"织卖货"的生产经营模式。所谓"织卖货",就是织户自购棉纱或人造丝,自行织成布匹,再到高阳县城的布市上出卖;简言之,就是织户自备原料,自织自卖。"织卖货"的织户属于独立的商品布生产者和经营者。"织手工"和"织卖货"并没有明确的界限,同一织户,在布匹销售畅旺时喜欢"织卖货",因为这样可以多赚些钱;在布匹销售滞碍时多愿"织手工",因为这样可以降低风险。唯一不同的是,"织卖货"需自备原料,非资金充足的富裕织户而不能为。

表2—1显示的是高阳纺织区两种织机的生产经营方式。从织机种类上看,平面机以"织手工"为主,多数年份"织手工"的平面机占平面机总数量的80%以上;相反地,提花机则始终以"织卖货"为主,多数年份"织卖货"的提花机占提花机总数量的60%。

表2—2　1932年382家织户"织手工"和"织卖货"所织各种布匹数量

布匹种类		织卖货		织手工		总计
		数量(匹)	占比(%)	数量(匹)	占比(%)	数量(匹)
棉布	白布	7221.0	37.86	11853.5	62.14	19074.5
	条布	5547.5	49.27	5712.0	50.73	11259.5
	格布	2579.0	29.40	6194.0	70.60	8773.0
	呢布	2570.5	47.13	2384.0	52.87	5454.5
	其他棉布	553.0	19.42	2294.0	80.58	2847.0
共计		18471.0	38.96	28937.5	61.04	47408.5
麻布	葛	5515.0	63.97	3106.0	36.03	8621.0
	绸	619.5	16.80	3067.0	83.20	3686.5
	缎	923.5	83.90	179.0	16.10	1111.5
	纺	2087.0	81.65	469.0	18.35	2556.0
	绨	300.0	31.80	643.5	68.20	943.5
	其他麻布	805.5	84.79	144.5	15.21	950.0
共计		10259.5	57.42	7609.0	42.58	17868.5
总计		28730.5	44.01	36546.5	55.99	65277.0

资料来源:吴知:《乡村织布工业的一个研究》,第119页。

由表 2—2 可知，高阳纺织区所出布匹包括棉布、麻布两大类。总体上看，棉布以"织手工"为主，麻布则以"织卖货"为主。具体而言，在棉布之中，条布、呢布"织手工"与"织卖货"的数量大致相当，白布和格布"织卖货"比"织手工"要少得多；在麻布之中，葛、缎、纺"织卖货"比"织手工"多得多，绸、绨则相反。

表 2—2 显示的是 1932 年的情况，是年高阳纺织业正处于萧条期，麻布尤其滞销，"织卖货"者纷纷停机。在麻布方兴未艾的 1926—1931 年，麻布销售畅旺，织户获利优厚。高阳县城周边村庄，尤其是县城东南各村，得风气之先，织户纷纷把铁轮机转售远乡而争购提花机。此时，织麻布的织户大多采用"织卖货"的生产经营模式，因为麻布在市场上不仅很好销售，而且价格高昂；织户不仅获利颇丰，而且能很快回笼资金。本来，织麻布者"织卖货"所需资金较多，一张提花机价格在百元以上，每机正常运转至少需麻丝 5 捆，每捆售价 20 余元，总共至少又需流动资金百余元，这当然是一般织户能力所不及。但当时在高阳盛行一种麻丝赊贷制度，位于县城南关外的合记、天兴、民生等商号，把人造丝赊售给织户，这样就解决了"织卖货"的织户资金不足的问题。

随着麻布、条格布的兴盛，"织卖货"的织户获利颇为丰厚，不少织户纷纷添购提花机，普通者达到三四架至五六架不等，甚或有超过十架者，便形成了星星点点的手工工场。吴知在《乡村织布工业的一个研究》中称这些手工工场为"小工厂"，由于这些"小工厂"使用的主要工具提花机仍然是以人工为动力的足踏机，因而它们仍然属于工场手工业范畴，而不是近代意义上的工厂。

按照规模大小和生产组织形式的差异，高阳织布区的手工工场大致包括以下三种类型。

第一类是家庭工场，织户在家内添购织机，普通不过三四架，最多不过十架，户主雇工织布，自己除监督雇工及家人工作外，主要从事获取原料、推销出品等业务活动。提花机集中的小王果庄、南圈头等村，织户中的十之七八都是这种家庭工场。[①] 在吴知调查的 382 家织户中拥有 3 架以上提花机的家庭工场共 34 家，其中规模最大的一家拥有 12 架提花机。[②]

---

① 河北大学地方史研究室、政协高阳委员会编著：《高阳织布业简史》，第 30 页。
② 吴知：《乡村织布工业的一个研究》，第 111 页。

日本北方经济调查所派员调查了南圈头村3户农家的家庭经济情况，其中两家的织布业达到家庭工场的规模，一家拥有4架织机，另一家拥有18架织机。①

第二类是独资或合资开办的织布工场，规模较大，织机自10数架至40余架不等；厂房或租用民房，或专门建造；每架织机须雇佣织工一人专司织布，每二机需用学徒一人，司络经、络纬等准备工作；设有厂长或经理管理工场并负责经营活动，较大的织布工场还像布线庄一样设有销售外庄，如仝和、东昇、福利永等厂。这类工场在织布业最盛的1929年前后共有40余家，有半数散布在城关一带，其余半数则分布在东南乡之小王果庄、南圈头、延福、凌扬、周家辛庄等村。在这类工场中，规模最大者当数北沙窝苏家的仝和工厂。该厂始建于1921年，占地15亩，有房屋30间，提花机32架，雇佣管理人员7名、织布工人32名、轮线染线工人16名，勤杂工7人。到1934年扩建之前，仝和已拥有提花机63架。②

第三类是一种类似于劳动合作组织的织布工场，主要集中在城西于留佐村。于留佐村有多家染线工厂。有一些失业的外籍雇工，集合同乡五六人至十数人不等，共同出资购买几架织机，就地租几间土屋，成立一个小工场。他们从染线厂赊购原料，按照自己的计算织布出售。他们亲自上机织布，自己既是出资者，又是劳动者，因此类似于劳动合作组织。于留佐村这样的工场最盛时有十余家之多。合作开设工场者大都来自祁州（1914年改名安国）、安平、大名、蠡县、南宫、饶阳等地，其中祁州人最多，有四五家。③

几乎所有的手工工场都是织条格布和麻布的，极少有织造棉白布的。织麻布一般用提花机，提花机的劳动生产率比铁轮机还要低得多（提花机每机每11小时工作日可出提花布30尺；铁轮机每机每11小时工作日可出布80尺到120尺），按常理推断，本不该出现工场手工业的组织形式。但是，提花机的操作和维修技术较为复杂，对织工的要求较高，比较适宜于集中进行经营管理。更为主要的原因是高阳琳琅满目的麻布（即人造丝提花布）和条格布在全国罕有其匹，多数产品属于首创，初兴之

---

① ［日］大岛正、桦山幸雄：《事变前后的高阳织布业》，北方经济调查所，1943年。
② 河北大学地方史研究室、政协高阳委员会编著：《高阳织布业简史》，第132—133页。
③ 同上书，第31页。

时供不应求，所以，麻布和条格布的生产主要考虑的不是降低成本，而是如何提高效率和保证产品质量。手工工场的组织形式使各个工序之间初步实现了分工合作，生产效率和质量比家庭生产都有所提高。

织布工场肇始于条格布、麻布兴起之后，兴盛于高阳织布业发展的第二次高潮。在1931—1933年的萧条期，由于麻布滞销，织布工场颇受影响，很多家庭工场歇业或开机不足，独资或合资经营的工场更是纷纷倒闭。1934—1937年织布业复苏之后，织布工场又有所恢复和发展。以仝和工厂和鸿记工厂为例。据仝和工厂的会计曹健全、仝和驻天津外庄掌柜苏连堂以及苏家后人苏秉琦先生回忆，1934年之后，仝和越干越红火，新建了南厂，专门用于织布，盖房100多间，购置了当时最先进的日本丰田电动织机7台，新添提花机10架，织机总数达80架；将原北厂改扩建为染色整理工厂，共设染槽5对、轧光机3台、精炼釜1个，另有拉宽机和干燥机各1台。到1937年"七七事变"前夕，仝和拥有固定资产25万元，流动资金10万元，招收工人400余人。鸿记工厂是保定庆祥茂布线庄投资二三十万元在"七七事变"前兴建的，拥有40多张提花机和全套染轧设备。①

三 布线庄和纱、布经营

20世纪初，高阳本地没有纺纱厂，织布所用棉纱和人造丝全部仰赖外埠供给，在高阳的纱布商号中，从外埠贩运棉纱至高阳的商号有布线庄和线庄；② 从事"撒机"业务的有布线庄和染线厂；③ 从高阳向外埠贩卖布匹的有布线庄、布庄、布店和商贩。④ 在各种纱布商号中，布线庄既购入棉纱，又"撒机"织布，还贩卖布匹，经营的业务最为全面和广泛，且在各项业务中布线庄的实力最为雄厚，在高阳纺织业中始终起着决定性

---

① 河北大学地方史研究室、政协高阳委员会编著：《高阳织布业简史》，第121页。

② 线庄是专门从外埠贩卖棉纱至高阳出卖的商号，1932年高阳共有3家线庄，其中2家在天津、上海、青岛都设有采购棉纱的外庄。见吴知《乡村织布工业的一个研究》，第197页。

③ 染线厂是随着色布的兴起而兴起的，最初大都是出售色线的染坊，规模很小，1925年以后，色布和条格布盛极一时，染线厂才开始从事"撒机"业务。染线厂与布线庄的区别主要在于它们不设购纱和销布外庄，其所用棉纱都是从高阳的线市上购买，其"撒机"回收的布匹大都囤积在货仓中，等待客商上门采购。据吴知等人调查，1933年年初，高阳县共有染线工厂30家，其中11家设在高阳城关内外，其余则散处四乡，而尤以县城西南的于留佐村为最多。

④ 布庄、布贩和布店经营的具体业务见本书第三章第一节。

作用。因此，这里便以布线庄为核心，来介绍高阳纱布商号的组织和经营情况。

据吴知等人统计，1933年春，高阳县城内共有布线庄60家，其中独资经营者34家，合伙经营者25家，公司组织者1家。① 在60家布线庄中，开办资本1000—8000元者38家，10000—50000元者20家，各家平均资本不过9000元，但是每家布线庄经营的生意多至十数万元乃至数十万元，周转资金远远超过其开办资本，究其原因，主要是布线庄在最耗资金的购纱环节上多得天津棉纱商号和银号相助。1921年以前，国内纱厂勃兴，经营棉纱获利优厚，天津的棉纱商号多从各地赊购棉纱，再赊售给高阳的布线庄，而且赊售时不计利息。待布线庄通过"撒机"织布、外庄销售等环节将布线生意周转一个循环之后，再将售布所得现款汇往天津偿还购纱款。当时高阳的改良土布销路极佳，且利润丰厚，高阳商人偿欠的信誉很好，即便一时难以按时清偿欠款，天津棉纱商号也多不追究，只要能在年底结清欠款，高阳布线庄即可在下一年继续赊购棉纱。因此，这一时期高阳的布线庄实质上等于借着天津棉纱商号的巨款来周转。1921年以后，纱价步跌，买卖棉纱每包不过获薄利数元，天津的棉纱商号不再赊账售纱。是时，高阳的布线庄又与天津的银号建立了借贷关系。他们在天津购买棉纱时，由银号垫付一部分或全部货款，待布线生意周转一个循环后，再将售布所得款项汇往天津还贷。因此，这一时期高阳的布线庄是靠天津金融界的贷款来周转的。可以说天津商业界和金融界的资金支持成为高阳布线庄纱布业务起步并持续发展的关键因素。

在高阳纺织区，只有规模较大的布线庄才经营从外埠购销棉纱的业务，1932年高阳的60家布线庄中只有20家从事从外埠购进棉纱的业务，有11家从事从外埠购进麻丝的业务。也就是说，是年只有20家布线庄在周转资金上得到天津商业界和金融界的支持。其余45家小型布线庄都是从高阳线市上直接购买棉纱。这些小型布线庄的开办资本一般不过数千元，但也能经营数万元乃至十数万元的生意，究其原因，主要与高阳线市的交易习惯有关。高阳线市交易一般不付现款，而采取"记码存账"办法。在线市上参加纱线交易的每家布线庄都有上、下码专门账目，上栏记

---

① 本小节的研究资料多取自吴知《乡村织布工业的一个研究》中"商人雇主"一章，以下凡是出自该章的资料不再专门加以注释。

从某商号购买原料的应付账款,一般书写取存某号大洋若干,为欠款栏;下栏记本号卖给其他商号原料的应收账款,一般书写付与某号大洋若干,为贷款栏。这样一来,这些小型布线庄在最耗流动资金的购买原料环节上就不用立即支出大笔现金,而是靠向大型布线庄赊购棉纱来开展经营业务,等于是暂借大型布线庄的款项来周转。至于购买原料的款项何时付现,要看"跑街"进行的频率。有下码的布线庄随时可以开出"拨条"令欠款的布线庄付现,故"拨条"就是甲商号对乙商号开出的催缴欠款的凭证。"跑街"是存有许多下码的商号(一般至少几万元)为回笼资金进行一次性总清算时采取的一种办法,其具体做法是:某商号根据下码所记,同时开出许多拨条,派店员到各欠款商号兑款,各欠款商号也可以用对其他欠款商号的拨条支付。经过几天的挤兑,就会找出最后欠款的若干家商号来兑换现款。因为"跑街"一年之内进行不过数次,故而一般情况下小型布线庄可以拖欠纱款两三个月时间,上一个布线生意循环基本可以从容完成。

除赊贷经营外,一家布线庄在急需款项时,还可以临时筹借"堂字号款"。"堂字号款"是一种民间定期债款,多来自高阳及相邻各县专营放贷业务者,因其放款时多用某堂或某字号的名义,故而在高阳本地俗称"堂字号款"。据曾任本生和布线庄大掌柜的韩相奎口述:"堂字号款"一般为高利贷,月息在一分五至三分之间。虽然其利息甚高,但是布线庄在应急时也不得不贷。① 1933年3月,高阳平均每家布线庄贷有"堂字号款"17284.73元,占其资本负债总额的34.2%。

据吴知统计,1933年3月,高阳布线庄平均每家开办资本8918.18元,公积或未分盈余4287.64元,两项合计资本额为13205.82元;而应付账款20042.58元,加上"堂字号款"17284.73元,合计负债额达37327.31元;负债超过资本额1.83倍,由此可见高阳布线庄负债经营之深之广。

至于布线庄的业务概括起来就是购纱、"撒机"、卖布三位一体,即从外埠或高阳线市上购入棉纱,撒给四乡织户织成布匹,将回收的布匹经过染色整理后运往售货外庄批售。布线庄的组织完全与其业务相匹配,其主要机构包括高阳总号和外庄。总号都设在高阳县城内,是布线庄的中枢

---

① 《韩相奎口述资料》,政协高阳县委员会1983年采集。

系统，一般下设布柜、线柜、钱柜、账房、库房等机构，布柜是专司验布、收布业务者，线柜是专司购纱、发纱业务者，钱柜是专司现金出入业务者，账房是专司会计业务者，库房是专司存储纱、布业务者。外庄有纱庄和售货外庄之分，纱庄是专司购纱业务的外庄，一般设在天津、上海、青岛、唐山等纺织重镇，而尤以天津为最多；售货外庄是专司布匹销售业务的外庄，1933年60家布线庄的售货外庄散布在河北、山西、河南、绥远、察哈尔、陕西、山东、甘肃、湖北、湖南、四川、江苏、广东、贵州14省的68个城市之中。

第二节　改革开放后高阳纺织业的生产和经营模式

由第一章可知，改革开放后，高阳纺织业经历了30年的发展演变，到21世纪初，形成了毛纺织、毛毯、棉纺织等多个门类，其中毛毯和毛纺织全部为流水线作业的较大型企业，企业的经营管理与城市的大型制造企业相类似；而棉纺织则以小型企业和个体织户为主，呈现出"小规模，大群体"的组织特征。在这些纺织门类中，棉纺织业最为发达，生产总值和从业人数远远超过其他行业，因此，在这里笔者仅以棉纺织业为中心，阐述高阳纺织业的生产组织和经营模式。

改革开放以来高阳棉纺织业的经营方式与20世纪二三十年代大不相同。高阳城乡居民经过20多年集体化时代的穷日子，在棉纺织业重新兴起之时，经营资本短缺，没有任何一个商家像二三十年代的布线庄一样能够控制原料供应和产品销售环节，因而在最初的棉纺织业中便形不成包买制，其经营的各个环节基本上是各自独立的，每个环节都形成了彼此分立又相互依赖的从业群体。后来"三巾"行业继承了这种既定的经营模式，形成了由"纱摊儿"控制棉纱运销、织布厂和家庭工厂控制"三巾"织造、经销商控制"三巾"营销的彼此分立又相互依赖的经营格局。

一　棉纱购销

高阳"三巾"行业所需棉纱绝大多数是由外地纱厂生产的。高阳棉织业的原料供应商，也就是棉纱经销商号，被当地人称为"纱摊儿"。这些"纱摊儿"在工商局的注册名称多为"某某纺织站"，间或有称"线庄""布线庄""棉纱供应站"者。当民营织布业兴起之初，高阳县城东街人得地利之便，在自己家中临街开设店铺，最早做起了棉纱生意。随后，县城北街人纷纷加入棉纱购销行列，并且后来居上。到20世纪90年代中后期，沿县城北街两侧的店铺"纱摊儿"林立，自发形成了棉纱经销一条街。到20世纪末，仅县城北街的"棉纱摊儿"就有上百家之多。

　　高阳最早的"纱摊儿"大都采用股份合作制的资本组织方式，且多为四五个股份以上。之所以股份较多，主要原因在于棉纱购销耗资巨大，当时高阳人还不富裕，须多家合作才能筹集足够多的原始资本。笔者2008年调查了一位曾经从事过棉纱购销生意的A君。[①] A君的母亲是高阳东街人，中华人民共和国成立初被招工到石家庄国棉五厂，长期在合股车间工作，对棉纱的支数和成色十分熟悉。一般人难以分辨15支和20支纱，她只要闭着眼用手一捻，便能分辨出来。"文化大革命"期间A母调到保定棉纺厂工作，改革开放后又辗转调到高阳县社工作，1988年从县社内退。由于A母对棉纱懂行，东街几个邻居就找到她，一起凑钱开设了一个"棉纱摊儿"。这个纱摊儿共有5个股份，每个股份集资8万元，原始股金共40万元。A母任经理，在商号坐镇；其余股东分别负责外出购纱、销售、记账、要账等事宜。高阳最早经营棉纱的商户都是从山东临清购进棉纱，因临清与邢台市临西县一桥相连，交通便利，能够避开税务和工商督察人员，省去缴纳各种税费。因为交通便利的原因，临清当时成为高阳在山东购销棉纱的集散地，周围冠县、阳谷等县的棉纱都集中在临清，高阳常驻临清购纱的商人不下20人，号称"高阳帮"。当时购进棉纱都是通过汽车运输，"纱摊儿"派出两个人押车，一般都是半夜押车动身，四五个小时赶到山东临清，找好卖家，装好纱，就税务和工商人员交接班的空当，早晨7:00左右通过临清大桥，返回高阳。后来，随着高阳"三巾"行业的兴起，高阳的进纱渠道越来越广，山东、河南、河北、东北、新疆等地的棉纱源源不断地涌入高阳，高阳成为华北最大的棉纱集散地和销售市场。

　　1992—2000年，随着高阳"三巾"行业的发展，纱价日渐提高，"纱

---

　　① 2008年12月3日，笔者在高阳县地方志办公室主任宋进良的引荐下认识了高阳县城东街的A君，随即采访了A君，以下关于A君及其母亲经营"纱摊儿"的资料都来自《A君访谈录》。

摊儿"发展迅速，且盈利丰厚。当时因"三巾"行业发展迅速，棉纱紧俏，高阳的棉纱贸易属于卖方市场。织户到"棉纱摊"购买棉纱，第一次来的时候嫌价钱高，在市场上转一圈后再回来购买时，卖家就加价销售。笔者调查的几个"纱摊儿"都说当时每年可有上百万元甚至二三百万元的纯利。赚到钱后，"纱摊儿"纷纷拆股，由股份合作制转向独资经营。上文提到的 A 君就是在 1995 年接手母亲的商号，与妻子一起经营。有时一天卖几包货，有时一天能卖十几吨，有 20 来万元的流水。北京有一家破产企业，库存 100 支纱，一吨卖到 17000 元，A 将之倒回高阳后，一吨售价能到 32000 元，因而大赚一笔。从 1995—1998 年，A 经营的"棉纱摊儿"常年流水都在上千万元，进纱地点包括山东、河南、河北、东北、新疆等地。

另一家经营棉纱的商号光明布线庄开设于 1991 年，由王九如、王兰双兄弟合股开设，经营数年，收入丰厚。1997 年，王兰双撤股单干，开办了兴业布线庄，经营数年，到 2004 年已有 1000 多万元的资本。①

20 世纪末 21 世纪初，高阳的"纱摊儿"越来越多，各摊位之间相互挤兑，致使棉纱价格大幅度下降。同时，棉纱经营逐渐由卖方市场转变为买方市场，"纱摊儿"向织户卖纱一般采取赊售方式，几个月后甚至到年底织户才能结算纱款，外欠账所压资金甚多，但是"纱摊儿"从外地纺纱厂批量购入棉纱一般都是现钱交易，需要大量的现金。如此一来，很多"纱摊儿"周转资金不足，不得不转向民间借贷。20 世纪 90 年代中期民间借贷的利息率一般为月息 2 分，世纪之交时利息率降到 1 分 5 厘。一部分有门路的经营者还能从城市信用社搞到短期贷款，一般额度不超过 20 万元，利息率为 0.8 分，还款期限不超过一个月。随着纱价步跌和民间借贷增多，"纱摊儿"的利润率大幅度下降，经营风险也越来越大。在这种情形下，一旦织户赖账不给，出现较多"呆账"或"死账"，资本较小的"纱摊儿"便招架不住。前述 A 君的"纱摊儿"在经营中就出现了多笔"死账"，如季朗一家毛巾厂用了 A 君十多万元的棉纱，该厂老板突然去世，去要账时其家人说账目有问题，拖着不给；后来该厂倒闭，再去要账其家人干脆说不欠，A 君亦无可奈何。清苑县营头村一家衬布厂欠纱价 4 万多元，去要账时与 A 君签订合同的股东已经去世，其他股东推托不给。

---

① 王贤根：《火红的阳光》，第 184—188 页。

后来找到要账公司的人去要，所找之人与对方是亲戚，最后只要回9000元，要账公司扣掉5000元手续费，4万多元货款只回来4000元。博野县魏庄村两户织户，一户欠9900元，另一户欠2.6万元，北邑一家工厂欠3万多元，最后都是以织机和剩余的棉纱抵账。民间借贷者见A君经营不善，纷纷上门讨债。A君拆了东墙补西墙，拆了西墙补东墙，勉强维持到2000年年底，周转资金只剩下两三万元，只好破产。到笔者采访A君的2008年，他所欠民间贷款仍有850万元，别人赊欠他的棉纱货款高达1100余万元，所有债务仍然纠缠不清。

与A君的遭遇相反，部分"纱摊儿"因资金充足，客户信誉好，开始做大。它们一般通过增加运销量抵消利润率下降的影响。高阳县城东街和北街的大棉纱摊儿每年都有上亿元的流水，净利润也能保持在几百万元。规模巨大的"纱摊儿"甚至出现垄断外地几家乃至十几家纱厂的销售。笔者采访的一家大型纺织站就垄断了东北两家纺纱厂的销售，即便外地客户从两厂购买棉纱，也需要到这家纺织站来开票。这样的话，东北的两家纱厂就完全变成了这家纺织站的附属生产基地。

二 "三巾"织造

高阳的"三巾"织造企业有织布厂和家庭工厂两种，二者的主要区别在于生产场地和生产规模不同。织布厂一般都有独立于老板住宅之外的生产场地，大都拥有8台以上织机；家庭工厂一般在织户住宅中进行生产，大部分拥有三四台织机，最多不超过7台。笔者2008年秋冬之际，调查了南圈头工业区17家"三巾"织布厂和村中23家家庭工厂，在这里我们就以这17家织布厂和23家家庭工厂为代表，详细阐述一下高阳"三巾"织布厂和家庭工厂的经营管理。①

（一）织布厂

在开办时间上，17家织布厂中有9家开办于2002年，4家开办于2003年，1家开办于2005年，2家开办于2006年，1家开办于2007年。这里的开办时间指的是工厂入驻工业区的时间，因为南圈头工业区成立于

---

① 由于"三巾"织造属于单机固定式作业，因而无论规模大小，所有织布厂的生产和经营模式都大体上雷同。这个道理同样适用于家庭工厂。因此，尽管我们选择的样本数量有限，但是仍可代表高阳"三巾"织布厂和家庭工厂的一般情况。

2002年，所以这些工厂的开办时间都在2002年之后。如果追本溯源，除两三家织布厂是在外"出摊儿"者和经营"纱摊儿"者在2002年之后新建外，其余厂家全部是由家庭工厂扩建而成的。在资本组织形式上，所有工厂都是独资经营的私营企业。

1. 资产和设备

表2—3　　　2008年南圈头工业区17家织布厂资产和设备

编号	占地（亩）	固定资产（万元）			主要设备		
		厂房	设备	合计	织机	整经机	后整理设备
1	5				10	1	3
2	5			60	12	1	4
3	2.5				12	1	3
4	5				12	1	4
5	2.5				16	2	5
6	2.5	30	50	80	18	2	4
7	2.5				24	3	6
8	5				24	3	6
9	10	50	50	100	32	5	10
10	5				36	3	10
11	5				36	4	10
12	5			100	40	4	15
13	2.5	30	40	70	40	4	12
14	5	40	30	70	40	3	10
15	5			100	44	4	15
16	5			150	44	4	20
17	12.5	200	300	500	96	9	20
合计	85				536	54	157

南圈头工业区在初建之时，是以2.5亩为一个基本单位向外出租土地的，因而各厂占地都是2.5亩的整数倍。有的厂机台数不多，占地面积却

比较大，如表中的1、2、4号企业，由于南圈头工业区土地出租价格仅1000元/亩，非常便宜，这些企业的老板就想多占些土地，以便日后扩大生产规模。而表中的13号厂，虽然织机数多达40台，但由于开办较晚，所剩土地无多，只好将就了。

在高阳，纺织企业的规模大小主要看机台数量。在17家企业中，拥有10—20台织机的企业6家，21—40台者7家，41台以上者3家，可见在高阳县大多数"三巾"织造企业都是拥有十几架至三四十架织机的小厂，机台数在百台以上的较大织布厂十分少见，到2008年，全县也不过二三十家。表中的17号厂据他人说有130多台织机，但是该厂老板在填写问卷时却称有96台。

各厂机台总数为536台，其中1515—75型织机532台，剑杆织机4台，可见此时高阳县的"三巾"织造企业仍主要使用1515—75型织机。4台剑杆织机全部为14号企业购置，据该企业老板说，使用这4台剑杆织机带有实验的性质。虽然剑杆织机的生产效率比1515—75型织机高得多，但是一方面其价格昂贵，在性价比上需要认真掂量；另一方面剑杆对棉纱质量要求较高，不适于用次纱织造低档产品。14号企业的老板就是想通过实验，摸索出一套使用剑杆和次纱织造低档产品的办法，但是截至笔者调查之日，这个实验并不成功。高阳较大型"三巾"织造企业三妹巾被有限公司2002年前后购置了19台进口剑杆，也是由于织次纱时总折头，较高的生产效率无从发挥，最终将剑杆拆机转卖他乡。

除织机外，各厂必备的辅助设备还有整经机、后整理设备和打包机。整经机有高阳县自造的土机器，也有大厂出的价值10几万元的机器，其数量相对于织机数有一个大致固定的配比，一般情况下，每8—12台织机需配备1台整经机，具体配比数与产品种类和花色有关，产品种类越多，花色越复杂，配比数越小。后整理设备有锁边机、平缝机、勾边机等多种类型，使用何种设备砸边儿，需视客户的要求而定，一般4—6台织机配置1台平缝机。打包机是将产品做成包装件时所用设备，"三巾"产品的包装分大、中、小包不等，一般每包分别装96、64、32件产品。

2. 职工配置和生产管理

在高阳纺织区，一家"三巾"织布厂的生产流程包括准备、织造和后整理三道主要工序，具体步骤为整经、装机、织布、撕机、坯布检验、砸边儿，到染厂、电脑绣花厂等辅助企业将其产品经过漂染、绣花、印花等步骤处理后，再运回厂里，对其中的次品进行修补，随后打包，送转运站运往他乡。每道工序和各个步骤都需配置一定的职工员额。准备工序主要是整经，整经工在高阳当地俗称"轮轴的"，全部为男子，大致每10台织机配置1人。织造工序包括装机、织布和撕机三个步骤，都由挡车工完成，大致每班每两台织机配置1名熟练挡车工，也就是说1名熟手一般同时看两台织机，如果挡车工是生手，则一般只看1台织机。挡车工有男工亦有女工，表2—4显示，男性挡车工和女性挡车工数量大致相当。除挡车工外，织造车间还要配置管理员、修理工、勤杂工和胚布检验员。管理人员在高阳当地俗称"带班的"或"管车间的"，相当于车间主任，负责安排生产。小厂车间管理员一般由老板或老板娘兼，大厂则专门设置，一般由老板的亲戚朋友担任；修理工在高阳当地俗称"修机儿的"，负责织机维修，全部为男子，大致12台织机配备1人；勤杂工负责给织机加油和清扫"机毛"，① 大致20多台织机配置1人。胚布检验员负责检验胚布质量和登记产品数量，每个织布厂，无论规模多小，至少需要2名检验员，大厂则加倍配置。后整理工序包括砸边儿、修布、打包等步骤，全部为女工，各厂配置人数不一，大抵订单多的大厂所需后整理女工多一些，且砸边儿、修布、打包各步骤多为专职；反之则少一些，且每人兼做多个步骤。除女工外，后整理车间一般还设置1名管理员，负责记工和产品调度。有的小厂还将胚布分发给农村妇女，由其在自己家中完成砸边儿的步骤。

表2—4　　　　2008年南圈头工业区17家织布厂职工配置

编号	织机数	整经（男）		挡车工				后整理（女）		修机（男）		管理		合计
		本地	外地	本地		外地		本地	外地	本地	外地	男	女	
				男	女	男	女							
1	10		1			5	4	2			1	1		14
2	12	1		8	4			2				1	1	17
6	18		2			5	6		3		1	1		18
9	32	1		2	2	30	30	10			3	2		82
12	40	4		13	12	7	8	10		4		2	1	61
13	40		4	16	14	5	5	8	2	4		2	1	61

① "机毛"是织布过程中扬出来的细小纤维与车间粉尘结合在一起形成的絮状废料。

续表

编号	织机数	整经（男）		挡车工				后整理（女）		修机（男）		管理		合计
		本地	外地	本地		外地		本地	外地	本地	外地	男	女	
				男	女	男	女							
14	40		3	2		7	7	10		2		4		35
16	44	2	2	15	10	12	13	18		2	1			78
17	96	4	5	8	12	58	60	8	36	5	7	6	6	215

注：①本表各编号工厂与表2—3中同一编号的工厂是同一厂家；②笔者原本调查了17家工厂，但是只有9家工厂填写了各工序的职工数，因而本表仅列出这9家工厂的职工配置情况；③各厂职工数是笔者调查时的实际职工数，不是满负荷生产所需的职工数。调查期间，由于受到世界金融风暴的影响，许多企业开工不足，部分织机处在闲置状态；④各厂在问卷中只填写了主要生产工序的职工数，从而忽略了胚布检验员和勤杂工。

表2—4显示的是2008年12月初南圈头工业区9家织布厂职工的实际配置情况，由于当时正值世界金融危机，一些工厂，尤其是以外销为主的工厂都受到一定影响，开工不足，导致其实际配置职工数与一般情形相去甚多，如6号厂、14号厂使然。在这里，我们以一家拥有24台织机正常开工的小厂为例，具体展示一下各工序各步骤的人员配置如下：

  整经2人，挡车工24人，修理工2人，织机加油和扫"机毛"1人，胚布验布2人，砸边儿4人，修布兼打包2人，勤杂工（看大门、扫院子、装卸货物等）1人，织造车间管理员1人（老板或老板娘兼任），后整理车间管理员1人。所有职工合计40人。

在生产安排上，整经工和后整理工都是常白班，没有固定的工时，无论一天工作多长时间，只要完成当天的固定工作量即可。挡车工在生产旺季都采取两班倒的工作制度，在生产淡季有些工厂间或采取三班倒或常白班的工作制度。① 两班倒的具体时间安排是早8：00—晚7：00为早班，晚8：00—早7：00为夜班，循环往替。一般情况下一个星期倒一次班，倒班时早班从8：00到中午12：30，夜班从中午12：30到晚7：00，随即由早班挡车工接班，一直干到第二天早晨7：00，然后归复正常的两班

---

① 正常年份5—7月为毛巾销售淡季。

倒。修理工没有固定的工作时间，一旦织机出现故障，就得马上上工修理。

笔者曾经就高阳县"三巾"织布厂的工作制度与某工会的劳动保护专家展开讨论，他指出这种工作制度严重违反了《劳动保护法》。1995年1月1日颁行的《中华人民共和国劳动保护法》第三十六条规定"国家实行劳动者每日工作时间不超过八小时、平均每周工作时间不超过四十四小时的工时制度"，第四十一条规定："用人单位由于生产经营需要，经与工会和劳动者协商后可以延长工作时间，一般每日不得超过1小时；因特殊原因需要延长工作时间的，在保障劳动者身体健康的条件下延长工作时间每日不得超过3小时，但是每月不得超过36小时。"也就是说，按照《劳动保护法》规定每个劳动者每月的工时至多不能超过212小时。实行两班倒，正常情况下，高阳的挡车工每月要工作360个工时，的确是严重超过了《劳动保护法》规定的最大工时数。但是就笔者在采访中的所见所闻，大多数挡车工愿意两班倒，希望干12小时，不希望干8小时。之所以如此，是因为所有工厂都采用计件工资制，劳动时间越长，生产的产品就越多，工人挣到的工资就越高。工人打工，目的就是挣钱，外地工人拖家带口地来到高阳更是如此。如果一家织布厂采用8小时工作制，就会违背工人意愿，乃至招不到工人。

多数"三巾"织布厂与职工之间不签订劳动合同，表2—3所示的南圈头工业区的17家织布厂均未与工人签订合同或协议。厂方与工人之间除了经济关系外，没有任何其他的超经济约束。在这种情形下，工人跳槽就十分方便，几乎所有工厂都存在维修工和熟练挡车工跳槽现象，在市场火爆的年份尤其严重。而一旦发生跳槽现象，正常生产就会受到影响。为了应对跳槽，很多企业采取改善生活环境，提高工资等办法，这些措施有一定效果，但是并不能完全遏制跳槽现象的发生。因此，高阳各纺织厂之间的内部竞争，不仅仅包括产销方面的竞争，还包括用工方面的竞争，这种用工方面的竞争有利于改善工人待遇。

其余工作，如购买原料、机件和运销产品，小厂一般由老板亲自负责；大厂如17号厂，老板只负责产品销售，购买原料和机件分别设专人负责，一般由老板的亲戚担任。工厂的会计，或由老板娘及老板的儿媳妇兼任，或雇佣专业会计担任；出纳则一般由老板或老板娘担任。

由上述事实不难看出，高阳的"三巾"织布厂的重要管理岗位几乎全部由老板的家人和亲朋好友担任。不但拥有二三十台织机的小厂如此，而且拥有上百台织机的大厂亦如此，如：表2—4所列拥有96台织机的17号厂，出纳由老板娘担任，原料、机件采买和仓库管理由老板的妻弟担任，车间管理由老板的堂兄弟负责；拥有100多台织机的东飞纺织品有限公司，虽然雇有几名大学生参与管理工作，但这些大学生只担任一般的文秘工作，重要的管理岗位，如棉纱采购由老板的姐姐负责，出纳由老板娘担任，车间管理和验布工作由老板的兄嫂负责。因而，无论规模大小，高阳绝大多数"三巾"织布厂的管理层都呈现出家族式或裙带式特征。不仅"三巾"企业的管理层具有这个特征，其他行业的企业管理层亦大体如此，如毛纺业的龙头企业三利集团，毛毯业的翘楚荣仪、亚奥等大型企业，其管理层无不呈现出家族式和裙带式特征。在诚信体系尚未完全建立起来的中国市场经济中办实业，家族式管理固然能够在一定程度上规避诚信缺失带来的管理风险，但是往往由于老板的家族成员和亲戚朋友素质不高，造成企业管理混乱、办事效率低下、决策迟缓和不科学等弊病，使得企业的发展潜力得不到充分发挥。

3. 资本来源和融资渠道

几乎所有"三巾"织布厂的开办资金都来自两个渠道：家庭积累和借贷。

家庭积累一般是通过商业利润、家庭工厂利润或给他人打工等渠道积累的，而以商业利润、家庭工厂利润为主。表2—3显示的南圈头工业区17家工厂中，通过经商完成原始资本积累的典型是17号厂，通过经营家庭工厂完成原始资本积累的典型是9号厂。17号厂的老板建厂前在武汉汉正街"出摊儿"，经过多年经营，成为汉正街首屈一指的巾被批发商。"出摊儿"期间，他结识了很多东欧国家的大客商，这些客商成为其对外贸易的重要的稳定的客户。2002年南圈头村建立工业区，他便将武汉的摊位转让，返回家乡建厂。由于经商积累了较为充足的资金，他甫一建厂，摊子就铺得比较大，达到60台织机的生产规模。9号厂的老板20世纪90年代初就开始织造毛巾，最初在家中，以两三台织机起家，最初的开办资金一部分靠家庭节俭积累，一部分靠农村信用社贷款。后来，他的家庭工厂逐渐扩大到10来台织机。2002年南圈头村成立工业区时，他租了5亩地，建立了工厂，并通过民间借贷将生产规模扩大到20台织机。

借贷分为国家贷款和民间借贷两种。国家贷款包括从农村信用社和国有银行贷款两条渠道。在改革开放初期，为支持乡村工业的兴起，农村信用社曾经向农民投放了大量贷款，很多企业都是在农村信用社贷款的支持下起步的，表2—3的17家工厂中就有10家工厂最初都在农村信用社贷过款。与农村信用社相比，国有银行对小企业贷款不多。在改革开放初期，国有银行的贷款主要支持染厂、毛巾厂等国有企业，后来则主要支持三利、宏润等大型民营企业。据"三巾"织布厂的老板们说，国有银行的贷款向来是锦上添花，很少雪中送炭；此外，要从国有银行贷款，得有一定门路，一般人很难搞到。民间借贷是"三巾"织布厂在筹集资金过程中采取的一种较为普遍的方式，表2—3所列南圈头工业区17家工厂中，除17号厂外，其余16家工厂或多或少都有民间贷款。按照其资金来源，民间借贷主要包括民间散户、本厂工人和融资公司贷款三种渠道。民间散户的资金就是老百姓手里的存款，一般单户金额几万元乃至几十万元，由工厂老板直接与贷款方签订借据或由中间人经手签订借据即可。笔者2008年在南圈头采访了一位贷款者，他本人向各厂贷出的款项合计达60余万元，作为中间人经手的贷款40余万，贷款的利息1分至1分2厘。工人的贷款主要是工人的工资收入。有时候在工厂打工的技术人员和挡车工到年底不支取工资，而是将工资直接贷给打工的工厂做周转资金，厂方亦按照市价给工人走利息。表2—3的17家工厂中就有6家工厂贷有工人的工资，合计将近100万元。融资公司则是专以经营借贷为业的民营金融机构。高阳县最早的融资公司当属李果庄的"信誉钱庄"，该钱庄1986年12月由李果庄村集体和个体联营筹建，开办资金达到300余万元。赵官佐永胜毛纺厂1987年2月就在该钱庄贷款40万元。[①]截至笔者调查的2008年，高阳县挂牌营业的融资公司很少，据知情人士透露，高阳的融资公司大部分都是在"地下"经营，除自身的资金外，其营业手段主要是存放款，以0.8—1分的利息从散户手中收取存

---

① 《李果庄民间钱庄办得好》，保定地区乡镇企业局编：《保定乡镇企业》第八期，1987年5月1日。

款，再以 1.2—1.5 分的利息投放给织布厂，从中赚取利息的差额。

各工厂在发展的过程中则多通过利润再投资、民间借贷、赊欠工资和赊欠纱款等方式来筹集和节省资金。利润再投资在高阳当地企业家的口中有一个形象的说法——"滚"，即利润滚动投资之意。各家工厂在发展过程中都把上一年的大部分利润投入购买织机等扩大再生产活动中，使得工厂的生产规模年复一年在利润"滚动"中得以扩大。笔者在调查过程中得到的信息表明，利润再投资是各厂发展的主要资金来源。民间借贷上文已有所交代，兹不赘述。赊欠工资和赊欠棉纱是织布厂节省经营资本的两种重要方式。各厂发放工人工资的方式多为按月记账、年底总结算。平时工人若有急需，可借支工资，到年底发放时扣除借支款项。这样一来，各厂在耗费资本较多的工资项目上平时就节省了大量资金。赊欠纱款主要是织布厂向"纱摊儿"赊欠棉纱。这种赊欠会随着市场的变化而变化。改革开放后高阳纺织业发展初期，棉纱尚属紧俏商品，供不应求，那时候不仅不会发生赊欠棉纱的现象，而且纺织厂或家庭工厂得提前向"纱摊儿"缴纳现款，订购棉纱。后来"纱摊儿"渐多，且随着双方业务的开展，某家织布厂与某个"纱摊儿"建立了长期稳定的业务关系，赊购棉纱便逐渐成风。这种赊购也随着纺织市场的变化而变化，一般情形下，"三巾"市场销售畅旺，棉纱需求旺盛时，棉纱交易一般不允许赊购；反之，当"三巾"市场疲软，棉纱需求衰颓时，棉纱交易一般都采取赊购的方式。在这样的时候，织布厂在最耗资金的购买原料的环节上就等于借着"纱摊儿"的无息贷款来经营。

（二）家庭工厂

家庭工厂实际上就是在织户家庭中生产的小规模织布厂。除在生产场所、开办时间和家人参加生产等方面与织布厂略有不同外，家庭工厂在资本组织形式、生产流程、筹资方式等方面与织布厂都没有太多差别。笔者调查的南圈头 23 家家庭工厂都是独资经营的个体经济实体，其生产流程也都包括整经、织造、后整理三大工序，其经营资本也是通过家庭节俭积累、民间借贷、赊欠工资和原料等方式筹集。因此，笔者仅就它们与织布厂的不同之处做一些阐释。

1. 开办时间、生产场所、主要设备和产品

表2—5　　南圈头23家家庭工厂开办时间、生产场所和主要设备

编号	开办时间（年）	生产场所	主要设备数量（台） 1515—75型	剑杆	合计	主要产品	各主要工序职工安排 整经	织布	后整理	机器维修
1	1993	南房、配房、院子	4		4	毛巾	1	4	1	自兼
2	1994	门楼、西屋、配房、院子		4	4	窗纱	自兼	两个儿子	儿子	自兼
3	1995	北房、配房、院子		6	6	平绒	1	6	1	自兼
4	1995	南房、配房、院子	6		6	毛巾	儿子	6	1	1
5	1995	北房、配房、院子	4	2	6	窗纱改毛巾	儿子	6	1	自兼
6	1995	北房、配房、院子		6	6	枕巾	1	6	女儿	儿子
7	1996	北房、配房、院子	4		4	毛巾	儿子	4	2	儿子
8	1996	北房、配房、院子		6	6	枕巾	1	6	2	1
9	1996	北房、配房、院子		6	6	窗纱	儿子	6		儿子
10	1996	门楼、配房、院子		4	4	窗纱	儿子	4	自兼	儿子
11	1996	门楼、配房、院子		3	3	窗纱	自兼	1	自兼	自兼
12	1996	北房、配房、院子		6	6	窗纱	自兼	6	自兼	自兼
13	1997	北房、配房、院子		6	6	窗纱	1	4	自兼	自兼
14	1997	门楼、配房、院子		3	3	窗纱	自兼	儿子、儿媳	媳妇	自兼
15	1997	门楼、配房、院子		4	4	窗纱	自兼	2	儿子	自兼
16	1997	门楼、配房、院子		4	4	窗纱	自兼	2	儿子	自兼
17	1998	西屋、配房、院子	4		4	毛巾	1	4	媳妇	自兼
18	1999	北房、配房、院子	4		4	枕巾	自兼	4	女儿	自兼
19	2000	西屋、配房、院子		3	3	窗纱	自兼	自兼	自兼	自兼
20	2001	西屋、院子、配房		4	4	平绒改毛巾	大儿子	2	二儿子	大儿子
21	2002	北房、配房、院子	6		6	毛巾	自兼	6	2	儿子
22	2003	北房、配房、院子	6		6	毛巾	1	6	2	1
23	2006	西屋、配房、院子	4		4	毛巾被、枕巾	自兼	雇2人，儿子	媳妇	儿子

注："自兼"指的是由家庭工厂老板自己兼职干。

由表2—5可知，在开办时间上，23家家庭工厂有20家开办于1993—2001年，此时正值改革开放后高阳民营纺织业发展最为迅速的第一个高潮期。

在生产场所上，所有家庭工厂都是在织户的住宅中进行生产，织户的住宅既是生活场所，又是生产场地。各户之间的差别在于，随着织机数量的不同，住宅的布局有所不同。高阳农村普通的民居都是一套独门独院，由坐北朝南的一溜儿4—6间正房、2间东配房或西配房、一个大门楼和围墙组成。南圈头拥有3—4台织机的织户一般仍保持普通民居的基本布局，只是普遍盖有东、西两套配房，且配房都高大宽敞，用于安装织机，成为织造车间；院子用于安装整经机，成为整经车间；大门楼安装打纬机和卷布机；① 正房西屋用作整理和储存产品。拥有6台以上织机的织户一般南、北对应盖两溜儿房子，一溜儿房子用于住宅，另一溜儿房子用作织造车间；东、西配房分别用于整经和后整理。

表2—5所示23家家庭工厂中，有10家织造窗纱，所用设备主要有剑杆织机、整经机、打纬机、卷布机等；13家织造"三巾"，所用设备主要为1515—75型织机、整经机等。

2. 职工配置和生产管理

表2—6　南圈头23家家庭工厂老板及其家人参加工厂工作情况

编号	机台数	各项工作名称							
		买料	销货	会计、出纳	整经	织布	后整理	机器维修	勤杂
11	3	老板	老板	老板娘	老板		老板	老板	老板娘
14	3	老板	老板	老板娘	老板	儿子、儿媳	老板娘	老板	老板娘
19	3	老板	老板	老板娘	老板		老板	老板	老板娘
1	4	老板	老板	老板娘	老板			老板	老板娘
2	4	老板	老板	老板娘	老板	两个儿子	老板	两个儿子	老板娘
7	4	老板	老板	老板娘	儿子			儿子	儿媳妇
10	4	老板	老板	老板娘	儿子		老板	儿子	老板娘
15	4	老板	老板	老板娘	老板		儿子	老板	老板娘

---

① 打纬机和卷布机是织窗纱时的专用设备，织造"三巾"的家庭工厂不用此种设备。

续表

编号	机台数	买料	销货	会计、出纳	整经	织布	后整理	机器维修	勤杂
16	4	老板	老板	老板	老板		儿子	儿子	老板娘
17	4	老板	老板	老板			老板娘	老板	
18	4	老板	老板	老板	老板		女儿	儿子	老板娘
20	4	老板	老板	老板	大儿子		二儿子	大儿子	二儿子
23	4	老板	老板	老板	老板	儿子	老板娘	儿子	老板娘
3	6	老板	老板	老板				老板	
4	6	老板	老板	老板	儿子			老板	
5	6	老板	老板	老板	儿子			老板	
6	6	老板	老板	老板			女儿	儿子	媳妇
8	6	老板	老板	老板					
9	6	老板	老板	老板	儿子			儿子	老板娘
12	6	老板	老板	老板娘	老板		老板	老板	老板娘
13	6	老板	老板	老板娘				老板	
21	6	老板	老板	老板	老板			儿子	老板娘
22	6	老板	老板	老板娘					老板娘

注：本表各编号家庭工厂与表2—3中同一编号的工厂是同一厂家。

表2—6显示，家庭工厂的老板除担任购买原料、销售产品、会计、出纳等经营管理业务外，本人或家人一般还承担生产工序中的一些工作。具体而言，整经工作一般由老板本人和老板的儿子担任。前文说过，8—12台织机配备1台整经机，也就是说1个整经工人可供8—12台织机，表中所列各户均不超过6台织机，雇佣1名专人整经难以发挥其最大效率，因此大部分家庭工厂都不雇工整经，而是由老板本人或其儿子担任；机器维修也是由老板或其儿子担任，个中道理与整经工序相类似，只是修机师傅的工资比整经工更高，该工作由老板或其儿子担任的比例比整经更大。后整理工序也多由老板及其家人担任，家人不够用的情况下，再找上一两名妇女帮忙。勤杂工一般由老板娘担任。所谓"勤杂"不仅是指打扫卫生、收拾车间等零零碎碎的工作，还包括其他零活儿，比如在老板或其儿子修车时帮助传递工具等；后整理缺人时，大部分时候也由老板娘或

儿媳妇顶上。总之，一般情况下，一个家庭工厂的老板会将自己和家人的工作效用调动到极致，以最大限度地节省工资支出，降低生产成本。

三 "三巾"营销

(一)"三巾"生产厂家的营销模式

20世纪八九十年代，"三巾"行业初兴时，很多厂家都有过自己跑市场销售产品的经历，如东赵堡村光大提花厂1989年生产出第一批产品后，老板刘杰就背着两箱子毛巾到沈阳五爱市场兜售；三妹巾被有限公司1994年刚成立时，董事长王小俊也曾用三轮车带着样品到高阳的纺织城兜售。①

表2—7　2007年南圈头工业区10家织布厂产品销售基本情况

编号	产品种类	国内市场				国外市场			
		产品规格	销售地	年销额（元）	销售渠道	产品规格	销售地	年销额（元）	销售渠道
1	毛巾被、毛巾、枕巾	中高档	全国各地	260万	②				
2	毛巾被、枕巾	中高档	全国各地	200万	①	中低档	俄罗斯	40万	A
5	毛巾	中低档	广州	160万	③	低档	东南亚	160万	A
6	毛巾、浴巾	中低档	全国各地	450万	①②③				
9	毛巾、浴巾、毛巾被	高中低档	两广、四川、浙江、东北	800多万	③				
12	毛巾、浴巾	高档	两广、浙江、山东、东三省	800多万	③	高档	日本	150多万	A
13	毛巾、浴巾	中低档	全国各地	900多万	③				

---

① 王贤根：《火红的阳光》，第197、254页。

续表

编号	产品种类	国内市场				国外市场			
		产品规格	销售地	年销额（元）	销售渠道	产品规格	销售地	年销额（元）	销售渠道
14	毛巾、浴巾	中高档	成都、广州	800多万	①	中低档	俄罗斯	200多万	A
16	毛巾、浴巾、方巾	高档	武汉、广州、上海、山东、四川、兰州	1100多万	③				
17	毛巾、浴巾、毛巾被					中低档	罗马尼亚、乌克兰、俄罗斯	31000多万	B

注：1. 表中①②③代表国内市场的不同销售渠道，①是厂家在高阳纺织商贸城租赁摊位，建立门市，由门市招揽外来客商的订单；②是为高阳商贸城的门市和高阳在外"摆摊儿"者做订单；③是直接为外地客商做订单。表中A、B代表国外市场的不同销售渠道，A是给国内的外贸公司做订单；B是直接为外商做订单。2. 本表各编号工厂与表2—3中同一编号的工厂是同一厂家。3. 由于产品销售环节被视为商业秘密，因而在调查过程中，部分厂家不愿意透露该方面的信息，致使笔者仅获得10家企业的相关信息。即便是这10家企业，所提供的信息也不完整，如表中1、2、6、13号企业在销售地一栏全部填写为"全国各地"，而不肯透露具体的销售地点。

后来，随着"三巾"生产规模的不断扩大，高阳"三巾"产品在国内外市场上的知名度越来越高，同时随着销售市场的不确定性因素日益增加，大部分生产厂家用不着也不敢再盲目生产产品，而是逐渐走上以做订单为主要业务的"以销定产"的营销模式。如表2—7所示，南圈头10家织布厂在国内市场的营销就包括在高阳纺织商贸城自设门市招揽外来客商的订单、为高阳商贸城的门市和在外"摆摊儿"者做订单以及直接给外地客商做订单三种模式，在国外市场的营销则包括给国内的外贸公司做订单和直接为外商做订单两种模式。据业内人士称，这五种模式基本囊括了21世纪初高阳"三巾"企业产品营销的全部模式。即便是做订单，纺织厂也经常遭遇拖欠尾款、下压单价等问题，甚至有时出现订了货最终又不要货的"死单"。出口企业则深受国际市场波动和汇率变化的影响，一不小心就会陷下去，表2—7中的17号企业2008年就因为东欧市场疲软和美元贬值赔了钱,不得不于11月停产放假。

(二)"三巾"经销商和市场营销模式

由本书第一章第四节可知,20世纪80年代高阳生产的纺织品主要有四条销售渠道,其中一条渠道就是通过高阳本地的布匹运销专业户销售。这些专业户一般将纺织品小批量地运往销售地(多为北方和西北农村),然后赶集上庙,直接零售;或者与国营工商企业建立批发业务。笔者在《一张借据及其背后的事件》一文中提到的"A"君就是用上述方式经营高阳产毛毡的。①

顾琳在研究20世纪90年代初高阳毛巾的销售时指出:当时高阳所产毛巾的60%—70%是通过国家规定的销售网络销售的,其余的直接销售给有合同的客户。② 到底何谓"国家规定的销售网络",顾琳在书中并未做详细说明和展开论述。据笔者调研的结果,其实从"三巾"行业甫一兴起,通过高阳本地的运销专业户销售就成为"三巾"销售的一条主要渠道。"三巾"行业初兴的20世纪90年代初,恰恰是各地自由市场勃兴之时,于是,高阳最早一批"三巾"销售人员便带着样品进驻市场,开始经营"三巾"批发业务。由于这些运销专业户一般都在各个市场租赁一个摊位,因此,他们在高阳本地被俗称为"在外出摊儿者"。全国各地著名的自由市场,如浙江义乌、沈阳五爱、武汉汉正街、石家庄南三条等,到处可见高阳"出摊儿者"的身影。据业内人士称,到20世纪末,高阳的"出摊儿"者遍及全国,有不少人还走出国门,全县在外"出摊儿"的总人数保守估计也有七八千人之多。

2008年年底,笔者采访了3位高阳在外"出摊儿者"B君、C君和D君。③

B君出外经商前在家务农。1993年某天,他到高阳县城办事,偶然看到一辆装满纺织品的货车发往义乌,从中看出商机,遂决定前往义乌闯

---

① 冯小红:《一张借据及其背后的故事》,《山西档案》2014年第6期。
② [日]顾琳:《中国的经济革命——二十世纪的乡村工业》,王玉茹等译,第212页。
③ B君是高阳县城西辛留佐村人,2008年12月5日,笔者采访了B君,以下关于B君和义乌市场的材料都来自《B君访谈录》;C君原籍辛留佐村,出生在高阳县城,高中毕业后被招工到毛巾厂当工人,2008年12月6日,笔者采访了C君,以下关于C君和广州市场的材料都来自《C君访谈录》;D君是南马村人,出摊儿之前做过小买卖,在本地卖过纱窗、鞋垫,2008年12月8日,笔者采访了D君的妻妹,以下关于D君和中亚市场的材料都来自《D君妻妹访谈录》。

市场，成为义乌市场上第三家高阳纺织品经销商。在义乌做了两年多纺织品批发生意，B君就赚了15万元。1996年B君返回高阳盖房子、结婚，两三年时间几乎花光了全部积蓄。1999年，他带着妻子和女儿重返义乌，继续做纺织品批发生意。此时，正值高阳"三巾"行业的第一个发展高潮，B君的岳父和他人合伙开了一家"三巾"织布厂，他在义乌主要为其岳父的工厂拉订单。B君在义乌的纺织品批发生意最红火时每年销售额将近2千万元，利润可达100多万元。义乌市场的商品销售有一个从内销到外销的转变过程。义乌市场兴办较早，在国内其他市场尚未兴起之前，义乌市场覆盖江苏、浙江、广东、福建、安徽、湖南、湖北和山东南部，国内市场相当广阔。后来，随着各地市场的相继兴起，义乌市场在国内的覆盖面日益狭小，内销几乎断绝。与此同时，随着义乌市场在国际上声名鹊起，外贸市场日益扩大，在义乌"出摊儿"的高阳商人开始利用外贸公司拓展"三巾"外销业务。义乌的外贸公司很多都是由外国人开设的，一名外国商人雇佣一名中国翻译，再租上一套房子，即可挂牌成立一家外贸公司。义乌每年容纳的外国客商总数可达两万多人。高阳商人与外国客商合作纺织品外贸生意，大部分时候还算靠谱，利润也不算低。但是，有时候外国客商也有携带货物潜逃者。就在笔者采访B君的2008年，一个外贸公司向高阳多名客商定了1000万元的毛巾，这名外国客商算准了提取报单的时间，22天之后便携带货物潜逃而去。这笔生意下来，B君损失了3万元，有的高阳商人损失达几十万元。笔者2008年年底采访B君时，他已经撤掉义乌的摊位，准备在高阳开设纺纱厂。B君说，义乌市场最兴旺时，高阳人的纺织品摊位不下20家。最近几年，一是由于摊位耗费逐年上升，二是由于市场不确定性因素增加，常有被骗的情况发生，高阳商人纷纷撤摊儿回家，B君撤掉摊位时，义乌市场上只剩下七八家高阳商人。[①]

C君原为县毛巾厂挡车工，后来毛巾厂转产、破产，C君成了下岗职工。C君的妻兄开有织毛巾的家庭工厂，1997年C君下岗后，与其妻兄合股在高阳纺织品市场（商贸城建成后，该市场被废弃，高阳人称之为旧市场）开设了一间毛巾门市，做起了毛巾批发生意。开设门市房租每

[①] 据B君口述，义乌摊位的各种费用合计最初每年只有2万多元，后逐年上升，到2008年高达每年10万余元。加上租赁仓库、住宅以及一家人的生活消费，一年的花费高达30万元。

年 8000 元，各种税费加在一起每年也有 8000 元左右。1997 年下半年，C 君的门市主要销售其妻兄织造的低档毛巾，销售额 30 万元，毛利润只有六七千元。1998 年，C 君根据市场需求，决定改变营销产品结构，与其他厂家挂钩，经营涤棉产品。当年，销售畅旺，全年营业额达 110 万元，净利润超过 3 万元。1999 年和 2000 年，涤棉产品滞销，C 君门市的销售额下降到 80 万元左右，基本上不赚钱，C 君感觉在本地市场干下去希望不大。一个偶然的机会，C 君听别人说起广州市场的情况不错，遂决定赴广州考察。2001 年 4 月下旬，C 君抵达广州，先考察了长江市场，当时该市场已有高阳的摊位 30 来家，主要经销低档巾被；后考察了沙河服装城，当时该市场已有高阳的摊位 8 家，广东的同类摊位 20 来家，也主要经销不足 2 元一条的低档毛巾。考察完毕，经过慎重考虑，C 君决定在沙河服装城"出摊儿"，采取避开大众产品的策略，主营光大、永亮等厂所出中高档巾被，在一个月内就招徕了一批客户，经过这些客户小批量试销，市场前景不错。之后，C 君逐渐与深圳、东莞、珠海等地的大客商发生业务往来。截至 2001 年春节，总销量即达 260 万元，净赚 6 万元。以后销售额逐年上升，到 2003 年超过 420 万元，净赚 15 万元。2004 年经营出现波动，此时高阳在广州的"出摊儿者"多达 160 家，竞争十分激烈，利润率一降再降，虽然 C 君当年的销售额也超过 400 万元，但利润却下降了 1/3。从 2005 年开始，为避开与高阳其他摊位的恶性竞争，C 君与几个外销客户建立联系，其主营业务由内销转为外销，经营的产品也由毛巾转为浴巾，主要销往东南亚、非洲等地区。2007 年，靠外销业务，C 君的销售额增加到 750 万元。但是，该年度高阳人在广州的竞争日趋激烈，将"三巾"产品的毛利润降至 2.5% 以下，全年的利润除去一家人在广州的基本消费（大概一年 10 多万元），所剩无几。2007 年年底，C 君在盘点全年经营情况时算了一笔账：2001 年，C 君刚到广州市场时，"三巾"产品的平均利润率在 10% 左右。2004 年之后，恶性竞争加剧，利率一路下滑，到 2006 年之后，毛利率仅能维持在 2%—3%。假定全年销售额维持在 750 万元，毛收入最高可达 16 万元。随着"出摊儿者"家数猛增，摊位和仓库供应紧张，摊位租赁费由 1300 元/月涨至 4000 元/月，仓库租赁费由 1800 元/月涨至 2800 元/月，仅此两项全年至少需花费 8 万余元。从毛利中除去上述两项费用，经营纯利仅剩 8 万元，尚不足以应付一家人的基本生活，每年大几百万元的销售额在广州市场已无法立足。由于 C 君在"出摊儿"的过程中与部分客户建立了良好的信誉关系，不用再通过本人的摊位转手供货给这些客户。同时，为减少转手环节，提高利润率，早在 2002 年，B 君就在高阳农村盘下了一家工厂，安装了 12 台织机，织造浴巾，形成了一种前店后厂的经营模式。在"前店"经营出现"鸡肋"状况且已有稳定客户的情形下，C 君在 2008 年 5 月果断撤摊儿，带着全家返回高阳，专心经营织布工厂。

D 君和 B 君一样，在"出摊儿"前是一位普通农民。1993 年，在"三巾"行业兴起不久，D 君夫妇便选择了中国最为边远的西部城市新疆乌鲁木齐"出摊儿"，其摊位是高阳人在乌鲁木齐建立的第一家纺织品批发摊位。最初，D 君的业务仅限于内销，主要面向新疆全区。后来，他逐渐通过维吾尔族商人结识了一批中亚各国的客商，开始转向外销业务。1998 年亚洲金融危机爆发时，由于外商破产导致货款无着等原因，D 君的摊位累赔达 100 多万元，致使在高阳县城为 D 君组织货源的合伙人撤股，为 D 君供货的厂家也都以为 D 君会破产，不可能再偿还货款。但是，D 君夫妇顽强地坚持下来。在此后的经营中，D 君不但逐渐偿还了高阳各厂的货款，而且业务蒸蒸日上，尤其是出口业务做得越来越大。到世纪之交，D 君的门市对土库曼斯坦、吉尔吉斯斯坦、乌兹别克斯坦、塔吉克斯坦、哈萨克斯坦中亚五国的常年出口额都上亿元，D 君成为乌鲁木齐最大的"三巾"批发商。除此之外，D 君在高阳纺织商贸城还花费 60 万元购买了一处门市，由其家人负责经营，主要用于给新疆摊位上货以及聚拢直接来高阳进货的中亚五国客商。

总之，通过 B 君、C 君、D 君三个人的故事可以看出，尽管每个高阳在外"出摊儿"者各有不同的经历和结局，但是其基本角色、主要业务、经营流程和组织结构大体一致。在外"出摊儿者"的基本角色就是连接高阳"三巾"生产厂家与第二手批发商（包括批量用户）的第一手批发商，其主要业务就是将高阳的纺织品直接批售给国内外第二手批发商和批量用户（如洗浴中心、大型超市等）。"出摊儿者"的经营流程大致都经历过一个从正向到反向的转变过程。摊位初设之时，"出摊儿者"一般都从高阳批发一些纺织品，在摊位所在地向来往的国内外客商兜售；待到摊位站稳脚跟，"出摊儿者"与部分第二手批发商和批量消费者建立起稳定的信用关系，其经营流程就会发生逆转，一般由国内外第二手批发商先提出订单，"出摊儿者"再按照订单，在高阳寻找厂家生产。在外"出摊儿者"的组织结构至少包括本庄和高阳分庄两个机构,本庄就是设在外地的摊位,主要负责产品销售和接订单;高阳分庄就是在高阳所设分支,主要负责联系厂家、组织货源和运输(高阳本地俗称"上货")。分庄或实或虚,实者可在高阳县城设一摊位,虚者则不设实体,只要有人专门负责即可。

20世纪90年代中期建成的"高阳纺织城"以及世纪之交建成的"高阳纺织商贸城"使得高阳纺织品的销售方式有所变化。① 以"纺织商贸城"为例,商贸城的摊位多为"三巾"类产品经销商,几乎每个摊位都是一个独立的"三巾"类产品批发商。这些批发商,有些属于"前店后厂"型,即由织布厂或家庭工厂经营的摊位。一些较大的织布厂,如永亮、比亚迪、三妹、三利等企业都在商贸城占有摊位;一些小工厂或家庭工厂也在商贸城占有摊位,笔者调查的南圈头工业区的17家企业中就有7家企业在商贸城设有摊位,南圈头村的23家家庭工厂中也有3家在商贸城设有摊位。有些是在外"摆摊儿者"附设的摊位,这些摊位主要用于招徕从其控制的业务区直接来高阳的客商。第三种摊位就是纯粹的"三巾"经销商开设的摊位,这些经销商以高阳本县人为主,兼有周边蠡县、安新、任丘、河间等县的商户。随着纺织商贸城各摊位批发业务的扩展,高阳"三巾"销售的主阵地逐渐转向高阳本地。据业内人士称,到2008年,高阳纺织商贸城已经成为全国乃至世界最大的"三巾"类纺织品批发市场,高阳本地产半数以上的"三巾"产品都是通过商贸城的客商销往全国各地和世界各国。

到21世纪初,高阳"三巾"产品的营销逐渐形成了两种较为固定的模式:一种是本地经销商("在外摆摊儿者")和外来客商(高阳本地俗称"客户")提出产品的规格和花色,直接向熟悉的生产厂家下订单;另一种是外来客商向商贸城的摊位下订单,再由商贸城的摊位找生产厂家定做。总而言之,随着高阳"三巾"产业总体规模的不断扩大,产品营销商的总体实力不断增强,作用日益突出,逐渐成为左右高阳"三巾"产业的主导力量。产品运销商的这种主导作用的形成,与高阳"三巾"生产厂家的生产组织模式息息相关。本书第一章已经指出,高阳"三巾"生产厂家走的是一种"小规模,大群体"的生产组织模式,在这种模式

---

① "高阳纺织城"和"高阳纺织商贸城"的建设和运营情况见第三章第二节。

下，大多数生产厂家的规模都比较小，多数厂家的管理层仅可应付组织生产，而无力自建销售部门，自行开拓市场。如此一来，在这些小规模生产厂家和销售市场之间必然会形成一支商业大军，成为沟通生产和销售市场的桥梁。此后，随着大部分生产厂家逐渐走上以做订单为主要业务的"以销定产"的营销模式，相对于织布厂而言，"三巾"销售几乎完全变成了买方市场。如此一来，织布厂便彻底沦为了国内外"三巾"经销商的加工厂。

小　结

20世纪二三十年代，在高阳纺织业的生产经营活动中，以贩卖纱、布为业的布线庄始终居于主导地位，它们通过购入棉纱和人造丝垄断了原料供应，通过"撒机制"和购买"市收货"控制了布匹生产，[①] 通过售货外庄垄断了布匹销售，成为集购纱、"撒机"、售布于一体的指挥中心，在高阳纺织区内缔造了一个"商业帝国"。在这个"商业帝国"之中，布匹的生产主要由散处四乡的农民完成，其具体组织模式有个体织户和织布工场两种，而以个体织户为主。与布线庄的"撒机制"和购买"市收货"相对应，织户的经营也分为"织手工"和"织卖货"两种模式。对于单个织户而言，随其财力厚薄、布匹市场兴衰及所织布匹种类的变化，这两种经营模式常随时转换。大体而言，用平面机织造棉白布，一般采取"织手工"的模式；而用大提花机织造人造丝布，大多采取"织卖货"的模式。但是从总体上看，"织手工"的比例要远远大于"织卖货"，织户的经营模式以"织手工"为主。

布线庄与"织手工"的农民是"撒机"与被"撒机"的关系。"撒机制"是一种典型的包买主制度。在"撒机制"下，布线庄和织户之间主要存在经济上的依附关系，而不存在超经济的强制依附关系。布线庄与织户之间不是雇佣与被雇佣关系，而是一种带料委托加工合同关系。布线庄付给织户的"手工费"不是工资，而是一种加工费。"撒机制"在兴起之初，本是杨木森等布线商人为推广铁轮机和机纱而采取的一种变通办法，后来却成为高阳纺织业中联通布线庄和织户的主要生产组织模式。之

[①] "市收货"指的是布线庄从市场收购的布匹。

所以如此，是因为在当时的技术、基础设施和市场条件下，与动力织机和木轮机（包括传统手工织机）相比，铁轮机对于资金短缺的布线庄具有更大的资本边际效应，包买制是实现这种较大资本边际效应的最佳生产组织形式。

高阳纺织业发展的第二次高潮（1926—1929）和第三次高潮期（1935—1937），织造人造丝布主要采取"织卖货"和小工厂的经营模式。个体织户"织卖货"需要资金较多，为一般织户能力所不及，而麻丝赊贷制度解决了织户资金不足的问题。小工厂包括织户的家庭工场、独资或合资开办的织布工场以及类似于劳动合作组织的工场三类。织人造丝布之所以能够采取小工厂的生产组织模式，一方面是由于提花机的操作和维修技术较为复杂，对织工的要求较高，比较适宜于集中进行经营管理；另一方面是由于人造丝布在当时供不应求，获利丰厚，采用小工厂的组织模式能够提高生产效率和保证产品质量。

在经营方面，高阳的布线庄都能够以几千至数万元的开办资本经营十数万乃至几十万元的生意。究其奥秘，主要是是布线庄在最耗资金的购纱环节上多得天津棉纱商号和银号相助。1921年以前，高阳的布线庄能够从天津棉纱商号赊购大批棉纱，待布线生意周转一个循环之后，再偿还购纱款；1921年之后，天津纱号不再赊售棉纱，高阳的布线庄又与天津的银号建立借贷关系，靠银号贷款周转纱价。在高阳县城的棉纱市场上，小型布线庄也是靠向大型布线庄赊购棉纱来开展经营业务。

改革开放后，高阳"三巾"行业的生产经营模式与20世纪二三十年代大不相同。"三巾"行业生产经营的各个环节是彼此独立又相互关联的，具体而言，就是由"纱摊儿"控制棉纱供应，织布厂和家庭工厂控制"三巾"织造，布匹经销商控制"三巾"销售，形成彼此分立又相互依赖的生产经营格局。

"纱摊儿"在工商局的注册名称多为"某某纺织站"，间或有称"线庄""布线庄""棉纱供应站者"。高阳的"纱摊儿"最早可追溯到20世纪80年代末，当时多由东街人合资经营，从山东临清悄悄倒运棉纱到高阳销售。后来，县城北街人纷纷加入进来。到20世纪90年代中期，县城北街两侧纱摊儿林立，自发形成棉纱经销一条街。21世纪初，高阳的部分"纱摊儿"生意做大，出现垄断外地数家乃至十数家纱厂的巨型棉纱经销商。

"三巾"织造由织布厂和家庭工厂完成。织布工厂一般位于工业区中,大都由家庭工厂扩大而来,间有由"纱摊儿"和"三巾"经销商投资兴建的。高阳的大多数织布厂都是拥有十几架至三四十架织机的小厂,雇佣职工20—60人不等。织布厂的重要管理岗位一般由老板的家人和亲朋好友担任,呈现出家族式和裙带式特征。织布厂一般采取计件工资制,在生产旺季对其主要工种挡车工采用两班倒的工作制度。织布厂的开办资金主要来自家庭积累和借贷,其扩大再生产的资本则多来自利润"滚"动、民间借贷、赊欠工资和纱价等。家庭工厂比织布工厂规模小,生产场所一般在老板家中,老板本人及其家人一般要承担生产中的一些具体工序。总之,在一般情况下,一个家庭工厂的老板会将自己和家人的工作效用调动到极致,以最大限度节省工资开支,降低成本。

高阳的"三巾"行业甫一兴起,就主要通过本地的布匹经销商将产品销往全国各地。这些布匹经销商大都是高阳本县人,俗称"在外出摊儿者"。20世纪90年代初,全国各地自由市场勃兴,在这些市场上到处可见高阳"在外出摊儿者"的身影。20世纪末,高阳纺织商贸城建成之后,成为"三巾"产品的集散地,商贸城的每个摊位几乎都是一个独立的"三巾"批发商。这些摊位,有的是"前店后厂"型,有的是"在外出摊儿者"附设的,有的是纯粹由本地经销商新开设的。到21世纪初,高阳的"三巾"产品营销形成了两种"订单模式":一种是"在外摆摊儿者"和外来客商直接向生产厂家下订单;另一种是外来客商看中样品,向纺织商贸城的摊位下订单,后者再找厂家定做。在"订单模式"下,大部分小工厂逐渐走上以做订单为主要业务的"以销定产"的营销模式,成为国内外"三巾"经销商的加工厂。

第 三 章

高阳纺织区的市场

从现存地方志资料来看，至少从明朝末年开始，在后来高阳纺织区的地域范围内，农民就已经聚村而居，而联络各村经济和社会的市场是当地乡村和城镇的集市。据明天启四年（1624）刊《高阳县志》载：高阳县包括在城社、龙化社、民乐社、王福社、廉平社、六家庄社、迁善社、迁民社、归还社、集贤社 10 社及敦信屯、重庆屯、隆盛屯 3 屯，共 90 村。在县城及四乡村庄中有 10 个集市，其中城集以月之四、九为大集，一、六为小集；旧高阳城在县城以东 25 里，以月之五、十成集；庞口在城东 30 里，以月之三、八成集；利家口在县城东南 25 里，以月之三、八成集；边渡口在县城东南 40 里，以月之一、六成集；石氏在县城东北 20 里，以月之三、八成集；惠伯口在县城东北 35 里，以月之九日成集；北路台在县城西南 15 里，以月之三、八成集；六家庄在县城以西 12 里，以月之二、七成集；晋庄在县城西北 20 里，以月之二、七成集。① 社、屯是里甲制下的政府管理结构，村庄和集市则是乡村中因地理结构和经济网络自发形成的经济和社会结构，二者既相互联系又有明显差别，本章重点研究由村庄和集市组成的乡村市场网络。

第一节 清末高阳纺织区的市场

在高阳纺织业进入近代化历程之前，高阳县及其周边区域的乡村市场同华北大多数地区一样仍然是以集市为纽带形成的村落市场网络。吴知在《乡村织布工业的一个研究》中列表阐明 1933 年高阳纺织区包含的高阳、

---

① 天启《高阳县志》卷一《乡社》《市镇》，国家图书馆馆藏民国抄本。

任丘、安新、蠡县、清苑各县的村庄数，并绘出高阳纺织区的区域地理图。① 在这里，我们不妨以吴知的列表和区域地理图为基准，以各县清末的行政区划为依据，适当扩大地理范围，贯以"高阳纺织区扩大区"（以下简称"扩大区"）之名，深入考察一下清末这一区域的乡村市场结构。要考察清末"扩大区"的乡村市场结构，需依据该区域内清末的乡土资料，搞清楚"扩大区"所含各县村庄与集市分布。

首先看高阳县的情况。现存《高阳县志》共四种，分别为明天启四年（1624）、清雍正八年（1730）、1931年和1999年编纂而成，清末没有纂修过县志。在这里，首先将清雍正八年《县志》所记村庄与1931年《县志》所记村庄进行比较，结果发现前者所记之"氾头、庞果庄、齐家庄、龙关、皮里、西梁村、黄家屯、北布里"后者缺载；后者所载之"氾水、白洋、培里、陈李边、庞许庄、贺家庄、姜齐庄、庄头、任家佐、辛冯庄、南佛堂、新立庄"前者缺载。"氾头"即民国《县志》所载之"氾水"，今属任丘市，今天的氾水集市仍称"氾头集"，清乾隆二十七年（1702）之《任丘县志》载有"氾头村"村名，② 可见该村在清乾隆年间曾划归任丘县，后又重归高阳县。"庞果庄"今属蠡县，分东庞果庄、西庞果庄，清光绪二年刊《蠡县志》绪口社辖村有"庞家庄"，就是此前之庞果庄，可见该村在1876年之前已划归蠡县，清末高阳辖境已无庞果庄。"齐家庄"即民国《县志》所载之"姜齐庄"，清初由齐姓建村，名"齐家庄"，乾隆年间，姜姓在附近建村，名"姜庄"，至民国初年两村合并为"姜齐庄"，因而清末高阳辖境有齐家庄、姜庄二村，而无姜齐庄。③ "龙关"村在高阳、河间两县交界处，光绪十年（1884）划归河间县，因而清末高阳辖境已无龙关村。④ "皮里"即民国《县志》所载之"培里"，今属任丘市，"皮里"是该村俗名，在纪录片《战将杨成武》中提到的"皮里村地道战"就发生在这个村。"西

---

① 吴知：《乡村织布工业的一个研究》，第3—5页。
② 乾隆《任丘县志》卷二《里社》，《中国方志丛书·华北地方·第521号》，成文出版社1976年影印本，第318页。
③ 高阳县地方志编纂委员会编：《高阳县志》，方志出版社1999年版，第102页。1999年版《高阳县志》根据家（族）谱记载和民间传说，详细考证了各村来历，其中对姜齐庄历史的考证就参考了齐、姜两家的族谱，较为可信。
④ 高阳县地方志编纂委员会编：《高阳县志》，方志出版社1999年版，第73页。

梁村"在雍正《县志》中记为"南路村庄",当处于县境南部。而县境南部今有"南梁家庄"一村,该村原属都漕口,1962 年独立成村。① 民国《县志》所记为"乡",因该村属于都漕口乡而未记其村名,此村当为原来之西梁村,今天之北梁家庄当为民国《县志》所记之梁家庄,因而清末高阳辖境当有梁家庄、西梁村两村。"黄家屯"当为 1991 年《县志》所载之"黄庄",该村原在今县城南关南部,民国初年并入南关,因此,清末高阳县辖境当有"黄庄"一村。② "北布里"光绪十年划归蠡县,清末高阳辖境已无北布里一村。另,光绪十年,原属任丘县之"白洋、安头、庞许庄、边村(后来之陈李边村)"划归高阳管辖,因此,清末高阳辖境还有白洋、庞许庄、边村。"安头村"民国《县志》未载,而民国《县志》称高阳第二区辖 32 乡,而吴知《乡村织布工业的一个研究》一书"表一"却称高阳第二区辖 33 村,所差者当为"安头"一村,大概由于该村太小,南京国民政府时未单独编乡所致。因此,清末高阳县辖境当有安头一村。"贺家庄"明崇祯《县志》无载,清雍正《县志》亦无载,1991 年《县志》称该村始建于明末,③ 当为妄说,依据目前史料尚不能断定清末此村是否存在。"庄头"原属河西村,清咸丰年间与河西村分开,因防洪排桩取村名为"桩头",后简写为"庄头",④ 因而清末高阳辖境已有庄头一村。"任家佐"明崇祯《县志》无载,清雍正《县志》亦无载,1991 年《县志》称该村始建于明永乐二年,初名任家庄,当为妄说,依据目前史料不能断定清末此村是否已有。"辛冯庄"当作"辛封庄",相传此处原有一座古庙,清王朝在庙中收租封粮,民称封粮庄。清乾隆年间,附近村民迁居于此,取名钦封庄,后谐音为辛封庄,⑤ 故而清末高阳辖境已有辛封庄一村。"南佛堂"与"北佛堂"原为一村,明崇祯《县志》称之为"佛堂"村,清雍正《县志》既然载有北佛堂,则可知当时"佛堂"村已经分为南、北二村,至于清雍正《县志》未载南佛堂,或许由于分立之初南佛堂户口过少,尚不足一村规模之故,延至清末,随着该村户口增加,高阳县辖境当有南佛堂一村。"新立庄"原名黑虎庄,

---

① 高阳县地方志编纂委员会编:《高阳县志》,方志出版社 1999 年版,第 104 页。
② 同上书,第 105 页。
③ 同上书,第 98 页。
④ 同上书,第 104 页。
⑤ 同上。

附属于高家庄，民初改为小庄，后与高家庄脱离附属关系，更名新立庄，故而清末高阳县辖境有黑虎庄一村。此外，雍正《县志》所载之"蔡家口、梁店村"在民国《县志》已分别分为"南蔡家口、北蔡家口"和"东良淀、西良淀"。"北蔡家口"原属安州，清末归属高阳，为区别之，高阳原有之"蔡家口"村更名为"南蔡家口"，① 因而清末高阳辖境已有南、北蔡口二村。"西良淀"始建于雍正二年，由孟、王等七户人家由良淀迁来定居，以位于良淀之西故称"西良淀"，而原来之"良淀"村改称"东良淀"（今属任丘市），② 故而清末高阳县辖境当有东、西良淀二村。此外，大兴庄原属南归还村，清末从南归还村析出，由于该村太小，南京国民政府时期没有单独立乡，而民国《县志》又仅记乡名，故而未载其名。

通过以上分析可知，清末高阳县辖境至少包括141村，分别为黄庄、北圈头、南圈头、骆家屯、岳家佐、杨家屯、赵通、南蔡家口、北蔡家口、西庄、东王草庄、西王草庄、野王、北沙窝、南沙窝、东田果庄、西田果庄、延福屯、戴家庄、娄堤、庞口、田村、汜水、王果庄、南马、北马、边关、百尺、白洋、安头、惠伯口、张家庄、东王家庄、西王家庄、小关、尹家佐、培里、王团、张施、袁果庄、东良淀、西良淀、边村、庞许庄、西柳村、东边渡口、陈家庄、孟仲峰、南坎尾、北坎尾、齐家庄、姜庄、边渡口、河西、西演、北归还、利家口、北柳庄、小良口、小团丁、庞家佐、大兴庄、贾家坞、殷家庄、高家庄、南归还、边家坞、八果庄、杨家坞、苏果庄、马果庄、白家庄、皇亲庄、安家庄、连家庄、北连城、南连城、南辛庄、北辛庄、都漕口、西梁村、庄头、小冯村、田家佐、辛封庄、邱家佐、刘家庄、六家庄、北晋庄、杨家佐、左家庄、六河屯、史家佐、堤口、苇园屯、三岔口、北路台、宋家桥、辛留佐、赵官佐、邢家南、路台营、刘祥佐、张博士庄、于留佐、何家庄、南晋庄、季朗、延福、南路台、崔家庄、南布里、李果庄、梅果庄、梁村、石氏、西教台、南佛堂、刘李庄、南教台、石家庄、雍城、王家沱、傅家营、博士庄、东教台、西龙化、西刘果庄、北龙化、旧城、长果庄、北佛堂、小王果庄、东刘果庄、魏家庄、南龙化、梁家庄、于堤、黑虎庄、出岸、

---

① 高阳县地方志编纂委员会编：《高阳县志》，方志出版社1999年版，第84页。
② 同上书，第81页。

王福。

高阳县境内的集市，雍正《县志》记为 15 个，分别为县城集、利家口集、石氏集、旧高阳集、龙化集、边渡口集、惠伯口集、东王家庄集、六家庄集、庞口集、大王果庄集、泛头集、于堤集、西淹集、归还集。① 到 20 世纪 30 年代，高阳县的集市有 14 个，分别为县城集、惠伯口集、旧城集、西边渡口集、西演集、孟仲峰集、庞口集、高家庄集、石氏集、北归还集、西龙化集、博士庄集、北晋庄集、路台营集。② 因为前者与清末相隔年代要比后者长得多，所以这里取后者作为清末高阳的集市分布。

其次看清苑县的情况。清苑县现存的乡土资料中有清同治十二年（1873）《清苑县志》和民国二十三年（1934）《清苑县志》。我们首先以民国二十三年《县志》所载第三、四、五、六区村庄为基准，确定"扩大区"的村庄名称；再将清同治十二年《县志》所载村庄名称与民国二十三年《县志》所载村庄名称相比较，去除清同治十二年《县志》缺载村庄，进而确定清末"扩大区"所包含村庄。用上述方法，我们最终确定清末"扩大区"所包括清苑县的村庄共计 87 村，分别为大营头、小营头、韦各庄、东闾村、田蒿村、大庄村、杨家桥、梁家庄、解庄、张家胡同、段庄、黎耕沟、徐家庄、孟家辛庄、温家庄、孙家庄、小庄、草桥村、李家前庄、李家庄、杨家庄、蔡家桥、许家洼、玉皇庙、张村、王桥村、东石桥、石家桥村、刘家胡同、张家桥、耿家桥、王家岗、何家桥、杨家桥、史家桥、任庄、王村、苑村、苑家桥、郭村、郭家桥、李家桥、杨家庄、夹河铺村、北辛店、北马庄、南马庄、蒋庄、温仁、梁寨村、西南佐、半壁店、张登村、张登屯、王磐村、王磐屯、小邓村、北邓村、北和庄、南和庄、大兴庄、清凉城、蔡家营、大柳树村、南蛮营、南宋村、北宋村、吕家屯、河西庄、留氏庄、石家庄、喇喇地、沈家坯、东安村、小望亭、大望亭、张家村、黄陀村、胡指挥村、南厚村、赵庄村、黄信庄、田各庄、田各庄屯、李八庄、冉河头、李庄。其中集市有王磐集、张登集、喇喇地集、大庄集、苑家桥集、东安集、宋村集、温仁集、大柳树集 9 个集市。③

---

① 雍正《高阳县志》卷一"市镇"。
② 冀察政务委员会秘书处第三调查组编：《河北省高阳县地方实际情况调查报告书》，1936 年。
③ 同治《清苑县志》卷一"村庄""市集"；民国《清苑县志》卷一《区治村庄表（附图）》《市集》，《中国方志丛书·华北地方·第一二七号》，成文出版社 1967 年影印本，第 41—59 页。

再次看安新县的情况。安新县现存乡土资料中有道光二十六年（1846）《安州志》，该志记有各乡社及其所辖村庄，但所记村庄数量过少，错讹之处甚多，如西马社含南马、北马二村，民乐社亦含南马、北马二村；温和屯含北青沱村，义和屯亦含北青沱村，等等，因而不足为据。① 冀察政务委员会秘书处第三组调查之《河北省安新县地方实际情况调查报告书》详细记录了20世纪30年代安新县安州属五区和新城属五区的村庄名称，我们以此为依据，确定"扩大区"的村庄名称；另，安新县地方志编纂委员会在新编2000年版《安新县志》的过程中，根据家（族）谱记载和民间传说，详细考订了各村来历，并将各村的建村时间列入"××镇村庄基本情况表"中；同时1999年版《高阳县志》也根据家（族）谱记载和民间传说，详细考订了各村来历。在这里我们姑且信之，并以之考量"扩大区"30年代的村庄名称，删去民国后的新建村庄，乃得出清末"扩大区"安新县所辖村庄。经过仔细甄别，我们最终确定清末"扩大区"所包安新县的村庄共计79村，分别为涝淀、前屯、后屯、李良甫庄、牤牛庄、谢家庄、阮家庄、林家庄、牛角、南板桥、邢家庄、芦家庄、北边吴、南边吴、甄家庄、雷家庄、北板桥、耿家庄、苏果庄、徐果庄、八里庄、姬家庄、前亭子、后亭子、闭大口、沱上村、马家庄、张家村、王家庄、李家庄、李家村、马家庄、膳马庙、刘家庄、董家庄、席家庄、烧盆庄、辛立庄、建昌村、贺家村、北陶口、陶口店、西陶口、恒道、吴家庄、赵家庄、北青村、南青村、河西村、保驾佐、南蒲口、北蒲口、前柳滩、后柳滩、西柳滩、解庄、东河村、西河村、西河屯、东辛庄、西辛庄、邢果庄、南马、煎盐窝村、尚家柳、西杨庄、蔡家口、赵口、同口村、北冯村、南冯村、韩堡村、北曲堤、南曲堤、北马、磁白、王岳、韩村、郝关村。其中集市有曲堤集、同口集、北青集、陶口集、边吴集、板桥集、马家庄集7个集市。②

接着，再看蠡县的情况。蠡县现存乡土资料中有清光绪二年（1876）《蠡县志》，这本方志详细记载了当时蠡县的乡社和市集。此外，1999年

---

① 道光《增订安州志》卷二《乡社》，北京大学图书馆编：《北京大学图书馆藏稀见方志丛刊》第19册，国家图书馆出版社2013年版，第571—576页。

② 道光《增订安州志》卷二"市集"，北京大学图书馆编：《北京大学图书馆藏稀见方志丛刊》第19册，第576页。

版《蠡县志》利用族（家）谱及民间传说，详细考订了各村来历。在这里，我们以光绪二年县志所载乡社名称为基础，参考1999年版县志对各村来历的考证成果，以确定清末"扩大区"所含村庄。利用上述方法，我们最终确定清末"扩大区"所含蠡县的村庄共98村，分别为莘桥、布里、大团丁、团丁庄、东绪口、南绪口、北绪口、东赵堡、南赵堡、北赵堡、赵堡新庄、东魏家佐、周家新庄、北斗凹、南斗凹、南齐村、北齐村、北玉田、南玉田、荆邱、陵阳、小汪、新立庄、大曲堤、小曲堤、庞家庄、卧牛庄、陈家营、闫家营、高佐、耿家庄、徐家庄、东齐家庄、王家营、周家营、缪家营、杜家庄、大王、东刘氏、南莲子口、北莲子口、东莲子口、西莲子口、中莲子口、刘佃庄、东戴家庄、南白楼、臧家营、北白楼、中白楼、南于八口、北于八口、南蒲洼、北蒲洼、画家庄、李家庄、古灵山、井家营、李家庄、蔡家庄、河西、万安、邱家庄、刘铭庄、辇家庄、夏家佐、尹家佐、北新庄、季家佐、黄家庄、北郭丹、南郭丹、祁家口、武家营、杨家庄、桑园村、桑园营、大崔家庄、小崔家庄、南许、北宗、南宗、大百尺、小百尺、大柳树、南计河、北计河、荣家营、潘营、东车里营、西车里营、新庄、新兴、南沙口、北沙口、梁家庄、刘家庄、赵锻庄。① 其中集市有百尺集、杨家庄集、新兴集、南许集、郭丹集、荆邱集、万安集、莘桥集、李家庄集、北刘氏集、东莲子口集、绪口集等12个集市。②

最后看任丘县的情况。任丘县现存乡土资料中有乾隆二十七年（1702）《任丘县志》、清道光二十七年（1837）《任丘县志续》。前部方志载有清乾隆年间的乡社名称，但离清末年代较长，以其记载无法推知清末村庄分布情况；后部"方志续"仅两卷，未记村社变化情况。1993年出版的新编《任丘市志》利用家（族）谱和民间传说，详细考订了每个村的建村时间，并将之列入"各村基本情况表"中。在这里，我们以乾隆二十七年县志记载的村庄为基础，结合1993年新编县志考订的各村建村时间，确定清末"扩大区"所含村庄。利用上述方法，我们最终确定清末"扩大区"所含任丘县的村庄共119村，分别为陈场、东凉、八里

---

① 光绪《蠡县志》卷二《乡社》，《中国方志丛书·华北地方·第二一四号》，成文出版社1969年影印本，第81—85页。
② 光绪《蠡县志》卷二《市集》，《中国方志丛书·华北地方·第二一四号》，第92—93页。

屯、芦各庄、北五里铺、西凉、张桥、许家庄、北郭庄、谢家坞、刘家坞、安家庄、南小征、北小征、殷边村、永丰村、蒋家庄、林家庄、太平庄、郝家庄、市庄、荷花村、白鹅坟、东长洋、白塔村、哑叭庄、于家庄、褚家庄、后长洋、前长洋、南五里铺、萧家楼、东善村、西善村、南善村、北善村、宋庄、石门桥、张村、关张铺、翟城村、东辛庄、史村、南于家庄、傅家庄、张家庄、潘家村、军营村、马家村、辛中驿、张家庄、刘家庄、台基寺、北瀚村、魏家庄、张老虎庄、边家庄、郭家庄、郎家庄、李家庄、马家庄、刘家铺、解经村、李家庄、苏家庄、许家庄、毕家庄、约保、黄土疙瘩、及家庄、赵家庄、范家庄、同梨、西吴村、东吴村、吴家疙瘩、老河头、青塔、尚书、双塔、西张各庄、边各庄、半边淀、田各庄、南曹口、北曹口、王家坞、大辛庄、石家营、庄家营、郭家营、陈家营、庞家营、赵家坞、刘家坞、谢家坞、段家坞、固贤村、北辛庄、南马、辛仓、郭家村、檀家庄、高家庄、李家庄、崔家庄、铁匠庄、陈家庄、刘保店、安里店、郭家口、后赵各庄、赵各庄店、邓马河口、任河口、张河口、小唐堤头、大唐堤头、领军村。其中集市有在城集（任丘县城集）、市庄集、西凉集、长洋店集、石门桥集、辛中驿集、北汉集、青塔集、北曹口集、北辛庄集等10个集市。①

综上所述，在"扩大区"内，清末共有437村，43个集市，如表3—1所示。

表3—1   "高阳纺织区扩大区"集市一览

县属	集市名称	集期	集市情形描述
高阳县	高阳县城集	月之四、九大集，一、六小集	营业以各种布匹、麻丝、棉纱、食粮、蔬菜等及家产零星日用各物，无一不备
	惠伯口集	月之四、九	营业以花生、土布为大宗，及食粮、蔬菜、家庭零星日用等物

---

① 乾隆《任丘县志》卷二《街市》（《中国方志丛书·华北地方·第五二一号》，成文出版社1976年影印本）仅载有地处各镇之大集，"余村落诸小市不及备载"，所以依据该方志尚无法完全搞清楚"扩大区"的集市数量。1993年新编《任丘市志》载有中华人民共和国成立后的乡村集市，在没有其他史料的情形下，我们只能以之为依据，结合调研资料，确定清末"扩大区"任丘县的集市分布。

续表

县属	集市名称	集期	集市情形描述
高阳县	旧城集	月之五、十	营业以食粮、蔬菜及家庭零星日用等物
	西边渡口集	月之一、六	营业货物与旧城集同
	西演集	月之三、八	营业货物与旧城集同
	孟仲峰集	月之四、九	
	庞口集	月之三、八	
	高家庄集	月之四、九	
	石氏集	月之三、八	
	北归还集	月之一、六	
	西龙化集		
	博士庄集		
	北晋庄集	月之二、七	
	路台营集	月之一、六	营业与北晋庄集同
清苑县	王磐集	月之二、七	
	张登集	月之一、六	五谷、菜蔬
	喇喇地集	月之一、六	杂粮、苇席、牲畜
	大庄集	月之五、十	牲畜、五谷、布匹
	苑家桥集	月之四、九	
	东安集	月之二、七	
	宋村集	月之四、九	
	温仁集	月之五、十	
	大柳树集	月之五、十	
蠡县	百尺集	月之一、六	
	杨家庄集	月之二、七	
	新兴集	月之三、八	
	南许集	月之四、九	
	郭丹集	月之一、六	
	荆邱集	月之三、八	
	万安集	月之四、九	大集
	莘桥集	月之二、七	
	李家庄集	月之三、八	
	北刘氏集	月之二、七	

续表

县属	集市名称	集期	集市情形描述
蠡县	东莲子口集	月之三、八	
	绪口集	月之四、九	
任丘县	任丘县城集	月之三、六、九	
	市庄集	不详	
	西凉集	不详	
	长洋店集	不详	
	石门桥集	月之三、八	
	辛中驿集	月之六、十	
	北汉集	月之二、七	
	青塔集	月之二、五	
	北曹口集	月之四、七	
	北辛庄集	不详	
安新县	曲堤集	月之三、八	
	同口集	月之一、六	席、粮为大宗
	北青集	月之三、八	
	陶口集	月之五、十	棉花为大宗
	边吴集	月之二、七	
	板桥集	月之一、六为大集，三、八为小集	棉花为大宗
	马家庄集	月之三、八	

表3—1所示集市有大、小之分，或者按照施坚雅的理论，这些集市又可分为基层集市、中间集市和中心集市。① 在"高阳纺织区扩大区"

---

① 华北农村的群众一般将集市区分为大集和小集，各县地方志的记载中也多延续当地群众的说法，将本县集市区分为大集和小集，部分学者在研究中也采取这种区分方法，如王庆成《晚清华北的集市和集市圈》（《近代史研究》2004年第4期）等；而施坚雅在《中国农村的市场和社会结构》（中国社会科学出版社1998年版）一书中参考区位经济学的"中心地理论"，将中国的集市划分为基层集镇、中间集镇和中心集镇，部分学者在研究华北集市时采用了他的划分方法，如李正华的《乡村集市与乡村社会——20世纪前半期华北乡村集市研究》（当代中国出版社1998年版）。因为集镇包括集市和镇，与集市的内涵和外延有所不同，因而这里将之修正为基层集市、中间集市和中心集市。

内，可称得上中心集市者只有高阳县城集和任丘县城集，中间集市则有温仁、大庄、喇喇地、板桥、万安、百尺、莘桥、同口、旧城、西演、青塔，余者皆为基层集市。集市的大小与其依托村庄的大小、地理位置等因素紧密相关。"扩大区"内的中心集市依托于县城，与一县的行政中心重合，人口稠密，交通便利；中间集市一般依托于县城以下的大村，这些大村一般人口众多，部分大村是处于两县或数县交界处的交通枢纽，如清苑县的大庄处于清苑、高阳的交界处，喇喇地处于清苑、安新的交界处；安新县的板桥村处于安新、高阳的交界处；有的大村是水陆交通枢纽，如安新县的同口则是连接陆路和白洋淀的水陆枢纽，从高阳陆路至同口，再转水路沿白洋淀、大清河可至天津。① 与周边没有集市的村庄相比，基层集市一般人口较多，也是本乡里较大的村庄。不同层次的集市在商贾类别、商品种类、市场结构等方面有相当大的差别。基层集市行商多，坐商少，在基层集市活动的商贾大多是推车担担的小商小贩，他们一般在街道两边就地摆摊出售商品，而固定店铺较少；在中间集市和中心集市，行商和坐商都较多，既有推车担担的小商小贩，又有固定的店铺。基层集市的商品一般以粮食、食品果蔬、针头线脑、日用百货为大宗；中间集市和中心集市除买卖上述物品之外，还买卖牲口（马、驴、骡、牛等）、家畜（猪、羊等）、家禽（鸡、鸭等）、农具（锹、镐、锄、耙等）和当地的特产，如棉花、土布、土线、苇席等，年节时还买卖鞭炮、对联、年画等。基层集市大都规模较小、结构简单，一般在村子的中心地带沿着东西南北的大路两边设立市场，几家或十几家卖同类产品的商贩聚拢在一起，分别组成"粮食市""果蔬市"等小"市"；中间集市和中心集市则规模较大，结构复杂，村镇的主要街道几乎都设立市场。卖同类产品的商贩沿街道依次铺开，聚拢成各种专门的小"市"，大的街道可以容纳数个小"市"，小的街道只能容纳一个"小市"，牲口、家禽、家畜、鞭炮等小"市"一般设在离生活区稍远的空地上。

晚清时期，"高阳纺织区扩大区"东西长约 50 华里，南北宽约 40 华里，面积约 2000 平方华里。内有集市 43 个，其中基层集市 30 个，中间集市 11 个，中心集市 2 个，则每 46.5 平方华里即有一个集市，每 66.7 平方华里有一个基层集市，每 181.8 平方华里有一个中间集市，每 1000

---

① 吴知：《乡村织布工业的一个研究》，第 8 页。

平方华里有一个中心集市。如果将每一个集市的影响区域抽象成一个规则的圆形，则基层集市的影响半径为4.6华里，中间集市的影响半径为7.6华里，中心集市的影响半径为17.9华里。以村庄数量来衡量，"扩大区"内有438个村庄，则大约每10个村庄即有一个集市，每37个村庄有一个中间集市，每219个村庄有一个中心集市。虽然以上数据是经过抽象之后计算而来，但是与该区域的实际情形大体一致，因为集市的影响范围与赶集的人群及其脚程密切相关，在基层集市上赶集的人群一般上午要打个来回。当时的交通主要靠步行或搭乘牲口车，依其脚程计算，一上午往返最多不超过10华里，则每个基层集市的影响半径不超过5华里。在中间集市上赶集的人群，除5华里之内的较近村庄的人群外，还有稍远村庄的人群，这些稍远村庄的人群一般上午在集市上完成交易之后，下午返回村庄，其交通也是靠步行或搭乘牲口车，一天往返最多不超过20华里，则中间集市的影响半径一般不超过10华里。以上研究是经过抽象和依据常理推断而来，但受村庄密集度和交通情形的影响，该区域集市的实际分布情形与上述推断稍有出入。由图3—1可知，"扩大区"有两个集市较为密集的区域，一个是位于"扩大区"西南方向的高阳、蠡县、清苑三县交界处，在狭小的区域内共有3个中间集市和6个基层集市；另一个是位于"扩大区"东部的高阳、任丘交界处，在狭小的区域内共有1个中心集市，2个中间集市，10个基层集市。这两个区域是"扩大区"村庄最为密集、陆路交通最为便利的区域。而津保汽车路以北清苑、高阳与安新交界的广大区域则集市分布较为稀薄，偌大区域内仅有2个中间集市和8个基层集市。这个区域多处于白洋淀的外淀范围之内，村庄稀薄，且不少村庄被水路隔开，陆路交通绕来绕去，甚为不便。

表3—1显示，"扩大区"内集市的集期与施坚雅、李正华的对华北定期集市集期的研究结论相一致，集期以农历的"旬"为计算单位，基层集市和中间集市都是一旬两集。[①] 基层集市的集期设置尽量避开其周边中间集市的集期，如作为中间集市的清苑县大庄集的集期为月之五、十，蠡县的万安集的集期为月之四、九，则其周边的基层集市的集期设置，北晋庄集为月之二、七，路台营集为月之一、六，李家庄集为月之三、八，

---

① 分别见施坚雅：《中国农村的市场和社会结构》，第17页；李正华：《乡村集市与乡村社会——20世纪前半期华北乡村集市研究》，第28页。

郭丹集为月之一、六，杨家庄集为月之二、七，这些基层集市的集期都避开了中间集市的集期。"扩大区"内两个中心集市高阳是一旬四集，并有大、小集之分，月之一、六为小集，小集相当于基层集市，是为县城及周边村庄开设的集市；月之四、九为大集，大集是真正的中心集市，其影响可及方圆20华里。① 任丘则为一旬三集，分别为月之三、六、九，都为大集。

"高阳纺织区扩大区"的集市功能以商品交易为主，各层次集市所交易的商品上文已有所交代，这里特别强调的是土线和土布的交易。清苑、蠡县、高阳、任丘各县属于直隶省的西河棉区，是历史悠久的棉产区。② 清末，"高阳纺织区扩大区"内棉产区的集市，如万安、大庄、板桥、高阳县城、莘桥、青塔等集市，土线、土布交易就十分发达。据厉风研究，19世纪末，在后来的高阳纺织区内，以大庄、高阳县城、莘桥、青塔等集市为交易中心，形成了4个狭小的土布产区，其具体分布如图3—2所示。在这4个狭小土布产区，农民将自种棉花用纺车纺成土线，拿到集市上出卖；织布农家在集市上购买了土线，用家人（一般为妇女）的劳力织成土布，再拿到集市上出卖。以青塔集为例，每逢集期，周边各村农民售线者多达200人，出售土线1200斤左右，售布者多达400人，出售土布约1000匹。其余3个集市土布交易也不亚于青塔，每个集期的上市布匹，莘桥约1000匹，大庄约1200匹，高阳约1200匹，4个产区合计全年布匹总上市量达35万多匹，消耗土线约100万斤。③ 在这4个集市上收购布匹的主要有两类商贩。一类是流动收布商，他们多为开设于高阳县城或肃宁县城兼营布匹或杂货的商号，派人到各个集市收布，随时将所收布匹输送到高阳或肃宁的本号，然后批量地发往外地销售。这一区域所产土布得以销往山西太谷、张家口、宣化、北京及其属县涿州、良乡、房山一带，就是流动收布商活动的结果。另一类是小布贩，他们多是利用农闲贩布的农民，一般在各个集市上收购少量布匹，然后推着小车到附近其他集市或

---

① 从明末至清末高阳县城集都是一旬四集，以阴历一、六为小集，阴历三、八为大集，见天启《高阳县志》卷一《乡社》《市镇》，国家图书馆馆藏民国抄本；雍正《高阳县志》卷一《市镇》。

② 王又民编：《民国二十三年河北省棉产概况》，实业部正定棉业试验场印行。

③ 厉风：《五十年来商业资本在河北乡村棉织手工业中之发展进程》，《中国农村》第1卷第3期，1934年12月，第65页。

邻近各县销售，销售区域最远不过左近 200 华里之内的博野、赵县等地。

　　高阳纺织区的集市大都是应乡村商品经济发展而自发形成的，从晚清到北洋政府时期和南京国民政府时期，政府对集市都未设正规管理机构，只是通过"经纪"从集市上征收牙税。高阳人口中的"经纪"就是牙纪。据李正华研究，牙纪控制着集市上的度量衡器具，充当交易的中介人，负责收缴各行的牙税，有时还在集市上充当调解纠纷、维持秩序的角色。① 笔者在访问四乡老人的过程中，曾问及中华人民共和国成立前集市上"经纪"的活动，老人们说各行经纪都收取中介费，但方式有所不同，如在土布土线市场上，买卖双方自由交易，最后经纪向买卖双方收取一定费用；在粮食市上，经纪备有大秤，并帮助买卖双方说和价钱，谈妥后经纪亲自过秤，向买卖双方收取中介费；在牲口市上，买方和卖方不直接谈价钱，而是通过经纪来回沟通，沟通时也不用语言，而是经纪分别和双方在袖筒中勾手，如此这般往返数次，谈妥价钱付款后，由经纪向买卖双方收取中介费。②

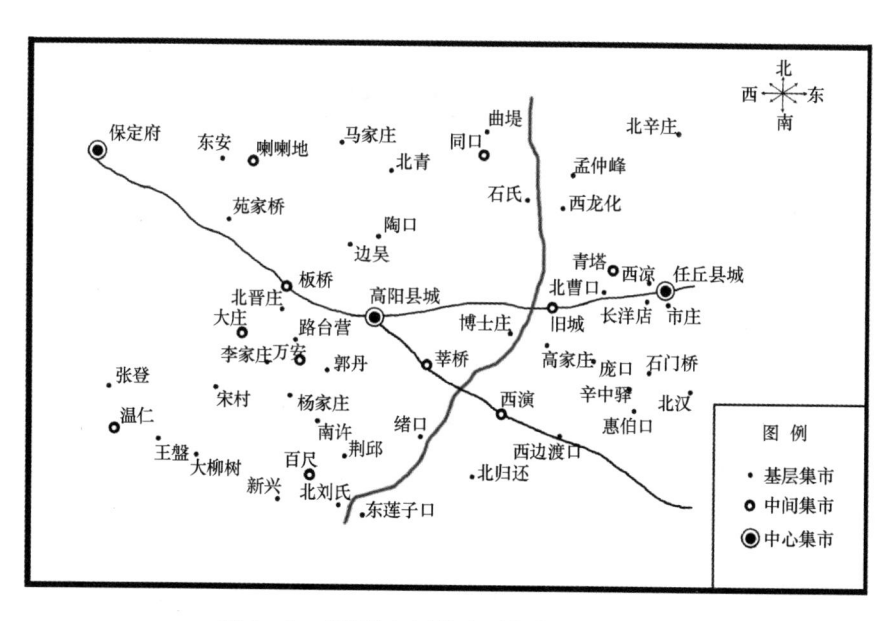

图 3—1　高阳纺织区扩大区集市分布示意图

---

①　李正华：《乡村集市与近代社会——20 世纪前半期华北乡村集市研究》，第 50 页。
②　见笔者整理之《2000 年高阳四乡老人访谈笔录》。

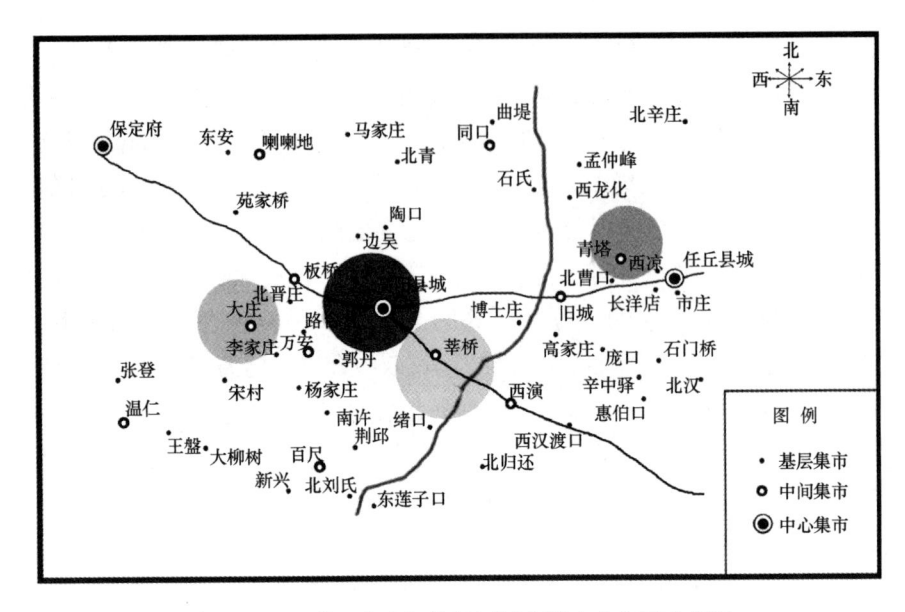

图 3—2　19 世纪末高阳纺织区四个狭小布产区分布图

第二节　20 世纪初纺织业兴起后市场的变化

20 世纪初高阳纺织业步入现代化进程之后，纺织业发展给高阳的乡村市场带来了两个明显变化。其一，高阳的布线商利用原有的集市网络，将高阳纺织区原有的 4 个狭小土布产区联结成一个整体，最终形成了以高阳县城这个中心集市为核心，以大庄、莘桥、青塔 3 个中间集市为中转站的布匹生产体系。此后，随着高阳纺织业的兴衰，区内布匹生产体系又和乡村集市网络分离开来。其二，改变了高阳县城的集市功能，使之逐渐从传统的中心集市转变为高阳纺织区的布线交易中心和运销枢纽。

首先看第一个变化。旧有的以高阳县城为中心的狭小土布产区，织户不过几千户，纺织业最发达时织机也超不过几千台。20 世纪初，随着纺织业的发展，特别是随着"撒机制"的发展，以高阳县城布线商人为主体的新兴包买商势力崛起，高阳县城周边狭小土布产区织户所织造的布匹总量已经远远不能满足包买商们日益扩大的生意规模。于是，他们逐渐将手伸向其他 3 个狭小的土布产区，以网罗更多的乡村织户，迅速扩大

"撒机"规模。这个扩张过程始于 1913 年，在 1919 年前后达到顶峰，以后随着纺织业的兴衰而起伏。因为当时的交通工具甚为落后（推车担担或赶牲口车），距离 20 华里之外的织户到高阳县城的布线庄交布领线一天之内难以打个来回，而布线庄对距离较远的织户又不易控制，所以高阳县城的布线庄采取的扩张方式是利用乡村传统的集市网络，在布线交易较为发达的青塔、莘桥、大庄等中间集市开设分号或利用中间人商号。

分号是高阳县城的布线庄在青塔、莘桥和大庄开设的分支机构，一般仅有三四名职员，人员安排及财务管理都直辖于高阳总号。分号开展的业务只是从高阳总号领取棉纱，在青塔、莘桥、大庄附近的农村"撒机"，每个集期收齐布匹后运往高阳总号。

表3—2　　　　　莘桥高阳布线庄分号经营概况

时间（年）	分号家数	每家撒机数	每家每年出布数	撒机总数	平均每年消耗棉纱数（包）	平均每年回收布匹数（匹）
1913—1915	5	100—200	12000—24000	750	2250	90000
1916—1919	16	100—200	12000—24000	2400	6200	248000
1925—1928	12	100—200	12000—24000	1800	5400	216000
1932—1933	7	30—50	3000—5000	280	700	28000

资料来源：厉风：《五十年来商业资本在河北乡村棉织手工业中之发展进程》，《中国农村》第 1 卷第 3 期，1934 年 12 月，第 72 页。

表3—3　　　　　青塔高阳布线庄分号经营概况

时间（年）	分号家数	每家撒机数	每家每年出布数	撒机总数	平均每年消耗棉纱数（包）	平均每年回收布匹数（匹）
1913—1915	3	250—300	26000—32000	825	2175	87000
1920—1924	8	100—320	12000—35000	1726	4875	195000
1926—1933	1	180	20000	180	500	20000

资料来源：厉风：《五十年来商业资本在河北乡村棉织手工业中之发展进程》，《中国农村》第 1 卷第 3 期，1934 年 12 月，第 72 页。

中间人商号多为乡间地主或富农运用自己的资本在青塔、莘桥、大庄等中间集市开设的商号。这些商号不从事棉纱和布匹的远距离运销，而专以撒机为业。他们一般从高阳的布线庄赊取棉纱，就近散发给四乡织户织成布匹，在回收布匹时付给织户计件工资，然后将布匹运往高阳销售，并偿还纱款。表面上看，中间人商号的业务似乎是独立的，但实际上，中间人商号往往按照赊纱布线庄的要求去撒机，回收的布匹也往往出售给同一布线庄以抵偿纱款，因而大多数情况下，中间人商号都作为布线庄的附庸而存在。

中间人商号的利润主要来自所在地与高阳之间的织布工资差额。兹将青塔与高阳之间的织布工资差额列如表3—4所示。

表3—4　　　　　1933年9月青塔与高阳织布工资差额

布匹种类	高阳工资（元）	青塔工资（元）	工资差额（元）	差额率（%）
11.5斤白布	0.65	0.40	0.25	38.46
11斤白布	0.60	0.35	0.25	41.67
9斤白布	0.70	0.45	0.25	35.71
8.5斤白布	0.65	0.40	0.25	38.46
平均	0.65	0.40	0.25	38.46

资料来源：厉风：《五十年来商业资本在河北乡村棉织手工业中之发展进程》，《中国农村》第1卷第3期，1934年12月，第74页。

由表3—4可知，青塔的中间人商号就是靠这38.46%的平均工资差额率谋利的。从另一种角度看，这每匹平均0.25元的工资差额相当于高阳的布线庄付给中间人商号的代理业务佣金，只不过这种佣金不是从布线庄利润中扣除的，而是从远方四乡织户的工资中克扣出来的。莘桥、大庄等中间集市附近乡村的织布工资每匹也比高阳附近要低二角至三角，这二角至三角的工资差额就是各该集市中间人商号的主要收入。①

---

① 吴知：《乡村织布工业的一个研究》，第16页。

表 3—5 青塔中间商号经营概况

年份	家数	每家撒机数	撒机总数	每家资本数（元）	资本总数（元）	每家出布数（匹）	出布总数（匹）
1913—1916	2	100	200	3000	6000	10000	20000
1920—1924	15	30—320	2300	1000—30000	157000	4000—35000	2575000
1926—1933	2	50	100	2000	4000	7000	14000

资料来源：厉风：《五十年来商业资本在河北乡村棉织手工业中之发展进程》，《中国农村》第 1 卷第 3 期，1934 年 12 月，第 74 页。

表 3—6 大庄中间商号经营概况

年份	家数	撒机总数	出布总数（匹）
1913	2	100	10000
1915	10	400	44000
1917—1920	36	3690	365412
1923	18	1800	150000
1927	7	500	45000
1932	2	55	5448

资料来源：厉风：《五十年来商业资本在河北乡村棉织手工业中之发展进程》，《中国农村》第 1 卷第 3 期，1934 年 12 月，第 75 页。

表 3—5 和表 3—6 分别为青塔和大庄中间人商号的经营状况。莘桥在 1917 年前后经营布业的商号约有 30 余家，其中约 1/3 是自己撒机、自己收布、自己销布的独立经营的商号，其余的 2/3 除高阳布线庄的分号外，都是中间人商号。[①]

通过设立分号和利用中间人商号，高阳的布线商号迅速将其撒机范围伸展到离高阳县城 30 华里之外的乡村，这样一来，高阳纺织区就形成了一个以高阳县城（中心集市）为中心，以大庄、莘桥、青塔（3 个中间集市）为中转站的布匹生产网络，传统的集市网络被高阳新兴的布线商人赋予了新的功能。

由表 3—5、表 3—6 可知，分号和中间人商号经营的高潮是 1917—

[①] 吴知：《乡村织布工业的一个研究》，第 15 页。

1920年之间，此时正值民国年间高阳纺织业发展的初次兴盛阶段。1921—1925年是高阳纺织业从初次兴盛时期到第二次兴盛时期的过渡期，也是一个短暂萧条阶段。在这个阶段中，首先，高阳布商的销布额和盈利额明显下降，其业务范围明显缩小，纷纷撤销大庄、青塔和莘桥的分号。其次，从1920年开始，国内棉纱价格猛烈下降，如1919年天津十六支纱均价268.40元/包，1920年跌至240.92元/包，1921年复跌至210.28元/包，1922年又跌至204.19元/包，四年之间跌落60余元之多。① 因为纱价步跌，高阳布商赊给中间人商号棉纱，往往不免赔偿，因而不愿赊贷棉纱给中间人商号，致使中间人商号的撒机业务出现停滞。再次，一些非常因素严重影响了中间集市的布业经营，莘桥在1920年之后的数年时间屡有军队驻扎，分号和中间人商号的营业受到严重骚扰，加之军队常常派款苛索，致使商号纷纷倒闭；大庄与莘桥一样，1920年之后常常有驻军骚扰，加之土尾河年年泛滥，一年之中差不多有半年闹水灾，道路阻塞，民力亦困苦不堪，百业凋敝，分号和中间人商号的营业也不易维持。在上述因素影响下，3个中间集市的布业迅速衰落，如表3—2和表3—3所示，青塔1920年前后布业最兴盛时有中间人商号和高阳布商的分号20余家，到1926年年只剩下3家；莘桥1916年、1917年间布业最兴盛时有中间人商号、高阳布商的分号和独立经营的布商30余家，到1926年年初只剩下10来家；大庄1916年、1917年间纱布商号达到50余家，且成立了商会，到1923年只剩下10余家。② 至此，三个中间集市的布业已不成规模，它们逐渐失去了布匹生产中转站的作用，基本恢复了乡村传统市场中间集市的角色。

从1926年开始，高阳纺织业进入民国年间第二次兴盛期，麻布（人造丝布）兴起，色布（条格布）大盛，外埠所需货品种类和花色品种日益复杂，大部分货品在市场上买不到现货，高阳商号不得不自己拟定花色品种，雇佣织户代织。同时，津保汽车路（南线）开通，改善了高阳纺织区内的交通条件。津保汽车路（南路）清末时本为联村大道，1918年，时任国务总理兼参战督办的段祺瑞为控制京、津，将之改建为军用公路，路基宽4—8米，设有辅道供铁轮大车行驶，主要用于运输军需物资和调

---

① 吴知：《乡村织布工业的一个研究》，第20页。

② 同上。

遣军队。直皖战争（1920）后，张毓濡等呈请直鲁豫巡阅史署批准，设立协通长途汽车公司，借用这条军用公路开办保定至高阳段运输，后又报交通部批准将营运路线延伸至天津。①津保汽车路（南路）东西贯穿高阳织布区，大庄附近和青塔附近的织户离高阳最远者不过40华里，他们或挑担、或拉车、或骑自行车赶往高阳交布领线，于天破晓就启程，走津保汽车路，一天之内可以打个来回。产品种类的多样化、复杂化和交通条件的改善，使得高阳的纱布商人不再通过设立分号和中间人商号来吸收远方的织户，而代之以直接撒机制，于是，青塔、莘桥和大庄的布业愈益衰落，如表3—2、表3—5、表3—6所示，它们几乎完全丧失了布匹生产中转站的作用，恢复了传统集市网络中间集市的面貌。高阳织布区布匹生产体系也随之变成一种以高阳县城为中心，从县城向四乡呈辐射状分布的布匹生产体系。至此，高阳纺织区内布匹生产网络与乡村集市网络又分离开来。

再看第二个变化。高阳县城原本在今旧城镇，明洪武三年因水患迁至今址。②在纺织业兴起之前，高阳县城就成为区域内中心集市之一，其集期为每旬四集，月之四、九为大集，月之一、六为小集。图3—3是20世纪30年代高阳县城结构图，图中的线市街、菜市街、柴市街、枣市街、木市街和棉花市街当是因传统集市的各类市场而得名，可见高阳县城的传统集市包括线市（土线土布市场）、菜市、柴市、枣市、木材市、棉花市等专业市场，规模已相当可观。从清雍正年间开始，高阳县城的布局就形成"北政南民"的格局，东西大街以北是县署和县学所在地，以南是百姓生活和活动区域，各种专业市场就坐落在这个区域。③

在纺织业兴起之后，高阳县城在传统市场之外，还逐渐发展出纺织原料市场和产品市场两大类市场，如图3—3所示。④

纺织原料市场由线市、零线市和色线市组成。

---

① 河北省交通厅史志编纂委员会编：《河北公路史》，人民日报出版社1987年版，第107—108页。
② 天启《高阳县志》卷一《城池》，国家图书馆馆藏民国年间抄本。
③ 雍正《高阳县志》《县城图》。
④ 图3—3是在民国《高阳县志》所载"高阳县城图"的基础上，结合河北大学地方史研究室、政协高阳县委员会编著之《高阳织布业简史》所载"七七事变前高阳城关主要商号工厂分布图"和吴知的《乡村织布工业的一个研究》第五章"原料与出品"所记各市场分布状况绘制而成。以下关于原料市场和产品市场的描述多见吴知《乡村织布工业的一个研究》第五章"原料与出品"。

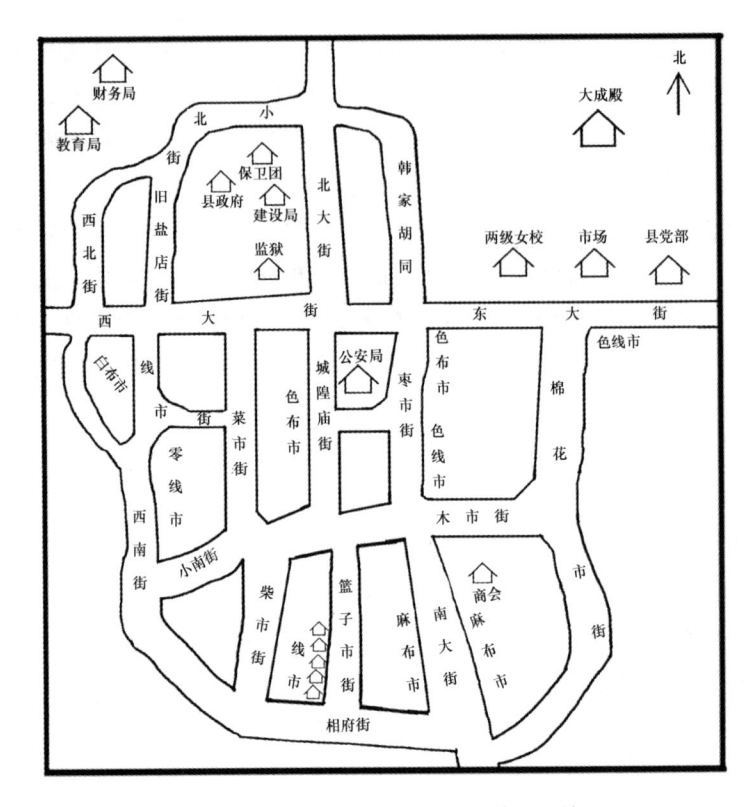

图 3—3　20 世纪 30 年代高阳县城结构

线市是布线商人之间批发纺织原料的场所，形成于 1915 年前后，最初位于西门内大寺坑，1925 年迁往东大街，1929 年又迁至篮子市街。线市每天开市两次，早市在午前十时至十二时，晚市在下午四时至六时，凡是年纳商会会费 2 元以上的商人均可入市交易。参加线市交易的商号有布线庄、染线厂、线庄、线贩等，其中布线庄的主要业务是从外埠购进棉纱和人造丝，散发给四乡织户，令其按照规定的标准织成布匹，再经过整理之后，发往全国各地和蒙古、东南亚等地的外庄销售，因此，布线庄在高阳织布区内的主要业务就是撒机织布。大布线庄所用棉纱和人造丝多数是派专人从天津、上海、青岛等纺织中心城市购买而来，而小布线庄无力派专人往外埠购买织布原料，转而从高阳线市上购买棉纱和人造丝。染线厂也从事撒机织布业务，它们的经营方式与小布线庄相同，不派专人赴外埠购进原料，而专从高阳线市购买棉纱和人造丝。线庄是专以运销棉纱为业的商号，它们从外埠采购大批棉纱和人造丝，然后到线市出卖。线贩是专以小批量倒卖棉纱和人造丝为业的商贩，他们的业务就是从线市上批发棉纱，然后到零线市上零售。布业兴旺时，参加线市交易的布线庄、线庄、染线厂不下 200 家，每天上市人数超过 100 人。① 各商号在线市上做的都是批发业务，买卖均以"包"为单位，交易量都在半包以上。高阳线市的行情与全国纺织原料市场的行情息息相关，其棉纱价格和人造丝价格全凭高阳与天津、上海、青岛等地往来电报所传递的信息而定。

零线市是零售棉纱和人造丝的市场。它开始于民初，地址在西安门内大寺坑城厢第一小学后的空场上，有专供线贩设摊用的棚子 20 余间。零线市阴历四、九集期开市，专卖本色棉纱。每逢集期，线贩就把他们在线市或从商家购买的整包棉纱拆开，陈列在零线市的棚子内发卖。买者都是四乡"织卖货"的织户，他们一般在西街把白布卖掉，换得现钱，再拿现钱到零线市买棉纱，以为下次织布的原料。零线市交易一般以捆为单位，营业兴旺时，每集可销售棉纱二三百包。②

色线市是买卖染色线的市场，在城内东街，与枣市街的色布市相连，也是每逢四、九集期开市。市场上的卖者多为能染线的染坊或染线工厂，它们在线市上买了本色棉纱，染成各种色线，在市场上陈列出售。买者为织造条格布的织户。双方的交易量不拘多少，可以论把买卖，以便购买者根据需要任意搭配选择。规模大的卖家多临时支搭席棚或租赁房屋，以堆置货品，卖时也以捆为单位起码。在条格布流行之后，色线市交易极其兴盛，因为四乡织户一般自己能染线者甚少，要织条格布，必须到色线市购买原料。

纺织产品市场由白布市、色布市和麻布市组成。

白布市是买卖本色棉布的市场，地址在城内西街，每逢阴历四、九集期上午开市，交易方法多是由买方设摊儿收布，卖方车载或肩负在各摊位兜售。色布市是买卖条格布和呢布的市场，位于城隍庙街和枣市街一带，每逢阴历三、八上午开市，交易方法是卖方就地设摊位，任凭买方选购。麻布市是买卖人造丝布的市场，位于县城南大街两侧，每逢阴历三、八早晨开市，交易方法同色布市。白布市、色布市和麻布市的卖方大都是四乡

---

① 吴知：《乡村织布工业的一个研究》，第 210 页。
② 据吴知《乡村织布工业的一个研究》第 195 页记载，棉纱的最小包装单位是捆（或称块），每捆约十磅（或 4.5 公斤），每四十捆为一大包，约重四百磅。人造丝的最小包装单位亦为捆（或称块），每捆约十磅，每二十捆为一箱，每箱约重二百磅。

"织卖货"的织户，买方则有布线庄、布庄、布店和商贩。布线庄在撒机织布的同时，也在市场上收购各种布匹。布庄不从事撒机织布，只是从市场上购买成布，或直接或染色整理后，发往外庄销售。1933年高阳县城有布庄30家，营业资本自数千元至一两万元不等。布店专门在本地布市购入本色棉布，或直接或染色整理后，就地发售给外来客商或小布贩。1933年高阳县城共有布店30家左右，营业资本自数百元至一两千元不等。商贩包括外来客商和本地小布贩，他们在高阳的白布市、布线庄、布庄或布店购置现货，再运往外地销售。如表3—7所示，在四类购置布匹的商号和商人中，以布线庄势力最大，营业额最高，依次为布庄、商贩和布店。

表3—7　　　　1932年各类商号和商人全年运销布匹数量比较

布匹种类	运销总量（匹）	布线庄		布庄		商贩		布店	
		数量（匹）	百分比（％）	数量（匹）	百分比（％）	数量（匹）	百分比（％）	数量（匹）	百分比（％）
白布	661440	471482	71.28	103691	15.53	69605	10.52	16662	2.67
色布	448103	313492	69.96	83671	18.67	5450	1.22	45490	10.15
麻布	90818	70625	77.77	7510.5	8.27	12682	13.96	0	0
总计	1200361	855599	71.28	194872.5	16.15	87737	7.31	62152	5.26

资料来源：吴知：《乡村织布工业的一个研究》，第229页。

到20世纪30年代初，高阳县城内可称为布线庄的商号不下60家之多，染线厂达30家，线庄4家，布庄30家，布店30家左右，总计经营布线生意的商号不下150家。[①] 高阳纺织业所用原料——棉纱和人造丝主要是由布线庄和线庄从天津、上海、青岛、唐山、榆次等地采购而来，这些原料或走水路或由旱路运往高阳县城，一部分由布线庄直接撒给四乡"织手工"的织户织成布匹，汇集至高阳县城总号，再通过水路或旱路发往各地外庄销售；另一部分原料通过线市、零线市、色线市，辗转销售给四乡"织卖货"的织户，由他们织成布匹后，再通过白布市、色布市、麻布市，汇集到布线庄、布庄、布店、布贩和染线厂手中，再通过水路或

[①] 吴知：《乡村织布工业的一个研究》，第37、210、229页。

旱路发往外埠销售。这样一来，高阳县城便成为整个纺织区原料下行和产品上行的运销枢纽。

总之，纺织业兴起后，高阳县城除继续担当传统集市体系中的中心集市角色外，还逐渐发展成整个织布区布线交易中心和运销枢纽。到日本侵华战争爆发前，高阳县城有布线庄150—200家、染轧工厂14家、染坊15家、颜料庄7家、织布工厂17家、买卖零线者30户、印花厂7家、面粉厂1家、木器厂6家、煤油庄3家、银行2家（中国、河北）、银号2家、杂货铺35家、石印局1家、油店1家、中药房5家、西药房5家、粮庄1家、铁铺5家、自行车行11家、饭业50—60家、广货庄10家、汽车行2家、大车行50家、旅店21家、运站5家、酱园6家、修表店2家、理发馆4家、澡堂子2家、电灯公司1家，布线交易中心和运销枢纽以及中心集市的角色兼而有之。①

第三节　改革开放后高阳的市场

1949年前后，随着战争结束和土地改革完成，高阳县的集市贸易迅速恢复和发展，达到了前所未有的繁荣，据新编《高阳县志》记载，1949年年末高阳县的集市贸易发展到36个，其中县城、陶口店、旧城、庞家佐4个集市的规模较大。② 由于中华人民共和国成立之初高阳纺织市场上机纱供应不足，手纺土纱在纺织原料中占有较大比重，而各乡集市在土纱流通中发挥了重要作用，纺织业的恢复对于集市贸易的恢复和发展起到了推波助澜的作用。笔者在陶口店村走访时，该村老人说中华人民共和国成立之初陶口店的集市就是由纺织业而起的，每集出卖手纺土纱的妇女沿街设摊，买卖相当兴盛。③ 高阳县城仍然发挥着中心集市和布线贸易中心的双重功能，其集期仍为农历一、四、六、九，其传统市场仍分为篮子市（蔬菜水果市场）、棉花市、柴市、木材市、家畜家禽市等；此外，高阳县城存在众多从事布线生意的商号，具体情形见第一章第三节。据调查，1953年前6个月，市场成交布匹1379880匹，其中国营商业企业在

---

① 《高阳工商业的初步调查》，1948年，高阳县档案馆藏，资料号：51—29—237。
② 高阳县地方志编纂委员会编：《高阳县志》，方志出版社1999年版，第367页。
③ 见笔者整理之《2000年高阳四乡老人访谈笔录》。

市场上进货86120匹，占6.39%，私营布商购买量为1256418匹，占90.91%，这些布匹主要是在高阳县城的市场上交易。①

从20世纪50年代初到"文化大革命"结束，随着国家经济政策忽"左"忽"右"，高阳县的集市贸易时起时落，但总体上呈衰落之势，具体表现为：其一，集市数量逐渐减少。1958年，随着"大跃进"和人民公社化，县内集市数量急剧减少。到1967年，高阳县只保留了县城、旧城、莘桥、庞家佐4个集市，其他集市全部被取缔。1969年，县革委会统一规定4个集市的集期为农历一、六日。②其二，上市商品逐渐受到严格限制。随着国营商业系统建立、完善和国家统购统销政策的实行，粮、棉、油及废铜、废锡、肥猪、蚕丝、烤烟、牛羊皮、大麻、青麻、核桃、杏仁等出口和内销产品均由国营商业掌握收购，集市交易的商品仅有一些小土产品（如柳条筐）、小畜产（鸡、鸭）、水产（鱼类）、鸡蛋等，交易商品种类极其有限。③其三，由于人民群众普遍贫困，购买力下降，因而每集商品交易量都不大。据四乡老人们回忆，到"文化大革命"后期，赶集的人稀稀拉拉，买卖都不畅旺。④1956年以后，随着手工业和商业社会主义改造的完成，乡村集市上的土线贸易迅速消失，高阳县城的布匹贸易也被取缔，其布线交易中心的功能完全消失。后来社队纺织企业都为设在高阳县城的"大布社"开展生产加工业务，即定期与大布社签订加工合同，并从大布社领取棉纱，按照合同加工成布匹，再派人到大布社交货；国营企业则按照国家下达的计划开展生产。这样一来，高阳县城仍然具备本县布线集散中心的作用，只是布线集散的规模远不及中华人民共和国成立之初，更不及20世纪二三十年代的全盛时期。

改革开放后，随着国家政策的转变和人民生活水平的提高，高阳县乡村集市逐渐恢复和发展；同时随着纺织业的发展，出现了以纺织品交易为中心的纺织专业市场。此时的乡村集市和纺织专业市场各自按照自身的轨迹发展，各自发挥着自身独特的功能，很少出现交集，形成了与中华人民共和国成立之前和中华人民共和国成立之初完全不同的发展道路。

---

① 《高阳全区市场调查情况》，1953年9月，高阳县档案馆藏，资料号：51—3—7。
② 高阳县地方志编纂委员会编：《高阳县志》，方志出版社1999年版，第367页。
③ 《河北省人民政府关于放宽农村市场管理的指示》，《河北日报》1956年11月19日。
④ 见笔者整理之《2000年高阳四乡老人访谈笔录》。

一　改革开放后乡村集市的恢复和发展

改革开放后农村集市贸易的恢复和发展，与国家对集市贸易的肯定以及对商品流通体制的逐步改革密切相关。中国共产党十一届三中全会之后，国家对农村集市的政策有所松动。中共十一届三中全会《公报》指出："社队的多种经营是社会主义经济，社员自留地、自留畜、家庭副业和农村集市贸易是社会主义经济的附属和补充，决不允许把它们当作资本主义经济来批判和取缔。"1979年中共十一届四中全会通过了《中共中央关于加快农业发展若干问题的决定》，指出："社员自留地、自留畜、家庭副业和农村集市贸易，是社会主义经济的附属和补充，不能当作资本主义尾巴去批判。"上述两个文件从政策上肯定了农村集市的合法性。1982年9月，国务院将160种3类小商品的价格实行市场调节，允许工商企业协商定价。1984年7月，国务院批转国家体改委、商业部、农牧渔业部《关于进一步做好农村商品流动工作的报告》，提出继续减少统购、派购商品品种，规定统购品种仍为粮食（只管稻谷、小麦、玉米）、油脂油料（只管花生、菜籽、棉籽）和棉花（只管等内棉、棉短绒）3种，派购品种由18种减为9种，放开山羊皮、绵羊皮、牛肉、羊肉、鲜蛋、苹果、柑橘、桐油等8个品种，自由购销。1985年年初，中共中央发出《关于进一步活跃农村经济的十项政策》，正式提出改革农产品统购派购政策，以合同订购和市场收购取代统购派购。这项政策开启了我国粮食购销价格的"双轨制"。1990年10月，全国集贸工作会议召开，国家工商行政管理局局长刘敏学指出：集贸市场的发育是我国流通体制改革最明显的成果之一，"八五"期间要重点发展农副产品批发市场。1991年1月，国务院发出《关于进一步搞活农产品流通的通知》，提出"适当缩小指令性计划管理，完善指导性计划管理，更多地发挥市场机制的作用"。除棉花、烟草、蚕茧等少数商品仍由国家相关部门统一收购外，粮食、食油（油料）、食糖（糖料）、生猪、绵羊毛等产品均放开。接着中共中央又做出《关于进一步加强农业和农村工作的决定》，指出：除了国家规定的少数重要农产品实行国家统一收购经营或部分统一收购经营外，其余全部放开，实行市场调节。1992年邓小平南方谈话进一步肯定了社会主义市场经济的合法性，为深化流通体制改革指明了方向。1993年2月，国务院颁行《关于加强粮食流通体制改革的通知》，规定农产品购销要以市场购销为主，合同订购为辅，粮食价格从此走出"双轨制"，进入全面市场化阶段。棉花、化肥等产品和生产资料的全面放开比粮食要晚一些。1998 年 11 月，国务院颁布《关于深化棉花流通体制改革的决定》，提出"建立政府指导下市场形成棉花价格的机制"和"培育棉花市场，促进棉花有序流通"等改革措施，标志着棉花向市场全面开放；1999 年 1 月，国务院发出《关于化肥流通体制改革的通知》，提出"改革化肥价格管理方式，建立政府指导下市场形成价格的体制"[①]。至此，我国农产品和农业生产资料对市场全面开放。

随着国家政策的逐渐松动，高阳县的农村集市也有所恢复。但是由于当时人民还比较贫困，对商品的需求量不大，同时由于当时粮、棉、油等商品还没有完全放开，集市恢复还比较缓慢。据《高阳县志》记载，1990 年高阳全县农村集市只有 11 个，全县面积 472 平方公里，170 个自然村，则平均每 43 平方公里有 1 个集市，每 16 个村庄有 1 个集市，集市密集度还未恢复到清末民初的水平。

表 3—8　　　　　　　　　1990 年高阳县农村集市

编号	集市名称	集期	集市级别	地理位置	历史沿革
1	县城集	农历一、四、六、九	中心集市	位于高阳县城四街	从明末一直成集
2	莘桥集	农历二、七	中间集市	高阳、蠡县交界处的莘桥村	从清末一直成集
3	旧城集	农历五、十	中间集市	旧城镇镇治	从清朝一直成集
4	庞家佐集	农历三、八	中间集市	庞家佐乡乡治	从清朝一直成集
5	西演集	农历五、十	基层集市	西演镇镇治	从清朝至中华人民共和国成立初成集
6	边渡口集	农历一、六	基层集市	边渡口乡乡治	清末至中华人民共和国成立初成集
7	北晋庄集	农历二、七	基层集市	北晋庄乡乡治	清末至中华人民共和国成立初成集
8	北于八集	农历一、六	基层集市	北于八乡乡治	20 世纪 80 年代初成集

---

① 这里所引用的国家各项政策均参考《我国商品流通体制改革大事记（1978—2001 年）》，会议论文集《走进新世纪的中国商业》，2002 年。

续表

编号	集市名称	集期	集市级别	地理位置	历史沿革
9	庞口集	农历三、八	基层集市	高阳、任丘交界处的三庞口	从清朝至中华人民共和国成立初成集
10	大团丁集	农历五、十	基层集市	高阳、蠡县、肃宁三县交界处的大团丁庄	中华人民共和国成立初成集
11	板桥集	农历三、八	基层集市	高阳、清苑交界处的板桥村，高保公路从村中穿过	清末至中华人民共和国成立初成集

资料来源：高阳县地方志编纂委员会编：《高阳县志》，方志出版社1999年版，第368页。

据表3—8所示，1990年高阳县的11个集市中，除北于八集属新立集市外，其余10个集市均有历史渊源，其中高阳县城集、旧城集、莘桥集、庞家佐集至少从清雍正时期至今一直成集，"文化大革命"期间也未被取缔；西演集、边渡口集、北晋庄集、庞口集、大团丁集、板桥集中华人民共和国成立初均成集，"文化大革命"期间被取缔，改革开放后重新开集。从地理位置上看，高阳县城集位于高阳县县治，旧城集、庞家佐集、西演集、边渡口集、北晋庄集、北于八集等6个集市位于各该乡镇的乡（镇）治，均与县、乡、镇行政中心重合，莘桥集、大团丁集、板桥集、庞口集都位于两县交界处，交通便利。在这11个集市中，高阳县城集属于中心集市，旧城集、西演集、莘桥集属于中间集市，余者均为基层集市。

政府档案很少记载农村集市开集时的详细情形，笔者从小学五年级起在母亲培养下便形成写日记的习惯，初中四年的日记中有26篇记载了笔者随家长赶集的情形。① 笔者出生、成长的辛留佐村在高阳县城西20华里，20世纪80年代属于于八乡，距离于八乡乡治北于八村5华里，距离晋庄乡乡治北晋庄村3华里。当时，辛留佐村周边的集市北有北晋庄集（集期为农历二、七）、南有北于八集（集期为农历一、六）、西南有古灵

---

① 笔者1982年至1986年在高阳县晋庄中学读初中，初中学制为3年，笔者因病在初中二年级休学一年，因而初中读了四年。

山集（属蠡县，相距5华里，集期为农历三、八）、西有大庄集（属清苑县，相距8华里，集期为农历五、十），其中北晋庄集、北于八集、古灵山集都是小集，属基层集市；大庄集是大集，属中间集市。辛留佐村人平时赶的最多的小集是北晋庄集，有特殊东西需要买卖时就赶大庄集。笔者日记所记的赶集情形有15篇是关于北晋庄集的，有6篇是关于大庄集的，有1篇是关于北于八集的。下面便根据笔者日记，详细描述一下20世纪80年代北晋庄集和大庄集的情形。

北晋庄村中心是原土尾河上的一道小桥，其东街和西街跨越小桥，南北向大街的北街在小桥东侧，南街在小桥西侧，两条街道在小桥上交会，集市主要位于小桥以东的东街和小桥东侧的北街，东西长有300多米，南北长也有300多米。桥东集市起点处是四五家卖熟食的摊位，有打火烧的，有卖炸果子和豆腐脑的，大都是现做现卖，热火朝天。① 熟食摊位以东，沿东街南北两侧是卖衣服和布匹的摊位，卖衣服的摊位都把衣服挂起来，五颜六色，琳琅满目；卖布匹的摊位则把一卷一卷的布匹平铺在货架上，任凭顾客选购。再往东是卖五金杂货的摊位，兼有修理收音机等小电器的摊位。北坡上还有两三个理发的摊位，理发师傅用自行车驮来火炉、水桶、脸盆、凳子和理发工具，依次摆开。卖熟食的摊位以北，沿北街先是三四家卖猪肉的摊位，大片猪肉平摊在货架上，小片猪肉用钩子勾起来，挂在横杆上。猪肉摊位以北是卖蔬菜和卖水果的摊位，卖家大都将部分蔬菜和水果摆在地上，就地设摊叫卖。再往北是卖鱼的摊位，卖的大都是鲤鱼、鲢鱼、鲫鱼，有大鱼也有小鱼，卖家也是就地设摊，在地上铺上一块黑塑料布，摆上几个塑料水桶，死鱼摆在塑料布上，活鱼放在水桶中。卖鱼的摊位以北是家禽家畜市场，有卖活鸡的、卖羊的、卖小猪仔的，卖家或提笼，或背篓，或牵羊。除上述主要市场外，集市上还有卖酥鱼的、卖糖葫芦的、卖干粉的等，② 大都是推着自行车就地设摊，没有固定的位置。北晋庄集上的卖者大都是周边三里五乡做小买卖的农民，买者也是周边三里五乡的农民，不少本村的外村的

---

① 火烧是流行于保定、河间一带的汉族小吃，先用面粉为主要原料烤制出一种圆形或长方形的烧饼，而后再加上驴肉或猪杂碎等熟肉，即可食用，一般外焦里嫩，吃起来满口留香。炸果子即炸油条，天津、保定一带称油条为果子。

② 酥鱼是高阳、河间、任丘一带的小吃，加工方法是将小鱼加盐加料，煮熟，晾凉。酥鱼一般很咸，当地人当作咸菜吃。

赶集者都相互熟识,见面彼此打着招呼。笔者之所以将北晋庄集划归基层集市范畴,不仅在于其影响的地理范围不超过周边五六华里,还在于集市上出卖的商品大都是与吃、穿相关的生活必需品,种类有限。

大庄集是高阳县和清苑县交界区域最大的集市。笔者第一次在日记中记载赶大庄集的情形是1984年10月9日(农历九月十五日),笔者跟随舅舅到大庄集上卖玉米。大庄村的主要街道都呈丁字形,一条南北大街贯穿该村,村正中有一条东向的大街与南北大街相通,东向大街往北约100米有一条西向大街也与南北大街相通,形成两个丁字形街道,集市主要位于这两个丁字形街道上,南北长约2华里,东西长约3华里。粮食市位于东向大街南侧的一个小街上,卖粮的农民或赶牲口车,或拉小车,或骑自行车,到粮食市后沿街依次排列,都把粮食口袋打开,任由买主看验。一个六十来岁的女人,瘦瘦的,白净脸,薄嘴皮,穿着干净利索,手里提着一杆大秤、一杆中秤和一杆小秤,她便是粮食市的经纪。我们小拉车的旁边是一辆牲口车,车上装着十几口袋玉米,五六个买家围拢在牲口车旁看货,大家七嘴八舌,议论纷纷。看好之后,一个买家将经纪人叫过来谈价,经纪人颇费了一番口舌才把双方的价钱谈拢,随后买卖双方帮助经纪人过秤,卖方收款后,给了经纪人8角钱中介费。我们的车上共有两口袋玉米,等了半个多小时,一直无人问津,后来有几个买家过来,他们先把手插进玉米口袋中来回翻动几下,看一看玉米中是否掺了土,同时验看一下下层玉米的质量,以防卖家作假;接着抓几粒玉米放到口中磕开,验看一下玉米是否足够干燥。其中一个买家比较满意,便将经纪拉过来谈价,大舅给出的卖价为每斤一角八分,买家出价一角四分,经纪一边夸奖我们的玉米质量高,让买家再给涨涨价,一边把大舅拉到旁边,低声说了一阵,最后以每斤1角6分成交。过秤恰好100斤,共16元钱,经纪收了1角6分钱的中介费。卖完玉米后,大舅领着我到村西头拔牙。我们把小拉车寄存到村东口的一个熟人家里,步行穿过集市前往拔牙摊位。东向大街入集处是大庄镇供销社的摊位,路南摆的是蛋糕、面包等各种食品,路北摆的是铁锨、耙子、扫帚、电线等五金杂货。往里走是集市正中央,有几家集体餐馆,餐馆门前和南北两侧都是卖火烧、熟牛肉、熟驴肉、烧鸡、猪杂碎、油条等食品的熟食摊位。熟食摊位北侧是卖生猪肉的摊位,有七八家之多。拐弯儿进入西大街,沿街先是布市,卖衣服和布匹的摊位迤逦一百多米,少说也有二三十家。再往西是杂粮襻子市,也有五六十米长。

紧挨着杂粮穰子市的就是拔牙和理发的摊位。拔牙摊位一共三家，每个摊位都摆上一张圆桌，圆桌上铺着白布，白布上摆放着药箱和十几颗奇形怪状的牙齿。拔完牙后，我就跟随大舅往回赶，集市的其他地方没有走到，据大舅一路上给我介绍，大庄集上还有菜市、鱼市、鸡蛋市，都在南北大街的南街上；家禽市在村西的一个场院里；猪仔市和羊市在村南，挨在一起；骡马市在村子东南角的一处空场上。

每年春节前腊月二十五的大庄集是周边村庄人们最大的一次盛会，人们从四面八方涌向大庄镇采购年货，集市上人头攒动，拥挤不堪，不少人被挤掉帽子，踩掉棉鞋。在这天的集市上，除了传统的食品街、五金杂货街、布市、菜市、鱼市、肉市、粮食市、杂粮市、家禽市、猪市、羊市、牲口市等日常集市都有的市场外，还增加了对联年画市、炮仗市等极具年味的市场。① 对联年画市设在东向大街的最东头，卖年画的大都在墙上挂一条绳子，把各色年画的样品挂在绳子上展示出来。卖对联的有卖印刷体对联者，也有现写现卖者。炮仗市设在村子东南角的空场上，面积有二三十亩大小，几十家卖鞭炮的摊位依次摆开，纷纷燃放自家的样品，一时间鞭炮声响彻云霄，震耳欲聋。

20世纪80年代，高阳县的集市管理随着集市层次的不同而有所差别，基层集市没有专门的管理机构，中华人民共和国成立前活跃其上的经纪人也早已不复存在，一般情形下，由村里派上几个老人每集向各个摊位收取一点儿卫生费，每个摊位不过几分钱。中间集市和中心集市都设有工商所，负责收取工商管理费。各集市工商所的收费方式也不尽相同，有的工商所把收费工作委托给经纪人，从所收管理费中给经纪人提成，四乡的中间集市旧城集、莘桥集、庞家佐集大体如此，前述清苑县的大庄集也如此；高阳县城关镇工商所则是直接派工作人员到集市上沿街收费。管理费的额度也不过几分钱到一两角钱。

20世纪90年代末到21世纪初，随着国家对所有农产品和大部分商品的全面放开和农村经济的繁荣，高阳县的农村集市迅速发展，到2009年，全县集市发展到41个，平均每11.5平方公里就有1个集市，每4个村庄就有1个集市，集市的密集度远远超过以往任何一个历史时期。

---

① "炮仗"是当地人对鞭炮的别称，是农村过年时必备的一种物品。

表 3—9　　　　　　　　2009 年高阳县农村集市

编号	集市名称	集期	集市级别	地理位置	历史沿革
1	县城集	农历一、四、六、九	中心集市	位于高阳县城四街	明末以来一直有集
2	庞口集	农历三、八	中间集市	庞口镇镇治，有农机配件市场	清雍正至中华人民共和国成立初有集，后无，20世纪80年代恢复
3	旧城集	农历五、十	基层集市	原旧城镇镇治，后属庞口镇	清雍正以来一直有集
4	高家庄集	农历四、九	基层集市	原高家庄乡乡治，后属庞口镇	清末至中华人民共和国成立初有集，后无，20世纪90年代恢复
5	白家庄集	农历二、七	基层集市	原属高家庄乡，后属庞口镇	20 世纪 90 年代成集
6	北坎苇集	农历二、七	基层集市	原属高家庄乡，后属庞口镇	20 世纪 90 年代成集
7	边渡口集	农历一、六	基层集市	原边渡口乡乡治，后属庞口镇	清末至中华人民共和国成立初有集，后无，20世纪80年代恢复
8	西王庄集	农历五、十	基层集市	原属边渡口乡，后属庞口镇	20 世纪 90 年代成集
9	西柳村集	农历三、八	基层集市	原属边渡口乡，后属庞口镇	20 世纪 90 年代成集
10	北柳庄集	农历四、九	基层集市	原属边渡口乡，后属庞口镇	20 世纪 90 年代成集
11	边家务集	农历二、七	基层集市	原属边渡口乡，后属庞口镇	20 世纪 90 年代成集
12	莘桥集	农历二、七	中间集市	原属赵堡乡，后属西演镇	从清末以来一直有集
13	西演集	农历五、十	基层集市	西演镇镇治	清雍正至中华人民共和国成立初有集，后无，20世纪80年代恢复

续表

编号	集市名称	集期	集市级别	地理位置	历史沿革
14	利家口集	农历一、六	基层集市	属西演镇	清雍正年间有集，后无，20世纪90年代复成集
15	南赵堡集	农历三、八	基层集市	原赵堡乡乡治，后属西演镇	20世纪90年代成集
16	庞家佐集	农历三、八	中间集市	庞家佐乡乡治	从清雍正以来一直有集
17	大团丁集	农历五、十	基层集市	属庞家佐乡	中华人民共和国成立初有集，后无，20世纪80年代恢复
18	河西村集	农历五、十	基层集市	属庞家佐乡	20世纪90年代成集
19	湘连口集	农历四、九	基层集市	属庞家佐乡	20世纪90年代成集
20	北龙化集	农历四、九	基层集市	龙化乡乡治	清雍正至中华人民共和国成立初有集，后无，20世纪90年代恢复
21	南龙化集	农历一、七	基层集市	属龙化乡	20世纪90年代成集
22	南蒲口集	农历二、五、七、十	基层集市	蒲口乡乡治	20世纪90年代成集
23	陶口店集	农历二、五、七、十	基层集市	属蒲口乡	清末至中华人民共和国成立初有集，后无，20世纪90年代恢复
24	赵庄集	农历四、九	基层集市	属蒲口乡	20世纪90年代成集
25	赵口集	农历三、八	基层集市	属蒲口乡	20世纪90年代成集
26	小王果庄集	农历一、六	基层集市	小王果庄乡乡治	清雍正年间有集，后无，20世纪90年代复成集
27	于堤集	农历二、五、七、十	基层集市	属小王果庄乡	20世纪90年代成集
28	李果庄集	农历三、八	基层集市	属小王果庄乡	20世纪80年代中期成集，后改为棉织品市场，90年代恢复

续表

编号	集市名称	集期	集市级别	地理位置	历史沿革
29	邢家南集	农历三、六、九	基层集市	邢家南镇镇治	20世纪90年代成集
30	北于八集	农历一、六	基层集市	原于八乡乡治,后属邢家南镇	20世纪80年代初成集
31	六合庄集	农历三、八	基层集市	属邢家南镇	清雍正年间有集,后无,20世纪90年代复成集
32	赵官佐集	农历二、五、七、十	基层集市	属邢家南镇	20世纪90年代成集
33	北路台集	农历四、九	基层集市	原属于八乡,后属邢家南镇	20世纪90年代成集
34	路台营集	农历二、七	基层集市	原属于八乡,后属邢家南镇	清末至中华人民共和国成立初有集,后无,20世纪90年代恢复
35	北晋庄集	农历二、七	基层集市	晋庄乡乡治	清末至中华人民共和国成立初有集,后无,20世纪80年代恢复
36	板桥集	农历三、八	基层集市	属晋庄乡	清末至中华人民共和国成立初有集,后无,20世纪80年代恢复
37	佐庄集	农历四、九	基层集市	属晋庄乡	20世纪90年代成集
38	徐果庄集	农历五、十	基层集市	原属尖窝乡,后属晋庄乡	20世纪80年代成集,后改为围巾市场,90年代复成集
39	南尖窝集	农历五、十	基层集市	原属尖窝乡。后属晋庄乡	20世纪90年代成集
40	杨佐集	农历五、十	基层集市	属晋庄乡	20世纪90年代成集
41	苇元屯集	农历二、九	基层集市	属晋庄乡	20世纪90年代成集

资料来源:根据天启《高阳县志》、雍正《高阳县志》、冀察政务委员会秘书处第三调查组编《河北省高阳县地方实际情况调查报告书》(1936年)、高阳县地方志编纂委员会编《高阳县志》(方志出版社1999年版)、宋进良主编《高阳县志(1991—2010)》(方志出版社2015年版)第553—554页综合分析而来。

如表3—9所示，高阳县新增的30家集市大都成集于20世纪90年代，此时正值以纺织业为主的乡村工业快速发展时期，农民生活水平迅速提高，对商品的需求量大幅度增加，导致集市贸易呈现出前所未有的繁荣。此外，随着90年代中期的乡镇调整和经济中心的转移，某些集市的地位有所变化，上表中的旧城集原为高阳县的中间集市之一，后来原属旧城镇的庞口村崛起，其主导产业农机配件行业发展迅速，并于1994年建成规模宏大的汽车农机配件城，加上1994年撤销旧城镇，设立庞口镇，庞口集便取代了旧城集中间集市的地位，旧城集最终沦落为基层集市。

从20世纪90年代中期开始，集市的内涵也在悄然发生变化。首先，商贩的类型有所改变。1990年以前的集市大多数商贩都是行商，他们大都一大早推车担担在相应的市场占上一席之地，就地或摆开货架叫卖。90年代中期以后，坐商多起来，特别是在中心集市和中间集市上，坐商渐与行商分庭抗礼。到21世纪初，高阳县城四街店铺林立，已很少见临街摆摊者。城南菜市场建成之后，卖熟食、卖蔬菜水果、卖生肉鱼虾的商贩都搬到菜市场售货大棚中，这些以往就地摆摊叫卖的商贩也有了自己固定的摊位和货仓，由行商变为坐商。庞口镇从一开始规划就有大量沿街店铺和菜市场，其集市也是以坐商为主。上文提到的清苑县大庄镇沿街房子几乎全部变成了店铺，以往沿街摆摊卖衣服的摊位都挪到了五光十色的店铺中。其次，集市内的"小市"类型有所变化。以大庄集为例，肉市、鱼市、蔬菜水果市、布市、五金杂货市、杂粮市仍在，家禽市、牲口市、猪市、粮食市消失，小家畜市场只剩下羊市，且不是每集都有，增加了手机店、建筑材料店、化肥农药店、电动车店等铺面。集市市场类型的这种变化完全是由当地农民生活方式的变化引起的。随着乡村工业的发展，农民的生活由务农为主逐渐演变为以经商、打工为主，人们不再养猪，很少养鸡（即便有的老人在家里圈养几只鸡，也是为了吃鸡蛋），玉米、小麦等粮食多就地卖给走街串巷的流动商贩，原来作为耕地、拉脚的马、驴、骡等大牲口渐被拖拉机、联合收割机所取代，猪、鸡、牲口、"到集市卖粮"已经淡出了农民的家庭生活；而手机、农民盖房子用的水泥、瓷砖等建筑材料、种地用的化肥农药、赶路用的电动车渐渐成为农民家庭生活的必需品。最后，随着牲口市、猪市、粮食市等市场的消失，原来活跃在这些市场上的经纪人也随之消失。2008年，国务院宣布停收集市贸易的工商管理费，承包征收工商管理费的经纪人也随之消失。

21世纪初,高阳县部分没有集市的村庄出现了一种被当地人称为"小集"的乡村市场。笔者每年暑期都回辛留佐村探亲,曾经多次在该村的小集上盘桓。小集地处该村东西大街的中间地段,该地段也是该村的中心,村委会就设在这个地段。各种摊位在街道两侧从东到西依次排列,约有150米长。笔者2008年8月14日的日记详细记录了辛留佐村小集的摊位分布,最西边是一家卖鱼的摊位,所卖以鲤鱼居多,有时候也带些小鲫鱼。往东路南是一两家卖调料的,兼有卖干粉、麻山药的,路北是一家卖面点、零食的摊位。再往东是卖蔬菜和卖水果的摊位,路南、路北加起来有七八家,中间还夹杂着一两家卖火烧的摊位。蔬菜、水果摊位以东是卖食品的摊位,路北有一家卖豆腐脑的,一家卖烧鸡和鸡杂的,一家卖白条鸡的;路南有一家卖熟食的摊位和一家卖猪肉的摊位,卖熟食的至少有五六个品种,其中的小鱼咸菜和带骨狗肉味道鲜美,颇受村民欢迎。食品摊位以东,路北是一两家卖衣服的摊位,其货架东西向排列不开,一部分衣服延伸到丁字街的北街上;路南正对着丁字街的地方是一家卖土产的摊位,卖些门帘、笤帚、簸箕之类的居家日用品。再往东,路北有一家卖馒头的,一家卖小装饰品的,路南有一家卖什锦小菜的,间有一家卖牛拆骨肉和牛杂的,但来的次数不多。再往东行二三十米,路北有一家炸油条的摊位。从商品种类看,辛留佐村的小集以食品为主,一般情形下食品可占到上市商品的80%以上。

与辛留佐村周边的基层集市北晋庄集相比,该村小集的规模要小得多,商品种类也相对单调得多,这是当地人称之为"小集"的缘故。这个小集一般下午四点钟左右开市,到傍晚掌灯以后才闭市,因而也有人称之为"小夜市"。笔者在2008年下半年在高阳县调研期间,曾在辛留佐,南圈头,南、北堤口(南堤口和北堤口是两个行政村,两村连在一起,共用一个小集)的小集上访问各村村长和摊贩,询问小集的起源,根据他们的描述,高阳县的各村的小集都是自发形成的,四村的3个小集都是兴起于2003年前后,最初只有两三家卖菜的摊位,因为销售畅旺,收益可观,仅仅一两年时间就兴旺起来。[①] 村里对集市没有实施任何管理措

[①] 笔者在辛留佐小集上曾问及某些摊贩的收入,卖蔬菜的、卖水果的、卖熟食的、卖肉的、卖馒头的摊贩每年大致可收入五六万元,卖衣服的、卖五金杂货的收入稍少,但每年也有三四万元之数。

施，既不收费，也不加任何干涉，使之成为纯粹的"自由"市场，这也是其能够迅速兴起的重要原因之一。小集上做买卖的摊贩大都是本村或周边村庄的农民，人员相对固定，每个人的摊位位置也相对固定，存在一种自发形成的彼此心照不宣的秩序。

这些小集的兴起也是乡村纺织业发展的结果。以往人们所吃菜蔬主要靠自己种植，春夏之季还算丰富，到冬季就只有白菜、萝卜等几样非常单调的蔬菜了，水果、肉食、面点对农家而言相当于奢侈品。随着纺织业的发展，人们的生活富裕起来，对饮食的要求也有所提高，一年四季各种鲜菜、水果、肉蛋奶不断，需求拉动供给，本村和周边村庄的一些农民看准商机，纷纷摆起摊位，久而久之便蔚然成"集"。

二 纺织专业市场的兴起和演变

与第一章所述改革开放后高阳纺织业发展的三个主要阶段相对应，高阳的纺织专业市场发展也分为两个阶段：20世纪80年代为第一阶段，是由纺织专业村发展出纺织品专业市场阶段；20世纪90年代至21世纪初为第二阶段，是在高阳县城建设大规模纺织品专业市场阶段。

（一）第一阶段：由纺织专业村发展出纺织品专业市场

狭义的市场是买卖双方进行商品交换的场所，所谓纺织品专业市场，无非是买卖双方集中交易纺织品的专门场所，包括纺织原料的买卖和产品的买卖，是纺织商品经济发展的过程中社会分工的表现，它的形成必须有两个必要因素——买方和卖方。20世纪80年代初，高阳县的个体纺织户先是给大布站做加工业务，后来部分织户逐渐摆脱大布站的控制，开展自营业务，他们自购原料，自售产品。随着自营织户的增多，原料的需求量和产品的销售量大大增加，于是就产生了行业内的分工，部分农民专门从事织布，部分农民专门从事原料购销，还有部分农民专门从事产品运销，同时外地客商也踏足高阳，专门从事纺织品运销。为了更方便地销售原料和购买产品，在全县纺织业尚不发达的情况下，这些原料购销商和产品运销商最先深入和主要深入的区域必然是纺织业最为兴旺的村庄，同时周边村庄的织户也纷纷来这些村庄购买原料和出售产品，于是在这些村庄便自发形成了纺织专业市场。约当1984年前后，在高阳县的纺织专业村自发形成了4个纺织专业市场——南于八腈纶市场、野王围巾市场、徐果庄围巾市场和李果庄纱布市场。

在 4 个纺织专业市场中，南于八腈纶市场形成最早。南于八当时属于北于八公社，该村位于高阳、蠡县、清苑县三县交界的三角地带。该三角地带的几十个村庄很早就有用土法弹纺废腈纶线的社队企业，很多村民都精通腈纶线衣的加工技术。党的十一届三中全会之后，各村村民纷纷搞起了废腈纶线成衣加工业。随着加工业的发展，部分村民专门从事成衣加工，南于八一村，1980 年仅有加工成衣的横机 70 多台，到 1983 年横机迅速发展到 369 台，全村 718 户人家，有一半以上的家庭都从事成衣加工。① 没有横机的家庭，部分人从事缝衣工作。同时，少部分有门路的村民专门从事原材料的长途贩运业务，他们将加工成衣所用的丙纶和锦纶膨体纱线从北京、山海关、湖南岳阳、山西、江苏、安徽、上海、长春等地远销到这个三角地带。还有部分农民专门从事产品运销业务，另有安新县、蠡县、清苑县、沧州以及山东、北京、天津、内蒙古、安徽等地区的集体和个体商户到这个三角地带购买线衣。这个市场最初自发形成于蠡县北宗村（在南于八村南 25 华里左右），因该村对线衣市场管理不当，工商所和税务局管理过严，村民还向摆摊户收取地皮费，引起摆摊户不满。在这种情况下，南于八大队看准时机，决定在该村建立一个专门交易线头和线衣的集市，在集上安装了电灯、广播喇叭；专门派七名在该大队有威望的老党员、老村民维持市场秩序，兼打扫卫生；大队还召开了村民大会，当场宣布了几条制度，规定对外村和外乡人优先照顾，若本村人和外村人发生纠纷，率先责罚本村人。专业集市成立之后，三县交界区的织户纷纷把摊位从蠡县北宗村挪到南于八村，该市场的覆盖区域包括本县南于八、赵官佐、季朗、南尖窝、斗洼等村庄，蠡县北半部的大杨庄、古灵山、万安、刘明庄、南许、南郭丹、北郭丹、北辛庄、于留佐、伍家营、齐村等村庄，以及清苑县大庄镇周边的一些村庄。该专业市场每天一市，从早晨 8：00 一直到傍晚 6：00，旺季（农闲季节）上市摊点 1000 多个，每个摊点上市线衣 30—50 件，进入市场交易的商户达 3000 余人，成交额 16 万元上下；淡季（农忙季节）上市摊点也有 700 多个，进入市场交易的商户不少于 2000 人，成交额超过 5 万元。②

---

① 《高阳县工商局关于南于八纤维市场调查汇报提纲》，1983 年 4 月，高阳县档案馆藏，资料号：27—17—10。

② 《高阳县工商行政管理局邢家南工商所关于对农村工副业的调查和市场管理情况》，1983 年 4 月 25 日，高阳县档案馆藏，资料号：27—17—21。

野王村位于高阳县城西北 8 华里，北距高保公路 3 华里。据笔者调查，该村围巾市场形成于 1983 年前后。该村的围巾行业是仿效蠡县的腈纶围巾行业发展起来的，最初有人从蠡县辛兴镇购买来丙纶和腈纶膨体纱等原料，织成围巾后再运到辛兴去卖，收入可观，于是村民纷纷效仿，周围村庄的农民也纷纷效仿，短时间内便形成了一定生产规模。野王大队看准时机立了集市，专门买卖围巾，周边村庄的农民都来这个市场交易，本县、外地客商也来这个市场买货，这个市场迅速就红火起来。①

徐果庄位于高阳县城西北 20 华里处，高保公路以南。成立市场之前，徐果庄村的围巾产业已发展到拥有 200 台织机、3 台刀戎机的规模，形成了一个化纤围巾生产专业村。1984 年 11 月，受南于八和野王专业市场的启发，该村村民刘三庆、张发祥、杜五、张新友等六户围巾生产专业户代表村民找到县、乡两级政府，请求政府批准立集。在政府支持下，他们垫款 5900 元，请来了戏班，搭台唱戏，并挨家挨户做动员工作，让村民把围巾搬到市场上去卖。因该村紧靠高保公路，交通便利，周边村庄的围巾织户迅速聚集而来。这个市场从高保路南端至徐果庄南北大街两侧依次排开，每日一市，一般上午 8:00 开始，傍晚 7:00 闭市，上市摊点 300 余个，产品达 20 多个花色品种，上市量 3 万余条，参加交易的商家 2000 余人，成交额 7 万余元。进入市场摆摊的围巾织户以徐果庄本村为主，本县的南晋庄、北晋庄、耿庄、板桥、南尖窝、北尖窝等 20 余个村庄的围巾织户，安新的芦庄乡各村、清苑的大庄镇各村围巾织户，也来这个市场摆摊。到这个市场购货的除本地运销个体户外，还有邯郸、邢台、沧州以及东北、西北各省区的客商。在这个市场上出卖原料者除个体运销户外，还有县社联营贸易公司、高阳镇商业公司、大华公司等国营、集体商业企业，每日可售腈纶原料多达 2.5 吨以上。②

李果庄村位于高阳县城以东 14 华里处，距离高保公路 3 华里左右。改革开放初期，李果庄村纺织业发展走在了全县的前列，1981 年年底，

---

① 见笔者整理之《2000 年高阳四乡老人访谈笔录》。
② 《高阳县工商行政管理局关于徐果庄围巾专业市场的调查报告》，1984 年 12 月 16 日，高阳县档案馆藏，资料号：27—18—25。

该村共 830 户，3800 多人，有 660 多户投入了织布生产，占全村总户数的 80%。织机发展到 470 台，其中 200 多台给定县卫生材料厂加工纱布，平均每台织机每天可得加工费 10 元以上；其余 270 台织机搞自营，一般织造条布、白布、渔网布、窗纱、包皮布等品种。① 1983 年前后，高阳全县农村共有织机 5800 台，李果庄村就有织机 600 多台，占全县织机总量的八分之一；李果庄及其周边博士庄、小王果庄等村有织机近 2000 台，占全县织机总量的 1/3。② 起初，村里负责统一购进棉纱、绞丝等原料，并负责统一销售产品，后来随着自营织户增多，一些村民专门搞起了原料和产品购销，其周边的博士庄村（当时为博士庄乡乡治）也有不少农民搞起了纱、布运销。为了方便纱、布交易，李果庄村于 1983 年 9 月正式起了集市，集期为农历三、八日，集市上专门交易纱布、渔网布、窗纱、蚊帐、褥单等纺织品，这就是李果庄纱布市场的雏形。

上述四个市场初起时，其基础条件与普通集市一般无二，都是沿街道露天摆摊，相当简陋。1984 年，李果庄村、南于八村、徐果庄村各自通过其乡政府和工商局，向县政府申请建设资金。最终，县政府未给徐果庄围巾市场投资，而是将资金集中投入南于八腈纶市场和李果庄纱布市场建设上。③ 对南于八腈纶市场，县里共投资 3 万元，其中工商局投资 1 万元，农村工副业服务公司投资 2 万元，沿市场街南北两侧建成 3000 平方米的售货棚。对李果庄，县政府共投资 16 万元，其中保定地区行署拨款 2 万元，税务局投资 6 万元（先期投资 4 万元，后追加 2 万元），博士庄乡投资 2 万元，工商管理局投资 4 万元（先期投资 2 万元，后追加 2 万元），乡镇企业局投资 2 万元，沿街道两侧建成 1800 平方米的售货棚，又辟专地建成 3400 平方米售货大厅一座。④ 此外，县里还修通了高任路（津保汽车路高阳县至任丘市段）至李果庄村的公路，使得柏油马路可直

---

① 《高阳县社队企业局关于发展多种经营典型大队情况报告》，1981 年 12 月 12 日，高阳县档案馆藏，资料号：26—8—21。

② 《高阳县工商管理局参加保定地区专业市场研讨会专题材料：李果庄纱布专业市场初探》，1986 年 10 月 25 日，高阳县档案馆藏，资料号：27—20—9。

③ 徐果庄村向县政府申请围巾专业市场建设资金，张凤池县长批示："同意建轻纺织品专业市场，所需费用自决，县无力支持。"见《北尖窝乡人民政府关于徐果庄大队建立轻纺织品专业市场的报告》，1984 年 10 月 17 日，高阳县档案馆藏，资料号：10—207—14。

④ 《高阳县工商管理局关于申请解决南于八腈纶专业市场建设资金的请示》，1984 年 5 月 10 日，高阳县档案馆藏，资料号：10—207—2。

通李果庄纱布市场，解决了交通不便的问题。① 很显然，县政府在纺织专业市场建设上重点支持了李果庄村。之所以如此，其原因大致有以下三个方面。第一，各村在市场建设规划上高下不同，李果庄村村党支部成员多走南闯北，眼界开阔，见识深远，他们一开始便规划了四座活动售货棚，并计划修路；南于八村的干部们则相对保守，仅计划沿街建两座售货棚；徐果庄村的党支部则处于瘫痪状态，由村民自发组织起来向县里提出申请，且没有提出具体的建设计划。第二，三个市场的影响区域不同，因而县里对他们的重视程度也有所区别。南于八市场和徐果庄市场生产的都是腈纶产品，而腈纶产业在高阳县范围内，其影响仅限于高阳县城以西和西南的二十几个村庄，没有形成巨大的产业规模，与高阳的传统纺织业也衔接不上；而李果庄纱布市场生产的主要是纱布、褥单、被罩、蚊帐、窗纱、渔网布等产品，这些产品原本是高阳各村社队纺织企业生产的主导产品，包产到户后，个体织户代替了社队企业，所生产的也主要是这些产品，因而这些产品是改革开放初期高阳个体织户的主打产品，生产区域遍及全县。因此，相比较而言，李果庄生产的产品在县里更受重视，李果庄的纱布市场也相应地更受重视。李果庄村和南于八村的申请都是在 1984 年 5 月 10 日召开的高阳县第十一次县长办公会上讨论通过的，会上讨论的结果是：大力扶持李果庄纱布市场，对该市场的认识不能仅仅停留在某个专业村及其周边专业村的一个小市场，而是要把它作为高阳全县纺织业的大市场来看待。② 第三，当时高阳县的县委书记是李果庄人，虽然他没有对李果庄村给予特别关照，更没有以权谋私，但是有他在县里，李果庄村党支部的人们疏通各局的关系要容易得多，办起事来也要方便、快捷得多。我到李果庄村采访时，提起那位县委书记，一些老干部和老党员仍赞誉有加。

从后续的发展来看，高阳县政府的决策无疑是正确的。由于人民生活水平提高，腈纶产品渐被淘汰，加之腈纶原料价格大幅度上涨，腈纶线衣和围巾利润微薄，致使织户纷纷停产、改产，仅仅两三年时间，南于八腈纶市场、野王和徐果庄的围巾市场就衰落下去，最终完全没落。笔者1988 年高中二年级时随同学到南于八村孝义河钓鱼，路过该村东西大街，

---

① 《高阳县工商行政管理局关于申请解决李果庄纱布专业市场建设资金的请示》，1984 年 5 月 11 日，高阳县档案馆藏，资料号：10—207—1。

② 《高阳县第十一次县长办公会纪要》，1984 年 5 月 10 日，高阳县档案馆藏，资料号：10—207—10。

路两边的售货大棚还在，但早已人去棚空，不少地方随着岁月流逝已变得破烂不堪。① 而李果庄纱布市场却日益兴旺，且在当时确实发挥了全县纺织市场的功能，与高阳纺织业交相辉映、相互促进。李果庄纱布市场本为一旬两天开市，该市场1983年9月刚刚成立之时，每集上市布匹六七千匹，参加交易者三四千人，销量每集5000匹左右。到1985年，每集上市布匹增加到10000匹，参加交易者达6000—7000人，销量每集至9000匹上下。② 到1986年，路修通了，售货大厅建成了，市场上还设有以存兑、贷款业务为主的"钱庄"、联运站、纺织栈、专用电话等服务设施，给市场交易提供了方便。③ 迁入新市场的摊位以本县织户为主，兼有安新、清苑、蠡县、任丘等周边县市的织户。进入市场卖纱、买布的客商除本县人外，还有周边县市和山东、东北、内蒙古、湖北以及北京、天津等省市之人。上市纺织品有纱布、里子布、包皮布、蚊帐布、渔网布、床单、褥面、窗纱等十多个品种，春夏以窗纱为主，秋冬以纱布、渔网布为主。集期由农历三、八增加为农历三、五、八、十，由一旬两天开市改为一旬四天开市。每集进入市场交易的人数都超过5000人，冬春旺季近万人，上市各种布匹20000多匹。当时，高阳全县有织机7000多台，年生产能力7000万米，其中70%的产品都是通过这个市场销售出去的。④ 到1987年，该市场每集都可达1000个摊位，市场成交额2900万元，比1986年增长11%。⑤ 1988年，随着棉纱、绞丝等原材料价格大幅度上涨，织户获利微薄，李果庄纱布市场呈现出短暂的萧条，每集上市布匹下降到16000匹，与上年的38000匹相比，减少了57.9%。⑥ 之后数年，随着经济形式的变

---

① 见笔者1988年8月11日日记。
② 高阳县工商局：《李果庄纱布专业市场继续发展兴旺——纱布专业市场调查报告之四》，1985年1月20日，高阳县档案馆藏，资料号：27—1—23。
③ 为了解决市场成交中支款难、存汇难问题，在县工商局和银行的支持下，李果庄村委会在纱布市场上开办了一家民间金融组织——信誉钱庄，1987年该钱庄拥有流动资金870万元，其中自有资金470万元，拆借资金400万元。见《高阳县工商行政管理局关于李果庄纱布专业市场文明建设情况的汇报》，1987年12月，高阳县档案馆藏，资料号：27—27—16。
④ 高阳县工商局：《高阳县李果庄纱布市场》，1986年10月，高阳县档案馆藏，资料号：27—19—32。
⑤ 《高阳县工商行政管理局关于李果庄纱布专业市场文明建设情况的汇报》，1987年12月，高阳县档案馆藏，资料号：27—27—16。
⑥ 《高阳县工商行政管理局市场股反映李果庄专业市场情况》，1988年3月28日，高阳县档案馆藏，资料号：27—28—22。

化，该市场的销售量时起时落，直到 1993 年，该市场还能保持每集5000—10000 人、上市摊点 500—800 个、上市布匹 10000—20000 匹、全年成交额 4000 万元的规模。① 此后，随着高阳纺织业主营产品转变为"三巾"以及在县城先后建成纺织品市场和纺织商贸城，当地纺织品交易的中心转向高阳县城，李果庄纱布市场日益衰落，到 2000 年前后彻底没落。

李果庄人久事纺织业，生意经越做越活。他们在更换织布机件的过程中，发现城市国有纺织业更新换代下来的织机很适合农村家庭纺织业使用，于是便有部分精明的村民以废铁价格买来国有大厂淘汰下来的织机，重新组装翻新后整机出卖，或拆卸出零件翻新后出卖，从中可以赚取丰厚的利润。随着从事织机运销业务的商户逐渐增多，大家便有意在本村建立一个纺织机件市场。经该村党支部和村委会干部与县、乡各级政府部门多次交涉，最终获得了政府的支持。1993 年，县里批给李果庄村 7 亩地的占地指标，由村里出钱盖房子，出租给商户，正式成立了"李果庄纺织机件市场"。以后，市场规模陆续扩大，最终形成了一个占地 80 多亩的大市场。到 2003 年年底，该市场扩大到 200 多个摊位，每个摊位的年平均收入达 10 余万元，成为全国最大的织机市场，织机除在高阳本县销售外，还销往上海、南京、绍兴、南通、重庆、山东、河南、山西等地。②

（二）第二阶段：在高阳县城建设大规模纺织品专业市场

1990 年前后，就在李果庄纱布市场还未衰落之时，高阳四乡的"三巾"织户就不到李果庄市场销售产品，而是在高阳县城工农路（今向阳路），从东到西沿大街南北两侧摆摊儿售货，自发形成了一个以出售"三巾"产品为主的纺织品市场。向阳路是高阳县城的主干道之一，县医院就位于这条路上，来往车辆繁忙，纺织品市场经常造成交通阻塞，引起县政府关注。当时高阳的"三巾"行业已有一定规模，且在全县四乡遍地开花，亟须建立一个专业市场。经过工商局认真考察和规划，县政府最终决定在迎宾路中段广播电视局西边的开阔地建立纺织品综合贸易市场，使

---

① 高阳县工商行政管理局：《李果庄纱布市场调查报告》，1993 年 3 月，高阳县档案馆藏，资料号：27—34—5。

② 刘怀通：《一个村庄的变迁》，长征出版社 2004 年版，第 238 页。尽管该书属于文学作品，但是作者受高阳县委邀请，在李果庄村做了长时间调查，书中所写全部为真人真事，数字全部为作者亲身调查所得，比政府机关档案中的数字更为真实可靠。

之成为高阳各类纺织品的集散地。① 原计划该市场由工商局、高阳镇、土地管理局、城建局负责筹建，1991年"五一"节前投入使用。② 到1991年年底，建成27个简易售货棚、2幢营业楼、5排营业室。后来，城建局又提出建设"高阳纺织城"规划，经县委县政府批准立项。"高阳纺织城"由5个专业市场和5条商业街构成，工程分期进行：第一期工程建一个市场，开发改造两条商业街，计划1992年5月15日动工，1993年10月1日竣工。一个市场即纺织品市场，在原有设施的基础上，兴建全封闭钢骨架售货大棚4座，计5245平方米；增建固定门店135间，计2700平方米；新建营业楼两幢，停车场两个。其中售货大棚分别由物资局、工商局、商业局、企业局投资，城建局设计；固定门店由城建局设计，工商局负责集资筹建和分配管理。市场西侧的营业楼由城建局设计，企业局筹建；市场西北角的营业楼由城建局设计，物资局筹建；停车场由高阳镇修建；在市场北侧修建纺织城牌楼，由城建局设计、施工。市场供电由电力局负责，安装100千伏安变压器一个，并架线入户；市场供水由自来水公司负责解决，采暖由工商局统一解决。第一条商业街，改造北环路中段，拆除北环路44户平房，统一建成三层以上营业楼，该项工程由高阳镇、城建局负责拆迁，由城建局组织施工；第二条商业街，开通北环路西段，延伸至高蠡路，路两侧建三层以上营业楼，建造一个封闭式菜市场。第二期工程计划1994年年底以前完成，拟建设建材、家具、食油批发、食品批发4个专业市场，开发改造南环路、西环路和东西大街，拆除两侧平房，改建两层以上营业楼。③ 到1995年年初，"高阳纺织城"建设基本完工，县城面貌焕然一新，成为既具备综合功能，又别具产业特色的新型城镇。其中的纺织品专业市场——兴阳市场地处迎宾路中段，总投资1600万元，1992年10月竣工并投入使用。

兴阳市场占地60亩，设摊点2200余个。该市场一经开市，各种摊位就被商家租赁一空。续后数年，随着高阳纺织业迅速发展，市场日益繁

---

① 高阳县人民政府办公室印：《第五次县长办公会纪要》，1990年5月3日，高阳县档案馆藏，资料号：10—262—8。

② 《高阳县人民政府第一次常务会议纪要》，1991年2月21日，高阳县档案馆藏，资料号：10—268—1。

③ 《中共高阳县委高阳人民政府关于建设"高阳纺织城"的决定》[县党委（1992）10号文件]，1992年5月19日，高阳县档案馆藏，资料号：1—650—9。

荣。上市纺织品除"三巾"类产品外,还有床单、被面、被罩、毛线、毛呢、服装鞋帽和小百货等15大类100多个品种,每日客流量2万多人,集日达3万多人,重大节日高达10万人,日均成交额在20万元左右。①随着市场客流量增大,兴阳市场造成以下三方面问题:其一,由于车流量过大,一些公共设施,如道路、围墙等,一两年下来就损毁严重。由于市场为政府各部门分别投资兴建,所有权分属多个部门,租金也由各部门分别收取,在这种情况下,没有哪个部门愿意出钱修缮这些不产生效益的公共设施,因此这些设施就得不到及时修缮,致使市场外观显得破烂不堪;其二,随着高阳纺织业的迅速发展,来市场摆摊儿的商户越来越多,市场容量渐显狭小,不仅门店、大棚被占满,大门外沿迎宾路两侧数百米也摆满摊位,整个市场拥挤不堪,秩序混乱;其三,迎宾路是县城的交通要道,是过往长途汽车和县内公共汽车的必经之路,拥挤的市场常常造成交通拥堵。有鉴于此,高阳县政府经过认真考察,决定在其他地方另辟专业市场。

　　1998年,高阳县政府决定在县城东南角新建"高阳县纺织品交易城",计划投资8162万元,建筑面积126460平方米,占地200亩,主要使用东街、东关和北圈头三个村的土地。②此后不久,将拟建市场改名为"纺织商贸城",并获得省级立项,完成平面图绘制、城址土地状况勘测。③1999年10月11日,正式成立高阳县商贸城筹建工作领导小组,由县委常委、常务副县长任组长。完成拆迁工作后,县政府决定委托河北省拍卖总行保定拍卖行拍卖纺织商贸城土地使用权,商户拍得使用权后,按照城建局的统一设计,自行投资建设门店。④商贸城的工程分两期建设,一期工程占地225亩,总投资1.5亿元,建筑面积67147平方米,建设商住楼48栋,门店252套,棚区12147平方米,固定摊位1488个;二期工程占地300亩,投资1.423亿元,建有商住楼、行政楼和物业配套服务设

---

① 宋进良主编:《高阳县志(1991—2010)》,方志出版社2015年版,第552页。
② 《高阳县人民政府关于"纺织品交易城"建设用地的请示》,1998年5月28日,高阳县档案馆藏,资料号:10—329—6。
③ 高阳县人民政府办公室印:《高阳县人民政府第五次县长办公会纪要》,1998年6月8日,高阳县档案馆藏,资料号:10—333—5。
④ 高阳县商贸城筹建工作领导小组:《商贸城筹建工作纪要》(第6号),1999年12月27日,高阳县档案馆藏,资料号:10—374—6。

施。市场设施完备，自动消防，闭路监控，有线电视、大型电子显示屏、计算机网络等设施一应俱全。市场内建有"纺织品研发中心""质量检测中心""知识产权保护中心"。2001年5月9日纺织商贸城正式开市，兴阳市场商户全部迁入商贸城。商贸城有固定商户1200余家、临进商户1468家，入驻商户除高阳本地和保定、任丘等附近市、县的商户外，还有"江苏红豆""杭州西湖""山东云海""香港巴比利"等多家全国各地知名企业。商贸城主营产品包括毛巾、浴巾、毛巾被、餐巾、毛毯、童毯、枕巾等上百个品种上万个花色及规格的产品，其中不乏"三利""瑞春""永亮"等名牌。上市产品销往全国各地，并出口俄罗斯、韩国、罗马尼亚等30多个国家和地区。2005年，商贸城成交额25亿元，2006年为27亿元，2007年为30亿元，2008年达35亿元，呈逐年上升之势。① 到目前为止，纺织商贸城是全国最大的"三巾"类产品交易市场，是中国北方最大的纺织品批发市场。

高阳县城还是高阳纺织业的棉纱集散中心。前文说过，高阳棉纺织业所需的绝大部分棉纱都是由高阳本县商人由外地运销到高阳的，这些商人的店铺多命名为"某某纺织站"。2008年高阳县工商局"企业注册表"和"个体工商户注册表"显示，截至2008年年底，高阳全县共注册经销棉纱的商户296家，其中125家商户位于县长途汽车站以东的北环路南北两侧，53家位于纺织商贸城，29家位于通往商贸城的南北交通干线东环路上，56家位于县城西环、北关、高保路收费站东侧和长途汽车站以西的迎宾路上。总而言之，位于县城的棉纱商铺共计263家，占全部棉纱商户的88.9%，因此，高阳县城成为高阳纺织业的原料集散中心。

此外，高阳县城是高阳纺织业通达全国乃至全世界的"物流中心"。由于高阳县不通铁路，且单个厂家每批次运输的货物量不足以动用火车车皮，因此，高阳纺织业的运输以汽车运输为主。② 在纺织业初兴之时，最早承揽纺织品运输业务的多是城乡个体运输户，小批量货物也有由长途客运汽车捎带的。后来，随着纺织业逐渐兴盛，需要转运的货物量越来越大，高阳县的物流产业便应运而生。高阳的物流企业多称为"某某转运

---

① 高阳纺织商贸城管理委员会编印：《高阳纺织商贸城——全国最大毛巾批发市场》。
② 高阳县城处于京广铁路和京九铁路两大南北铁路干线的中间地带，西距京广线上的保定站35公里，东距京九线上的任丘站20公里。

站"。最初兴起时，建立转运站无须复杂的审批手续，只要在工商部门注册，领取合法的营业执照即可开业。后来，转运站越来越多，运输业务竞争日益激烈，就出现了几个涉黑性质的害群之马，他们不仅强行拉客，欺行霸市，而且与运输线路上的一些不法路警相互勾结，强行以超载、产品不合格、手续不全等名目扣押其他转运站的车辆，往往使这些转运站蒙受巨大损失。据建新转运站经理常保生口述，2002年建新托运的一车毛巾就因其他转运站与河南路警勾结，以产品不合格为名被扣在新乡，被罚款15000元，加上对客户的超期赔偿，建新一下子就损失了几万元。① 到2005年，为争夺线路，几家涉黑性质的转运站之间竟然发生了械斗。为整治物流行业的乱象，高阳县政府于2005年8月8日专门召开了一次"货物运输行业管理协调会"，会上县政府要求交通、工商、公安等部门协同作战，对全县所有转运站进行一次彻底整顿。② 会后，交通、工商、公安三部门联合执法，取缔了一批涉黑性质的转运站，并在货运装卸行业协会的协助下为各转运站厘清并划分了运输线路。10月11日，县政府颁行《高阳县货运站场管理办法（试行）》，规定了详细的审批手续和管理办法，并要求各转运站重新注册登记。③ 经过一段时间的整顿，高阳县物流行业的乱象得到有效治理，该行业从此进入平稳发展阶段。截至2008年年底，高阳县共有转运站70家，其中部分位于县城东、西、南、北各环路两侧，部分位于纺织商贸城之内。④

综上所述，改革开放后高阳县纺织专业市场发展经历了两个阶段，20世纪80年代初到90年代初为第一阶段，是由纺织专业村发展出纺织专业市场的阶段，在该阶段，纺织专业户、专业村、专业市场相互依托，互相促进，高阳纺织业的产品集散中心主要在李果庄纱布专业市场；20世纪90年代初至今为第二阶段，是政府在县城自觉建设专业市场阶段，该阶段经历了一个从兴阳市场到纺织商贸城的发展历程，高阳县城成为高阳纺织业的原料和产品集散地。

---

① 曾凡华：《衣锦天下》，长征出版社2004年版，第201—202页。
② 《货物转运行业管理协调会议纪要》，2005年8月8日，高阳县档案馆藏，资料号：10—393—1。
③ 《高阳县人民政府关于印发〈高阳县货运站场管理办法（试行）〉的通知》，2005年9月11日，高阳县档案馆藏，资料号：10—390—44。
④ 由高阳县工商局的"高阳县运输企业注册表"统计而来。

小　结

清末，在"高阳纺织区扩大区"内约有437个村庄，43个集市，平均约10个村庄合一个集市。在这43个集市中，可称得上中心集市者只有高阳县城集和任丘县城集；中间集市包括温仁集、大庄集、喇喇地集、板桥集、万安集、百尺集、莘桥集、同口集、旧城集、西演集、青塔集；其余集市均为基层集市。"高阳纺织区扩大区"的面积约有2000平方华里，内有中心集市2个，中间集市11个，基层集市30个，则基层集市的影响半径为4.6华里，中间集市的影响半径为7.6华里，中心集市的影响半径为17.9华里。基层集市和中间集市均为一旬两集，只是各基层集市的集期都避开相邻中间集市的集期；两个中心集市分别为一旬三集（任丘县城集）和一旬四集（高阳县城集）。基层集市行商多，坐商少，上市商品一般以粮食、食品果蔬、针头线脑、日用百货为大宗；中间集市和中心集市店铺林立，坐商和行商都比较多，上市商品除上述物品外，还有牲口、家畜、家禽、棉花、土线、土布、苇席等，年节时还有鞭炮、对联、年画等节庆用品。政府对集市不设正式管理机构，只是通过"牙纪"从集市上征收牙税。

19世纪末，在后来高阳纺织区的地理范围内形成了4个狭小的土布产区，这4个产区分别以高阳县城集、大庄集、莘桥集、青塔集为布匹和手纺土纱交易中心。20世纪初，随着"撒机制"的盛行和高阳纺织区进入第一次发展高潮（1914—1920），高阳县城周边所产布匹已不能满足新兴包买商阶层日益扩大的生意规模。于是，这些包买商便利用农村传统的集市网络，在原来布线交易较为发达的大庄、莘桥、青塔等中间集市开设分号，或通过当地人开设的中间人商号，将"撒机"业务扩张到3个集市所能影响的周边村庄。在这种情况下，以往分立的四个狭小土布产区便联结成一个整体，形成了一个以高阳县城为核心，以大庄、莘桥、青塔为中转站的商品布生产体系。这个体系到1919年前后达到顶峰。19世纪20年代之后，随着高阳纺织业进入"过渡期"，高阳县城的布线商号纷纷收缩"撒机"业务；同时，为保证产品质量，这些布线商号更加倾向于直接"撒机"，而不再通过中间人商号和开设分号。于是，大庄、莘桥、青塔逐渐丧失其"撒机"中转站的功能，改良土布的生产体系又与农村传统集市分离开来。此后，随着高阳县城原料市场（线市、零线市、色线市）和产品市场（白布市、色布市和麻布市）的形成和发展，它逐渐成为纺织区内"撒机"收布和布线交易的唯一中心，成为整个纺织区原料下行和产品上行的运销枢纽。最终，高阳纺织区形成一种以高阳县城为中心，从县城向四乡呈放射状分布的商品布生产体系。

中华人民共和国成立之初，高阳县的集市贸易几经沉浮，最终衰落下去。改革开放后，随着国家对集市贸易的提倡和人民生活水平的提高，高阳县的集市贸易逐渐恢复和发展；同时，随着纺织业的发展，出现了以纺织品交易为中心的纺织专业市场。但是，此时的集市和纺织品专业市场各自按照自身的轨迹发展，各自发挥着自身的独特功能，很少出现交集。

1990年，高阳县有11个集市，这些集市全部位于县和乡镇行政中心以及两县交界地区。其中高阳县城集属于中心集市，旧城集、西演集和莘桥集属于中间集市，其余的庞家佐集、边渡口集、北晋庄集、北于八集、大团丁集、板桥集、庞口集等均属于基层集市。基层集市规模较小，晋庄集东西、南北均只有300多米，行商沿街道两旁摆开摊位；卖同类商品的商贩一般只有三四家，尚形不成"小市"；上市商品大多是与吃穿用度相关的生活必需品。中间集市规模要大得多。位于高阳、清苑、蠡县三县交界处的大庄集（行政区划隶属于清苑县），南北长约1000米，东西长约1500米，行商和坐商沿街摆开摊位，形成熟食市、肉市、杂粮襻子市、菜市、鱼市、鸡蛋市等小市，在村子的其他地方还设有粮食市、家禽市、猪仔市、羊市和牲口市。后来，随着纺织业发展，高阳人的收入水平逐渐提高，购买力日益增长。到21世纪初，高阳全县的集市发展到41个，平均每4个村庄就有1个集市，集市的密集度超过以往任何一个历史时期。同时，集市的内涵也发生了变化：其一，大部分集市沿街道两侧都形成了各种店铺，集市上的坐商数量大大增加；其二，集市内"小市"的类型有所变化。随着当地农民生产、生活方式的改变，家禽市、牲口市、猪仔市、家畜市逐渐消失，代之而起的是卖手机、建筑材料、农用物资和电动车的店铺。除集市之外，一些没有成集的纺织专业村自发形成"小集"。这些"小集"的规模比基层集市还要小，上市商品以食品果蔬为主。"小集"几乎每天都有，一般下午四点左右开市，晚上掌灯之后闭市，因而也被当地人称为"小夜市"。

高阳的纺织品专业市场建设分为两个阶段。第一阶段为20世纪80年代，是由纺织专业村发展出纺织品专业市场阶段。在第一阶段，全县共形成南于八腈纶市场、野王围巾市场、徐果庄围巾市场、李果庄纱布市场等4个专业市场。前3个市场都是随着各该村和周边各村腈纶针织业的兴起自发形成的。到20世纪80年代末，随着腈纶针织业的迅速衰落，这3个市场便相继衰落下去。李果庄纱布市场是随着李果庄村棉织业迅速发展自发形成的，随后县政府出资对市场进行了营建。由于上市交易的产品是高阳纺织业的主打产品——棉布，李果庄纱布市场一度十分繁荣。后来，随着高阳纺织业的主打产品向"三巾"转化和高阳县城纺织品市场的营建，李果庄的纱布交易逐渐衰落。同时，李果庄人筹建了一个纺织机件市场，专营织机和零配件。这个市场直到21世纪初仍然保持繁荣态势。第二阶段为20世纪90年代初至21世纪初，是由政府自觉在县城建设纺织品专业市场阶段。20世纪90年代初，县政府投巨资，在迎宾路中段营建了第一个纺织品专业市场——兴阳市场。该市场占地60亩，设摊点2200多个。后来，由于该市场经常造成交通堵塞以及市场规模与迅速扩大的纺织业不相匹配等原因，于20世纪末被废止。县政府营建的第二个纺织品专业市场是位于县城东南角的纺织商贸城。商贸城占地525亩，采取"拍卖土地使用权""政府统一规划，商户出资建房"等方式筹建。21世纪初投入使用后，该市场成为全国最大的"三巾"产品交易市场和中国北方最大的纺织品批发专业市场。除拥有纺织商贸城外，高阳县城还是纺织区内的棉纱集散中心和纺织品"物流中心"，成为当地纺织业的原料、产品集散地和运销枢纽。

第四章

高阳纺织区的农业

相对于以纺织业为主的乡村工业而言，高阳县的农业史资料要少得多。中华人民共和国成立前的农业史资料仅有吴知著作中披露的 1933 年 365 家农村织户的农业经营资料和日本北方经济调查所 20 世纪 30 年代末对高阳农业的调查资料。中华人民共和国成立后，高阳县《国民经济统计资料》中虽有历年的农业统计资料，但其所列项目较为粗疏，不足以反映农业的基本状况。笔者在 21 世纪初的几年中陆续对高阳的部分农户进行了跟踪调查，获取了较为详尽的调查资料。上述资料不足以支撑长时段的农业变迁研究，因而本书截取 20 世纪 30 年代以及 21 世纪初两个时段，研究高阳纺织区的农业状况。这两个时段恰恰是中华人民共和国成立前和改革开放后高阳纺织业最为兴盛的时期，正可以之考察乡村工业的发展对农业的影响。

第一节 20 世纪 30 年代的农业

农业是一种对自然条件依赖性较强的产业，因而在研究农业之前，有必要交代一下当时高阳县的土质、河流等自然条件。

高阳地处华北平原腹地，全县地势平坦、低洼，加之地下水位较高，且多为苦碱水，因而地多盐碱。吴知在《乡村织布工业的一个研究》中写道："高阳织布区内，除了常闹水灾外，因为地势低洼，碱地亦很多。高阳附城十几里的田土，碱性大都是很重的，地上冒着白的细粒，远望如同一层厚厚的霜。在高阳北区低洼之地，碱性更重大，地上似被着一层白雪似的。"① 吴知先生只是描述了高阳土地盐碱化的大致情形，并未准确

---

① 吴知：《乡村织布工业的一个研究》，第 6 页。

说明盐碱地的数量。据高阳县地方志办公室主任宋进良先生说，中华人民共和国成立前除现在县城以西邢南乡部分土地及县城东北拥城村一带有大片良田外，其余地方大都是盐碱地。笔者 2000 年在高阳调研时，遍访了高阳四乡 25 位 85 岁以上的老人，老人们描述的情形与宋进良先生描述的情形基本一致。① 据此笔者推测，20 世纪 30 年代高阳的盐碱地面积占耕地总面积的比重当在 70% 以上。据中华人民共和国成立后成立的改造碱地办公室调查，1962 年高阳县 509401 亩耕地中，有盐碱地 381029 亩，占 74.8%，其中常年荒废的特种碱地 6090 亩，缺苗 5 成以上的重碱地 92596 亩，缺苗 3—5 成的一般碱地 117357 亩，缺苗 1—3 成的轻碱地 164986 亩。② 笔者的估计与这个调查数据相符。当地民谣说："盐碱地里不拿苗，种一葫芦打一瓢"，"四月村外飞雪时，片土能淋四两硝"。民国《高阳县志》记载："县属地多碱卤，出产盐硝，前清以来，屡有官硝局，设于城内，收买火硝。"③ 官硝局之设可为高阳土地盐碱化程度严重提供一个佐证。

高阳县境内的主要河流有三条，都是从西南流向东北，从东到西排列依次为潴龙河、马家河（后改名孝义河）、土尾河。民国《高阳县志》曰："潴龙河自县属团丁庄入境，至刘李庄之西北入白洋淀，经流崔家庄、长果庄、卜士庄、石家庄、北龙化、佛堂、教台、段家房子等村，在县内蜿蜒四十余里，水流湍急，携带泥沙，往往暴涨至十余尺。清康熙以前修堤浚河之事旧志颇详，惟其修浚地点与今不同。自康熙三十七年建设南北两堤。南堤自蠡县绪口起至任丘县界止，计地六十二里，北堤自布里桥（即今安澜桥）路口起至安州冯村界止，计地四十二里（见旧志）。而河之形势至今无大变迁，唯时常决口，本县深受其害。考其致害之原，厥有三端：（一）安澜桥以下堤套窄狭，容水量小；（二）河身年久不浚，累次所淤之泥沙高于堤外平地五六尺，甚有一丈以外者；（三）下口淤塞，泄水太难，且下口紧接白洋淀，淀水逆流，时苦南侵（见旧志）。如此形状，当夏秋时间，入境之水，波涛滚滚，奔腾直下，水势湍急，而下口淤塞，有如门栅，难于宣泄。更兼白洋逆流两岸堤埝，水满必溢。加以

---

① 见笔者整理之《2000 年高阳四乡老人访谈笔录》。
② 高阳县地方志编纂委员会编：《高阳县志》，方志出版社 1999 年版，第 188 页。
③ 民国《高阳县志》卷二《物产》，《中国方志丛书·华北地方·第一五七号》，第 106 页。

风雨激荡，欲其不溃，焉有可能！一经溃决，势如高屋建瓴，一泻千里，南堤外六十余村，北堤外二十余村，禾稼尽行淹没，房屋亦被冲刷，苦何胜言。""马家河起于县属赵官佐村西南，有水时经流赵官佐、东田果庄、北圈头、岳家左、蔡家口等村，北入白洋淀。旧志载此河受潴、溏、沙三河之水，绕高阳，入白洋淀。并载堤可三十里之遥，有通济桥夹岸，现堤与桥俱在，而水之来源断绝，春冬时间往往干涸。当夏秋之际，受各村暴雨输入，则水深数尺。若逢上游潴龙河决口，灌注其中，则巨浪洪涛，奔腾而下，一夕可涨十余尺。偶尔溃决，环城各村，尽成泽国。民国六年曾被决口之害，自昔迄今，无利之可述焉。""土尾河在县之西陲，南北直流入境，地点在三河桥（地属高、清、蠡三县），经流堤口、张卜士庄、宋家桥、苇元屯等村，至三界牌（系高、安、清三县界牌）出境，约长十里……查此河形势，尚无变迁。而河身窄狭，水流湍急，往往暴涨六七尺不等。夹岸有桥四座，均矮小，阻遏水流，是以时有溃决之害，而无舟楫之利。"① 如是高阳境内常有水患，有"十年九涝"之谚。在河流决堤之外，高阳县地势低洼之地几乎年年遭受雨涝。由于地下水位偏高，下雨后洼地无处撒水，庄稼长期浸泡在水中，轻则减产，重则颗粒无收。除水患外，蝗灾、旱灾、雹灾也时有发生。20世纪二三十年代有记载的自然灾害就有：1920年大旱，1924年大水，1930年的蝗、雹、水，1931年大旱、蝗，1939年大水。②

总之，20世纪30年代高阳境内土质多盐碱，且常闹水、旱、蝗、雹等自然灾害，农业生产条件十分恶劣。

一 人地比例关系

根据吴知《乡村织布工业的一个研究》记载，1932年高阳纺织区共包括414个村庄，78643户，434510人，耕地1176030亩。③ 则是年人均耕地为2.71亩。

1941年，高阳县伪县公署对高阳境内的人口数和耕地数做了一次调

---

① 民国《高阳县志》卷一《河流》，《中国方志丛书·华北地方·第一五七号》，第71—74页。
② 高阳县地方志编纂委员会编：《高阳县志》，方志出版社1999年版，第139页。
③ 吴知：《乡村织布工业的一个研究》，第4页。

查，其结果是户数为 24369 户，人口为 140264 人，耕地数为 320720 亩。①则是年户均耕地为 13.16 亩，人均耕地为 2.29 亩。

日本人大岛正和桦山幸雄在高阳南圈头调查时，南圈头村农民说，如果仅靠种地维持一个五口之家的生活，至少需要 40 亩耕地，人均 8 亩。但调查者认为这个下限不确信，他们取了其中的一半即 20 亩作为五口之家的最低耕地亩数，人均 4 亩。② 学界对华北农村人地比例临界点的估计多为 5 亩，如陈翰笙认为五口之家至少需要耕地 20—30 亩，人均约 5 亩。③ 马若孟认为完全靠农业收入维持五口之家的最低生活需要耕地 25 亩。④ 张思也认为人均 5 亩才能维持一家人的温饱。⑤ 除人均 5 亩之外，还有陈重民的人均 4 亩说和黄宗智的每户 15 亩说。⑥ 众说纷纭，莫衷一是。李金铮根据定县流行的谚语"大口小口一月三斗"，计算出每人每年需粮 51.77 市斗，接着他计算出定县常年粮食亩产量为 20.44 斗，进而计算出定县满足基本粮食消费的人均耕地临界点为 2.53 亩。再加上其他消费，定县满足农民基本生活消费的人均耕地临界点为人均 3.8 亩。⑦ 李金铮在文中还指出"大口小口一月三斗"之说并不仅限于定县，清苑等县亦然。高阳县与清苑县相邻，且高阳纺织区包括清苑县东部地区，因此我们姑且认为"大口小口一月三斗"的说法也是高阳纺织区最低粮食消费的标准。以此为依据，我们再结合吴知的调查资料计算出高阳纺织区的平均粮食亩产量，进而计算出高阳纺织区满足基本粮食消费的人均耕地临界点。

高阳纺织区内的农耕大都采取两年三熟制，"其栽种之法，系于小麦收获后，种迟玉蜀黍、黑豆、绿豆等，迟玉蜀黍、黑豆收获后，将耕地休

---

① [日] 大岛正、桦山幸雄：《事变前后的高阳织布业》，北方经济调查所，1942 年。
② 同上。
③ 汪熙等编：《陈翰笙文集》，复旦大学出版社 1985 年版，第 150 页。
④ [美] 马若孟：《中国农民经济》，史建云译，江苏人民出版社 1999 年版，第 152 页。
⑤ 张思：《近代华北村落共同体的变迁》，商务印书馆 2005 年版，第 64 页。
⑥ 罗尔纲：《太平天国革命前的人口压迫问题》，《中国社会经济史集刊》第 8 卷第 1 期，1949 年 1 月，第 38 页；[美] 黄宗智：《华北的小农经济与社会变迁》，中华书局 1986 年版，第 301 页。
⑦ 李金铮：《也论近代人口压力：冀中定县人地比例关系考》，《近代史研究》2008 年第 4 期。

耕至翌春清明节前后，种高粱或粟，俟高粱、粟收获后，再种小麦"①。在这里，我们取冬小麦、晚玉米、春谷以及冬小麦、晚玉米、高粱两种农作物搭配方式来计算一下高阳纺织区的常年粮食亩产量。根据吴知的调查资料，高阳织布区 357 家农户 1932 年共种植冬小麦 1485.7 亩，产麦子 3082.7 斗。根据吴知的注解，高阳纺织区 1 官斗等于 60.25 管，合 34.5 公升，即 1 官斗合 3.45 市斗。则小麦的亩产量为 7.11 市斗。依照相同的资料和方法，可以计算出高阳纺织区晚玉米的亩产量为 7.77 市斗，春谷的亩产量为 6.08 市斗，高粱的亩产量为 7.20 市斗。由此，我们可以计算出前一种搭配的常年粮食亩产量为 10.48 市斗，后一种搭配的常年粮食亩产量为 11.04 市斗。在这里，我们取两种搭配的中间值 10.76 市斗为高阳纺织区的常年粮食亩产量，以每人每年需粮 51.77 市斗计，高阳织布区内满足基本粮食消费的人均耕地临界点为 4.81 亩。而 1932 年高阳纺织区的人均耕地面积仅有 2.71 亩，比临界点的 4.81 亩少 2.10 亩，则高阳纺织区的人均耕地远不能满足当地农民的基本粮食消费，更遑论满足其基本生活消费了。因此，从总体上看，高阳纺织区的人地比例关系十分紧张。丰收之年粮食尚不敷食，灾歉之年就更为严重，"仅赖以邻县食粮输入，尚不至恐慌"②。高阳"每年由河间（小米）、天津（高粱）、保定（麦面）、安新（稻米）等处输入之粮食约在一千石以上（每石平均四百斤）"③。

二　土地分配关系

关于近代土地的分配关系，从 20 世纪二三十年代到 80 年代初主流观点都认为旧中国农村地权分配严重不均，且呈集中趋势。改革开放后，部分学者对传统观点提出挑战，指出旧中国农村土地分配并非严重不均，而是地权相对分散。④ 对于华北农村的地权分配，部分学者利用区域统计资

---

① 《高阳之经济概况》，《中外经济周刊》第 195 号，1926 年 10 月 16 日。
② 冀察政务委员会秘书处第三调查组编：《河北省高阳县地方实际情况调查报告书》，1936 年。
③ 《高阳之经济概况》，《中外经济周刊》第 195 号，1926 年 10 月 16 日。
④ 章有义：《本世纪二三十年代我国地权分配的再估计》（《中国经济史研究》1988 年第 2 期）、郭德宏：《旧中国土地占有状况及发展趋势》（《中国社会科学》1989 年第 4 期）、乌廷玉：《旧中国地主富农占有多少土地》（《史学集刊》1998 年第 1 期）、赵冈：《中国传统农村的地权分配》（新星出版社 2006 年版）等。

料和调查资料开展了实证研究，得出旧中国华北农村地权相对分散的结论。① 更有学者引入基尼系数作为分析工具，其研究结果都认为旧中国土地占有相对分散，但地权分配很不平均。② 在这里，笔者利用高阳的土地资料对当地的土地分配关系做一详细剖析，并对学界的观点做出回应。

吴知等人在调查高阳织布业的过程中，附带抽样调查了织布区内382户农家的土地经营状况，其中完全经营自有土地者340户，自有并租入或典入土地者10户，完全租入或典入土地者3户，完全不经营土地者26户。③ 在完全经营自有土地的农户中，占地50亩以上者共23户，应该雇工或租佃经营，其余317户则为纯粹的自耕农，占全部农户的82.98%。据1926年发表的《高阳之经济概况》记载，高阳县的"地主（指的是土地所有者）以面积50亩及50亩以下者居多，最大之地主，面积不过廿顷（300亩）"④。据冀察政务委员会1936年调查，高阳县有自耕农（当包括占地较多的雇工和租佃经营户）22678户，占有耕地308870亩；半自耕农90户，占有耕地2250亩；佃农2820户，租佃耕地14100亩。⑤ 再据高阳县伪县公署1941年调查，高阳县有地主975户，自耕农19983户，半自耕农1218户，佃农244户，雇农1949户。⑥ 以上三组资料表明，在户数上自耕农都占有最大的比例，且其比例远远高于其他农户类型，因此高阳县农村是一个以自耕农为主的社会。史建云在《近代华北平原自耕农初探》一文中指出："在近代，直到1937年之前，华北平原农村一直以自耕农经济为主要农业经营方式，租佃关系虽占一定比重，但决不是占统

---

① 史志宏：《二十世纪三四十年代华北平原农村的土地分配及其变化——以河北省清苑县4村为例》（《中国经济史研究》2002年第3期）、凌鹏：《近代华北农村经济商品化与地权分散——以河北保定清苑农村为例》（《中国经济史研究》2012年第3期）等。

② 赵冈在《中国传统农村的地权分配》一书中率先使用了基尼系数，随后李金铮在《相对分散与较为集中：从冀中定县看近代华北平原乡村土地分配关系的本相》（《中国经济史研究》2012年第3期）一文也使用了基尼系数。胡英泽《近代华北乡村地权分配再研究——基于晋冀豫三省的研究》（《历史研究》2013年第4期）一文的研究方法和结论与李金铮的文章如出一辙，只是其研究的区域范围有所扩大而已。

③ 吴知：《乡村织布工业的一个研究》，第108页。

④ 《高阳之经济概况》，《中外经济周刊》第195号，1926年10月16日。

⑤ 冀察政务委员会秘书处第三调查组编：《河北省高阳县地方实际情况调查报告书》，1936年。

⑥ ［日］大岛正、桦山幸雄：《事变前后的高阳织布业》，北方经济调查所，1942年。

治地位的生产关系。"① 高阳的情况与史建云的研究结论相一致。

再看农村各阶层占有土地的数量。

首先,我们以吴知对高阳织布区内382户织布农家的土地经营调查资料为依据展开分析。

表4—1　　　　1932年382户农家耕地面积分层统计

耕地按数量分段(亩)	各耕地段户数	各地段户数占总户数的比重(%)	各段农户占有土地的数量估计(亩)	各段农户占有土地数量的百分比(%)
0	26	6.806283	0	0
1亩以下	3	0.78534	2.50	0.040851
1—5.99	77	20.15707	269.12	4.397572
6—10.99	77	20.15707	654.12	10.68869
11—15.99	62	16.23037	836.69	13.67199
16—20.99	53	13.87435	980.24	16.01767
21—25.99	16	4.188482	244.87	4.001314
26—30.99	16	4.188482	455.92	7.44999
31—35.99	15	3.926702	502.43	8.209989
36—40.99	10	2.617801	384.95	6.2903
41—45.99	2	0.52356	86.99	1.421466
46—50.99	2	0.52356	96.99	1.584871
51—55.99	4	1.04712	213.98	3.496554
56—60.99	5	1.308901	292.48	4.779288
61—65.99	3	0.78534	190.49	3.112714
66—70.99	3	0.78534	205.49	3.357822
71—75.99	2	0.52356	14.99	0.244945
76—80.99	3	0.78534	235.49	3.848039
81—100.99	1	0.26178	91.00	1.486991
101—120.99	1	0.26178	111.00	1.813803

---

① 史建云:《近代华北平原自耕农初探》,《中国经济史研究》1994年第1期。

续表

耕地按数量分段（亩）	各耕地段户数	各地段户数占总户数的比重（%）	各段农户占有土地的数量估计（亩）	各段农户占有土地数量的百分比（%）
250	1	0.26178	250.00	4.085141
总计：6366.70	382	100	6119.74	100

说明：(1) 吴知在原表中只给出了各耕地段的户数，没有给出各耕地段农户经营土地的具体数量。笔者根据吴知给出的数据对各耕地段农户经营的土地数量进行了估算，具体方法是：(耕地段的下限值+上限值)÷2×该耕地段户数。这样估算的结果与真实值之间肯定存在一定误差，但因为原表中对耕地段划分较细，上下限之间的差距仅为4.99亩，所以估算结果与真实值之间的误差不大，从总量上看，误差为3.90%，在可控范围之内。以估算值分析各阶层土地占有的比例和计算土地占有的基尼系数当与真实值之间十分接近。(2) 吴知原表中给出的是各阶层经营土地的数量，而非各阶层占有土地的数量。根据吴知的说明，这382户农家有340户完全经营自有土地，10户在经营自有土地之外租入或典入部分土地，3户完全租入或典入土地。一般情形下，租入或典入土地的数量不会很多，当在20亩以下，则这382户农家租入或典入土地的数量不超过260亩，相对于总耕地数量6366.70亩而言，可以忽略不计，因此，本表将农户经营土地的数量等同于农户占有土地的数量。

资料来源：吴知：《乡村织布工业的一个研究》，第108页。

由表4—1可知，占地41亩以上的农户，当采取雇工或租佃经营的方式，按照后来中共土改中的阶级划分办法可称为地主、富农者共27户，所占耕地的比例为29.2%；占地11—40.99亩的一般自耕农共172户，所占耕地的比例为55.6%；占地10.99亩以下的贫农共183户，所占耕地的比例为15.1%。

其次，我们以日本北支调查所对高阳县南圈头村的调查资料为依据展开分析。

表4—2　　　　1936年高阳县南圈头村各阶层土地占有状况

耕地按数量分段（亩）	各耕地段户数	各耕地段户数占总户数的比例（%）	各段农户占有土地的数量（亩）	各段农户占有土地数量的百分比（%）
0	19	6.375838926	0	0
1—10	173	58.05369128	946.20	28.06491

续表

耕地按数量分段（亩）	各耕地段户数	各耕地段户数占总户数的比例（%）	各段农户占有土地的数量（亩）	各段农户占有土地数量的百分比（%）
11—20	62	20.80536913	860.62	25.52655
21—30	20	6.711409396	489.10	14.50703
31—40	10	3.355704698	326.25	9.676788
41—50	6	2.013422819	266.90	7.916428
51亩以上	8	2.684563758	482.40	14.3083
总计	298	100	3371.47	100

资料来源：［日］大岛正、桦山幸雄：《事变前后的高阳织布业》，北方经济调查所，1942年。

据表4—2，南圈头村占地40亩以上的地主、富农共14户，所占土地的比例为22.2%；占地20—40亩的一般自耕农共82户，所占土地的比例为49.7%；占地10亩以下的贫农共192户，所占土地的比例为28.1%。

笔者2000年在访问高阳四乡老人时，曾问及各村的土地分配状况。据老人们描述，各村占地50亩以上的地主、富农约占各该村土地的1/4，占地10亩以上的自耕农约占各该村土地的2/4，贫农约占各该村土地的1/4。

综上所述，单从数量上分析，高阳县各阶层占有土地的比例与李金铮对定县的研究结果基本一致，地主、富农所占土地的比例比近年来持近代地权分散说的章有义、郭德宏、乌廷玉等学者所估算的全国地富所占土地的比例还要低得多，这表明高阳县的地权分配状况比全国平均地权分配状况更为分散。以表2—2和表2—3的数据计算出的基尼系数分别为0.359和0.326，都未超过0.4，说明20世纪30年代高阳县的地权分配状况仍处于较为合理的范畴之内。

研究土地分配关系，除从土地数量上着手外，还要注意土地质量。以往学界有关土地分配关系的研究鲜有顾及土地质量者，截至目前，笔者仅在史志宏的文章中看到相关内容。史先生在考察清苑县四村的地权分配时，从土质和水浇地两方面研究了土地的质量分配。对于土质，因四村中地、富占地有好有次，且有的地、富好地少次地多，他认为尚不能得出地、富拥有的土地质量优于一般农户的结论。在水浇地方面，他认为各类人户水浇地比重的高低没有规律，因而不能得出地、富拥有水浇地比重较高的结论。①

首先必须承认史先生的治学态度是十分严谨的。诚如史先生在其论文中指出的，要弄清土地的质量分配，非有详尽的统计资料不可。与土地数量问题相比，土地质量问题要复杂得多，因而20世纪二三十年代华北农村的区域调查资料中有关土地质量的详尽调查资料不多，对高阳县的调查资料亦如此状。无论是吴知等人的调查资料，还是日本北支调查所的调查资料都未涉及土地的质量问题，因此，依据他们的调查统计资料，仍无法考察高阳土地的质量分配。笔者2000年在访问高阳四乡老人时，专门问及30年代各村土地质量的分配状况。根据老人们的回忆，笔者在这里对当时的情况做一大致描述。中华人民共和国成立前高阳县水浇地的数量极少，据1931年统计，高阳的水浇地只有3600亩，占全部耕地的1.1%，且水浇地多为菜圃，因此这里不再讨论水浇地的分配状况，而只讨论土质的分配状况。②

根据科学的分类方法，高阳县的土壤包括非盐化潮土和盐化潮土两大类，中华人民共和国成立前的比例大致为40%和60%，非盐化潮土又包括沙壤质潮土和壤质潮土，分别占15%和25%。在壤质潮土较多，土质较好的村庄，如城西季朗、六合庄、北晋庄、路台营等村，地、富的土地与一般自耕农的土地土质都不错，土地质量分配与数量分配相类似，也是较为分散的。在盐化潮土较多，土质较次的村庄，如县城以北的北蒲口、前柳滩等村，地、富的土地与一般自耕农的土地土质总体上都不好，但为数不多的质量稍好的土地多掌握在地、富手中，土地的质量分配比数量分配更为集中。既有盐化潮土，又有非盐化潮土，且各自所占比例都不小的村庄，地、富与一般自耕农的土地都有好有次，具体分配状况要复杂得多。有的村庄，如前述的南圈头村，5户地、富之中只有2户好地多次地少，其余3户都是好地少次地多，且地、富所占好地不超过全村好地的1/4，土地

---

① 史志宏：《二十世纪三四十年代华北平原农村的土地分配及其变化——以河北省清苑县4村为例》，《中国经济史研究》2002年第3期。

② 高阳县地方志编纂委员会编：《高阳县志》，方志出版社1999年版，第185页。

的质量分配与数量分配一样,都是较为分散的。有的村庄,如县城以西的辛留佐村,村北、村西为盐碱地,村东、村南为壤质潮土,次地、好地各半。该村的7户富户每户都占地五六十亩乃至六七十亩,且都是村东、村南的好地,一般自耕农占地十几亩乃至几十亩不等,但都是以次地居多,土地的质量分配与数量分配相比,要集中得多。

三 农业种植结构、亩产量和农产品商品化程度

吴知在《乡村织布工业的一个研究》一书中详细记载了1932年357户农民的种植结构、亩数和产量,兹将其列如表4—3。

表4—3　1932年高阳织布区357户农民的农业种植结构和产量

农作物种类	种植面积		产量	亩产量
	亩数	百分比(%)		
棉花	371.50	5.75	4668.55市斤	12.57市斤
高粱	2455.75	37.99	17679.84市斗	7.20市斗
谷子	1180.10	18.25	7173.93市斗	6.08市斗
麦子	1485.70	22.98	10566.32市斗	7.11市斗
玉米	425.50	6.58	3306.791市斗	7.77市斗
绿豆	96.80	1.50	562.35市斗	5.81市斗
花生	9.50	0.15	2043.50市斤	215.11市斤
黑豆	65.00	1.01	260.82市斗	4.01市斗
山药	7.50	0.12	5052.60市斤	673.68市斤
小麻	2.50	0.04	1122.80市斤	449.12市斤
青豆	1.20	0.02	13.8市斗	11.50市斗
豆子	2.40	0.04	5.175市斗	2.16市斗
稻子	30.00	0.46	276市斗	9.20市斗
黍子	3.00	0.05	6.9市斗	2.30市斗
稗子	40.50	0.63	629.625市斗	15.55市斗
豌豆	50.00	0.77	238.05市斗	4.76市斗
苜蓿	22.00	0.34	13743.07市斤	624.69市斤

续表

农作物种类	种植面积		产量	亩产量
	亩数	百分比（%）		
菜园	13.45	0.21	29641.92 市斤	2203.86 市斤
林地	2.00	0.03	不详	不详
梨树	1.50	0.02	505.26 市斤	336.84 市斤
红荆	45.00	0.69	不详	不详
扫梳	6.00	0.09	650.00 捆	108.33 捆
未详地	147.30	2.28	不详	不详
总计	6464.20	100.00		

说明：吴知记载产量时采用的是高阳本地计量单位斤和斗，本表将之一律换算成市斤和市斗，换算的标准按吴知提供的比率：高阳杂秤每斤合1.1228市斤；棉花秤每斤合1.8526市斤；官斗每斗合3.45市斗。

资料来源：吴知：《乡村织布工业的一个研究》，第7页。

据表4—3所示，高阳织布区357户农家种植的农作物有粮食作物、经济作物和饲料三大类，各自的种植面积所占比例分别为90.40%、6.98%和0.34%，粮食作物所占比例要远远大于其他两类农作物，因而高阳乡村的农业种植结构是以粮食作物为大宗。在粮食作物中，一般作为主食的麦子、玉米、高粱、谷子四种作物合起来所占比例为85.80%，因而作为主食的农作物又是粮食作物中的大宗。

下面我们将高阳织布区的农产品种植结构以及麦子、玉米、高粱、谷子、棉花五种主要农作物的亩产量与河北省的平均产量及同处冀中地区的清苑、定县的亩产量做一横向比较。

1933年，高阳织布区五种主要农作物种植面积排序依次为高粱、小麦、谷子、玉米、棉花。而当年河北省五种农作物的种植面积排序分别为小麦、谷子、棉花、高粱、玉米。[①] 清苑县1930年五种农作物的种植面

---

① 许道夫编《中国近代农业生产及贸易统计资料》，上海人民出版社1982年版，第16、17、203页。

积排序为小麦、玉米、高粱、谷子、棉花。① 定县1933年五种农作物的种植面积排序为谷子、小麦、高粱、玉米、棉花。② 在高阳织布区，高粱的种植面积排在第一位，且种植面积远远高于其他四种农作物，而清苑县和定县高粱的种植面积都排在第三位，在河北全省高粱的种植面积更是排在第四位，且其种植面积远低于排在第一位的农作物。高粱的营养价值远不及小麦和谷子，唯其具有抗旱、耐涝、耐盐碱的特性，适合土质较次的盐碱地、旱地和常遭雨涝的洼地种植。高阳织布区的农业种植以高粱为最大宗，当是由于其境内多旱、洼、盐碱之类的次地之故。从五种农作物种植面积的不同顺序可以看出，高阳织布区的土质和自然条件不及清苑和定县，在河北省亦属于劣等区域。

表4—4　　河北省及清苑县、定县五种农作物平均亩产量

年代	地域	农作物种类				
		麦子	玉米	高粱	谷子	棉花
1932	河北全省	11.40市斗	18.10市斗	16.70市斗	17.40市斗	27.00市斤
1930	清苑县	9.10市斗	4.2市斗	7.10市斗	14.63市斗	50.00市斤
1933	定县	12.76市斗	17.26市斗	10.75市斗	17.27市斗	86.97市斤

说明：（1）1932年河北全省平均产量是根据许道夫编《中国近代农业生产及贸易统计资料》第15、16、203页所载河北省各种农作物的种植亩数和产量计算而来；（2）1930年清苑的产量来自张培刚的《清苑的农家经济》（中）（第222页），其中谷子的亩产量是根据种植亩数与小米产量，并将小米产量按1斤谷子出小米6.5两换算而来。（3）1933年定县的产量来自李景汉的《定县经济调查——一部分报告书》第7页。

由表4—3和表4—4可知，高阳织布区五种农作物的亩产量都低于河北省的平均水平。与相邻的清苑县相比，除玉米的亩产量高于清苑，高粱亩产量与清苑持平外，其余的麦子、谷子、棉花的亩产量都不及清苑，尤其是棉花相差悬殊，而且清苑县1930年还是灾歉之年。与定县相比，五种农作物的亩产量都比定县低得多，其中高粱相差50%，麦子相差80%，玉米相差1.2倍，谷子相差1.8倍，棉花相差近6倍。这种结果也应是高

---

① 张培刚：《清苑的农家经济》（中），中央研究院社会科学研究所1936年版，第208页。
② 李景汉：《定县经济调查——一部分报告书》，河北县政建设研究院1934年印行，第7页。

阳织布区的土质和自然条件相对恶劣所致。

吴知在其著作中并未进一步说明他调查的357户农家的农产品是否出售、出售比例和出售渠道，其他史料亦如之，因而依靠现有资料，我们尚不能量化分析高阳的农产品商品化问题，因而我们只能依据一些零星的记载和访谈资料，对农产品商品化程度做一个大致的估测。

首先分析粮食的商品化。从种植结构来看，根据吴知调查的357户农家的情况，高阳农业的种植结构是以作为主食的粮食作物为最大宗，辅以黍子、绿豆等食用杂粮及蔬菜，此种结构是华北典型的自给型农业种植结构。从粮食的供需来看，吴知调查的357户农家共产高粱、小麦、谷子、玉米等可做主食的农作物38726.871市斗。吴知所调查的382户农家共2470人，平均每家6.47人，则其中种地的357户农家约有2308人。按前引李金铮计算平均每人每年至少需粮51.77市斗的标准，357户农家每年至少需粮119503.32市斗。则粮食供给比粮食需求小得多，这些农户的粮食产量还远远不足糊自家人的口，估计卖粮的可能性不大。以上只是就所有农户的平均值而言，如果分阶层言之，当然不能排除占地百亩以上的地富卖粮和占地15亩以下的自耕农买粮。有研究表明，民国年间华北地区小麦的商品化程度较高，农民种植小麦是为了粜精籴粗，以较少的小麦换取较多的杂粮来维持生存。① 在20世纪30年代的高阳农村，这种粜精籴粗的现象并不多见。笔者2000年采访四乡老人时，曾问及各户的粮食买卖，据老人们说，一般自耕农和贫农都是自种自吃，而且几乎每年都不够吃，一般人家不仅不会卖粮食，而且还要买粮食。一位在粮行工作过的老人说，粮行所进粮食多为外地粮食，有时也进本县地主的陈粮，但量很少。② 由此可见，20世纪二三十年代的高阳农村自产粮食的商品化程度极低，基本上处于自种自吃的自给状态。

再看经济作物的商品化。高阳县的主要经济作物是棉花。因为吴知等人调查的村庄只有高阳第一区的东王草庄、西王草庄、南圈头及第四区的苇元屯、于留佐等村的部分耕地适宜植棉，所以表4—3中357户农家的植棉面积比例偏低。高阳县的棉田主要集中在第一区，从县城以东3里的

---

① 惠富平，阚国坤：《民国时期华北小麦生产与农民生活考察》，《中国农史》2009年第2期。

② 见笔者整理之《2000年高阳四乡老人访谈笔录》。

杨家屯向西至土尾河岸，皆属产棉区域，1935年植棉面积已达该区总耕地面积的50%。① 而第二区、第三区土质非碱即沙，不宜于植棉，因而植棉者甚少。1934年高阳县植棉71554亩，占全部耕地面积的13.3%；1935年植棉95764亩，占全部耕地面积的17.8%。② 高阳县农村所产棉花除少量自用和在县内销售外，绝大部分销往天津。据冀察政务委员会调查科统计，高阳每年运售天津的棉花约12000担。③

四　农业在典型农户家庭经济中的地位

首先，我们比较一下农业和乡村工业在高阳县域经济和农民家庭经济中的地位。在《近代冀鲁豫乡村》一书中，史建云比较了河北省各县1931年的农业和手工业产值，其中高阳的手工业产值为600万元，户均245.5元；农业产值为518.5万元，户均218.7元。④ 手工业产值略高于农业产值。史建云原表中的农业统计数字来源于《河北省实业统计》，而根据这个统计资料，高阳县当年的农业产值达515.77万元，亩均产值达到17.3元，比一般县份都高，远远高于河北省亩均5.7元的平均产值。这与前述高阳县农业生产条件恶劣的表象不符，与吴知的调查亦不符，即便考虑高阳第一区大面积植棉的因素，将吴知的调查数据调高，也很难高到这种程度。因而笔者认为《河北省实业统计》中高阳的农业产值有偏高之嫌。吴知调查的高阳织布区382户农家种地共获净利10095.10元，户均26.43元；织布共获净利25837.34元，户均67.64元。⑤ 织布净利比农业高一倍多。再看南圈头村两户织布农民1936年的收入，第一户为一般自耕农，全家5口人，拥有耕地21亩，产谷子77斗，高粱60斗，农业产值约合260元；而该户农民有4台织机，织布产值5660元，净利可

---

① 高阳县原分为五个区，第一区为县城周边区域，第二区位于县城最东部与任丘交界的区域，第三区位于县城东南与蠡县、肃宁县交界的区域，第四区为县城以西以南，与清苑县和蠡县交界的区域，第五区为县城以东和东北部区域。1935年河北省裁撤区公所后合并为三个区，第一区大致为县城以西以北以南区域，第二区大致为县城以东和东北区域，第三区大致为县城东南部区域。

② 河北省棉产改进会特刊第一种：《河北省棉产调查报告》，1936年，第79页。

③ 冀察政务委员会秘书处第三调查组编：《河北省高阳县地方实际情况调查报告书》，1936年。

④ 从翰香主编：《近代冀鲁豫乡村》，第443页。

⑤ 吴知：《乡村织布工业的一个研究》，第109、136页。

达 1000 元。第二户为大户人家，全家 25 人，拥有耕地 90 亩，产谷子 240 斗，高粱 240 斗，棉花 1000 斤，农业产值约合 2000 元；而该户农民有 18 台织机，按照 1 台织机产值 1500 元、净利 250 元计，织布产值可达 21600 元，净利可达 4500 元。① 这两户人家的织布收入都比农业收入高得多。总之，在兼业农户中，一般情况下织布收入比农业收入要高得多，织户的家庭经济形成织布为主、农业为辅的格局。

在高阳纺织区，典型农户的家庭经济结构是耕织结合型的，即兼营农业和织布业。要搞清楚农业在这种典型农户家庭经济中的地位，首先必须根据农户拥有的耕地数量与织机数量的关系，确定高阳织布区内典型农户的家庭生产规模。

表 4—5　　　高阳织布区 382 户织户织机数量与耕地数量关系

每户织机数	平面机				提花机			
	户数			平均每户耕地数（亩）	户数			平均每户耕地数（亩）
	有雇工	无雇工	共计		有雇工	无雇工	共计	
1 架	32	153	185①	11.02	9	18	27	17.61
2 架	38	38	76	15.53	28	12	40	27.25
3 架	8	1	9	12.25	15	4	19	29.18
4 架	3		3	39.33	1	2	3	38.00
5 架	2		2	6.00	6		6	21.83
6 架					7		7	29.14
7 架					1		1	49.00
8 架					1		1	13.00
9 架					1		1	250.00
10 架					1		1	16.00

注：①吴知著作的原表为 158，将前面两数相加，当为 185，因而原表中此处的数字有误。
资料来源：吴知：《乡村织布工业的一个研究》，第 111 页。

由表 4—5 可知，拥有 1—2 架织机的织户共 328 户，占全部织户的

---

① 农业产值是根据大岛正、桦山幸雄：《事变前后的高阳织布业》一文中所载两户农家的数据，参照孔敏主编《南开经济指数资料汇编》中天津的批发物价计算而来；织布产值是根据《事变前后的高阳织布业》中的数据参照一般情形估算而来。

85.9%。拥有 1—2 架提花机的织户平均每户耕地面积为 23.37 亩，从耕地面积来看，这部分织户当以一般自耕农为主。拥有 1—2 架平面机的织户平均每户耕地面积为 12.33 亩，则这部分农户当以贫穷自耕农为主。在所有织户中，拥有 1 架平面织机的织户最多，占织户总数的 48.4%，而其耕地平均每户仅 11.02 亩，从耕地面积上看也是以贫穷自耕农为主，且他们一般都是靠家庭成员织布，很少雇工。

表 4—6　　　　南圈头村农户织机数量与耕地数量关系

耕地面积	户数	拥有织机的户数		拥有织机的数量	
		户数	占比（%）	织机总数	户均织机数
无地	25	9	36.0	12	1.33
1—10 亩	177	128	72.3	219	1.71
11—20 亩	57	44	77.2	99	2.25
21—30 亩	21	13	61.9	42	3.23
31—40 亩	8	6	75.0	15	2.50
41—50 亩	7	5	71.4	23	4.60
51 亩以上	6	4	66.7	30	7.50
合计	301	209	69.4	440	2.11

资料来源：［日］大岛正、桦山幸雄：《事变前后的高阳织布业》，北方经济调查所，1942 年。

表 4—6 显示，南圈头村拥有耕地 1—10 亩的贫穷自耕农占有织机 219 架，占全村织机总数的 49.8%。而这些贫穷自耕农平均每户拥有织机 1.71 台，则这些农户中当以每户拥有 1—2 架织机者居多。大岛正和桦山幸雄在调查报告中也说："织布机的大多数被经营面积为 20 亩以下的农户所占有，其中经营面积为 10 亩以下的农户的织布机总数占总台数的 50%，11—20 亩的农户拥有织布机的台数占总台数的 23%，织布者几乎都是家族成员。"[1]

综上所述，在 20 世纪 30 年代，高阳乡村织户中半数左右是占地 10 亩以下的贫穷自耕农，他们多数拥有 1 架织机，有些拥有 2 架织机，织布

---

[1]　［日］大岛正、桦山幸雄：《事变前后的高阳织布业》，北方经济调查所，1942 年。

工作主要靠家庭成员完成，雇工者很少。由此，笔者设定一户典型的贫农织户，该织户为五口之家（夫妻二人、两个老人、一个孩子），[①] 拥有 10 亩耕地和 1 架织机，全部农活和织布工作均由家庭成员完成。下面我们测算一下该织户的农业收入和织布收入。

首先看该典型农户的织布收入。我们根据吴知对 382 户织户 1932 年织造各种布匹的赔赚调查表，计算出织户织造一匹布的平均净收入为 0.656 元。[②] 以每天平均织布 1 匹，一年有效工作 250 天计，则该织户每年的织布收入可达 164 元。再看该典型农户的农业收入。对农业净利，我们取吴知调查的高阳织布区 357 户织布农家的平均净利，以之代表高阳县农村织户农业净利的一般情形，则该农户每亩地的净收入为 1.47 元，10 亩地的总收入为 14.7 元。[③] 前文已指出吴知的调查在选样时对高阳第一区植棉户的选择过少，造成其调查表中织户植棉面积的比例偏低，因而织户农业的平均收入亦偏低。在这里我们在吴知调查数据的基础上适当调高农户的农业收入，以每亩地净收入 2 元计，则该典型户的农业收入每年可达 20 元。将该农户的两种收入相比较，织布收入比农业收入高 7.2 倍。毫无疑问，该农户的家庭经济以织布业为主，农业仅居于辅助地位。

下面我们看一看农业收入和纺织业收入对于满足典型农户生活费用的意义。根据冀察政务委员会秘书处第三调查组调查，高阳农民的生活费每人每年约需 42 元，该典型农户全家的生活费用为 210 元。[④] 另据李金铮的研究，定县农家平均每年的生活费为 189.51 元。[⑤] 这个数据与冀察政

---

① 大岛正和桦山幸雄的调查显示，南圈头村占地 1—10 亩的贫农每家人口数平均为 4.9 人。吴知对 382 户织户的调查显示，拥有 1 架平面机、平均每户占地面积为 11.05 亩的贫农织户，每家人口数平均为 5.65 人。根据他们的调查，笔者将典型贫农织户的家庭人口数设定为 5 人。

② 20 世纪 30 年代，高阳的乡村织户所使用的织机有平面机和提花机之分，生产经营模式有"织手工"和"织卖货"之分，织造的布匹有棉布和麻布之分，棉布又分为棉布、标布、反标布、条布、格布、呢子等类，麻布又分为葛、绸、缎、纺、罗等类，不同生产经营模式的织布纯利不同，每种布匹所获纯利亦不同，很难测算一家织户的织布收入。笔者在这里采取的办法是将吴知《乡村织布工业的一个研究》一书中表 44 和表 45 中两种不同生产经营模式下各种布匹的纯利加权平均，从而计算出织户织造一匹布的平均收入。

③ 吴知：《乡村织布工业的一个研究》，第 7 页。

④ 冀察政务委员会秘书处第三调查组编：《河北省高阳县地方实际情况调查报告书》，1936 年。

⑤ 李金铮：《也论近代人口压力：冀中定县人地比例关系考》，《近代史研究》2008 年第 4 期。

务委员会对高阳的调查数据相差无几，这里取两者的平均数 200 元作为高阳农户的生活费，则仅靠织布业或仅靠农业都不能满足该农户生活需要。而织布收入与农业收入合计可达 184 元，与 200 元的平均生活费相差不多，只要将日子过得稍紧一些，即可应付生活所需。

以上是将农产品核算成产值展开研究的，对于高阳纺织区的典型农户而言，因为大部分农产品，尤其是粮食产品没有实现商品化，所以粮食产品对于农户的作用不应仅仅从收入角度予以衡量，而是应放到满足农户口粮的角度来评价之。笔者在走访高阳四乡的老人时，曾问及他们以下问题："既然织布收入较高，为什么大多数家庭还要种地呢？"老人们说："织布反正一年就那么多活儿，你种不种地，织布收入就那么多。你辛苦一些，一边儿织布一边儿种地，大部分口粮自己就能够解决，织布收入可以攒起来留作他用。如果光织布，不种地，清闲是清闲了，你还得从织布收入中拿出钱来买粮食吃，里搭外算就等于花出去两份钱，一年下来非但攒不下钱，恐怕还得借钱过日子了。"①

以上分析表明，对于高阳织布区的典型农户而言，尽管农业收入远远低于织布业收入，尽管农业在其家庭经济中仅居辅助地位，但是在织布业与农业结合起来的机会成本很低的情形下，在没有其他更高收入的行业可供选择的情形下，农业仍然是不可或缺的。总之，在 20 世纪 30 年代，织布业的发展虽然改变了农民家庭经济的收入格局，但是没有改变其基本生产格局，对于一般自耕农家庭而言，农业与家庭工业仍然紧密地结合在一起，构成其家庭经济不可或缺的两大支柱。

20 世纪 30 年代，高阳的农业生产工具仍然全部使用犁、耙、锨、镐等手工生产工具，全部靠人力和畜力从事生产活动。使用的肥料以人类的粪便和家禽、家畜的粪便为大宗，兼有使用花生饼和堆肥者。根据上文研究，高阳农家的农产品中，除棉花这种经济作物商品率较高外，其余农产品的商品率极低，基本上处于自种自吃的自给自足状态。因此，从生产工具、生产过程和产品用途各方面看，高阳的农业都停留在传统经济的范畴之内。而农户的家庭工业则不然。本书第一章已指出，高阳纺织业自从引进铁轮机和机纱之后，便进入了现代化历程，则织户的家庭工业也随着整个纺织业的现代化而进入现代化之

---

① 见笔者整理之《2000 年高阳四乡老人访谈笔录》。

列。如此一来，农民的家庭经济便出现了两极化并存的状况，一极是处于传统经济范畴的农业，一极是进入现代化历程的家庭工业，形成了一种二元化的家庭经济结构。

第二节 改革开放后的农业

一 中华人民共和国成立后高阳农业基础条件的改善

从1949年到21世纪初，经过50余年的建设，高阳县农业生产的基础条件获得了极大改善。首先，由于中华人民共和国成立以来不断整治河道、加固堤防及实施根治海河等工程，到20世纪80年代之后，境内的潴龙河、孝义河等主要河流不再泛滥成灾，以往高阳"十年九涝"的状况得到根本改善。其次，通过盐碱地改造，全县土质大为改善。据新编《高阳县志》记载，中华人民共和国成立后，县政府把改造盐碱地作为发展农业生产的一项战略任务，确定采取水利措施与农业措施相结合的治本方法，彻底改造盐碱地。1962年高阳县509401亩耕地中，有盐碱地381029亩，占74.8%。经过多年改造，到1980年，高阳县的盐碱地面积减少到65045亩，占总耕地面积的12.8%。[①]之后，随着地下水位不断下降以及农田水利设施增加，到21世纪初，全县盐碱地基本消失。最后，随着农田水利建设的发展，水浇地面积大幅度增加。据统计，迄1990年，全县有机井4105眼，平均122.9亩耕地有1眼机井。[②] 到2010年，全县新增机井3215眼，机井数量达到7320眼，平均65.2亩耕地有一眼机井。[③] 1949年，全县有耕地561868亩，其中水田、水浇地仅有13135亩，占总耕地面积的2.3%。到1990年，全县有耕地504447亩，其中水浇地面积达330792亩，占总耕地面积的65.6%。[④] 此后，随着机井的增加，水浇地面积持续增加。到2010年，全县有耕地477000亩，其中水浇地面积431400亩，占总耕地面积的90.4%。[⑤]

[①] 高阳县地方志编纂委员会编：《高阳县志》，方志出版社1999年版，第188页。
[②] 同上书，第255页。
[③] 宋进良主编：《高阳县志（1991—2010）》，方志出版社2015年版，第439页。
[④] 高阳县地方志编纂委员会编：《高阳县志》，方志出版社1999年版，第185—186页。
[⑤] 宋进良主编：《高阳县志（1991—2010）》，方志出版社2015年版，第426页。

二 "包干到户"的实行和改进

高阳县从1979年开始推行农业生产责任制。1979年县政府在农村推行联产到组,即将每个生产队分成几个互助组,将土地分配给各个互助组承包经营。试行一段时间后,这种模式以失败告终,原因在于大部分生产队形成明组暗队,土地的实际经营权仍然控制在生产队手中。1980年推行"双田制",多数生产队没有搞好。后来搞"五定一奖"联产计酬,农民嫌麻烦,成功的生产队也不多。① 从1981年4月起,高阳县开始推行以"大包干"为主要形式的农业生产责任制。"大包干"又称"包干到户",即以农户为单位承包土地,由农户自行安排生产活动,产品除向国家缴纳农业税以及向集体缴纳提留外,完全归承包者所有。用农民的话说就是"保证国家的,留足集体的,剩下都是自己的"。这种责任制形式颇受农民欢迎,1981年秋前形成高潮,到年底全面推开。截至1982年年底,全县1652个生产队中有1646个生产队实行了包干到户。②

"大包干"的实质是按人口平均分配土地。在高阳,改革开放后平分土地一共进行过两次。第一次就是在1982—1983年推行"包干到户"期间,这次分地是以生产队为基本单位展开的。由于各生产队土地和人口的比例不同,全县各村各队的人均土地分配量也有所差别,总的来看在1—2.5亩,五口之家的经营面积大致在5—13亩。并且由于各块土地的土质好坏、离村远近及是否水浇地等基本条件的差别,首次平分土地时,生产队一般都将其各块土地按人口平均分割,再按每户人口数分配给各农户,致使每家农户经营的地片过于零碎。这种分配方法充分体现了公平原则,也不妨碍手工劳动和精耕细作,但不利于农业机械化。第二次分地是在1988—1989年。此次分地的目的在于调并过分零散的地块,推行土地适度规模经营。根据各村实际情况,县委、县政府推出三种调并办法:一、在非农产业从业人员达到60%以上,产值占总产值70%以上的村庄,可试行"双田制"(口粮田、承包田)和三田制(口粮田、承包田、开发田),留出适当口粮田,其余土地向种田能手集中;二、人均耕地较多,

---

① "双田制"是把土地分成"口粮田"和"承包田",采取不同的经营办法。"五定一奖"联产计酬即定劳力、定任务、定质量、定时间、定工分、超产奖励。

② 《高阳县基本情况(附一九八三年国民经济重要指标设想)》,1982年12月,高阳县档案馆藏,资料号:1—584—6。

生产条件较差的村庄，可将边远次地承包给种田大户；三、原承包土地过于零散的，可统一调并地块，可以自愿对换或转让。① 到 1990 年，全县 180 个自然村全部完成第二次分地，其中有 61 个村庄推行了三田制，44 个村庄推行了双田制，75 个村庄调并了地块。② 第二次分地基本解决了地块零碎的问题，为农业迈向机械化和现代化创造了条件。

三　农业产值的增长和停滞

表 4—7　　　　1983—2007 年高阳县历年农业产值　　　　单位：万元

年份	农业产值（按当年价格计算）	农业产值（按 1979 年不变价格计算）
1983	3017	2687
1984	5277	4573
1985	5507	4367
1986	6574	4895
1987	7767	5390
1988	7134	4167
1989	10296	5095
1990	11018	5284
1991	12808	5946
1992	13303	5804
1993	20918	7957
1994	30585	9373
1995	47349	12395
1996	46793	11308
1997	53534	12587
1998	59032	13992
1999	51283	12357
2000	52362	12536

---

① 《中共高阳县委高阳县人民政府关于稳定完善农村家庭联产承包制的意见》，1988 年 11 月 28 日，高阳县档案馆藏，资料号：1—630—6。

② 高阳县地方志编纂委员会编：《高阳县志》，方志出版社 1999 年版，第 183 页。

续表

年份	农业产值（按当年价格计算）	农业产值（按1979年不变价格计算）
2001	54639	12991
2002	53611	12847
2003	36079	8543
2004	41621	9487
2005	48952	10961
2006	56605	12487
2007	60449	12723

说明：本表中的农业指的是狭义的农业，即种植业。

资料来源：1983年至2007年历年《高阳县国民经济统计资料》。

表4—7显示，"包干到户"实行初期，高阳县的农业产值总体上呈增长趋势。其中增长速度最快的是1984年，涨幅超过70%。1984年高阳县农业产值的迅速增长以及续后几年的缓慢增长，主要是推行"大包干"的结果。尽管在"包干到户"之下土地在名义上仍为集体所有，早年的研究多将之视作在集体经济层面的合作制经济，但实际上它是中国农村生产关系的深刻变革，是对两千多年来中国农村以家庭为基本生产单位的小农经济积极因素的充分发挥。推行"大包干"后，在农业生产技术没有显著进步的情形下，农民家庭增加了有效劳动投入，致使农业精耕细作水平大幅度提高，从而提高了粮食产量。1981年高阳县粮、棉单产分别只有135斤/亩和69斤/亩；1983年粮、棉单产分别提高到205斤/亩和231斤/亩，增长率达52%和235%。[①] 笔者在青少年时代亲眼看见和亲身参加农业劳动，春种秋收之间，从平整土地、播种、间苗、补苗，到浇水、施肥、除草，再到收割，几乎每一天农民都起早贪黑，用锄、锨、镐、镰等传统手工工具，不辞辛苦地在田间劳作。如笔者一样的青少年学生在课余时间和假期都要下地，协助家长干农活儿。在这种情形下，虽然高阳的农业亩产量和总产值都有所增加，但是这种增加是靠大幅度增加田间劳动换来的，农业劳动生产率没有显著提高，因而此时的农业仍处于黄宗智所

---

① 分别见1981年和1983年《高阳县国民经济统计资料》。

说的"有增长而无发展"的过密型增长阶段。①

高阳县农业产值的持续增长态势一直延续到 1998 年。20 世纪 90 年代的农业产值持续增长则主要取决于农业生产技术的进步,具体而言,就是农作物优良品种的培育和推广、化肥和农药的广泛使用,等等。② 农业生产技术的进步大幅度提高了农作物的亩产量,尤其是粮食作物的亩产量。2008 年,高阳粮食作物的单产达到 940 斤,比 1983 年增长了近 3.6 倍。③ 而在农业中使用新技术,需要投入大量资金,据黄宗智、高原研究,农业发展的资本投入,主要来自小农户,而不是国家和企业的投资。④ 据笔者在农村多年的生活经验,一项新技术只要经勇敢农户实验可以获得更大收益,其他农民便群起而效法之,因为"大包干"确立的产品分配原则能够使这个更大的收益完全归农民自己所有。从这个层面上看,"大包干"不仅在改革开放初期调动了农民的生产积极性,而且为后来农业新技术的迅速推广创造了条件。

从 1999 年起,高阳县的农业产值开始停滞不前。究其原因,一方面,农业生产技术进步带来的收益在 1998 年前后已经达到顶峰,此后农业生产技术进步趋缓,短时期内很难再形成新的突破,粮食作物和棉花的单产增长缓慢。另一方面,在种植业中占主体的高度资本化的小规模家庭农场种植结构开始出现单一化趋势,在粮食作物中产值较高的小麦种植面积大幅度下降,造成整个粮食作物的产值有所下降。(见表 4—9)

---

① 恰亚诺夫在《农民经济组织》(中央编译出版社 1996 年版)一书中指出:在人口过剩地区,家庭农场常常增加单位土地面积上的劳动和资本,提高农业集约化程度,虽然它也会增加农业总收入,但必定会降低单位劳动的报酬。黄宗智提出的"过密型增长",其本意当与恰亚诺夫的描述一致,也是表述特定区域农业总产量或总收入增长,但劳动生产率下降的现象。但他引入了经济学中的"边际报酬"概念,把本来简单的问题复杂化了。正如赵冈在《过密型生产模式的提法错了吗?》(《中国社会经济史研究》2004 年第 2 期)一文中所说:"黄宗智犯了一个毛病,也是学院派学者常爱犯的毛病:把简单明了的事实冠以迷惑性的新名词,结果扰乱了读者的思路与注意力。"

② 有研究者认为,改革开放后农业产值的增长还包括粮价上涨的原因。根据何蒲明、朱信凯《我国粮食价格波动与 CPI 关系的实证研究》(《农业技术经济》2012 年第 2 期)分析,1991 年以来我国粮食价格指数与居民消费价格指数具有长期均衡关系。如此一来,从长期看,粮食价格上涨基本上被物价上涨给抵消掉了,因此它对农业产值增长的贡献不明显。

③ 分别见 1983 年和 2008 年《高阳县国民经济统计资料》。

④ 黄宗智、高原:《中国农业资本化的动力:公司、国家还是农户》,黄宗智主编:《中国乡村研究》第十辑,福建教育出版社 2013 年版,第 28 页。

四 农业和乡村工业在农民家庭经济中地位的消长

表4—8　　　　　1984—2007年高阳县农户收入结构　　　　　单位：元

年份	总收入	农业收入 净值	农业收入 占比（%）	与乡村工业相关的收入 净值	与乡村工业相关的收入 占比（%）
1984	66228	24400	36.8	14492	21.9
1985	142065	52359	36.9	30156	21.2
1986	165924	56057	33.8	40870	24.6
1987	170733	66413	38.9	57911	33.9
1988	173579	64302	37.0	44943	25.9
1989	195228	87720	44.9	43848	22.5
1990	206453	90227	43.7	44262	21.4
1991	201790	87865	43.5	42474	21.0
1992	254971	112947	44.3	56197	22.0
1993	263468	122723	46.6	77398	29.4
1994	1159108	290642	25.1	—	—
1995	1602145	467680	29.2	453286	28.3
1996	1269871	439375	34.6	473637	37.3
1997	1410529	339586	24.1	599625	42.5
1998	1487224	419048	28.2	664197	44.7
1999	1494868	373733	25.0	590439	39.5
2001	1489665	312554	21.0	601714	40.4
2002	1533769	229332	15.0	808836	52.7
2003	1481798	303086	20.5	688951	46.5
2004	1707307	364625	21.4	763514	44.7
2005	1585902	349576	22.0	762826	48.1
2006	1725173	367739	21.3	863585	50.1
2007	1856590	347663	18.7	880149	47.4

说明：(1) 1984年的数据是根据3个农经点30户的调查资料整理所得；1985年至1993年的数据是根据5个农经点50户的调查资料整理所得；1994年至2007年的数据是根据10个村100户的调查资料整理所得；(2) 2005年至2007年所用数据为纯收入数据，其余年份所用数据均为总收入数据；(3) 农业收入指的是种植业收入；(4) 与乡村工业相关的收入包括从本地企业获得的工资收入、家庭经营收入中的工业收入、手工业收入、交通运输业收入以及财产性收入中的股息和红利收入等。

资料来源：1984年至2007年历年的《高阳县国民经济统计资料》。

表4—8显示，从20世纪80年代到21世纪初，农业收入在农民家庭收入中所占的份额逐渐从45%下降到20%，而与乡村工业相关的收入在农民家庭收入中所占份额则逐渐从20%上升到50%。农业和乡村工业在农户家庭经济中的地位悄然发生了逆转。从世纪之交前两年开始，以纺织业为主的乡村工业已经成为农民家庭经济的支柱产业，农业则退居到次要地位，其对于乡村工业的机会成本大大增加。如此一来，农民在安排家庭生产和生活时会优先满足乡村工业的需要，农业在乡村工业优先的情形下，其经营方式悄然发生了重大转变。

五 21世纪初的农业转型

到21世纪初，随着乡村工业的发展，一小部分农户专营工商业，完全放弃农业经营，将土地转包出去；大部分农户自种全部或部分责任田，由于兼营工商业，其农业经营演变成一种高度资本化的小规模家庭农场；另有一小部分农户除自种责任田外，还承包他人或集体土地，其农业经营演变成一种高度资本化商品化的小规模家庭农场。

（一）专营工商业的农户——土地流转

笔者2008年调查了南圈头村65家农户的农业经营状况。在这65家农户中，有18家不再经营农业，而将土地全部转包给他人。转包收入根据地块面积、是否水浇地以及"地主"与承包者之间的关系，自每亩300—600元不等。

这18家农户中，有3家在南圈头村工业小区开办毛巾厂，分别有织机98架、36架、24架，全家人都投入工厂的经营管理。有8家在自己家中开办织毛巾的家庭工厂，织机都在6台以上，雇佣挡车工，全家人除从事工厂的经营管理外，有些家庭成员还从事修机或整经。其中3家还在商贸城租赁门市，从事毛巾批发业务，专门有1名家人在门市经商。有3家织窗纱，每家有织机3台，不雇工，全家人都投入生产和经营活动中。有2家在外地城市从事高阳纺织品批发生意。有2家属于打工家庭，所有家庭成员都在附近的毛巾企业打工，从事的工种有挡车工、机修工、整经工等。

这18家农户之所以不再种地，乃在于他们从事工商业的收入远比种地高得多。按2007年的行情，每架毛巾织机全年净收入3万—6万元不等，这里取其中间值4万元，3家工厂分别收入294万元、144万元和96

万元，8家织毛巾的家庭工厂收入都在24万元以上。窗纱织机全年净收入3万—4万元，3家织窗纱的家庭工场收入都在10万元左右。打工家庭，挡车工、机修工、整经工的全年工资分别在2万元、4万元、2万元上下，两家收入都在5万元以上。相比之下，种地每亩净收入不超过1000元，以每家5亩计，全年净收入不超过5000元。种地收入与工商业收入相比，简直可以忽略不计。

南圈头村因有人出面承包土地，大部分专营工商业的农户就将土地转包给承包土地的农户，笔者调查的这18家农户都属于此类情况。高阳180个自然村中，每个村都有部分农户专营工商业或打工，而将全部或部分土地转包他人。据统计，到2009年，高阳全县土地经营权流转面积37883.5亩，占总面积的8.5%，涉及农民2622户，占总户数的3.7%。① 一些村庄无人出面承包土地，一些专营工商业的农户一般将土地转包给亲戚朋友，收入较高的工商业者一般不收土地转包费，任由亲戚朋友耕种；收入不太高的工商业者收取一定费用，但大都在500元以内，比市场承包价格要低一些。还有一些农户的土地有偿转给企业家建厂，企业家一般按照每年1000—1200元的价格付给这些农户土地使用费，另外每年还要付给村委会500元左右的占地费。笔者调查过的南圈头村工业小区企业占地和辛留佐村公路两侧企业占地转让都是采用这种转让方式。在这种情形下，农民之所以能够将土地转让给企业，主要由于企业所给土地使用费要高于农业收入。

(二) 自种全部或部分责任田的农户——高度资本化的小规模家庭农场

自种全部或部分责任田的农户是高阳农村家庭的主体，他们经营的高度资本化的小规模家庭农场是21世纪初高阳农业经营的主体。由于这种家庭都兼营工商业，与"包干到户"实行头几年的小规模家庭农场相比，21世纪初的小规模家庭农场主要出现了以下几种变化。

其一，种植结构趋向简单化。

"包干到户"实行头几年的小规模家庭农场种植结构较为复杂，一般既种植粮食作物，又种植经济作物。粮食作物中，夏粮主要种植小麦，秋

---

① 高阳县土地流转的统计数据是汇总各乡镇上报数据所得，而各乡镇上报数据则是汇总各村上报数据所得。据笔者了解，各村都存在一定数量的瞒报，主要涉及耕地的非法占用；此外，绝大部分工商户在转包土地时也不向村委会报备。因此，高阳县土地流转的真实数据应该比统计数据要大得多。

粮则玉米、谷子、大豆、花生、绿豆、红薯等种类都要种一些。经济作物一般种植棉花。

21世纪初小规模家庭农场一般不再种植经济作物，只种植粮食作物，夏粮主要种植冬小麦，秋粮主要种植玉米。甚至有不少家庭农场每年只种一季玉米。笔者2008年调查了高阳县南圈头村65家农户的农业经营状况，其中属于本类型家庭农场者共35家。在这35家农户中，有20家夏粮种植冬小麦，秋粮种植玉米；有15家只种一季玉米。

表4—9　　1991—2008年高阳县主要粮食作物播种面积一览　　单位：亩

年份	冬小麦	玉米	谷子	高粱	大豆	红薯
1991	246430	163519	23467	25122	68205	20716
1992	245610	156905	18889	22876	74235	21547
1993	247199	159494	19376	18264	109247	20302
1994	246780	164475	16125	14010	122115	18705
1995	242642	192649	13171	17302	89135	21670
1996	244010	190707	9989	14799	77441	22931
1997	240000	191820	9990	15675	77535	32040
1998	245970	214215	8610	13695	73245	32985
1999	258165	239235	9730	13305	53055	33630
2000	223425	197595	6465	9210	62010	35070
2001	200715	193530	5445	6975	56430	35685
2002	172010	206432	2529	3103	45219	29602
2003	134735	196385	2971	1851	25801	11717
2004	99800	149086	1475	705	23791	9489
2005	151660	208447	1876	760	20719	5419
2006	160587	190000			18000	6000
2007	141959	215634			8455	3298
2008	145400	207190			11023	1600

资料来源：1991年至2010年历年《高阳县国民经济统计资料》。

表4—9显示，从1991—2008年，夏粮冬小麦的种植面积呈下降之势；秋粮中除玉米种植面积呈增长之势外，其余秋粮总体上均呈下降之势，其中谷子、高粱的种植面积在2006年下降为0，大豆、红薯的面积也少得不成规模。高阳县各种粮食作物播种面积的变化趋势与前述小规模家庭农场种植结构简单化的趋势是一致的。

高阳县小规模家庭农场种植结构趋于简单化的根本目的在于简化田间管理，节约劳力。相比较而言，粮食作物要比经济作物管理简单，投入的劳力少。在粮食作物中，小麦、玉米的管理比谷子、大豆、红薯、花生、绿豆简单，投入的劳力少。此外，小规模家庭农场为了节约劳力，在种植结构的选择上是不认真计较农业经济效益的。

其二，以资本替代劳动。

如前所述，"包干到户"实行头几年，高阳县小规模的家庭农场几乎完全处于手工阶段，仍然属于旧农业范畴。旧农业最耗劳力和工时的莫过于除草环节和农忙季节。以种植玉米为例，在玉米生长初期，至少要除三四遍草。一个整劳力用锄头一天至多锄1.5亩地，假如1家有8亩地，两个整劳力累死累活地锄一遍草至少需要3个劳动日，锄三遍草就需要9个劳动日。20世纪末，高阳县的粮食作物以一年两熟为主，每年有麦收和秋收两个农忙季节。麦收一般在农历五月，主要任务是收割冬小麦和种植玉米、谷子等。在旧农业中，用镰刀割麦子是一项重体力活儿，一个整劳力一天能割半亩地就不错了，假如1家5口人10亩地，全家齐上阵按2个整劳力2个半劳力计算，至少要耗费7个劳动日才能割完。麦子收割后还要打麦（在高阳俗称打场），至少还要耗费2个劳动日。接着种植秋粮一般要经过沤地、耕地、整地、播种等环节，还要耗时七八天。整体算下来，一个麦收快则20天，慢则1个月。秋收一般在农历八月，主要任务是收割玉米、谷子等秋粮和种植冬小麦。玉米的收割分掰棒子、刨棒子秸、剥棒子皮等步骤，也是一项重体力活儿，假如1家5口人8亩地，全家齐上阵一天至多能收1亩地，8亩地至少需要耗费八九天。接着种植冬小麦一般要经过沤地、耕地、整地、播种、起垄等环节，还要耗费七八天。整体算下来，秋收也需要20多天到1个月。

21世纪初高阳的小规模家庭农场不再使用锄头除草，而代之以除草剂，一茬玉米在生长初期只需集中喷洒一次除草剂即可，10亩地只需1个整劳力半天时间就能完成，每亩投资约20元。麦收也不再使用镰刀割麦，而代之以使用联合收割机，10亩地只需1个多小时就能割完，每亩收割费约30元。麦子割完之后，也不再沤地、耕地、整地，而是直接用玉米播种机播种，每亩播种费约需30元。紧接着给玉米地浇一遍水，每亩约需电费15元。到这里整个麦收的过程就完成了，总共需要三四天时间。秋收也普遍使用玉米联合收割机，一边出剥了皮的玉米，一边对秸秆进行初次粉碎，10亩地2个多小时即可收完，每亩地收割费约需80元。再使用秸秆粉碎机将全部秸秆粉碎一遍，每亩约需40元。接着，使用大型刨地机将土地刨两遍，每亩约需50元。最后，用播种机播撒小麦种子，每亩约需30元。至此，整个秋收过程就完成了，总共需要五六天时间。

从表面上看，与旧农业相比，21世纪初高阳小规模家庭农场在机械化水平和农业技术水平上有大幅度提高。实质上，这种提高是一种以资本替代劳动的过程。与旧农业相比，21世纪初的小规模家庭农场资本投入大量增加，以10亩地计，新增的除草剂、麦收、秋收费用共约3000元，而投入的有效劳动时间却只有不到10天，比旧农业减少50来天。

其三，农业劳动力趋向老龄化和兼业化。

与以资本替代劳动互为因果的是农业劳动力的老龄化和兼业化。高阳农民家庭的青壮年劳力优先投入工商业，家中只有无力从事工商业的老年人专门经营农业，或由壮年劳力抽空兼营农业。农民家庭的这种劳力分配状况推动了农业机械化水平的提高，开启了以资本替代劳动的进程。而农业机械化水平的提高，以资本替代劳动进程的开启，不仅大大缩短了农业的有效劳动时间，而且极大地降低了农业的劳动强度，使得主要从事工商业的壮年劳力在不耽搁工商业的前提下兼职经营农业成为可能，使得在家留守的老年人从容应付农业劳动成为可能。

表4—10　　　　南圈头村35家农户农业主劳力年龄分配

年龄段	户数	占总户数的比例（%）	人数	占总人数的比例（%）	兼业人数	占该年龄段人数的比例（%）
40岁以下	0		0		0	
40—49岁	10	28.6	12	32.4	8	80.0
50—54岁	8	22.9	8	21.6	4	50.0
55—59岁	13	37.1	13	35.2	4	30.8
60岁以上	4	11.4	4	10.8	0	
合　计	35	100	37	100	16	45.7

表4—10是笔者2008年对南圈头村35家农户农业主劳力年龄分配情况的调查结果。由表4—10可知，南圈头村35户农户从事农业的主劳力都在40岁以上，其中50岁以上者占全部主劳力的71.4%，老龄化的趋

势非常明显。并且在这37名农业主劳力中，兼营工商业者共16名，占总人数的比例达到45.7%。

根据笔者调查，这35家农户18—40岁的男女劳力除4人上大学之外，其余33人都从事纺织业。这33人中，有13人自己经营家庭工厂，其中3人的家庭工厂规模较大，专事经营管理，其余12人的家庭工厂规模较小，他们既从事经营活动，又亲自上机织布；有20人在他人的织布厂打工，其中16人做挡车工，2人做机修工，2人做整经工。总体上看，40岁以下的劳力从事的都是织布的主要工序，收入较高，却无暇顾及农业。40—49岁的12人中，有3名男劳力用农用运输车从事小批量布、线运输，1人经营小百货店，2人常年卖豆腐，2名妇女在纺织厂砸边儿，他们在从事工商业之余，有时间兼营农业；余者4人为妇女，在家照顾孩子和做家务。50岁至54岁的8人中，4名男劳力在纺织厂打杂儿，有时间兼营农业；余者4人为妇女，在家照顾孩子和做家务。55—59岁的13人中，1名男劳力用农用运输车从事小批量布、线运输，3人在工厂打杂，有时间兼营农业；余者均为留守老人。60岁以上的4人均为留守老人。

其四，秋粮的商品化程度大幅度提高。

实行"大包干"头几年，高阳家庭农场所产的绝大部分粮食都被农户作为口粮消耗掉，或者说绝大部分粮食被农户用以解决自家的温饱问题，粮食的商品化率多数年份都在15%以下，处于较低的水平。

表4—11　　　　20世纪80年代高阳农户粮食商品化程度

年份	农户粮食总产量	粮食销售量	粮食销售量占总产量的比例（%）
1984	12530元	946元	7.5
1985	24232元	2360元	9.7
1986	29485斤	4755斤	16.1
1987	39246公斤	5122公斤	13.0
1988	34300公斤	4061公斤	11.8
1989	45889公斤	6679公斤	14.6

说明：（1）1984年的数据是根据3个农经点30户的调查资料整理而得；1985—1989年的数据是根据5个农经点50户的调查资料整理而得；（2）1984年和1985年只有粮食产值数据，没有产量数据。

资料来源：1984—1989年历年的《高阳县国民经济统计资料》中的"家计调查部分"。

由上文可知，21世纪初小规模家庭农场主要生产小麦和玉米两种农作物。由于高阳人平日的主食以白面面食（面条、大饼、馒头）为主，因此农民家庭农场所产小麦每年要作为口粮被大量消耗掉，致使夏粮小麦的商品化率仍然较低，多数年份在20%以下。秋粮玉米的情形则相反，由于农民饮食结构的改善，玉米面主要用来熬粥，间或作为辅助主食（窝头、饼子），因此其消耗量较低，商品化率较高，大部分年份都在50%以上，有的年份高达70%以上。

表4—12　　　　21世纪初高阳农户小麦、玉米商品化程度

年份	小麦总产量（公斤）	小麦销售量（公斤）	占比（%）	玉米总产量（公斤）	玉米销售量（公斤）	占比（%）
2000	130565	27111	20.8	163230	113432	69.5
2001	94420	25887	27.4	151688	93488	61.6
2002	84270	14032	16.7	117650	88802	75.5
2003	77093	3751.5	4.9	105655	56774.5	53.7
2004	63450	7979	12.6	104575	56975	54.5
2005	91080	9080	10.0	131630	40857	31.0
2006	106420	16356	15.4	158540	77418.5	48.8
2007	167950	31616	18.8	134971	87352	64.7

说明：2000—2007年的数据是根据10个村100户的调查资料整理而得。
资料来源：2000—2007年历年《高阳县国民经济统计资料》中的"农村住户抽样调查"。

其五，劳动生产率大幅度提高，农业实现了真正的"发展"。

上文指出，实行"包干到户"头几年，农业生产尚处于"过密型增长"阶段。在这里我们测算一下当时的农业劳动生产率。以五口之家2个主劳力10亩地为例，假如10亩地都是一年两熟，夏粮种植冬小麦，秋粮种植玉米。当时小型家庭农场投入田间的有效劳动时间：麦收、秋收在20天至30天之间，我们取其中间值25天，夏、秋两个农忙季节共需50天；给玉米锄三遍草需要9天；冬小麦浇三遍水，玉米浇两遍水，因第一次分地地块零碎，浇一遍水至少需3天，浇水共需15天；平日的零星农活儿再加上9天，上述各项工作共消耗有效劳动时间80天，两个劳力合计为160天。1984—1986年小麦平均亩产量为251斤，平均亩产值为

43.25 元；玉米平均亩产量为 320 斤，平均亩产值为 36.10 元。① 10 亩地粮食产量合计 5170 斤，产值合计 793.5 元。则实行"包干到户"初期小型家庭农场的劳动生产率为 32.3 斤/天或 5.0 元/天。

21 世纪初，该小型家庭农场投入田间的有效劳动时间：麦收 4 天，秋收 6 天，夏、秋两个农忙季节共需 10 天；给玉米喷洒除草剂 0.5 天；因第二次分地地块有所整并，浇一遍水缩短为 2 天，浇水共需 10 天；平日的零星农活儿再加上 9 天，上述各项工作共消耗有效劳动时间 30 天，且投入 1 个整劳力即可应付。2005—2007 年小麦平均亩产量为 715.6 斤，平均亩产值为 129.51 元；玉米平均亩产量为 802 斤，平均亩产值为 118.21 元。② 10 亩地粮食产量合计 15176 斤，产值合计 2477.2 元。则 21 世纪初小型家庭农场的劳动生产率为 505.9 斤/天或 82.6 元/天。按产量计算，21 世纪初小型家庭农场的劳动生产率比实行"包干到户"初期提高了 14.7 倍；按产值计算，21 世纪初小型家庭农场的劳动生产率比实行"包干到户"初期提高了 15.5 倍。劳动生产率的大幅度提高使得小型家庭农场已经摆脱了"过密型增长"，实现了真正的"发展"。

（三）额外承包土地的农户——高度资本化商品化的小规模家庭农场

笔者 2008 年在南圈头村调研时，根据村委会介绍，了解到该村 2007 年额外承包土地的农户共 12 家，随即笔者对这 12 家农户进行了采访。

表 4—13　　2007 年高阳县南圈头村额外包地农户农业经营情况

农户编号	自有土地面积（亩）	承包土地面积（亩）	棉花种植情况		玉米种植情况		农业总产值（元）	农业净产（元）	农业主劳力	是否兼业
			面积（亩）	产量（斤）	面积（亩）	产量（斤）				
23	5.0	15.0	20.0	10000			30000	17800	45、44 岁夫妇	是
26	4.0	4.0	8.0	4000			12000	7120	60 岁主男	是

---

①　小麦、玉米的平均亩产量和产值是将 1984—1986 年《高阳县国民经济统计资料》中小麦、玉米产量、产值分别加总，再除以三年的种植亩数之和所得，其中总产值按 1980 年不变价格计算。

②　小麦、玉米的平均亩产量和产值是将 2005—2007 年《高阳县国民经济统计资料》中小麦、玉米产量、产值分别加总，再除以三年的种植亩数之和所得，其中总产值按 1980 年不变价格计算。

续表

农户编号	自有土地面积（亩）	承包土地面积（亩）	棉花种植情况 面积（亩）	棉花种植情况 产量（斤）	玉米种植情况 面积（亩）	玉米种植情况 产量（斤）	农业总产值（元）	农业净产（元）	农业主劳力	是否兼业
28	6.0	10.0	10.0	5000	6.0	4800	20460	12974	60、58岁夫妇	是
40	6.0	3.4	7.4	3700	2.0	2600	12920	7944	51岁主男	是
41	6.0	4.0	10.0	5000			15000	8900	48、45岁夫妇	是
43	6.0	4.0	10.0	5000			15000	8900	65岁主男	是
47	3.0	47.0	50.0	25000			75000	44500	40岁主男	否
50	6.0	34.0	40.0	20000			60000	35600	50、22、20岁男子	否
52	5.0	2.0	5.0	2500	2.0	2600	9320	5708	58岁主男	是
58	3.0	5.0	8.0	4000			12000	7120	45岁主男	是
59	3.0	3.0	6.0	3000			8000	5340	60岁主男	是
65	3.0	3.0	6.0	3000			8000	5340	60岁主妇	是

说明：（1）玉米产量均按1300斤/亩计算，玉米单价均按0.7元计算；棉花产量均按500斤/亩计算，棉花单价均按3.0元/斤计算。"是否兼职"一栏指的是家庭其他成员是否从事其他工作。（2）每亩玉米产值：1300×0.7＝910元。每亩玉米成本：播种20；籽种5元多1斤，每亩5斤至6斤，30元；浇水15元1水，浇两水共30元；间苗15元；化肥126元；农药10元，合计231元。每亩净产值：910－231＝679元。（3）每亩棉花产值：500×3.0＝1500元。每亩棉花成本：耕地40元；播种25元；地膜35元；籽种80元；化肥200元；浇水30元；农药100元；雇佣短工摘棉花100元，合计610元。每亩净产值：1500－610＝890元。

表4—13显示，额外承包土地的农户经营土地的面积自7—50亩不等，12家农户，只有4家经营面积在10亩及10亩以上，其余8家都在10亩以下，总体上看仍全部属于小规模家庭农场。从事农业的主劳力共17人，其中50岁以上者9人，40—49岁6人；在12家农户中，只有两户包地较多的农户共4名劳力专营农业，其余10户包地较少的农户共13名劳力都兼营农业和工商业。与自种全部或部分责任田的农户相类似，农业劳动力也呈现出老龄化和兼业化现象。除此之外，此种家庭农场耕地、播种也都使用大型机械，种植的品种都是抗虫高产棉种，普遍使用除草剂、催花剂等农药，农业装备和技术水平也有大幅度提高，在以资本替代

劳动方面与自种全部或部分责任田的家庭农场并无二致。

此种家庭农场与自种全部或部分责任田的家庭农场最主要的区别有三点。第一点，种植结构不同。此种家庭农场比较注重农业效益，所承包土地全部用于种植效益较高的经济作物——棉花。第二点，农产品商品化程度不同。此种家庭农场所产棉花几乎全部投放市场，农产品商品化率几乎达到100%。第三点，3个植棉面积在20亩以上的大户在棉花收获季节均需雇佣短工摘棉花。

与实行"包干到户"头几年相比，此种家庭农场的劳动生产率也有了大幅度提高。以五口之家2个劳力10亩地为例。20世纪80年代初植棉投入的有效劳动时间：耕地2天，播种2天，耪地4遍需15天，整枝50天，喷洒农药6遍需6天，摘棉花3天1遍，摘4遍共需12天，平日的杂活儿再算上3天。各项工作共消耗有效劳动时间90天，2个劳力共消耗180天。1984—1986年平均亩产籽棉283.1斤，平均每亩产值为160.08元。[①] 10亩棉田产籽棉2831斤，产值为1600.8元。则当时植棉的劳动生产率为13.2斤/天或8.9元/天。

21世纪初，该小型农场植棉投入的有效劳动时间：因地块调并，耕地1天，播种1天；喷洒除草剂一遍需1天；喷洒缩节胺两遍需2天；品种均为抗虫棉，只需喷洒农药一遍，需1天；喷洒催花剂一遍需1天；摘棉花3天1遍，摘4遍共需12天；平日杂活儿再算上3天。各项工作共消耗有效劳动时间22天，2个劳力共消耗44天。2005—2007年平均亩产籽棉451斤，平均每亩产值为276.2元。[②] 10亩棉田产籽棉4510斤，产值为2762元。则21世纪初植棉的劳动生产率为102.5斤/天或62.8元/天。按产量计算，21世纪初植棉的劳动生产率比实行"包干到户"初期提高了6.8倍；按产值计算，21世纪初植棉的劳动生产率比实行"包干到户"初期提高了6.1倍。劳动生产率的大幅度提高也使植棉的小规模家庭农场摆脱了"过密型增长"，实现了真正的"发展"。

[①] 籽棉的平均亩产量和产值是将1984—1986年《高阳县国民经济统计资料》中籽棉产量、产值分别加总，再除以三年的种植亩数之和所得，其中总产值按1980年不变价格计算。

[②] 籽棉的平均亩产量和产值是将2005—2007年《高阳县国民经济统计资料》中籽棉产量、产值分别加总，再除以三年的种植亩数之和所得，其中总产值按1980年不变价格计算。

黄宗智称中国的粮食种植业为"旧农业",认为它仍是旧式种植,是过密化的农业。① 黄氏的研究是基于全国统计资料开展的,其结论是针对我国粮食种植业的一般情形而言。但本书研究的河北省高阳县,作为一个华北典型的乡村工业发达区,其粮食种植业已经摆脱了过密化,实现了以劳动生产率提高为主要标志的真正的"发展"。使高阳县的农业实现真正"发展"的根本动力不在于农业本身,而在于乡村工业对农村劳动力的吸纳。正是乡村工业的发展,使得农民家庭的劳动力从事工商业的收入大幅度提高,从而大大提高了他们从事农业的机会成本,催生出农业的机械化,从而使农业的劳动生产率大幅度提高。

21世纪高阳的农业是在小规模土地经营的前提下实现的机械化和真正的"发展",而中国政府目前的农业政策明确提倡土地的适度规模经营,学术界的主流意见也强调推进家庭农场的适度规模经营,并以之作为实现中国农业现代化的必由之路。② 同时,也有个别学者认为:"家庭农场"是来自美国的修辞,背后是对美国农业的想象,它错误地试图硬套"地多人少"的美国模式于"人多地少"的中国,这种观念亟须改正,中国近三十年已经相当广泛兴起的适度规模的、"小而精"的真正家庭农场才是中国农业的正确道路。③

本书上文对21世纪高阳农业的"发展"分析仅是采用纵向比较而言,即以高阳21世纪的农业经营与本地20世纪90年代以前的农业经营相比较,如果与美国同时代的规模化农业经营进行横向比较,高阳21世纪的农业经营单位仍十分狭小,联合收割机等大型机械在狭小经营单位的生产效率比之规模化的农业经营要低得多,喷洒农药、施肥等生产工序也难以实现机械化和自动化。总体上看,狭小单位的农业经营,尽管也基本

---

① 黄宗智:《中国隐性的农业革命》,《中国乡村研究》第八辑,福建教育出版社2010年版,第7页。

② 2008年,中国共产党十七届三中全会发布《中共中央关于推进农村改革发展若干重大问题的决定》,提出允许农民以多种形式流转土地承包经营权,发展土地规模经营;2013年中共中央、国务院发布《加快发展现代农业 进一步增强农村发展活力的若干意见》,明确提出发展土地规模经营;2015年中共中央、国务院发布的《关于加大改革创新力度加快农业现代化建设的若干意见》提出"鼓励发展规模适度的农户家庭农场"。近两年,国内关于家庭农场的研究很多,大部分研究的旨趣在于从理论和实证两方面论证家庭农场规模经营的合理性和推动家庭农场发展的对策。

③ 黄宗智:《"家庭农场"是中国的发展出路吗?》,《开放时代》2014年第2期。

实现了机械化，但与规模化的农业经营相比，仍存在生产效率低、能耗高等问题。这些问题在以狭小单位经营的农业范畴内无法再通过技术手段的进步得到有效解决，也就是说在目前狭小的土地经营单位下，农业生产技术的改善已臻极致，农业劳动生产率很难在技术的催动下得到进一步提高，在这种情况下，中国农业的继续"发展"恐怕就只剩下增加经营规模一个途径了。在历史条件、当前政策和农村文化的大环境下，发展规模经营的主要路径无非土地经营权的流转。诚然正如某些学者所指出的中国人地比例关系的总体特点是"人多地少"，但在高阳县这样的乡村工业区，乡村工业已发展到相当大的规模，与工商业相比，农业在农民家庭中已处于次要地位，专门从事农业的人口已下降到以中老年劳力为主，除去专门从事工商业的人口和在兼业情况下主要从事工商业的人口，高阳"人多地少"的情形已有所改观。即便在这种状况下，高阳土地经营权的流转率并不高，以南圈头村为例，真正用于农业经营的流转土地（把土地承包给他人耕种），加上改变用途的流转土地（工厂用地），据笔者调查和计算，不超过该村耕地总量的 25%，且真正用于农业经营的流转土地并非集中到某些种植大户手中，该村的农业经营仍然以 5—20 亩的小规模家庭农场为主，还远远达不到"规模经营"的标准。① 高阳目前的土地经营规模是包产到户后当地农业和乡村工业自然互动的结果，是与当前高阳纺织业的发展规模相适应的土地经营规模。如果发展土地适度规模经营的家庭农场是我国农业现代化的发展方向，从目前的情形看，在高阳要形成更大范围内的土地流转，实现农业的适度规模经营，还需要乡村工业的大发展和对更多兼业劳动力的吸纳，从高阳纺织业的发展前景看，恐怕还要经历一个较长的时段。

最后附带提一提农业经营利润低下问题，因为该问题是阻碍高阳县农业实现适度规模经营的一个影响因子。据笔者调查，目前的所谓"农业社会化服务体系"是造成农业经营利润低下的一个重要因素。农业社会

---

① 在不同的自然条件和技术条件下，当前学界测算的我国各地区家庭农场的适度经营规模大小不一。据苏昕、王可山、张淑敏《我国家庭农场发展及其规模探讨——基于资源禀赋视角》（《农业经济问题》2014 年第 5 期）一文总结，我国当前形成的五种典型家庭农场模式中，浙江宁波的家庭农场面积一般在 50 亩以上，上海松江模式在 100—150 亩，湖北武汉模式在 15—500 亩，吉林延边模式在 1275 亩，安徽郎溪模式在 50 亩以上。依照高阳现在的技术条件和自然条件，笔者估计粮食生产适度经营的规模当在 50 亩以上。

化服务体系包括产前、产中、产后的系统服务，其中产前的生产资料供应（种子、化肥、农药、地膜等）走的是从生产企业到农村的一条下行路径，这些物资从企业辗转到农民手中一般要经过地区、县级、乡（村）级等两到三级经销商，每过一级要加一层利润，价格就相应地提高一层，农民的农业成本就提高一层。粮食、棉花等农产品的产后销售走的则是由农村到加工企业的一条上行路径。以玉米为例，先是由走街串巷的流动商贩从农民家中直接买走，流动商贩又卖给固定的粮食收购摊点（这些摊点一般设在交通便利的大公路沿线，高阳县沿高保公路的板桥、尖窝等村在公路边就设有几个粮食收购摊点），这些粮食收购摊点又将玉米卖到山东的淀粉厂或本地、外地的饲料厂。于是，玉米从农民手中辗转到加工企业也要经过两级经销商，每级经销商都要从农民手中剥离一份剩余价值，农民经营农业所创造的剩余价值经过两级经销商的剥离就所剩无几了。物资的下行提高了农业成本，农产品的上行剥离了农业的剩余价值，这一上一下、一高一低压在农民身上，其经营农业的利润就极其微薄了。笔者在调查过程中问及农民的农业经营，他们无不摇头叹息，然后说出一句"种地根本不挣钱"的话来。在这种情况下，人们从事纺织业的热情比之投资从事农业规模经营的热情要高得多。

小　结

20世纪30年代，高阳县境内多盐碱地，且常闹水、旱、蝗、雹等自然灾害，农业生产条件十分恶劣。高阳纺织区人均耕地仅有2.71亩，而依当地亩产量计算出的满足粮食基本消费的人均耕地临界点为4.81亩，因此，纺织区的人地比例关系十分紧张。高阳纺织区与华北大多数地区相仿，是一个以自耕农为主的农村社会，依据各阶层占有土地数量计算出的基尼系数未超过0.4，说明纺织区内的地权分配处于较为合理的范畴之内。纺织区内的农业种植结构是以粮食作物为大宗，尤其是以作为主食的麦子、玉米、谷子、高粱四种谷物为大宗。由于自然条件恶劣，纺织区内的农业亩产量要低于河北省平均水平。纺织区内农村自产粮食一般都被农民留作口粮，商品化程度极低。与粮食不同，高阳县第一区县城以西的季朗、赵官佐、六合庄、路台营等20几个村庄属于产棉区，所产棉花绝大部分运销天津。在高阳纺织区农村，一家拥有10亩耕地和1台织机的典型农户，其家庭经济形成了一种二元结构，一元是处于传统经济范畴的农业，另一元是进入现代化历程的家庭织布业。在该农户的家庭收入中，织布业收入要远远高于农业收入，农户的家庭经济呈现出一种以织布业为主，以农业为辅的新结构。

20世纪80年代之后，高阳县的河流很少再泛滥成灾，大部分盐碱地得到改良，水浇地面积也大幅度增加，农业生产的基础条件得到根本改善。80年代初，高阳县推行了"大包干"农业生产责任制，把土地经营权下放给农户。实行"大包干"的最初几年，农民靠增加田间地头的有效劳动，大幅度提高了精耕细作水平，从而提高了粮、棉产量；20世纪90年代以后，粮、棉产量的持续增长则得益于农民辛勤劳作和农业生产技术进步（推广优良品种和大量使用化肥、农药、地膜等）的双重推动。但是，从80年代初到90年代末，农业的劳动生产率没有显著提高，当时的农业仍然处于"有增长而无发展"的"过密型"增长阶段。从90年代中期开始，民营纺织业的迅速发展逐渐改变了农民的家庭收入格局，与乡村工业相关的收入大大超过农业收入。如此一来，农业的机会成本大幅攀升，农民家庭在安排生产和生活时会优先保障乡村工业的需要。在这种情况下，高阳县农户的农业经营在21世纪初发生了重大变化。一小部分农户完全放弃农业经营，将全部土地流转给他人。大部分农户自种全部或部分责任田，由于兼营工商业，其农业经营变成了一种高度资本化的小规模家庭农场：其一，种植结构趋向简单化，一般是小麦和玉米轮种，或只种一季玉米；其二，以资本替代劳动，用农业机械和农药替代人工；其三，农业劳动力趋向老龄化和兼业化；其四，秋粮的商品率大幅度提高。另有一小部分农户，除经营自己的责任田外，还承包他人和集体的土地，用以大量种植棉花，其农业经营演变成一种高度资本化商品化的小规模家庭农场。从总体上看，高阳县的农业经营形成了一种以高度资本化的小规模家庭农场为主，以高度资本化商品化的小规模家庭农场为辅的格局。并且，这两种家庭农场都实现了农业的机械化。与前些年相比，农业劳动生产率也有了很大提高，基本上摆脱了"过密型增长"，实现了真正的"发展"。但是，高阳县的土地流转率仍然不高，农业离适度规模经营的要求还相去甚远。究其原因，最主要的问题还是在于农业经营的利润太过微薄，人们缺乏经营农业的积极性。在高阳，要推动土地流转和农业适度规模经营，需要纺织业进一步大发展和对更多兼业劳动力的吸纳。

第 五 章

高阳纺织区的社会结构①

本书第一章已经指出,在高阳纺织业进入现代化历程之前,当地农民以农业为主,农闲兼营纺纱织布,是一种典型的耕织结合的小农经济。在这种以小农经济为主的社会中,土地是最主要的财富,进而土地分配关系成为划分社会阶层的主要依据。本书第二章详细研究了20世纪30年代高阳县的土地分配关系,证实民国初年高阳县与华北大多数地区的情形基本相同,其地权相对分散,当地农村是一个以自耕农为主的社会,在自耕农之外还有少量中小地主、雇农和佃农。目前尚无详细资料,可以借以研究清末高阳纺织区的土地分配关系。1989年笔者高考结束,赋闲在家,协助编写本村(辛留佐村)村史。在搜集资料的过程中,笔者走访了三位村中年龄最长的老人(一位百岁高龄,另两位九十多岁),问及他们本村历史上的土地分配状况。据老人们说,从"大清朝"到土地改革前村里多数家庭都有十几亩、二十来亩地,丰收之年一家人勉强可以糊口。村中占地较多的有冯、石两大家,冯家兄弟二人,每人有地六七十亩;石家兄弟五人,每人有地五六十亩。这七家每家都有一两挂大车,每家都雇佣两三名长工,农忙时再临时雇佣几名短工,家主本人和家人有时也下地干农活儿,一般不出租土地。② 如果参照土地改革时划分阶级成分的标准,冯、石各家均应被划为富农之列。如果不细分的话,富农也属于自耕农,因而从前清一直到土地改革前,辛留佐村就没有地主,只有自耕农和雇农。但这种情形仅限于辛留佐一村,高阳其他村庄的情形则不得而知。从清末到民初,尽管社会制度发生了重大变化,但是这种变化基本上未触动华北农

---

① 这里所研究的社会结构是指社会学意义上的狭义的社会结构,即社会阶层结构。
② 见笔者整理之《1989年〈辛留佐村村史〉访谈资料》。

村的生产关系，高阳农村的土地分配关系总体上应变化不大，因而在这里笔者姑且认为清末高阳农村的土地分配状况与民初相仿，清末高阳的农村社会也是一个以自耕农为主的社会，兼有少量中小地主、雇农和佃农，其中中小地主和富裕自耕农为上层，一般自耕农为中层，雇农和佃农为下层。

关于清末高阳县城的社会阶层分布，亦缺乏详细资料。按一般情形推断，清末在县城城居者无非有地主、手工业者、商人、商贩、店铺伙计、吏役、士绅和官员，其中官员、士绅、部分商人为上层，另一部分商人、地主、吏役为中层，商贩、店铺伙计、手工业者为下层。

1906年高阳组建商会时，高阳商务分会曾将其会员名单上报天津总商会，名单详细开列了商会会员的姓名、功名、年龄、籍贯、所在商号及职位、在商会中所任职务、能力和声望等项内容，兹将该名单整理如表5—1所示。

表5—1　　　　　　光绪三十三年（1907）高阳商会会员

序号	姓名	年龄	籍贯	功名	所在商号及职位	在商会中担任职务	能力和声望
1	韩伟卿	36	高阳县	从九品	一泉粮店执事	总理	熟悉商情，素孚众望
2	任枚选	57	高阳县	监生	万德和洋布庄执事	会董	精明练达
3	张兴汉	29	高阳县	从九品	荣泰钱店执事	会董	精明练达
4	李桂元	47	高阳县	从九品	同德钱店执事	会计	忠正可靠
5	杨葆森	28	安州	文生	蚨丰缎店财东	庶务	熟悉商情
6	王　玺	54	蠡县	从九品	同心堂粮店执事	庶务	贸易多年
7	王企鳌	29	安州	文生	义兴永钱店财东	庶务	熟悉商情
8	李孟谦	54	河间府	从九品	德和钱店执事	庶务	贸易多年
9	房锡龄	52	高阳县	廪膳生	长春堂药局执事	文牍	
10	李静观	47	文安县胜芳镇	文生	永立布店财东	书记	贸易多年
11	王恩瀚	58	天津县	举人	中立盐店执事	盐行行董	贸易多年
12	杨世昌	51	定兴县	监生	兴仁当执事	当行行董	贸易多年
13	杨木森	37	安州	五品衔候选中书	蚨丰缎店财东	绸缎行行董	熟悉商情
14	李秉熙	47	高阳县	从九品	长春堂药局财东	药行行董	贸易多年

续表

序号	姓名	年龄	籍贯	功名	所在商号及职位	在商会中担任职务	能力和声望
15	王金魁	52	高阳县	武生	同顺永银号执事	银行行董	贸易多年
16	韩云卿	48	高阳县	监生	庆泉粮店执事	粮行行董	贸易多年
17	杨占卿	42	清苑县	五品衔	绍德堂洋布庄执事	铺户会董	贸易多年
18	田致诚	50	高阳县	从九品	福昌涌烧锅执事	酒行行董	贸易多年
19	李廷芝	34	高阳县	无	天华银楼财东	首饰行行董	经商有年
20	杨焕文	32	高阳县	无	庆丰义线货店执事	线货行行董	经商有年
21	张玉	45	山西平定州	无	源瑞成染坊执事	染行行董	贸易多年
22	齐懋德	45	高阳县	无	万信公钱铺执事	铺户会董	贸易多年
23	李桂林	39	高阳县	无	协力铁铺财东	铁行行董	贸易多年
24	张筱唐	25	南宫县	无	鸿丰钱铺执事	铺户会董	练达商情
25	管东瀛	34	高阳县	无	隆泰祥杂货铺财东	杂货行行董	贸易多年
26	孙翼亮	54	高阳县	无	庆聚祥板店执事	木货行行董	贸易多年
27	梁振民	33	高阳县	无	祥和洋线铺执事	洋线行行董	贸易多年

材料来源：高阳商务分会：《为送各脚色年岁籍贯行业清折致王竹林的禀》，光绪三十三年十月初二日，天津市档案馆藏，资料号：J0128—2—002261—008。

表5—1开列了27位商人和25家商号，这25家商号涉及粮行、银钱业、布线绸缎行、漂染行、中药行、典当行、酒行、首饰行、铁行、杂货行、木行等多个行业。高阳在直隶省各县中属于小县，交通亦不便利，在纺织业兴起之前商业不甚发达，这25家商号即便不能完全涵盖高阳县城的所有商铺，也应该包含了县城的主要商号，那么这25家商号的27名商人当为高阳县商界的主要人物。表中"所在商号及职位"一列显示这些商人的职位有"财东"和"执事"之分，财东在高阳俗称东家，是指某商号的投资人；执事在高阳俗称掌柜，是指某商号的经理人。表中开列的各商人的职位虽有"财东"和"执事"之分，但并不能代表其真实身份。中国传统商业的组织形式一向有独资制与合伙制之分，其中独资制又有"自东自掌"和"领东"两种，合伙制也有由合伙人共同推举一人担任掌

柜和外聘掌柜之分。① 表中所列的 27 人中，除少数几人如杨木森、杨葆森兄弟和李秉熙、房锡龄能搞清楚其真实身份外，其余 23 人因为搞不清楚其所在商号的具体组织形式，所以无法确定其真实身份，② 进而也不能确定其是否有商业资产和商业资产的多寡，故而不能从资产的角度对他们划分阶层。社会分层除考虑资产外，还需综合考虑身份地位、社会声望等其他因素。以身份地位而论，表 5—1 中所列前 18 号人物都有功名，或具备五品、从九品的官阶，或具备文生、武生、监生等生员头衔。有研究表明，清末兴起一个"绅商"阶层，该阶层既从事工商业活动，又同时享有传统功名和职衔，其身份"亦商亦绅"。绅商的形成有"由绅而商"和"由商而绅"两条途径，其中"由商而绅"则多是通过捐纳途径实现。③ 表 5—1 所列前 18 号人物就是这种"绅商"。根据目前掌握的资料，可以确知 13 号杨木森的官衔是通过捐纳和捐资办学所得，清光绪三十年，杨木森"因捐资修堤，由直隶总督袁给予五品奖札。三十二年，因创办学堂，由直隶总督袁奏奖中书科中书"④。其余 17 人虽不能确知其功名之由来，但他们大都"经商多年"，想来其功名大抵也是通过捐纳或捐资办学所得。无论其功名怎样得来，他们都因其功名获得了士绅的身份，享有了以往士绅才可以享有的自由见官、见官不跪、优免差徭和刑罚上的特权，具有了不同于一般庶民商人的特殊身份，商会的主要职务（总理、庶务等）也全部由这些"绅商"担任，因此他们便构

---

① 独资制是由一人或一家出资，其中"自东自掌"是由东家自己担任掌柜，如表 5—1 中所列蚨丰缎店是由安州南边吴杨家出资，由杨木森担任掌柜，其组织形式是典型的"自东自掌"，杨木森既是财东，又是执事（见《高阳织布业简史》第 67 页）；"领东"是指东家出资，聘任他人担任掌柜，如表 5—1 中所列长春堂药局是由李秉熙出资，聘房锡龄做掌柜，其组织形式是典型的"领东"，李秉熙是财东，房锡龄是执事。合伙制是由两人以上共同出资的商业组织形式。在以往的研究中，有学者对合伙制的内涵和外延界定得更为宽泛，如刘秋根在《中国古代合伙制研究》（人民出版社 2007 年版）一书中将明清合伙制界定为资本与资本的合伙、资本与劳动的合伙和混合型的合伙制三种类型，如果按照这种界定，在传统的商业组织形式中，除"自东自掌"外，其余均应属合伙制。本书在这里采取狭义的界定，即仅将两人以上共同出资的组织形式称为合伙制，其余的则称为独资制。

② 由于中国传统商业的组织形式多种多样，表中开列某人职位为财东，如果是自东自掌，他还可能兼执事；某人职位为执事，如果是合伙制，他也可能是合伙人之一，因而可能兼财东。

③ 章开沅、马敏、朱英主编：《中国近代史上的官绅商学》，湖北人民出版社 2000 年版，第三章"社会转型中的近代绅商"。

④ 《新选中华全国商会联合会副会长杨木森氏》，《中华全国商会联合会会报》第三年第九号和第十号"扉页"，1916 年。

成了晚清高阳商界的上层，也是高阳县城社会上层的组成部分，其余庶民商人则属商界下层，在高阳县城各色人等之中仅属中层。

第一节 20世纪初高阳纺织区的社会结构变迁

纺织业兴起后，高阳城乡社会阶层最显著的变化就是"布线商人阶层"兴起并成为地方经济、社会的主宰。这里所说的"布线商人阶层"是从广义上而言的，既包括以经营布线生意为业的纯粹商人，也包括开办织布厂和染色整理工厂的企业主。① 由第一章可知，在20世纪初的高阳纺织业中布线商人始终处于主导地位，他们通过"撒机制"，把一个以自耕农为主的传统农村社会改造成一个以个体织户为主的巨大的商品布生产基地。由第六章可知，"布线商人阶层"在主导经济的同时，通过合法组织高阳商会对高阳县的治理施加影响，几乎把县城改造成一个由他们主导之下的"市民社会"。

一 新兴布线商人阶层及其内部结构

（一）从财产、出身、职业和收入分层

高阳的布线商号有布线庄、线庄、布庄、布店等，其中布线庄最多，因而在这里以一个典型布线庄为例分析高阳布线商号的内部组织。高阳的布线庄大都由传统商号转化而来，其内部组织形式与传统商号大致相仿。布线庄也有"独资制"与"合伙制"之分，其中独资制亦有"自东自掌"和"领东"两种模式，合伙制也有"自东自掌"（由合伙人共同推举一人担任掌柜）和"领东"（外聘掌柜）之分，因此，按照是否投资和职位高低区分，高阳的布线庄就有财东，大掌柜，二、三号掌柜，外庄掌柜，写账先生和大小伙计、学徒等。布线庄实行工资制，财东和学徒之外的员工都有工资，一般按月支领。其每月工资还有"应支"和"借支"之分，"应支"相当于固定工资，即不论买卖赔赚，每月规定支取多少报

---

① 高阳纺织业中的部分染色整理企业本就是由布线庄附设的，即便是独立经营的染色整理企业，其业务也大都为布线庄服务；一些大型的织、染、轧一体化企业，如南沙窝苏家的仝和工厂，也设庄撒机，并销售外庄，其经营环节与布线庄并无二致。因此，我们在这里将之归入广义的布线商人行列，不再另设企业主阶层。

酬就支取多少报酬。按照商号规模大小，大掌柜每月的"应支"数自5—30元不等，大掌柜以下依次递减。"借支"相当于提前支付的报酬，也按照不同职位规定不同的借款上限，所借款项先寄存在个人名下，到年底分红时再从借款者的红利中扣回。此外，高阳的布线庄在利润分配时还实行按股分红制度，有所谓钱股、人股和花红股之分。钱股是财东投入资本所占分红股份，只能由投资者享有；人股是不出资本的重要职员所占分红股份，一般由不投资的大掌柜、二掌柜、三掌柜和外庄掌柜享有。钱股和人股的分配方法一般由财东和大掌柜事先讲好，并订立合同，① 有按比例分成者，分钱七人三、钱六人四和钱人对半等多种分配比例；也有按股分红者，即把钱股、人股合成若干个股份，规定钱股占几股，人股占几股。② 分红的周期亦不一致，有一年一分的，即每年一清单，每年一分红；也有三年一分的，即每年一清单，三年一分红。花红股又称小股，相当于奖金，是生意兴隆时布线庄年终发给大家的额外奖励，一般不超过总利润的1/10，由不享受人股的写账先生、大小伙计分享。

高阳布线庄的这种利润分配方式仿效清中叶以后在晋商中盛行的股俸制，而在股俸制的基础上又有所发展。晋商的股俸制没有工资，纯粹以身股作为职员的薪俸，其"应支"要在所分红利中扣回；③ 而高阳的布线庄则是在人股之外，还按月给一份固定工资，相当于股俸加工资的混合薪俸制。对于晋商股俸制的作用，学界多强调其积极的一面，也有个别学者指出其消极的一面，认为银股和身股之分在财东和经营者之间形成一个双重的风险放大机制，这个机制最终成为导致票号群体垮台的内在因素。④ 高阳布线庄经营的布线生意与晋商票号经营的放款和汇兑业务大不相同，其钱股和人股之分形成的主要是激励机制所引起的积极作用，其风险不能说没有，但相比晋商票号要小

---

① 合伙制商号所订合同的样式在吴知《乡村织布工业的一个研究》第44页有记载。
② "钱七人三"即按7∶3的比例分红，钱股分取红利的70%，人股分取红利的30%。"钱六人四"和"钱人对半"亦然，唯钱股、人股所分红利的比例分别为6∶4和5∶5。按股分红的方式较少，最为典型者是蚨丰号，1919年杨木森把蚨丰号的股份定为12（1/3）股，规定钱股占9股，其他股（包括人股和花红股）占3（1/3）股。见《高阳织布业简史》，第52页和第69页。
③ 张正明：《清代晋商的股俸制》，《中国社会经济史研究》1989年第1期。
④ 兰日旭、兰如清：《山西票号顶身股机制再探析》，《福建师范大学学报》2014年第5期。

得多，而这种风险的大小又多由各商号大掌柜的性格和经营能力决定，与市场的波动也有关系。如1933年开业的大丰号线庄，由杨木森之子杨君实和杨世芳共同出资兴办，一开始聘请吴冠伦任领东掌柜，吴本性好大喜功，仗着杨家资本雄厚，一次就从天津进来几百件棉纱，企图垄断高阳市场，进而牟取暴利，结果适值日本棉纱倾销，纱价跌落，一年下来就赔了几千块钱。1934年大丰改为银号，经营贷款和汇兑，吴冠伦仍然野心勃勃，他一方面大量向高阳各商号放款，另一方面让十几个伙计专门负责"跑街"，妄想完全控制高阳布线经营中的"拨码"，结果一年下来，赚钱仍然不多，吴冠伦本人也因操劳过度而死。① 从1935年起，大丰号改为布线庄，聘张子超为大掌柜。张子超原为蚨丰号的外庄掌柜，经营布线生意多年，性格沉稳，经验老到。他根据大丰的资本铺排经营规模，聘请了3个"二掌柜"和12个外庄掌柜，天津、上海2个外庄负责购买棉纱，仅掌柜1人即可应付，其余10个外庄负责销售布匹，设3—4人。此时又值高阳纺织业走向民初第三次兴盛，因而其业务一帆风顺，到1936年净赚20万元。② 从大丰号沉浮的经历可知，一个商号的经营风险大小多取决于大掌柜的经营能力、经营策略和市场的波动，而并非钱股和人股的利润分配机制所固有。

搞清楚布线庄的内部组织和分配机制后，我们便可以从资产、职权和收入角度分析布线商人阶层的内部结构。财东为布线庄的投资人，一般拥有一定财力。吴知曾于1932年调查了60家布线庄的开办资本，其中资本最少的1家只有1000元，最多的3家不过50000元，10000元以下者33家，10000—50000元者17家，平均每家的开办资本不过8918.18元。③由此可见，财东投入布线庄的资本并不是十分雄厚。布线庄的财东有经商出身者，也有乡间地主出身者，还有由织户起家者。高阳布线商号的财东经商出身者最多，在高阳纺织业初兴阶段，原来从事粮行、银钱业等其他行业的商人，"见那一桩买卖有利益，就分一部分资本去经营，所以当初经营纱布业的商号很多，不过现在许多已不存在罢了"④。从民初一直保持到20世纪30年代的几家规模较大的商号，多数是由经营其他行业的商

---

① "跑街"及"拨码"的含义见本书第三章第二节。
② 河北大学地方史研究室、政协高阳县委员会编著：《高阳织布业简史》，第77—96页。
③ 吴知：《乡村织布工业的一个研究》，第52—53页。
④ 同上书，第40页。

号转化而来，其财东多为经商多年的商人出身。如高阳最大的布线庄蚨丰号，成立于光绪二十八年（1902），最初做洋布、绸缎生意，兼做放款收账，1912年正式改为布线庄。其财东杨木森，最初为推车销售布匹和洋广货的小商贩，后投资3000吊钱开办蚨丰号。① 规模仅次于蚨丰号的汇昌号，开办于1919年，其财东韩惠丰、常翊华、孔润章、李竹庵、刘小文、孔长乐、李明书7人都是蚨丰号的学徒出身，后来曾担任蚨丰号的二、三号掌柜和外庄掌柜。② 与商人出身的财东相比，乡间地主出身的财东要少得多，目前见诸文字记载的仅有清苑县喇喇地臧家、高阳季朗村财主张老化等，其中臧家是喇喇地著名的大地主，有几百亩土地，臧家在高阳曾投资兴办"德义隆"线庄，后又拿出12000元与陈省三、王佐良开办本生和布线庄；③ 季朗村财主张老化出资5000元，与张义生合开义生源线庄；④ 织户出身的财东投资兴建的多为织、染、轧企业，其中最大的织染轧综合企业仝和工厂就是由北沙窝村苏秉衡织大提花机起家的。⑤ 从组织方式看，高阳的布线庄"自东自掌"者较少，而以"领东"者居多，⑥ 因此，高阳布线庄的财东，除杨木森、杨明尘、孔润章等少数人外，都不参与布线庄的经营管理，而纯以吃钱股为业。布线庄的利润分配，钱股所分为最大宗，占到利润的50%至70%，可见在布线庄各色人等中，财东收入最为丰厚，分享布线庄的大部分利润。与此同时，在布线庄亏损时，财东须负全部经济责任，也就是说布线庄所赔之钱都是由财东赔付。

布线庄的掌柜，包括大掌柜、二号和三号掌柜、外庄掌柜，绝大部分为经商起家。

---

① 最初，蚨丰号是典型"自东自掌"布线庄，财东杨木森自兼大掌柜，杨木森退隐后，由丁云阁担任大掌柜，杨木森的大儿子杨明尘担任二掌柜，蚨丰变成半"领东"半"自东"的状况。见《高阳织布业简史》第67—71页。
② 汇昌号由韩惠丰、常翊华、孔润章、李竹庵、刘小文、孔长乐、李明书7人出资创办，由孔润章担任大掌柜，常翊华、李尊一、孔庆府担任二掌柜，由韩惠丰担任天津外庄掌柜。见《高阳织布业简史》第96页。
③ 河北大学地方史研究室、政协高阳县委员会编著：《高阳织布业简史》，第105页。
④ 同上书，第106页。
⑤ 同上书，第16、131页。
⑥ 《蚨丰学徒史敬之（80岁）口述资料》，政协高阳县委员会1983年采集。

表5—2　　　　　　　　　　1915年高阳商会职员

序号	姓名	年龄	籍贯	所在商号及职位	在商会中担任职务
1	韩伟卿	44	高阳县	荣泉号经理	会长
2	张兴汉	37	高阳县	一信厂财东	副会长
3	杨木森	45	新安县	蚨丰号财东、经理	公断处处长
4	凌煜钊	39	清苑县	法律毕业	文牍
5	栗耀龙	47	任丘县		书记
6	李皞南	55	高阳县		会计
7	周锦川	34	高阳县	庆泉号经理	会董
8	齐懋德	52	高阳县	德信公经理	会董
9	李秉熙	55	彰德府武安县	长春堂财东	会董
10	李桂元	54	高阳县	同立号财东	会董
11	李秉义	43	高阳县	义丰工厂财东	会董
12	房森德	30	高阳县	益计号财东	会董
13	李秉成	36	高阳县	合记工厂经理	会董
14	孙耀曾	30	高阳县	庆聚祥财东	会董
15	韩步墀	33	高阳县	永丰号经理	会董
16	侯维藩	35	高阳县	福源长财东	会董
17	杨占卿	49	清苑县	荣源号经理	会董
18	李益谦	62	河间县	德和号经理	会董
19	李企贤	37	高阳县	庆丰义经理	会董
20	管兆棠	41	高阳县	隆泰祥财东	会董
21	梁松龄	60	高阳县	永立号财东	会董
22	周辅之	45	高阳县	广豫号经理	会董
23	刘仁山	30	高阳县	辅升永财东	会董
24	马法骏	33	高阳县	三义斋财东	会董
25	李海曾	39	高阳县	一泉号经理	会董
26	李兆兰	52	高阳县	曾在直隶农校创办蚕桑缫丝绸缎，并种植各种果品、酿造果酒，富有工业学识，现由政事堂存记准用道尹	特别会董
27	张佐汉	40	高阳县	前清举人，留学日本，师范毕业，历充前清学部图书局编辑员、邮传部唐山路矿专门学堂教员，于工学颇有研究，现充本省教育会会长、巡按使公署教育顾问	特别会董

续表

序号	姓名	年龄	籍贯	所在商号及职位	在商会中担任职务
28	李秉仁	42	高阳县	前清农工商部主事、工务科二等科员，曾充农工商部创设工艺局收发处处长，富有工商经验，现在本县设立染织工厂	特别会董

资料来源：《高阳县商会职员表（民国四年一月改组）》，《中华全国商会联合会会报》第三年第五号，1916年。

表5—2是1915年1月改组的高阳商会职员表，此时正值高阳纺织业初兴阶段。高阳传统商号一般以"字号+行业"命名，表5—1中所载之"一泉粮店""荣泰钱店""长春堂药局""祥和洋线铺"等莫不如此。纺织业兴起后，凡经营布线生意的商号都称布线庄、线庄，因而当地人在称呼这些商号的过程中多将"行业"省略，而仅称其"字号"，如蚨丰号、汇昌号、庆丰义等，20世纪80年代初高阳布线商号老职员的口述资料也多称呼各布线庄为"××号"。因此，虽然我们不能确知表5—2中各商号经营的行业，但是按照高阳县纺织业兴起后对商号习惯称谓的变化，可以断定这些商号大多数都是布线庄和线庄。将表5—2与表5—1相比较，便可以看出在高阳纺织业初兴时，布线商号的大掌柜有些是由传统商号的大掌柜转化而来，二表中所列之韩伟卿、杨木森、齐懋德、杨占卿、李孟谦5人便属于这种情形；① 除上述5人外，表5—2所列之周锦川、李秉义、房森德、李秉成、孙耀曾、韩步墀、侯维藩、李企贤、管兆棠、梁松龄、周辅之、刘仁山、马法骏、李海曾14人皆表5—1所未载，当为纺织业勃兴后各商号新聘之大掌柜，其中除李秉义、李秉成兄弟的出身有记载

---

① 两表皆载之人物中还有李秉熙，前表载他投资的商号为"长春堂药局"，后表"长春堂"之名未变，按照中国商号的命名习惯，该商号应该仍为药局。李秉熙在纺织业初兴时是高阳商界的一个活跃人物，曾与韩伟卿、杨木森、张兴汉等人一起赴天津考察织机，并在《中华全国商会联合会会报》上撰写《直隶高阳布业之沿革纪略》一文，推介高阳纺织业。从其经历推想，他应该投资布线商业并有所建树，但苦于没有切实证据予以证实，本书在这里只能存疑，暂且将之排除于布线商号大掌柜行列之外。另，前表有"李孟谦"，后表作"李益谦"，二者皆为"河间人"，所供职之商号皆名为"德和"，前表年龄为54岁，时过8年，恰为后表之62岁，由此可知二者为同一人，因为前表取自档案资料，更为可信，所以此处择其名为"李孟谦"。

外，其余 12 人均因缺乏资料无法确知其出身。①

以后，随着高阳纺织业的兴衰，布线庄也随之起起落落。其间，经营时间较长的布线庄开始注意培养自己的嫡系人马，即从学徒中培养商业骨干，并层层予以提拔。学徒在当地俗称"学买卖的"，在布线庄中处于最底层，他们大多是出身普通家庭的孩子，十几岁辍学之后，经熟人介绍到布线庄。20 世纪二三十年代，各布线庄都招收学徒，大商号一二十个，小商号也有三四个，一般都是二三年招上一批。学徒满 3 年未被开除者即成为伙计，可以担当写账，或上线市交易，或在集市上收布，或管理"撒机子"，也有的派往外庄。数年之后，伙计中干得较为出色者就提拔成各级掌柜。这样一来，在布线庄的人事管理中就形成了一个由学徒到伙计再到各级掌柜的层层递进机制。一些老字号在遇到突发事件或扩大商业规模时，完全依靠这个递进机制选拔各级掌柜，如蚨丰号在 1918 年遭遇了孔蕴章、韩惠丰等 8 个二、三号掌柜辞职，杨木森便将这些掌柜手下的大伙计提拔成二、三号掌柜，把大伙计下面的小伙计提拔成大伙计，并一下子招收了 40 多个学徒。② 新字号在成立时，一般从老字号直接挖人，如大丰号 1935 年改为布线庄时就从蚨丰号挖走其外庄掌柜张子超担任自己的大掌柜。③ 据《高阳织布业简史》一书记载："'七·七'事变前，高阳布线庄、线庄、布庄的各级掌柜都是学买卖出身，所以他们对经营布匹、棉纱都很内行。"④ 由此可知，高阳布线庄的大掌柜、二掌柜、三掌柜、外庄掌柜和伙计大多为经商起家，且多为普通家庭出身。

再看大掌柜及以下各级职员的职权和收入。

无论布线庄采取何种组织形式，其大掌柜都掌握着财务、经营和人事大权。在财务上，大掌柜对各种款项的收支有最终决定权。在经营上，大掌柜可以根据市场变化临机决定买卖的收放，包括购进棉纱数量的增减、"撒机"规模的扩张和收缩、售货外庄的设置和撤销，等等。在人事上，大掌柜拥有聘用和解雇其下属职员的全权。大掌柜对下属职员每年进行一次考核，在高阳当地称为"说官话"制度。"说官话"多在正月初六晚上

---

① 据《高阳织布业简史》第 147 页记载，李秉义、李秉成兄弟最初为贩卖布匹的商贩，后开颜料店，代销德孚洋行颜料，可见二人都是经商出身。
② 河北大学地方史研究室、政协高阳县委员会编著：《高阳织布业简史》，第 68—69 页。
③ 同上书，第 79 页。
④ 同上书，第 64 页。

进行，也有的商号在正月初三晚上进行。当是时，大掌柜在其屋里坐定，轮流与每位职员谈话。对可以续聘的职员，大掌柜一般分析一下他身上的优缺点，对其来年负责的工作面授机宜，并告知去年该分给他或奉送给他多少钱；对必须解雇的职员，大掌柜一般跟他客气几句，并让他另谋高就。大掌柜的收入主要来自吃人股，从目前掌握的调查资料来看，高阳布线商号大掌柜的人股从5厘至1.2股不等，如果买卖兴隆，一年下来大掌柜就有几千元至一两万元的收入，如大丰号大掌柜张子超吃5厘人股，1936年就分了10000元。①

二、三号掌柜分别负责一摊具体业务，如蚨丰号二掌柜杨葆森负责掌管人事，三掌柜丁云阁负责布线业务。大丰号二掌柜贺成章负责管理布柜柜房，专管撤机收布和向外庄发货，另一个二掌柜曹文靖负责管理钱柜柜房，专管银钱往来和账目。外庄掌柜专门负责某个售货外庄的买卖。外庄是高阳布线庄在各大商埠开设的分号，是布线庄销售布匹的主要渠道。据吴知考察，高阳布线庄设立外庄的过程并不复杂，"布线庄见某某地有良好的市场，即派人先往视察，合适就租赁相当房屋，以为办事和堆货物之用。也有因小规模经营而以租房为不便的，也可以在当地旅馆中租房数间应用"。外庄设掌柜一人，"主管一切销货事宜，责任是很重的"②。在掌柜之下，外庄一般设店员一人至六七人，学徒和杂役一二人。二、三号掌柜和外庄掌柜的主要收入也是吃人股，其所吃人股的数量比大掌柜要少，从目前掌握的调查资料来看，从2厘至8厘不等。一般来说，大布线庄的各级掌柜吃人股的比例较小，但由于其盈利较多，各级掌柜人股的收入额既稳定又丰厚，如蚨丰的三掌柜丁云阁虽然只吃4厘人股，但是由于蚨丰每年能赚五六十万元，丁云阁人股的收入额每年都在两万元以上；小布线庄的各级掌柜吃人股的比例较大，但由于其盈利较少，各级掌柜的人股收入额并不高。如1934年开设的本生和布线庄，虽然二掌柜吃8厘人股，三掌柜吃4厘人股，但因为头三年没有赚多少钱，两个掌柜也没有分到多少人股钱。③

各级掌柜之下是写账先生和大小伙计，其工作主要是在掌柜领导之下

---

① 高阳布线商号"人股"的计算方法与晋商的"身股"完全相同，"×厘人股"即占一个股的"×/10"。张子超按身股分红之事见《高阳织布业简史》第90页。
② 吴知：《乡村织布工业的一个研究》，第50页。
③ 《本生和布线庄掌柜王佐良口述资料》，政协高阳县委员会1983年采集。

承办各种具体工作。写账先生专管记账与核算收支；大小伙计负责发纱、验布、收布、跑线市和布市、"跑街"等工作，外庄伙计负责收布、送布、记账、盘货、收款等工作，总之，他们负责的都是一些具体而微的繁杂事务。写账先生和大小伙计不吃人股，其收入主要来自"应支"和年终"送仪"，其中"应支"相当于固定工资，其数量各布线庄有所不同，每月在3—15元；"送仪"相当于年终奖励，其数量各布线庄亦有差异，一般情形下写账先生在100—150元，伙计在40—80元。有的布线庄，写账先生和大伙计还享受"花红股"，每年年终可分"花红"数百元。

　　小伙计之下就是学徒了。学徒期限一般为三年。第一年学徒所做的大部分工作相当于杂役，包括扫地、擦桌子、照顾各级掌柜和大伙计们的生活起居、给客人端茶倒水等。从第二年起，在"说官话"时没有被淘汰的学徒便跟随大小伙计学习做各种具体而微的工作。学徒不享受"应支"，除"管吃管住"外，其待遇就是年底的"送仪"，一般第一年为5—8元，第二年为10—15元，第三年为15—30元。①

　　综上所述，从财产、出身、职业和收入上看，高阳的布线商人可分为四个层次，处于高层者是各布线商号的财东、大掌柜，处于中上层者是二、三号掌柜和外庄掌柜，处于中层者为写账先生和大小伙计，处于下层者为学徒。

（二）布线商人的社会地位分层

　　由前文可知，晚清时期高阳商人提高自身社会地位的方法是通过捐纳获得某种职衔，以便自己跻身于"绅"的行列。进入民国之后，"捐纳"制度不复存在，高阳商人乃另辟蹊径，主要通过在本县商会和更高等级商会中谋得职位，获得发言权，借以抬高自己的身份。民国初年，特别是北洋政府时期，民族资产阶级的地位显著提高，商会的作用日益突出，各级商会的头面人物作为民族资产阶级的代表，在各种社会活动中比普通商人有更大的发言权，其社会地位也高于普通商人。

　　在直隶，县里的商人想在更高等级的商会中占有一席之地，首先必须成为本县商会中的佼佼者，因为民初全国商会联合会直隶事务所的干事以上人物都是从通商大埠和各县商会的代表中选举产生的。一名县里的商人想在直隶事务所中获得职位，他首先必须是某县商会的会董，并被该县商

---

① 河北大学地方史研究室、政协高阳县委员会编著《高阳织布业简史》，第54页。

会推为参加直隶商联会会议的代表，高阳的布线商人亦不例外。表 5—2 记载了 1915 年高阳商会的职员，其中的会长、副会长、公断处处长及所有会董都是当时县里较大商号的财东和大掌柜，他们的社会地位比未跻身商会领导层的一般商人高，因而构成了高阳县商界的最上层。因缺乏资料，我们无法确知 1916 年之后高阳商会职员的详细构成情形。就笔者目前掌握的史料，仅可知 1917 年和 1932 年高阳商会会长的人选。1917 年 6 月 2 日高阳商会改组后，杨葆森担任会长，李秉成担任副会长；① 1932 年冬至 1933 年，任高阳商会主席者为常翊华。② 杨葆森是杨木森的兄弟，是高阳最大的布线庄蚨丰号的财东兼二掌柜，李秉成是高阳最大的机器整理工厂合记工厂的财东兼经理，常翊华是仅次于蚨丰号的高阳第二大布线庄汇昌号的财东兼二掌柜，三人都是大商号和大工厂的财东和经理人，由此推断，1917 年之后高阳商会的主要职员仍然由大商号的财东和经理人构成，他们的社会地位要高于一般商号的财东和掌柜。

在高阳商会的会董中，向更高级别的商会谋求发展的代表人物是杨木森（字欣甫）和张兴汉（字造卿）。1913 年全国商会联合会直隶事务所成立时，高阳商会推李秉熙、杨木森、张兴汉、韩伟卿为代表参会，其中张兴汉和杨木森被选举为直隶事务所名誉干事。按直隶事务所《简章》规定，事务所设十位名誉干事，"每季到所会议一次。遇有重大事件应会议者，可随时来所请干事长核议执行，但须干事长认为必要，并须全体干事过半数方能开议"③。如此一来，张、杨二人就在直隶事务所获得了一定的发言权。此后，杨木森试图将自身发展扩展到全国商会联合会这个商会系统最大的舞台上。首先，他积极参与创办《中华全国商会联合会会报》，以扩大自己在全国工商界的影响。工商部八二三号批文称："原具呈人商会联合会代表杨木森呈悉，该代表等组织《商会联合会会报》，以期望输入常识，力求实践，具见热心公益，末附白话讲义，尤合现时商情，自应准予备案，惟书报出版，仍应呈由该地方长官核夺，仰即遵照迅办可也。"④ 其次，他积极参选全国商联会会长，于 1916 年 9 月当选为全

---

① 天津市档案馆等编：《天津商会档案汇编（1912—1928）》，天津人民出版社 1992 年版，第 508 页。
② 吴知：《乡村织布工业的一个研究》，"何廉序言"第 2 页。
③ 天津市档案馆等编：《天津商会档案汇编（1912—1928）》，第 378 页。
④ 《工商部第八二三号批文》，《中华全国商会联合会会报》第一年第四号扉页，1913 年。

国商会联合会副会长，具体选举过程如下：

> 九月十八日下午一时，全国商会联合会继续开会，用连记投票法选出副会长二人。因前日开会选举正会长时，吕君逵先杨君木森同时当选，议莫能决，今日议定吕君为当选人，故只举行选举副会长矣。届时农商部派有监查员莅会，各代表到会者共五十五人，计省十八、特别区域三，议定每省十权，特别区域半之。结果杨君木森得三十一票，合计一百一十权零四二八；赖君恩培得十三票，合计七十一权二四；盛君炳纪得十三票，合计六十二权五；卞君荫昌得十七票，合计五十三权三九；安君迪生得十八票，合计四十八权三，以杨、赖两君为最多数当选云。①

杨木森以区区一个县级商会的代表得以出任全国商联会副会长，并且其得票数压倒甘肃商务总会总理赖恩培、宁波帮著名商人盛炳纪和全国商联会直隶事务所干事长卞荫昌，并非如上文所载以正常选举自然当选，而是经过一番"运动"和"谋争"。天津代表孙文彦在写给全国商联会直隶事务所的信中详细记述了杨木森"运动"和"谋争"的过程，兹录其全文如下：

> 杨君木森为直隶高阳商会会董，前联合会干事，文彦等相与有年，感情速洽。此次被推为代表来京，闻在临行之先，即有运动之意，彼时文彦等固无所可否。乃到京以来，乃除运动之外，竟有鬼祟之谋，在未至会期之先，每日开预备会一次，以研究议案为名，暗作临时主席、临时副主席、临时议长、临时副议长之筹备。文彦等以向会长业以会事来京，自必按时出席，不知临时者何用，若谓期满，则本指日改选，嗣乃知此事为杨君主持，借以观同人向背，果能谋得一缺，运动自易着手。开会第一日，竟当场将自定之选举规则公布，幸经同人公议，决以与章程违背将此议打消。至选举之日，又有一察哈尔代表到场，而文彦等检阅统计表，该处商会并未成立，当场质问，杨君出为辩护，经全体公决，将其取消，当时人言啧啧，谓为杨君捏造，专为预备选举而来。嗣投选正会长揭晓后，吕君本得票多数，而杨君竟不承认，谓渠得

---

① 《全国商会联合会会长之选定》，《中华全国商会联合会会报》第三年第九、十号，1916年。

之票实多,忝颜无耻,不可理论。其设词谓库伦应作十权,然此事甫经当场公决,规定五权,乃彼竟若不知,更属昏聩,当时会场秩序因之大乱,致无结果而散,选举竟延迟十日之久。杨君借此期间四出活动,并扬言如当选副会长,可将会长让出,借事要挟。同人中多以大局为念,不免受其牢笼,迨至揭表之后,报纸遂议论纷纷,文彦等身在局中,亦同为之减色,惟既同人公举,亦未肯显违众意。①

正是因为在选举过程中采取了"运动"和"谋争"等非常手段,杨木森之当选全国商联会副会长受到很多质疑。天津商务总会致电北京联合会、农商部和上海商会,对杨木森的行为给予批评,并联合直隶二十余家商会反对杨木森之当选,列名其中者赫然有"高阳县全体商界"②。虽然如此,杨木森仍然履任全国商联会副会长,他本人在高阳商界的领袖地位也未能被撼动,高阳商会1916年改选时,其弟杨葆森出任会长一职即为明证。

高阳商界另一代表人物张兴汉后来曾出任段祺瑞政府的国民会议代表。1925年直隶全省商会联合会在天津成立时,张兴汉被选为会长。1929年直隶省闹水灾之时,张兴汉被省主席徐永昌聘为赈务委员会委员。③

高阳商会的会长、副会长和会董们以及杨木森、张兴汉等在更高级别商会中获得职位之人的社会地位之所以高于一般商人,不仅仅在于职位本身,更在于他们利用职位之便,为高阳纺织业和高阳社会做出了更大的贡献。从第一章研究可知,高阳纺织业的近代化是在高阳商会的直接运作下开始的,其中商会会董李秉熙、杨木森和李秉成对推广先进织机所做的贡献尤为突出。后来,商会在创办商学、减免税厘、参加展销会等方面做出了巨大努力,为高阳纺织业的进一步发展创造了条件。④ 杨木森是在高阳县引进和推广铁轮机的第一人,也是在推广铁轮机和机纱过程中实行

---

① 天津市档案馆等编:《天津商会档案汇编(1912—1928)》,第549—550页。
② 同上书,第547—548、550—551页。
③ 《张兴汉传》,民国《高阳县志》卷五《人物》,《中国方志丛书·华北地方·第一五七号》,第301—303页;其1925年担任直隶商会联合会会长一职复见《直隶商会联合会申明办公地址及经费收缴办法函》(民国十四年十一月十九日到)的落款,《天津商会档案汇编(1912—1928)》,第431页。
④ 高阳商会对高阳纺织业的促进作用分别见:冯小红的《试论高阳商会与高阳织布业》(《社会科学论坛》2001年第6期)和李小东的《高阳商会与近代高阳织布业研究(1906—1937)》(硕士学位论文,华中师范大学,2013年)。

"撒机制"的第一人,可以说是高阳纺织业的"铁轮机之父";张兴汉在高阳商会成立初期也为改良织机出过力,后来在减免土布税厘和赈济本县水灾方面贡献尤其突出。据民国《高阳县志》载,"曹锐长直时,设局保大课百货捐,公(张兴汉)以其病商害民,召集六十四县商会代表力争撤销,终获免布类一部"。"(民国)十八年全省病水患,省主席徐聘为赈务会委员。时高阳亦被水灾,且甚重,当道者以格于形势,漠然视之。而公(张兴汉)则不计嫌怨,每于赈会开会时,多方宣传高阳灾情之重及受苦之因,毅然主持,除蒙特别赈济外,将受害之潴龙河北堤岸埝拨赈款修筑,保障将来,至今高阳东北各村犹口碑载道,称颂不衰云。"① 张兴汉在促进高阳商业方面的另一重大贡献就是在天津筹建了高阳商帮会馆。该会馆"由同帮巨商张造卿(时任直隶全省商会联合会会长,于 1931 年身故)、张幼坡等多人发起,由旅津高阳商帮共同筹金 12000 元,呈由前直隶商会联合会转呈前直隶省长公署,将省公署所有之坐落津埠河北三条石东口金钟桥大街路东地十九段,计三亩八分八厘二毫八丝,连同旧房八十九间半,一并承购"。后经丈量,高阳商帮会馆"计地原亩三亩八分六厘九毫,楼房上下九十一间,楼过堂上下八条,砖瓦房上下三十间,砖灰房大小八间,过道四条,廊子一条,厦子二条。东邻永增军装局,南邻刷纸庙互通,西邻金钟桥大街、三条石横街,北邻三条石横街、大王庙街"②。天津是高阳纺织业所用原料棉纱和人造丝的主要产地,是高阳改良土布的重要销售地和中转站;天津的纱厂和棉纱商号以及银钱业为高阳的布线商号提供了大量的周转资金。可以说,天津是高阳纺织业得以生存和发展的重要依托。③ 高阳商帮会馆建立后,各布线商号的驻津分号纷纷迁入会馆,于是该会馆迅速成为高阳布线商号在天津的活动中心和信息中心,成为沟通天津和高阳的重要桥梁。

(三)布线商人的受教育程度和文化水平分层

在清末民初的 30 年时间里,高阳布线商人大致经历了两代人。表

---

① 《张兴汉传》,民国《高阳县志》卷五《人物》,《中国方志丛书·华北地方·第一五七号》,第 301—303 页。
② 《高阳商帮会馆税契》,1942 年,天津市档案馆藏,资料号:J056f—1—070967。
③ 天津与高阳纺织业的关系分别见冯小红的《高阳模式:中国近代乡村工业化的模式之一》(《中国经济史研究》2005 年第 4 期)和孟玲洲的《城乡关系变动与乡村工业变迁——以近代天津与高阳织布业的发展为例》(《华南农业大学学报》2003 年第 3 期)。

5—1和表5—2所列均为第一代商人,他们大都为经商起家,无论表5—1所列绅商,还是表5—2所列各布线商号的财东和大掌柜,大多数人的受教育程度并不高,其文化程度多仅限于能写会算而已,这些身处上层的商人与身处中层和下层的二号和三号掌柜、外庄掌柜、大小伙计,乃至学徒,在受教育程度和文化水平上没有太大差别,也就是说第一代商人的整体受教育程度和文化水平偏低。在这一点上,高阳这个县级商业区域呈现出的特征与上海、天津等大商埠有所不同。也许正缘于此,他们从一开始就认识到"商业人才之培养尤不可缓"①,乃大力倡导兴办商学,并通过高阳商会付诸实践,最终成立了高阳私立甲种商业学校(该校的筹建过程和经费管理详见第六章第一节)。

高阳私立甲种商业学校最初招生分预科和本科两个层次,学制均为三年,后改为只招本科,学制为四年。据表5—3所示,学校所设学科包括修身、国文、英语、算学、历史、地理、理化、法制、经济、商业簿记、商品学、商事要项、体操和商业实践等,既夯实文理基础知识,又突出商学特点;在商业素质培养方面,既注重灌输知识,又注重商业实践,充分体现了高阳纺织业发展对新兴商业人才的需求。1927年学校恢复后,在课程设置上又进行了调整,在删减原有科目的基础上,又增加了提花机操作与维修、印花、染轧等工学课程,充分体现了当时高阳纺织业发展对染织人才的需求。此外,学校还自行编印了有关高阳纺织业发展演变历史的讲义,让学生了解高阳纺织业的历史和发展趋势。②

表5—3　1916年公布的高阳私立甲种商业学校历年课程及每周课时

学科	第一学年 预科	每周时数	第二学年 本科	每周时数	第三学年 本科	每周时数	第四学年 本科	每周时数
修身	持躬、处事、待人之道	二	对国家社会之责务	一	伦理学大要	一	商业道德	一
国文	讲读作文、习字(行书、楷书)	六	讲读作文、文法要略、习字(同前学年)	五	讲读作文、文字源流、习字(同前学年)	四	讲读作文、商用文、习字(同前学年)	三

---

① 李大本等修、李晓冷等纂:《高阳县志》卷二,1931年铅印本。
② 《韩相奎(73岁)口述资料》,政协高阳县委员会1983年采集。

续表

学科	第一学年预科	每周时数	第二学年本科	每周时数	第三学年本科	每周时数	第四学年本科	每周时数
算学	算数	六	商用算数	六	商用算数、代数	四	代数	三
英语	发音、拼字、读法、译解、默写、会话、文法、习字	六	读法、译解、默写、造句、会话、文法	八	读法、译解、会话、作文、文法	八	读法、译解、会话、作文、文法、尺度	八
地理	地理概要	三	自然地理、人文地理	二	中国商业地理	二	世界商业地理	
历史	普通史古代	三	普通史近世、现代	二	中国商业史	一	世界商业史	一
理化	生理卫生学大纲	二	动植矿大要	二	理化大要	一		
法制			法学通论	二	法制大要	二	商法	二
经济			经济大要	一	经济大要	一	商业献财	一
商业簿记			商业簿记	二	商业簿记	二	商业簿记	
商品学					陆产品	三	水产品	三
商事要项					择讲商业上必要事项	二	同前学年	三
商业实践							在实践室内练习	四
体操	普通体操	三	同前学年	三	同前学年	三	兵式体操	二
合计		三三		三三		三三		三三

资料来源：《高阳私立甲种商业学校学则》，《中华全国商会联合会会报》第三年第七号·金载，1916年。

从1907年到抗战前夕，高阳商会办学前后共计20余年，培养毕业生近千名。另外，还有一些有志青年到外地更高级的学校学习，如苏秉杰、李恩波、李相波毕业于天津高等工业学校。① 这些受过专门教育的工商业人才在高阳第二代布线商人中占据主导地位，其中苏秉璋、李恩波等佼佼

---

① 李恩波，高阳县城东街人，高阳县城著名的印染企业恩记工厂经理。李恩波的情况见《崔国谨口述资料》（政协高阳县委员会1985年采集）。李相波，全和北厂经理；苏秉杰，全和工厂财东之一。李相波和苏秉杰的情况见《高阳织布业简史》第132、140页。

者,成为第二代布线商人的领袖人物。①

(四) 上层布线商人的家族化

在高阳布线商人群体中,某些家族,或因带头人能力超强,缔造了规模宏大的产业,后辈得以承其余荫;或因人才辈出,能够保持旺盛的生命力,成为具有相当影响力的上层家族。其中,影响较为持久的两大家族分别为安新南边吴杨氏家族和高阳南街李氏家族,起步较晚、在后期产生较大影响的家族有高阳北沙窝苏氏家族。

安新南边吴杨氏家族起于杨帅从,兴于杨木森,该家族从开设蚨丰号布线庄起家,最终形成拥有蚨丰号、大丰号、大亨号、元丰号、久丰号五家布线庄,蚨丰、大亨两家染轧工厂,元丰面粉厂,蚨亨银号等多家工商企业的大家族。

表5—4 杨氏家族结构图

一代	杨帅从									
二代	杨木森				杨树森			杨葆森		
三代	杨明尘	杨杏村	杨君实	杨甫安	杨士平	杨士贵	杨士玉	杨士良	杨士通	杨士丰	杨士庆

说明:杨帅从初为货郎,后任保定庆丰义二掌柜。杨木森也是以货郎起家,后保定庆丰义在高阳开设分号,杨木森任掌柜;1902年,杨木森开设蚨丰号缎店,后改为经营改良土布,并率先倡行"撒机子",推广铁轮机,使蚨丰成为高阳最大的布线庄;杨木森还出资开设蚨丰工厂(1917年)和蚨来布线庄(1925年开设,1933年杨家分家时增资改为大亨号)。杨葆森任蚨丰号二掌柜,并曾担任高阳商会会长。杨明尘担任过蚨丰号二掌柜,1931年出资开设元丰号布线庄。杨明尘长子杨建明1934年开设元丰面粉厂。杨杏村在北洋军中担任过旅长,1928年蚨丰号出资在天津建立蚨荣洋行(1931年改组为蚨亨银号),杨杏村任洋行经理。杨君实和杨甫安兄弟1933年合办大丰号。杨士良1933年出资开办久丰号,并附设织布厂。杨家各商号的具体情况见河北大学地方史研究室、政协高阳县委员会编著《高阳织布业简史》。

资料来源:《杨国俊(杨木森之孙)口述资料》,政协高阳县委员会1983年采集。

---

① 苏秉璋,全和工厂总经理。他毕业于高阳私立甲种商业学校,先在某商号做学徒,1921年全和工厂建立后,被大哥苏秉衡召回任全和经理。南开大学经济研究所来高阳调查时,苏秉璋与李恩波鼎力配合与协助调查。后,苏秉璋在高阳试办电灯公司,引入火力发电。1935年10月,应李石曾先生之邀,苏秉璋偕李印安南下南京、无锡、上海等地考察实业,归来后写成《江南实业参观记》,提出在高阳兴修铁路、建设大型火力发电厂以及发展大机器纺织业的设想,其中不乏真知灼见。

高阳南街李氏家族兄弟四人，分别为李伯良、李秉义（字仲良）、李秉成（字叔良）、李季良，① 其中李秉义创办义丰工厂，李秉成创办合记、元丰、华丰三个工厂，使得李氏家族成为高阳机器染轧行业的龙头老大。兄弟四人中，李秉成的成就和影响最大。1948 年出版的《工商天地》第 2、3 卷合刊发表了董欣哉的文章《记高阳实业家李叔良先生》，文中详列了李秉成的事迹，兹录其全文如下：

> 李先生名秉成，字叔良，河北高阳县人。幼在古都受八国联军的刺激与德人交易的影响，深知非振兴实业，不能实国利民。民元返里，看到家乡十年九涝，民不聊生，不顾家人的清苦，把仅有的土地完全卖出，并将仅有的积蓄一并作为改良高阳土布的经费。民智未开，阻碍横生，但终以百折不挠的精神，联合地方士绅，倡议购置织机，采用日本技术，领导成立合记、华丰、元新三公司，多方鼓励人民仿效，相习相染，由县城而推行四乡，到民六年并推广到任丘、清苑、蠡县等附近十四县，每户一机或四五机，轧轧之声，比户相接。彼时正当欧洲第一次大战激烈的时候，先生以高阳爱国布号召，业务异常发达：东北哈尔滨、长春、沈阳；天津，及河北全省；张家口、绥远、包头；外蒙，库伦；山西全省；山东邹、兖、临沂一带；河南洛阳、郑州、开封、信阳、漯河、许州；江苏徐州、海州，以及上海，皆有高阳爱国布出现，市场盛极一时。据高阳商会民六、民七、民八三年统计：全县每年产额一百七十万匹至二百万匹左右。高阳本来贫穷，经先生的提倡及改良家庭工业，一跃而为富庶之区，全国各

---

① 李小东在其硕士学位论文《高阳商会与近代高阳织布业研究（1906—1937）》中认为本文表 4—2 中所列李秉熙、李秉仁、李秉义、李秉成家族关系明显，但民国《高阳县志》在谈及高阳商会的创办者时，明确记载"武安李条庵"，"条庵"是李秉熙表字，可见李秉熙为武安人。另由表 5—2 可知，李秉熙在高阳经营的是长春堂药铺，武安恰好是华北药商最为发达的县份，由此旁证民国《高阳县志》的记载为史实。而高阳南街李氏家族是由高阳庞口村迁至县城南街的，是地地道道的高阳人，因而李秉熙与李秉仁、李秉义、李秉成并非出于同一家族。此外，据《高阳织布业简史》记载，高阳南街李家共兄弟 4 人，分别为伯良、仲良、叔良、季良，该书所记皆为表字，而未记述其名字。将表 5—2 与表 1—8 对照，可知仲良名秉义，叔良名秉成。至于表 5—2 中所列之"李秉仁"，尚不可确定其是否为李氏兄弟中的一员，从姓名看，他似乎应该是四人中的老大"伯良"，但表列年龄又比老二李秉义小一岁，或者李秉仁与李氏家族无关，或者表 5—2 对其年龄记载有误，在没有其他旁证资料的情形下，本书姑且存疑。

地也都知道高阳布了。

民八受工商界的爱戴，充任高阳商会会长，看到日货的倾销，国际市场的竞争，于是与杨欣甫、李希古、韩巨宸、张造卿等创办高阳甲种职业学校，培养人才，以应需要。一而再高阳城内关帝庙内改建商会，搜集国内外产品，以资观摩，并极力提倡各种布匹，要标准化，提倡设立检验机构，不合标准，即不准出境，借以保持高阳布的荣誉，及国内各地的市场。可惜大家都不注意此项工作，种下以后高阳布的衰落因素。

高阳因商业的发达，大多数的青年读四五年或二三年的书，即到商号学徒，先生又感觉到青年不继续深造，只顾眼前，对于文化前途，异常危险。民九年自己捐资创办李氏私立两级中学，其夫人韩瑾华女士，力促其成，夫人并自己主持校务，任何费用一律不收，男女学生兼收，遇有校内优秀学生，夫人每慷慨助其完成学业。

布业既臻发达，而染色仍因旧法，不能与舶来品竞争，爰与德商德孚颜料厂定约，聘请德人技师，训练员工，首先在高阳倡设合记机器漂染厂，出品精良，足与外货颉颃，染业亦复盛极一时。同时并领导高阳电灯厂、电话局，商民称便。先生并亲自到京沪一带以及江南铁路沿线考察，一度计划修建由保定经高阳、任丘等县至天津间铁路，惜连年内战，未能实现。

嗣以染厂所用助染剂有硫化碱一项，十分需要，国内出产寥寥供不应求，外货价昂，不合适用。先生不避艰辛，于民廿一年在河北宁河县属长芦汉沽盐滩区域附近塞上镇，购地建设合记化学工厂，采用盐滩副产硝土为原料，制造硫化碱、元明粉、干曹达等，现在国内市场的红象硫化碱，就是合记公司的出品。因出品精良，不胫而驰。最有趣味的故事，在民廿三年津海关以硫化碱进口锐减，提议减低硫化碱进口税，后经说明，始未实现。但在工厂所在地，有同业渤海化学工厂每加妒视，渤海用原料硝土，每担纳税二分，而合记则为四分，原料之采购，又多方侵夺，屡屡被迫停工。一再吁请财政部主持公道，直至民廿五年，原料税率始减至二分，原料用量各不相犯，始得安心经营。但中间值损失不可数计，于是锐意改进，出品日益精良，行销遍及全国以及南洋各埠。

不料民廿六年七七变起，以爱国布著称之高阳基本事业，首被日人完全摧毁,誉以名称为抗日工厂。先生一生的事业,损失十分之九,但毫不灰心。八年沦陷,虽受尽敌人压迫,始终确守信念,坚贞不屈,保全惟一仅有的化学工厂,未被恶势力侵夺,艰苦支持,煞费苦心。

民卅四年八月敌人投降,国土重光。为增加生产,发展业务,一面留用德国工程师,在天津第二区粮店前街,设立第二化学厂,制造硫化染料,即安妮林颜料。此外,又在本公司内设立进出口部,办理本公司出品出口行销,以及自外国采购自身所需化学工业原料进口。

无如国内战争不已,交通阻梗,经济紊乱,销路狭滞,困难重重;加以北方风云日紧,商业资金滚滚南流,工厂设备亦不断南迁,工商界失业人员日渐增多,东北逃难入关者络绎于途。先生目睹此一幕一幕的惨象,更加强其不畏艰难,不苟安之精神。其多年共艰苦共事的基本干部,如董鑫卿、殷芷江、王卜天、戚道亨等,遇事沉着,实予先生助力不少。

总之,先生四十年来经营工业,赖其生活者不可胜计,国事如斯,能否容许先生继续发挥其伟大之计划,端赖内战能否早日平息矣。

虽然上文不免有些夸大之词,但是文中所列李秉成的基本事迹属实。由上文可知,李秉成除创办合记、华丰、元新三家机器漂染工厂外,还建立合记化学工厂,生产漂染化工原料;由上文及第一章所引李秉熙的《直隶高阳布业之沿革纪略》一文可知,李秉成还在高阳首倡用小提花机织造爱国布及各种提花布;同时,李秉成热心地方事业,创办李氏私立两级中学,并参与创办甲种职业学校、电灯公司、电话局。上文还提及他1919年担任高阳商会会长,可见他在高阳商界的地位颇高。

北沙窝苏氏家族亦有兄弟四人,分别为苏秉衡、苏秉杰、苏秉璋、苏秉琦。[①] 该家族以苏秉衡引进大提花机、织造大提花布起家,创办仝和工厂;后在苏秉璋经营下,最终使得仝和成为拥有南、北两厂,固定资产25万元,流动资金10万余元,织染轧兼备,产供销一条龙的大型织染综

---

① 苏氏兄弟四人中,苏秉衡、苏秉杰、苏秉璋均从事纺织印染业,老四苏秉琦则从文,求学于北平师范大学历史系,后来成为我国著名考古学家。

合企业，堪称高阳纺织企业的龙头。与安新南边吴杨氏家族及高阳南街李氏家族相比，苏氏家族起步较晚，严格说来苏氏兄弟属于高阳商界的第二代商人，其受教育程度明显高于前两个家族成员。苏秉衡毕业于高阳乙种农业学校，后到天津实习工厂学习提花机织造技术，1916年与堂兄苏秉凯合购一台提花机织造提花布，成为高阳大提花机之滥觞。苏秉杰毕业于天津高等工业学校染织科学图案设计专业，回乡后与苏秉衡一起创业。苏秉璋毕业于高阳甲种职业学校，后在"裕丰泰"布线庄做学徒，有商业管理知识和经验。三兄弟于1921年创办仝和工厂，初创时，该厂占地15亩，拥有大提花机32张。经过十余年的经营，到1934年仝和工厂大规模扩建，分设南、北两厂，南厂为织布厂，占地25亩，拥有大提花机90张，日本丰田电动织布机7张；北厂为染色整理工厂，拥有染槽5对，轧光机3台，锅炉2台，蒸汽机3台，发电机1台，柴油机1台，丝光机1台，精炼釜1台，拉宽机、干燥机若干台。① 苏氏兄弟中，以苏秉璋在高阳商界地位最高，除经营仝和外，苏秉璋领导高阳商界创办电灯公司，并以试办电灯厂董事资格被邀出席第七届全国民营电气事业联合会年会；受李石曾之邀和高阳商会委托，到上海、南京等地考察实业。②

二　新兴"织户"阶层

这里所说的"织户"是指布匹的织造户。高阳的"织户"大都是散处四乡的农户，虽然他们与传统的农户一样都兼营农业和纺织业，但是由第二章第一节研究可知，他们一年大部分时间均从事织布，且家庭收入主要来自织布，与传统意义上"男耕女织"的农户有本质区别；同时，高阳的"织户"又不同于现代化纺织厂的纺织工人，他们不是聚集在工厂中进行生产，而是分散于每个家庭之中，生产组织形式以家庭工场为主，兼有少部分合作性质的工场。吴知在《乡村织布工业的一个研究》一书中按照其生产组织方式，将高阳的"织工"详细区分为"家庭工匠""家庭工场"与"合作的经营"三种类型，并对每种类型均进行了详细剖析，兹不赘述。③

---

① 河北大学地方史研究室、政协高阳县委员会编著：《高阳织布业简史》，第133页。
② 苏秉璋、李福田：《江南实业参观记》，河北省高阳县仝和机器织染工厂1936年印行。
③ 吴知：《乡村织布工业的一个研究》，第93—100页。

表 5—5　　1932 年 382 户织户织机、人口、雇工和耕地数量调查

每家织机数	提花机						平面机					
	家数			平均每家数量			家数			平均每家数量		
	有雇工	无雇工	共计	家庭人口数	雇工数	耕地亩数	有雇工	无雇工	共计	家庭人口数	雇工数	耕地亩数
1	9	18	27	6.15	0.48	17.61	32	153	185	5.65	0.18	11.02
2	28	12	40	6.55	1.23	27.25	38	38	76	7.12	0.92	15.53
3	15	4	19	7.84	2.21	29.18	8	1	9	6.89	2.44	12.25
4	1	2	3	9.00	2.00	38.00	3		3	11.00	3.67	36.33
5	6		6	8.00	4.83	21.83	2		2	3.50	3.50	6.00
6	7		7	10.86	6.14	29.14						
7	1		1	6.00	7.00	49.00						
8	2		2	12.50	5.00	13.00						
9	1		1	17.00	12.00	250.00						
12	1		1	8.00	12.00	16.00						

资料来源：吴知：《乡村织布工业的一个研究》，第 111 页。

1932 年南开经济研究所的调查遍及高阳纺织区 5 个县的 29 个村庄的 382 户织户，基本上能够代表纺织区内织户家庭经济的分布状况。① 由本书第四章研究可知，高阳纺织区的耕地净利全年每亩 1.47 元，而每台织机每年可获利润 164 元，表 5—5 中耕地最多的一户有耕地 250 亩，农业净利为 367.5 元，该户有织机 9 台，织布净利可达 1476 元，织布净利比农业净利高 3 倍，其余耕地较少的户两项收入的差距更大，因此，在依据财产和收入的多寡分析织户阶层的内部结构时，只以织机数量作为指标即可，耕地等其他财产可以忽略不计。

高阳织布区所用织机分为平面机和提花机两种，前者用于织造棉布，后者用于织造麻布。由吴知《乡村织布工业的一个研究》一书的表四十四和表四十五计算可知，"织卖货"的织户，麻布一匹平均可赚 0.474 元，棉布一匹可赚 0.309 元；"织手工"的织户，麻布一匹平均工资为

① 吴知：《乡村织布工业的一个研究》，第 108 页。

2.464元，棉布一匹平均工资0.524元。① 单从数据来看，无论"织卖货"还是"织手工"，麻布收入都高于棉布，提花机的单机收入要高于平面机，但是麻布的织造工序比棉布复杂（多一道浆线程序），织造成本也比棉布高，劳动生产率比棉布低，将这些因素综合考虑进去，麻布收入与棉布收入相差无几，则提花机的单机收入便与平面机相仿。吴知调查所得数据为1932年的数据，此时正值世界经济大萧条，高阳纺织业亦处于萧条期，麻布产销量和利润明显下降，如果处于正常年景，麻布的平均利润至少比棉布高一倍以上。综合考虑繁荣期、正常期和萧条期，这里取麻布的平均利润比棉布高1倍，即一台提花机的利润是平面机的2倍。按照上述方法折算，依据织户的织布收入分层，可将表5—5中的织户分为三个层次，拥有1—2台平面机和1台提花机者为下层，总计288户，占调查样本的75.39%；拥有3—5台平面机和2—3台提花机者为中层，总计73户，占调查样本的19.11%；拥有4台以上提花机者为上层，总计21户，占调查样本的5.50%。由此可见，高阳纺织区的新兴"织户"阶层以下层织户为主。本书第二章测算过高阳纺织区"典型织户"（也就是本章的下层织户）的家庭收入，织布收入为平均每天0.656元。而家庭作坊的织布工序，除一人（主要男劳力）专事上机织布外，其余家人须分担浆纱、络经、络纬、整经等工作，以一家五口人计，则几乎每个人都需要参与织布的相关工作，将这0.656元的收入分摊到五个人头上，每人所得就极其微薄了，甚至每个人的平均收入已经下降到其必要劳动价值以下。因为机会成本几乎为零，所以对于下层织户而言，赚钱多少无所谓，能赚总比不赚强。根据本书第二章的研究，下层织户忙忙碌碌一年时间，织布和农业收入合计尚不能完全满足其家庭生活所需，如果织户欲增购织机，扩大生产，只有通过借高利贷，在纺织业处于繁荣期尚可一试，在纺织业处于萧条期，就只有抱本守成，苟延残喘了。

三 新兴"纺织工人"阶层

高阳纺织区的"纺织工人"是指在布匹生产的各个环节被"他人"

---

① 这4个数据是将吴知《乡村织布工业的一个研究》一书表四十四中的每匹赚钱、赔钱数和表四十五中的每匹工资加权平均所得。在这4个数据中，"织手工"的工资之所以明显高于"织卖货"所赚钱数，是由于"织卖货"所算数据是除去所有成本的净利，而"织手工"所列数据为加工费收入，没有除去布匹织造过程中浆线、维修机器等成本。

雇佣并领取工资的阶层，雇佣工人的"他人"主要有织户和染色整理工厂。

织户的雇工情形，吴知在《乡村织布工人的一个研究》"织布工人"一章中有详细的论述。① 根据吴知等人的调查，1932 年，高阳纺织区 382 户织户共雇佣工人 369 人，这些工人多为 16 岁以上 36 岁以下的壮劳力，其籍贯以高阳本县和高阳周边各县为主。这些雇工所从事的工序，约 52%（192 人）上机织布；有 40%（147 人）在上机织布之外，农忙时还兼做农活儿；有 8%（30 人）是专门从事络线的。

高阳纺织区的雇工工资依所织造布匹的种类和难易程度而异，大体上用提花机织造麻布的织工工资比织造平面布的织工工资稍高一些。根据吴知的调查，用平面机织造白布、条格布，工人的年平均工资，1925 年至 1928 年为 60—80 元不等，1931 年起降为年 40—60 元。在这里，取其平均值 50—70 元作为织造平面布的日常年工资。织造麻布的工人则与织户事先讲定每月包织匹数和每匹工资数，所包匹数和每匹工资数依布匹的种类而定。吴知《乡村织布工业的一个研究》一书中"表 50"列出"雇工每月包织匹数及工资行市"，由此表可计算出织造麻布工人的全年平均工资为 84.5 元。考虑经济处于萧条期，工资有所下降的影响，适当将之上调至 95 元，以之作为织造麻布工人的日常工资。

有关高阳染色整理工厂工人的工资，吴知在其著作中并未做出详细的调查统计。20 世纪 80 年代初，高阳县政协文史委对健在的部分商人和工人做了访谈，随后整理的口述资料中对染色整理工厂的职工收入有点滴记录。从记录中可以看出，高阳的染色整理工厂给工人发放工资有两种方法：第一种是月工资加花红股，多为布线庄附设的工厂采用。如蚨丰号附设的蚨丰工厂，工人的年工资自 50—180 元不等，花红股分甲、乙、丙、丁、戊五等，每 1 万元利润分别给花红 60 元、40 元、30 元、25 元、15 元。蚨丰厂每年赚 10 万元，东家留 5 万元，剩下的 5 万元作为分红的基数。普通工人杨××，年工资 50 元，戊等花红 75 元，年收入 125 元；班组长胡育贤，年工资 180 元，甲等花红 300 元，年收入 480 元。② 由此看来蚨丰工厂工人的年收入自 125—480 元不等。第二种是月工资，多为独

---

① 吴知：《乡村织布工业的一个研究》，第 129—134 页。
② 《蚨丰工厂调查资料》，政协高阳县委员会 1982 年油印本。

立的染色整理工厂所采用。如合记工厂，经过第二次罢工，普通工人的工资涨到每年 160 元，后经过第三次罢工，普通工人的工资又涨到每年 180 元。①

综上所述，高阳纺织区的纺织工人年收入在 50—480 元，其中以染色整理工厂的工人收入最高，被织户雇佣织造麻布的工人其次，被织户雇佣织造平面布的工人收入最低。此外，织户和染色整理工厂还雇佣学徒。学徒的年龄大都在 15 岁以下，其收入比正式工人要低得多：被织户雇佣的学徒除免费食宿外，每年给十几元的薪水；被染色整理工厂雇佣的学徒各厂情形不一，根据目前掌握的资料，我们只知道蚨丰工厂的学徒第一年给 15 元，第二年给 20 元。②

虽然吴知在《乡村织布工业的一个研究》一书中只是提到纺织工人的工资"比普通的农工为优"，③ 但是到底优厚到何种程度，没有具体数字予以说明。冀察政务委员会秘书处第三调查组编《河北省高阳县地方实际情况调查报告书》记载，高阳县农业雇工的工资常年约 20 元。而 20 世纪 30 年代初清苑县长工的工资以 30—50 元最为普遍，20—30 元以下以及 50—60 元以上都很少见，平均为 37.8 元。④ 此外，30 年代初清苑县长工的工资呈逐年下降趋势，1929 年、1932 年、1935 年三个年头，熟练长工工资分别为 50 元、35 元、30 元，普通长工分别为 30 元、25 元、20 元。⑤ 1930—1933 年，定县普通长工的工资分别为 42 元、40 元、39 元、31 元，也呈现出逐年下降趋势。⑥ 冀察政务委员会秘书处第三调查组对高阳县的调查时间为 1936 年，所得的数据当为近两三年的数据，如果考虑到华北平原长工工资逐年下降的趋势，再比照清苑县和定县的工资水平，我们将普通长工的平均年收入上调至 30 元。则高阳"纺织工人"的工资至少比普通农业雇工高将近一倍。

据方显廷研究，1929 年天津纱厂工人实际月收入为 14.69 元，棉织工

---

① 《合记工厂调查资料》，政协高阳县委员会 1982 年油印本。
② 《蚨丰工厂调查资料》，政协高阳县委员会 1982 年油印本。
③ 吴知：《乡村织布工业的一个研究》，第 131 页。
④ 张培刚：《清苑的农家经济》，中央研究院社会科学研究所 1936 年印行，第 39—40 页。
⑤ 张培刚：《保定的土地与农业劳动》，天津《益世报》1935 年 11 月 30 日。
⑥ 李景汉等编：《定县经济调查——一部分报告书》，河北省县政建设研究院 1934 年 10 月印行，第 96 页。

人实际月收入为 15.18 元，也就是说该年度天津棉纺织工人的月实际收入在 15 元上下，则其年实际收入在 180 元上下。① 天津纺织工人有男工、女工之分，1927 年、1928 年、1929 年、1930 年、1931 年、1934 年各年，天津棉纺织男工日平均工资分别为 0.47 元、0.50 元、0.54 元、0.65 元、0.62 元、0.62 元，平均水平为 0.57 元；女工日平均工资分别为 0.37 元、0.39 元、0.39 元、0.44 元、0.5 元、0.59 元，平均水平为 0.45 元。② 可见，20 世纪 20 年代末 30 年代初，天津棉纺织工人的平均工资波动不大，且男工工资比男、女平均水平略高，因而在这里我们取年收入 210 元作为天津纺织男工的日常收入。天津纺织厂除个别工厂外，大部分厂家不提供膳食。高阳的织户和染色整理工厂都提供膳食，膳食费一般在每年 40 元左右，工资＋膳食费，则织户雇佣的织布工人的年收入在 90—135 元，比天津纺织工人低一倍左右，而染色整理工厂的普通工人年收入在 200 元以上，和天津纺织工人的工资大体一致。

总之，由于纺织业发展，从晚清至民国初年，高阳纺织区的社会结构发生了巨大变化，在传统的地主、农民、官吏、商人、士绅之中，派生出布线商人、织户和纺织工人阶层，且随着纺织业的日渐繁荣，这些新兴阶层逐渐发展壮大，成为当地社会的主要组成部分。

第二节 土地改革至集体化时代高阳县的社会结构

从土地改革至集体化时代，中国的社会结构发生了前所未有的剧烈变化。

由第一章内容可知，高阳县的土地改革经历了两个阶段，第一个阶段是 1946 年 9 月至 12 月为贯彻"五四指示"开展的以"抽多补少，抽肥补瘦"为主要内容的土地改革，运动的主要形式是将地主土地分给无地、少

---

① 实际收入包括工资收入和全工奖金、工作品行优良之奖金、年终奖金等项收入。见方显廷：《中国之棉纺织业》，国立编译馆 1934 年版，第 156—157 页。

② 天津的纺织工人有男工、女工和童工之别，之所以专门挑选男工的收入，是因为在高阳纺织区，织户和染色整理工厂雇佣的都是成年男工，比较研究须遵循对等原则。天津纺织男工、女工的日工资见关永强《近代中国的收入分配：一个定量的研究》，博士学位论文，南开大学，2009 年，第 108 页。

地农民；第二个阶段是 1947 年 12 月至 1948 年 5 月为贯彻《中国土地法大纲》开展的以平分剥削阶级土地、房屋、粮食、牲畜、生产工具为主要内容的土地改革，运动的主要形式是平分土地和浮财。经过两次轰轰烈烈的土地改革运动，农村中的土地、房屋、牲畜等生产生活资料的占有呈现出均等状态，农村的社会结构也随之发生了根本变化，原来作为上层的地主、富农在政治上被打倒，在经济上被消灭，农村只剩下自耕农一个阶层。

从 1948 年 5 月至 1955 年初手工业社会主义改造完成之前，随着纺织业和农村经济的恢复，高阳城乡的社会结构又出现了反复。在农村，又出现了高利贷、纺织户雇工和土地买卖。如高阳县一区的于留佐村，共 206 户人家，总耕地 6468 亩，中华人民共和国成立后纺织业和农业发展均较快。1952 年前后，该村有 33 户放高利贷，所贷物品均为棉纱，利息最低者每月每块一把，高者一把半。① 王老均等 5 户将 14 亩土地卖掉，购进棉纱 25 块贷出；军属臧会儒将农业生产所得积余换成棉纱贷出；雇工织布有积余的赵半年、赵友年也将部分棉纱贷出。少部分农户仅靠放贷便过上了比他人富裕的生活，如赵武洋共囤积和贷出棉纱 110 块，赵长囤积和贷出的棉纱也在 100 块以上，两家所有棉纱均在 2000 万元以上（第一套人民币，相当于第二套人民币 2000 元）。借高利贷的户多为织布或做生意资金周转不开，如赵洪士、魏老奎等户织布后亲自到市场出售，因间隔时间较长，资金周转不开而借高利贷。这些户如果不去亲自卖布，直接将布出售给布贩，则可缩短资金周转期，不用借贷，但是出售给布贩，比自己到市场出售，每匹少赚七八千元，如按揭十天高利贷，每块纱利息才 5000 元，而每块纱织两匹布可多卖一万五六千元，通过借贷从中每块纱可多赚 10000 元。该村纺织业恢复较快，1952 年就有 148 张织机，全部开动，有 60 户织户雇佣了 72 名织布工人，其中有 1 户雇佣 3 人，5 户每户雇佣 2 人，余者每户雇佣 1 人。② 该村也存在土地买卖现象，自 1949—

---

① "块"，亦称"捆"，是棉纱的最小包装单位，每块棉纱重约 10 磅，每 40 块棉纱为一大包，每包约重 400 磅。每"块"棉纱合多少把，要视棉纱支数而定，十六支纱一块 16 把，二十支纱一块 20 把。文中所说的最低利息一把，最高利息一把半，当指的是同种支数的棉纱，因为所引高阳县委的调查资料指明每月一把为五分利，每月一把半为七分半利，则可知调查资料所指的是二十支纱。

② 县委原调查资料上即如此记载，但是经笔者测算，后面的分项数字如果仍按 60 户算的话，1 户 3 人，5 户 2 人，54 户 1 人，则 60 户所雇工人总数为 67 人，与前面所载 60 户雇佣 72 人不符。

1952年，该村有29户共出售土地110亩；买地者33户，共购买土地131亩（有买邻村土地者）。卖地者，既有借贷和织布需要者，也有好吃懒做和家中少劳力者，还有遇到婚丧嫁娶无钱使用者，而以向外借贷和织布需要为主。买地者则多为织布有结余的户。① 再如二区东赵堡村，共372户人家，总耕地4600亩。1948年该村连被三年水灾，农业几乎颗粒无收，村民生活全部靠副业支撑。1948年，该村织布户40户，共有织机26张，卖布贩24户，卖破衣30户，卖鱼12户，卖锅1户，贩卖粮食22户，轧花20户。以后，纺织业发展迅速，到1952年织机增加到246台，有200户从事织布。该村也存在高利贷、纺织业雇工和土地买卖。1952年，放债者共49户，都是村中较为富裕的户，如老农郭玉田，把所分土地全部卖掉，转向放债维生。放债利率，初为二十支纱每月利息两把（十分利），后为每月利息一把半（七分半利），比于留佐村的利率还要高。借贷者共51户，其中80%的户都是因分机单干时为添购新机而借债；② 还有10%的户因织布所得入不敷出而借贷；再有10%的户因经商或盖房子临时不便而借债。该村共有7户在生产中雇佣工人，其中6户雇工织布，1户雇工种地。1948—1952年四年间，该村出卖土地者共73户，共出卖土地692亩（大部分土地卖给了周边各村）；买地者共70户，共买地275亩。与于留佐村的情况相类似，卖地者多为织布和向外借贷所需，买地者多为织布有结余的户。③ 如果抛开生产关系，单从生产力的角度看，于留佐和东赵堡村出现的高利贷、纺织户雇工和土地买卖促进了社会资源配置的合理化，对生产力发展能够起到促进作用，高阳县委的调查报告中也说："土地分散对生产来说一般是没利的，个别有劳力的户土地较多，对生产可是有利无害的。"④

由以上两村情况可知，土地改革后仅两三年时间，农村的社会结构又

---

① 《中共高阳县委关于农村资本主义发展和阶级分化于留佐村群众调查总结材料》，1952年8月12日，高阳县档案馆藏，资料号：1—5—19。

② 该村在纺织业恢复初期，因一家一户无力购置织机，大都三两家合伙购进一台织机，合伙织布。后来，随着纺织业发展，大家纷纷分机单干，每家购置一台织机，甚至有一家2台或3台织机者。

③ 《中共高阳县委关于农村资本主义发展和阶级分化东赵堡村群众调查总结材料》，1952年8月12日，高阳县档案馆藏，资料号：1—5—20。

④ 《中共高阳县委关于农村资本主义发展和阶级分化于留佐村群众调查总结材料》，1952年8月12日，高阳县档案馆藏，资料号：1—5—19。

形成了初步分化,又出现了新富农、高利贷商人、织户、纺织工人和农业雇工(长工)等社会阶层。从于留佐和东赵堡两村的情况来看,中华人民共和国成立之初高阳县的乡村社会仍以自耕农和织户为主,且大部分为自耕农兼织户,占总户数的 80% 以上;新富农共 46 户(于留佐 24 户,东赵堡 22 户),占总户数的 7.9%;纺织工人 80 余人,占两村总人口的 3%;纯粹靠借贷维生的高利贷商人很少,仅有三两户;农业雇工只有 1 人。在高阳全县范围内,由于农业生产条件恶劣,加之中华人民共和国成立之初水灾频仍,农民仍然以织布收入为主,1953 年全县农村总收入为 3434250 元,其中织布收入 2623800 元,占总收入的 76.4%,可见中华人民共和国成立之初兼业农户仍然以纺织为主,大多数兼业农户均可归入织户阶层。到 1954 年,高阳全县有大布机(平面铁轮机)、土布机(手工织机)和楼子机(提花机)9154 台,从业人员 24274 人,占全县总人口的 14%,这是高阳解放初期织户和纺织工人阶层所达到的最大规模。①

在这一时段中,高阳县因为公营、公私合营和私营工商业并存,使得社会结构变得相当复杂。首先,县、区政府成立之后,出现了代表党和政府的"干部"阶层,当时的党委和政府摊子还比较小,"干部"队伍还不大,1952 年全县仅有干部 282 人,占全县总人口的 0.16%。② 其次,无论是最初的鸿记、元丰、恩记、元新、同和等公营和公私合营的织布厂以及建华、军用等公营机器染轧厂,还是后来的机染厂、福利染厂和宏达染厂,都出现了公有制经济控制之下的管理干部和工人。1953 年,全县公营工业企业经过合并只剩下机染总厂和铁工厂 2 家,有职工 1278 名,占全县总人口的 0.71%。③ 而在最初私营的民主、幸福、魏金波、新民、蚨丰等织布厂、二三十家私营染厂以及后来的数十家乃至上百家私营漂染、印花厂中,都出现了私营企业主和雇佣工人。1948 年,高阳县染坊有业主 10 人,工人 186 人;印花工厂有业主 45 人,工人 873 人。染坊与印花

---

① 《高阳县人民委员会关于对棉织、针织两种行业调查和补查工作的总结报告》,高阳县档案馆藏,资料号:1—33—8。

② 高阳县地方志编纂委员会编:《高阳县志》,方志出版社 1999 年版,第 697 页。1953 年全县总人口为 180470 人,见高阳县地方志编纂委员会编《高阳县志》,方志出版社 1999 年版,第 146 页。

③ 高阳县地方志编纂委员会编:《高阳县志》,方志出版社 1999 年版,第 272 页。

工厂合计有业主55人，雇佣工人1004人，占全县总人口的0.64%。① 到1953年，高阳县染坊从业人员达504人，印花业从业人数达3947人，二业合计4451人，占全县总人口的2.47%。② 最后，在商业领域也形成公营和私营商业并存的局面，公营商业企业有花纱布公司、供销合作社、中国百货公司河北省保定分公司高阳商店（简称百货商店）、粮站、新华书店河北省分店高阳支店等，由于这些企业在中华人民共和国成立之初频频变动，职工人数无法准确统计，估计总人数不超过200人。私营商业包括棉布批发商以及棉布与其他行业的零售商，1953年高阳县城关共有棉布批发商37户，零售商7户，从业人员194人。③ 到1954年9月私营工商业社会主义改造开始前，高阳全县共有私营商户780户，从业人员981人，占全县总人口的0.52%。按行业划分，这些私营商户计有：棉布零售商77户，83人；烟酒商231户，238人；颜料商24户，28人；百杂货商184户，208人，五金业22户，29人；糕点业3户，7人；煤炭业6户，15人；瓷器业4户，10人；货郎业64户，64人；油挑20户，22人；醋酱业13户，37人；肉食业16户，36人；纯药商3户，5人；面食业98户，183人；其他杂货商15户，15人。按照业主职业划分，纯粹以商业维生者130户，其中可称为商业资本家者9户，地主兼营商业者16人，富农兼营商业者50人，以农业为主商业为辅者442户，以商业为主农业为辅者208户。④

总之，在1953年10月取缔棉布批发商之前，高阳县的社会结构呈现出前所未有的复杂状况，主要社会阶层既包括党和政府的干部阶层，又包括代表公有制经济的公营工商业的管理干部和职工，还包括代表私有制经济的工商业业主和雇佣工人、织户、新富农、自耕农、高利贷者、纺织工人和农业雇工。

从1953年10月政府下令取缔棉布批发商开始，到1956年资本主义

---

① 《高阳县政府主要工业、手工业工人统计表》，高阳县档案馆藏，资料号：51—27—217。
② 《高阳布印染三业历年发展趋势表》，见《中央工作组调查材料——解放后高阳县手工织布业中的私人资本》，高阳县档案馆藏，资料号：51—38—371。
③ 《中共高阳县委统战部对私营棉布商改造中的报告》，1954年9月26日，高阳县档案馆藏，资料号：1—26—9。
④ 《中国共产党高阳县委员会关于对私营工商业进行社会主义改造情况及今后意见》，高阳县档案馆藏，资料号：1—67—9。

工商业和农村农业、手工业社会主义改造基本完成，高阳县的社会制度发生了剧烈变革，在此期间，私营经济渐趋没落，与私有制相伴随的各个社会阶层也逐渐被消灭。有关棉布批发商和农村织户的社会主义改造过程，本书在第一章第三节已做了详细研究，兹不赘述。在这里只对私营染轧印花业及其他行业的社会主义改造过程做一简单介绍。

高阳私营工商业的社会主义改造于1955年全面展开，1956年达到高潮。与全国其他地方相仿，高阳县对私营工商业的改造主要采取合营、合作、经（代）销三种方式，具体安排因地域和营销特点而定。在县城城关，由于以店铺为主，在改造时搞的是专业性全行业合营，由县政府派干部直接领导，单独核算，分散建立若干门市部。在集镇上搞综合性合营，保持原摊位不动，县里派干部管理，统一计划，统一核算；有的是由供销社门市部或生产单位与同一行业的小商小贩合营。对分散在乡村的小商小贩，由合营单位或基层供销社把他们吸引到集市上加入合营队伍，散集后，给他们分片，固定供应。对连家铺、货郎担和烟酒糖果等行业的小商人，搞经销或代销。对私营运输业的改造，主要是将他们组织起来，走合作化道路。① 1955年主要通过经（代）销方式，改造私营工商业513户，554人；1956年，共组建3个公私合营企业、66个合作小组、239个经（代）销店，共改造私营工商业796家，从业人员1007人，占私商总数的98.6%。②

在私营工商业被改造的过程中，一部分实现公私合营的私营业主被安置了工作。按照县里规定的办法，私营工商业改造后的人事安排，"应掌握重才使用，对代表性强，政治态度好，在群众中有威信，思想进步的，要安排到适当的位置上，可以担任合营企业的副职；个别代表性强，政治条件好，一贯工作积极的，也可以担任正职，但必须经县委批准"③。表5—6显示，实现公私合营后，除极少数人担任企业正职之外，大部分私营企业主都担任企业副职。他们的收入除工资外，还有原企业清产核资后作价入股所得股息，比企业的一般干部和职工要高一些。此外，高

---

① 《中共高阳县委对资本主义工商业进行社会主义改造的报告》，1956年，高阳县档案馆藏，资料号：1—67—7。
② 高阳县地方志编纂委员会编：《高阳县志》，方志出版社1999年版，第330页。
③ 《中共高阳县委对资本主义工商业进行社会主义改造的报告》，1956年，高阳县档案馆藏，资料号：1—67—7。

阳县还给部分停业工商企业的业主安置了工作，如表5—7所示，县里在1956年前后，在木材公司、采购局、棉布检验所等单位共安置19名失业业主。在高阳县资本主义工商业改造基本完成之后，所有私营企业和部分私营商户被改造，一些私营业主被安置了工作，转变为国营（或合营）企业干部、职工或国家机关干部，另一些业主和雇佣工人则回乡务农，县城中的私营工商业者大部消失，只剩下一些私营代销店和走街串巷的小商贩。① 据新编《高阳县志》记载：1958年年初县内有小商贩469人，到1960年320人的经营活动被取缔；1961年317名私营商贩被招为国营商业部门职工，50人加入合作店、组，56人回乡务农，全县仅剩私营代销店61家，从业86人，小商贩187人。②

表5—6　　　高阳县工商界骨干分子公私合营后人事安排

序号	业别	企业名	姓名	原任职务	现任职务
1	翻砂	正益	贺永和	省工商联代表，县人民代表，县人民委员会委员，县工商联主任，正益铁厂经理	公私合营正益铁厂厂长
2	翻砂	正益	叶占复	正益铁厂副经理	公私合营正益铁厂副厂长
3	翻砂	正益	李风岐	正益铁厂副经理	公私合营正益铁厂副厂长
4	百货	同丰	贾法曾	县工商联委员，同丰百货店经理	公私合营百货业副经理
5	百货	长兴成	郝福和	县工商联代表，长兴成百货店副经理	公私合营百货业副经理
6	杂货	光辉	杜光辉	县工商联代表，光辉杂货铺经理	公私合营杂货业副经理
7	杂货	协丰	刘庆生	协丰经理	公私合营杂货业副经理
8	肉业	书堂	郭书堂	书堂肉铺经理	公私合营肉业副经理
9	煤业	茂堂	齐茂堂	县工商联代表，茂堂煤铺经理	公私合营煤业副经理

---

① 代销店的店铺属私人所有，但其销售的商品却是由国营工商企业提供的，销售价格也受到国家管控，店主已经失去了自主经营权。

② 高阳县地方志编纂委员会编：《高阳县志》，方志出版社1999年版，第330页。

续表

序号	业别	企业名	姓名	原任职务	现任职务
10	醋酱	复泉涌	张福来	县工商联委员,复泉涌酱园副经理	公私合营醋酱业副经理
11	棉布	合成	张聚奎	县工商联委员,合成布庄经理	城乡社门市部副经理
12	面食	大众	魏祐曾	大众经理	供销社合作食堂副经理
13	面食	大众	李章甫	县工商联委员,大众副经理	供销社合作食堂副经理
14	面食	国民	张国民	县工商联委员,国民饭铺经理	供销社合作食堂副经理
15	糕点	友成	丁怀	县工商联委员,友成号经理	供销社糕点门市部副经理
16	五金	中和	潘锁成	县工商联代表,中和经理	公私合营五金门市部组长
17	修配	万福	苏长智	县工商联委员,万福修笔铺经理	修配合作组组长

资料来源:《高阳县工商界骨干份子公私合营后人事安排名单》,高阳县档案馆藏,资料号:1—82—57(1)。

表5—7　高阳县私营批发商失业人员录用

编号	姓名	年龄	籍贯	家庭情况			过去经历	录用单位和职务
				人口	劳力	土地(亩)	房屋		
1	王润田	52	高阳县解庄	5	2	15	5	高小毕业后经商,二十五年,中华人民共和国成立之后开设手工染坊,停业后务农。任县工商联副主任委员,河北省工商联执行委员	手工业联社副科长
2	王介甫	53	高阳县城关南街	7	1	15	8	小学毕业后学买卖,中华人民共和国成立之后开设染轧厂,停业后靠股息和务农维生,曾任县工商联常委,现为县人民代表	棉检所副主任

续表

编号	姓名	年龄	籍贯	家庭情况				过去经历	录用单位和职务
				人口	劳力	土地（亩）	房屋		
3	齐连泉	44	高阳县南圈头村	7	3	10	2	高小毕业后学买卖，中华人民共和国成立之后开设造胰厂，曾任县工商联常委，现为县人民代表	税务局副股长
4	曹健全	53	高阳县西田果庄	5	1	7	5	初小毕业后在工厂学徒，后当经理，中华人民共和国成立之后开设印花厂，曾任县工商联执委，现为县人民代表	棉布加工站副站长
5	潘守诚	30	山西省平定县	5	2	无		高小毕业后学买卖，中华人民共和国成立之后开设印花厂，停业后临时在亲戚所开诊所当会计，曾任印花业同业公会主任委员	银行会计
6	张文殿	41	高阳县城关南街	3	2	10	9	初小毕业后在工厂学徒，中华人民共和国成立之后开设布庄，后开印花厂，停业后靠农业和织席维生，曾任县工商联执委	棉检所验布员
7	王全露	27	高阳县出岸村	3	2	无	2	高小毕业后学买卖，1950年开设印花厂，停业后靠临时做工和赈济维生	采购局职员
8	孙金海	49	高阳县西庄村	4	1	无	4	高小毕业后学买卖，中华人民共和国成立之后经营颜料和布匹，停业后靠"吃铺底"维生①	城乡社业务员

续表

编号	姓名	年龄	籍贯	家庭情况				过去经历	录用单位和职务
				人口	劳力	土地（亩）	房屋		
9	王凤桐	39	山西省平定县	3	2	无	2	高小毕业后学买卖，中华人民共和国成立之后开设染坊，停业后靠"吃铺底"维生	采购局会计
10	齐铁山	31	高阳县东关	8	2	4	无	高小毕业后学买卖，日本侵华期间在伪汽车站工作，中华人民共和国成立之后开印花厂，停业后靠担水和赈济维生	采购局职员
11	刘沐波	39	高阳县闫家连城	3	2	无	8	高小毕业后学买卖，中华人民共和国成立之后开设染厂，停业后靠卖菜和"推小脚"维生②	木材公司职员
12	牛瑞庭	46	蠡县大曲堤	7	2	6	2	初小毕业后学买卖，中华人民共和国成立之后开设印花厂，停业后靠农业和在城乡社当临时工维生	县联社会计
13	苏金波	33	高阳县南圈头	7	2	12	6	高小毕业后学买卖，中华人民共和国成立之后经营布，后开设造胰厂，停业后务农	百货业务员
14	叶良楷	45	高阳县左庄	5	3	无	无	自幼学买卖，中华人民共和国成立之后开设印花厂，停业后靠女儿养活	木材公司职员

续表

编号	姓名	年龄	籍贯	家庭情况				过去经历	录用单位和职务
				人口	劳力	土地（亩）	房屋		
15	牛文锦	48	高阳县南街	8	2	6	8	初小毕业后经商，中华人民共和国成立之后在银号工作，后开设印花厂，停业后依靠农业和养蜂副业维生	城乡社业务员
16	冯殿甲	41	高阳县邢家南	7	2	10	3	初小毕业后经商，中华人民共和国成立之后开设染坊，停业后务农	采购局会计
17	李玉朋	56	枣强县	4	2	3	3	自幼当学徒，后来管理手工业染坊，再后来在成记染轧厂工作，停业后依靠"吃铺底"维生	采购局职员
18	王禄	39	高阳县北街	4	1	3	无	高小毕业后学买卖，当过职员，后开设印花厂，停业后靠借贷维生	木材公司职员
19	梁子衡	45	高阳县梁家庄	10	3	19	5	高小毕业后学买卖，后在天津经营布业，中华人民共和国成立之后开设颜料庄，停业后务农	木材公司会计

注：①"吃铺底"亦称"吃老本"，是高阳县方言，意思是靠消费原来的积蓄讨生活。②"推小脚"也是当地方言，是指用小推车（一般是独轮车）帮人运送货物。

资料来源：《高阳县私营批发商失业人员录用表》，1955年2月21日，高阳县档案馆藏，资料号：1—82—57（2）。

农业的社会主义改造是从建立生产合作社开始的。1953年3月，高阳县建成第一批农业生产合作社5个，分别为南晋庄单纯修社、湘连口葛文祥社、利家口霍明才社、北蔡口常北女社和新立庄王大本社，总计入社农户 62 户，298 人。同年 11 月，为加快合作化进程，县委抽调骨干力量深入农村做宣传动员工作，到 1954 年 2 月，全县又新建初级社 125 个。到 1955 年 10 月，全县初级社增至 682 个，入社农民 32531 户，占全县农户总数的 79%。1955 年年末，开始小社合大社，将原 682 个初级社合并成 187 个，1956 年年初，继续合并为 101 个。① 同时，乡村织布业也以成立合作社的方式进行了社会主义改造（具体情形见第一章第三节）。如此一来，农村中的生产资料私有制便被基本消灭，乡村中的新富农、自耕农、高利贷者、织户、纺织工人、农业雇工等阶层大都变成了农业合作社和手工业合作社的社员，成为集体经济下的农民阶层。

1958 年 8 月 23 日，高阳全县突击实现人民公社，在原有 166 个农业社的基础上，建成城关、旧城、西演、邢家南四个公社，每社平均一万余户，实行乡社合一。原来的村改为公社下属的生产大队，大队以下划分生产小队。到 1961 年 4 月 21 日，公社划小，高阳全县划分为 35 个人民公社，12 月，蠡县重建，将原属蠡县的 21 个人民公社划出，高阳县下辖城关、邢家南、北于八、北晋庄、北尖窝、南赵堡、西演、边渡口、庞家佐、高家庄、旧城、北龙化、博士庄、南蒲口等 14 个人民公社，180 个生产大队。② 农村通过集体化，消灭了生产资料私有制，确立了生产资料公有制，并统一安排生产和分配。农民从合作社社员阶层又转变成人民公社三级管理体制下的社员阶层。

1966 年"文化大革命"开始后，所有代销店和小商贩被视为"资本主义尾巴"被取缔，高阳县城乡的私有制全部被消灭，高阳城乡进入国营化和集体化时代。从 1966 年到 1981 年"包产到户"实行之前，高阳县和全国大多数地方相类似，只剩下国家干部、工人和农民三大阶层。

从理论上看，国家干部、工人、农民这三大阶层都是社会主义建设者，其社会地位是平等的，所不同的只是职业差别，但由于这三大阶层在工作和生活环境、生活状况方面差别很大，以至于在人们的观念中和事实上都存在身份和地位的差异，那就是国家干部优于工人阶层，工人阶层优于农民阶层。直到 20 世纪 80 年代，三大阶层这种身份和地位的差异仍扎

---

① 高阳县地方志编纂委员会编：《高阳县志》，方志出版社 1999 年版，第 42 页。
② 同上书，第 76 页。

根于人们的观念之中,就笔者儿时所见所闻,"吃商品粮"仍然是当时大多数农村人孜孜以求的梦想。① 2013年受河北大学历史学院委托,笔者在高阳县辛留佐村做"根治海河"亲历者访谈,曾采访辛留佐村某棉纺厂厂长冯满堂,1965年他作为辛留佐大队第十二生产队民兵排长带队参加了首次根治海河大会战,"文化大革命"中他还积极参加了"工总"造反组织。我问及他当时为何不老老实实在家务农,而是选择做民兵排长和"造反",他说:"农村的生活太苦了,很多时候连粗粮都吃不饱,关键是苦日子看不到头儿。当时只要国家给机会,年轻人都会出头露面,以便能参军、招工或提干,改变自己的命运。"他还说:"辛留佐村有几个人就是通过参加'造反'组织,结识了上面一些干部,被安置在北京铁路局丰台站、县畜牧局配种站等单位工作,从而脱离了农村。"②

在国家干部、工人、农民三大阶层内部,不同群体的生活境遇和地位也存在差异。仅就农民阶层而言,凡在大队和生产队任职的大队党支部书记、大队长、支委、会计等人,其生活要好于一般农民,社会地位也高于一般农民。笔者1998年采访高阳四乡老人时,不少老人都反映,在集体化时代最困难的时期,普通农民家庭整天挨饿,而"当官儿的"一般都能吃饱饭。可见,"当官儿的"和普通农民在家庭经济和生活境况上存在明显差异。③

第三节 改革开放后高阳县的社会结构

本书第一章和第四章已详细阐述了改革开放后高阳县纺织业和农业的发展演变历程,而社会阶层结构的变迁则是与产业结构的变迁紧密相连的。

改革开放后,农村的产业结构演变是从农业开始的。随着"包干到户"的推行,农业的生产经营模式由集体化转向个体化,生产单位由生产队转向农民家庭,农民由原来人民公社三级管理体制下的社员阶层转变

---

① "吃商品粮"是农村对拥有非农户口居民的别称,代指国家干部和工人阶层。
② 樊孝东整理:《冯满堂访谈资料》,2013年8月27日。
③ 高阳县的农村把一切有职务的人都称为"当官儿的"。

为个体农民阶层。由于国家规定农业的主要生产资料——土地仍然归集体所有，农民对土地没有所有权，只有经营权，因而农业在所有制结构上属于半公半私性质，"包干到户"制度下的农民阶层便是半公半私的个体农民阶层。① 在改革开放初期，国家不仅控制着土地所有权，而且对农民的土地经营权也有较多干预，政府除了向农民征收农业税和"三提五统"之外，② 还对棉花等农产品下达指令性生产计划，农民如果完不成计划指标，就要被罚款。因此，此时农民的土地经营自主权仍然受到诸多限制。20世纪80年代末90年代初期，随着商业管理体制改革，棉花等农产品的生产经营逐渐由计划经济模式转向市场经济模式，农民的土地经营自主权有所扩大。从2006年开始，国家取消了农业税和"三提五统"，从此之后，农民才获得了完全自主的土地经营权。有关改革开放后完全从事农业的个体农民阶层的变化，本书在第四章第二节已做过较为深入的研究，兹不赘述。

20世纪80年代初，随着农民家庭副业的兴起，从农村的个体农民阶层中分化出个体户和商人等新的社会阶层。此后，随着股份合作制企业和私营企业的兴起，在农村中出现企业家阶层和工人阶层。当时，高阳的乡村工业包括纺织业、服装业、塑料金属配件业、景泰蓝等多种行业，1988年各行业从业人数达到41076人，占全县劳动力的40%；其中纺织业是遍及全县各乡镇的主干行业，占乡镇企业的48%，从业人数2.2万人，占乡镇企业总人数的62%。③ 20世纪90年代之后，随着乡村工业的发展，尤其是纺织业的迅速发展，个体户、商人、企业家和工人阶层的队伍不断扩大；并且，随着国有中小型企业的改制和破产，国有企业的干部和工人转变为下岗职工，随后大批下岗职工投入民营工商企业之中，转变为个体户、商人、企业家和工人，使得新兴社会阶层的队伍得到迅速扩张。截至

---

① 1986年6月25日审议通过、1987年1月1日实施的《中华人民共和国土地管理法》第二条规定："中华人民共和国实行土地的社会主义公有制，即全民所有制和劳动群众集体所有制。"此后该法律经过三次修正，第二条关于土地所有制的表述始终没有发生变化。

② "三提五统"是在农业税之外，由乡政府和村自治机构向农民征收的附加税，"三提"是村自治机构向农民征收的三项提留款的简称，包括公积金、公益金和管理费；"五统"是乡政府向农民征收五项统筹费用的简称，包括教育事业附加费和用于计划生育、优抚、民兵训练和修建乡村道路的公摊款项。

③ 《高阳乡镇企业局关于乡镇企业现状和趋势的调查报告》，1989年1月，高阳县档案馆藏，资料号：26—33—43。

2005年，高阳县民营工业共6373家，行业涉及纺织、饮料制造、服装鞋帽、皮革羽绒、化学制品、医药制造、专用设备制造、交通设备制造、电器器材制造等行业，从业人数138798人。① 如果再加上经商人口、运输业和第三产业从业人员，总人数不下20万人。但在2005年，全县仅纺织企业就有5022家（包括纺织厂和家庭工厂），从业人员16万余人。② 也就是说，高阳县的民营经济虽然包括多种行业，但是从始至终纺织业都占据主导地位，其从业人员可占到民营企业从业人员的80%以上，因此，下文在分析社会各阶层的具体情况时，全部以纺织业的从业人员为例。

一 企业家

在现代企业中，可称为"企业家"者大体包括两类人：一类是企业所有者并从事企业经营管理工作的人；另一类是受雇于企业的所有者专门从事企业经营管理工作的人，即所谓"职业经理人"。在高阳纺织业中，企业家中的第二类人——"职业经理人"本就不多，并且随着国有企业的改制和破产，第二类人变得越来越少，因此，高阳纺织业中的企业家大多是私营纺织企业的投资者并从事企业经营管理工作的人。需要说明的是，高阳的企业家并不完全等同于纺织企业的厂长和经理。由第一章第四节可知，高阳的纺织企业在改革开放后30年的发展过程中出现过股份合作制和独资制两种资本组织形式。股份合作制在20世纪80年代中期至90年代中期较为盛行，后来尽管在"三巾"行业中多为独资制所取代，但在棉纺、针刺毡等行业中存留至今。③ 这种企业往往只选出一名股东作为厂长（或经理），其他股东在厂中负责管理车间、采购原料、销售产品等项业务，有时在工人临时休假时还要顶岗上生产线从事一线生产。因为这些人既是企业的投资者，又主要从事经营管理工作，所以尽管他们不是厂长或经理，本书也将他们归入"企业家"之列。此外，"三巾"类企业大小不一，笔者在调研的过程中观察到，凡是拥有8台以上织机的企业，一般都脱离了家庭，在独立的厂房内生产，其老板也一般不再下车间织布，而是专门从事经营管理工作；而拥有1—7台织机的企业则多在家内

---

① 高阳县统计局编：《高阳县国民经济统计资料》（2006年），第267页。
② 宋进良主编：《高阳县志（1991—2010）》，第494页。
③ 位于高阳县城以西20华里的辛留佐村有14家纺纱厂和11家针刺毡厂，除个别工厂外，绝大多数工厂仍采取股份合作制的资本组织形式，每厂有3—10个股不等。

生产，老板和家人除经营管理外，一般还要亲自参与生产。因此，这里将拥有 8 台及 8 台以上织机的"三巾"类企业的老板均归入企业家之列，而将拥有 8 台以下织机的"三巾"类企业的老板归入个体织户范畴。

（一）人口数量

改革开放之后，高阳的企业家队伍不断变化，或者说随着高阳纺织业的发展，高阳的企业家队伍逐年扩大，但是我们没有资料借以搞清楚每年企业家的人数，只能根据工商局的企业注册资料大致估计一下 2008 年的企业家人数。本书第一章根据高阳县工商局"企业注册登记表"和"个体工商户注册登记表"，统计出高阳县共有毛纺企业 1 家，毛毯企业 13 家（包括 10 家织造企业和 3 家辅助企业），棉织企业 1274 家，漂染企业 52 家，绣花、浆纱、印花、合线等棉织辅助企业 27 家，纺纱企业 22 家，运输企业 70 家。毛毯企业规模较大，一般均需注册；漂染、运输企业、纺纱企业及绣花、合线等棉织辅助企业县里管控甚为严格，一般也需注册；而棉织企业，数量众多，不注册者大有人在。以南圈头村为例，据村委会统计，南圈头村有棉织企业 26 家，南圈头工业区有棉织企业 32 家，合计 58 家。而在县工商局注册表中，南圈头只有注册企业 29 家。二者相差恰好一倍。其他村庄的情况与南圈头村相似，实际企业数量比注册企业数量多得多。如果将南圈头村的情况推而广之，则高阳县实际上有棉织企业 2548 家，再加上必须注册的毛毯和棉织辅助企业，高阳县共有纺织企业 2681 家。

再看企业的资本组织形式。毛纺或毛毯企业一般是独资企业或家族企业，14 家企业共有老板 17 人；棉织企业一般是独资企业，兼有部分家族企业和股份合作制企业，假定 2548 家企业有老板 3000 人；漂染、棉织辅助企业、运输企业和纺纱企业以股份合作制居多，假定平均每家企业有两个老板，119 家企业有老板 238 人。则截至 2008 年年底，高阳县共有企业家 3255 人，占全县总人口的 0.94%。①

（二）个人基本情况

由第一章可知，改革开放后高阳的纺织企业形成了两种不同发展模式：一种是以"三巾"类棉织企业为代表的"小规模大群体"模式；另

---

① 据宋进良主编《高阳县志（1991—2010）》第 70 页"高阳县 1997—2010 年各乡镇人口变化情况表"记载：高阳县 2008 年共有人口 327585 人。

一种是以毛纺和毛毯企业为代表的大企业、大集团模式。在这里，我们就以这两种企业为例，分析高阳县企业家群体的出身、经历、年龄和受教育程度。

表5—8　南圈头工业区17家"三巾"织布厂老板的基本情况

编号	工厂织机数量	企业家个人情况				
		性别	年龄	受教育程度	开办企业时间	办企业之前的经历
1	10	男	55	高中	2007年	县粮食局工人，兼办"三巾"家庭工厂
2	12	男	29	初中	2006年	经营"纱摊儿"
3	12	男	41	初中	2005年	在武汉、兰州等地"出摊儿"，2002年与他人合股创办某纺织品有限公司，2005年退股自办企业
4	12	男	45	高中	2002年	乡政府临时工，媳妇在纺织商贸城"出摊儿"
5	16	男	52	高中	2002年	1990年开办"织窗纱"的家庭工厂，1996年改织毛巾
6	18	男	50	文盲	2002年	最初做小买卖，1993年创办"三巾"家庭工厂
7	24	男	54	初中	2006年	最初用农用三轮车跑运输，后来创办"三巾"家庭工厂
8	24	男	60	初中	2002年	建筑业包工头
9	32	男	50	文盲	2002年	1990年开办"三巾"家庭工厂
10	36	男	41	初中	2002年	办有织窗纱的家庭工厂，媳妇"出摊儿"卖毛巾
11	36	男	60	高中	2002年	做过飞行员，转业到县毛巾厂做行政干部
12	40	男	40	初中	2002年	开办织窗纱的家庭工厂
13	40	男	44	初中	2003年	最早在高阳县纺织城"出摊儿"卖毛巾，后来摊位迁至纺织商贸城
14	40	女	52	初中	2003年	在外"摆摊儿"卖毛巾
15	44	男	40	初中	2002年	县邮局职工，兼办"三巾"家庭工厂
16	44	男	55	初中	2003年	最初为泥瓦匠，后开设"三巾"家庭工厂
17	96	男	46	初中	2002年	在武汉汉正街"出摊儿"，兼办"三巾"家庭工厂

说明：本表编号与表2—3一一对应。

表5—9　　2008年毛纺织企业和毛毯企业老板基本情况

序号	姓名	企业名称和行业	出身和经历
1	王克杰	三利毛纺集团，毛纺织	工人出身，北蔡口村人。曾在高阳县五金公司、中国化学工程第十二建设公司（简称"十二化建"，国营企业，位于石家庄市）等企业工作，1986年回乡创办三利毛纺厂，后来带领三利逐步进军漂染、棉织、工业用呢、喷胶棉、棉纺、服装、房地产等行业，成为三利集团董事长兼总经理
2	边文才	河北省荣仪毯业有限公司，毛毯	农民出身，六合庄村人，1986年创办高阳县永兴提花厂，生产"三巾"类产品；1998年转产毛毯
3	李庚田	高阳县亚奥毛毯纺织有限公司，毛毯	农民出身，六合屯村人。集体化时代，在六合屯村某生产队担任过会计、生产队长，改革开放后与他人合股开设酒心巧克力糖厂，1991年开设毛纺厂，1997转产毛毯
4	房广安	保定新天羽纺织品有限公司，毛毯	农民出身，六合屯村人。曾参军，在天津服役，当通信兵，复员后回家协助父亲管理酒心巧克力糖厂，1990年转产毛纺，开设地毯纱厂，1998年转产毛毯
5	郭艳庆	河北省双羊集团有限公司，毛毯	农民出身，赵官佐村人。1985年郭艳凯、郭艳庆兄弟与他人合办红旗毛纺织厂，生产地毯纱，1990年转产精纺毛线，并注册"双羊"商标，1995年红旗毛纺厂与红旗染织厂、东方毛染织厂合组双羊集团有限公司，2001年转产毛毯
6	赵彦忠、赵彦辉	高阳县振华毛纺织有限公司，毛毯	农民出身，留祥佐村人。其父赵建国1985年在蠡县和他人合伙开毛呢厂，1988年回留祥佐自办毛呢厂，赵彦忠、赵彦辉兄弟随父办企业，1994年赵建国退休，企业由赵彦忠兄弟经营，2001年转产毛毯
7	高俊辉	高阳县华阳毛纺染织有限公司，毛毯	农民出身，北于八村人。1990年创建毛染厂，染毛线；1993年上毛纺；1994年转产气流纺纱；1995年淘汰染整厂，上织呢设备，转产毛呢，1998年收购一个染整厂，形成毛呢染织生产线；2001年转产毛毯
8	梁双未、梁双喜	高阳县曙光毛毯纺织有限公司，毛毯	农民出身，斗洼村人。1985年创建毛纺厂，生产毛线；1996年转产毛毯

续表

序号	姓名	企业名称和行业	出身和经历
9	王树声	高阳县羽豪毛绒制品有限公司，毛毯	农民出身，赵官佐村人。曾与他人合伙开设前锋经编厂，生产涤纶蚊帐和腈纶毛线；此后，又先后与他人合伙开设华鑫气流纺织厂、恒大气流纺织厂，生产毛呢纱和毛呢；2001年转产毛毯
10	米潺、米三	高阳县正大毯业有限公司	农民出身，邢家南村人。1986年创办毛纺厂，生产毛线；2001年转产毛毯

资料来源：主要资料来源于刘屏《情暖人间》，长征出版社2004年版。该书虽为报告文学，但所记多为作者的采访笔录，比较真实可靠。一些厂名和年代不准确之处，笔者参考自己的调查资料和档案资料做了更正。

1. 出身

由本章第二节研究可知，"包产到户"实行之前，中国只有干部、工人和农民三大阶层，因此，不言而喻，改革开放后高阳的企业家也都出身于这三大阶层之中。

由第一章可知，高阳县绝大部分纺织企业都位于四乡村庄和工业区之中，这些企业的投资者大都是当村农民，因而高阳的企业家以农民出身者最多，据笔者调查估计，农民出身的企业家可占到全部企业家的90%以上。

工人出身者既包括高阳原国有企业的下岗职工，还包括在外地工作的高阳籍工人，而以前者为主。由第一章可知，高阳的国有企业在1990年发展到最高峰，此时印染厂、红旗丝织厂、毛巾厂、天阳地毯毛纱厂、津阳棉纺厂、钻床厂、农机修造厂等13家独立核算的企业共有职工4960名，这些工人下岗后，真正能够创办企业成为老板者不超过200人，再加上为数不多的回乡创业的高阳籍外地工人，二者合计占企业家总数的7%左右。

公职人员主要是指机关干部、事业单位工作人员和教师。20世纪80年代初期，对于公职人员经商办企业，高阳县的政策与中央及省市的政策并不一致。1984年6月5日，高阳县颁布《中共高阳县委关于干部职工留职停薪从事商品生产有关事项的通知》，允许在职干部和职工停薪留职经商或办企业；但是，中共中央和国务院却在1984年12月3日颁布《严禁党政干部经商、办企业的决定》，不允许公职人员经商、办企业，高阳县的政策与国家政策不一致。后来，随着改革开放进一步深入，从中央到地方对公职人员经商、办企业都采取了鼓励的态度。1992年，根据各地实际情况，中共中央办公厅和国务院办公厅联合下发《关于党政机关兴办经济实体和党政机关干部从事经营活动问题的通知》，规定县及县级以上党政机关不准经商、办企业，县及县级以上党政机关在职干部一律不得经商、办企业，但允许和支持从党政机关分离出来的干部经商。根据这个政策，1993年中共河北省委、省政府颁布《关于进一步鼓励发展个体私营经济的决定》，允许机关团体和企事业单位分离出来的人员和离退休人员从事个体经营、开办私营企业，也可以到个体工商户和私营企业当帮手或雇工，允许事业单位的工作人员利用业余时间从事临时性个体经营。1998年，为促进个体、私营经济发展，河北省委、省政府颁布《关于加快发展个体私营经济若干政策的意见》，规定经批准离职经商的机关、事业单位工作人员，在三年内发给基本工资，可参加人事部门组织管理的流动人员养老保险和事业保险，达到退休条件的，可享受退休金待遇。尽管各级政府对公职人员经商、办企业持鼓励态度，但是真正离职或停薪留职经商办企业的公职人员仍然寥寥无几，占不到企业家总人数的1%。较为流行的做法是公职人员只投资不离职，即在企业中算"干股"，按期分红，而不参与企业的经营管理，按照上文的界定，这部分人不在企业家统计之列。

表5—8和表5—9虽然统计数量不足，但亦能反映出高阳企业家的基本状况。两表收录两种不同类型企业的老板共30人，其中农民出身者26人，工人出身者3人，干部出身者1人，分别占86.7%、10%和3.3%。

2. 经历

"三巾"织造企业的老板以个体织户起家者最多，表5—8所列南圈头17家"三巾"织布厂以家庭工场起家者共10家，占58.9%。他们大都由一两台织机开始，赚钱之后，逐年添置织机，积少成多，一般要经历十几年时间，发展成一个拥有二三十机台的小企业，有的甚至发展成拥有百台以上织机的中型企业。笔者在调查"三巾"类企业的成长经历时，几乎所有的企业家都说到一个"滚"字，即最初用家里所有的钱和借贷的钱购买一二台织机，织布赚了钱，还贷之余全部投资购买新机，扩大生产规模，新机赚了钱再添置新机，资本和织机就这样"滚"来"滚"去，最终"滚"出一个有一定规模的企业来。也有一些"三巾"类企业的老板是靠经商起家。这些老板在开设"三巾"织造企业之前大都是在全国各地自由市场和高阳纺织城、纺织商贸城的"摆摊儿者",也有在高阳县城经营"棉纱摊儿者"。后来有的摊位经营不下去,手里又有资金,就撤掉摊位回家投资建厂;有的是外边的摊位不撤,为保障商品的质量和及时供货,回乡办厂,自产自销;还有的是在外"出摊儿"过程中积累了人脉,有了较为固定的销售渠道,于是撤掉摊位回家办厂。表5—8所列南圈头17家"三巾"织布厂以经商起家者共6家,占35.3%。其中,2号厂和14号厂属于上述第一种情况;4号厂、10号厂和13号厂属于第二种情况;3号厂和17号厂属于第三种情况。还有一些企业的老板是在其他行业中积累了原始资本,眼见"三巾"织造获利丰厚,转而投资办厂。表5—8所列南圈头17家企业中有4家企业的老板属于这种情况,他们办厂前从事的行业分别为做小买卖(赶集卖过针头线脑、卖过毡条和海绵垫、卖过年画、在高阳县城开过小百货门市)、用农用三轮车跑运输(主要为织布厂和家庭工厂拉纱和送货)、泥瓦匠(是拿瓦刀砌墙、粘瓷砖的大工)和包工头(在保定、石家庄等地包过楼房建筑工程)。

大型纺织企业的老板,如表5—9所示,虽然经历各异,但是除荣仪的边文才之外,基本上都经营过毛纺或毛呢。毛线厂和毛呢厂规模大、投资大、产值高。经营毛线厂或毛呢厂,一方面使这些企业家获得了管理流水线型大企业的宝贵经验,另一方面培育了他们一种敢想敢干的魄力以及勇于做大、不屑做小的胸怀。当20世纪90年代中期毛线和毛呢行业衰落之际,除三利的王克杰通过改变产品结构和创新营销模式顽强地坚持下来外,其余的企业家在当时的县委书记刘飞的引领下迅速转向毛毯行业,并在高阳创造了一个"毛毯"奇迹(详见第一章)。这个奇迹的创造不能不说与这批企业家在经营毛线厂和毛呢厂时所获得的经验、魄力和胸怀有莫大之关联。

3. 年龄和受教育程度

以高阳县数量最多的"三巾"织造企业为例,笔者2008年随机调查了360名棉织企业老板的基本情况。这360名老板,340名为男性,20名为女性。从年龄来看,60岁以上者40人,50—60岁140人,40—49岁140人,40岁以下40人,可见高阳的企业家以40—60岁的中年人为主。从代际关系看,从20世纪80年代初至21世纪初,高阳的企业家大致经历了三代人，第一代人崛起于20世纪80年代，第二代人一般在20世纪90年代中期以后崭露头角，第三代人则是在21世纪初方显山露水。并且，具体到单个企业，一般都存在代际传承，由个体织户起家的企业代际传承关系更为明显，一般第一代人以个体织户起家，企业交到第二代人手里时已有一定规模，到笔者调查的2008年，一般第二代人仍掌管企业，但经营管理方面的业务则已经开始由第三代人打理。

在受教育程度上，高阳的第二代和第三代企业家明显高于第一代。第一代企业家以小学文化程度为主，且有相当一部分人小学都没毕业；第二代、第三代企业家的受教育程度明显高于第一代，大部分人都能达到初中文化程度，一小部分人还达到高中文化程度，有些人还受过专科以上的高等教育。

二 个体织户

按照上文的划分标准，凡是拥有1—7台织机的家庭工厂经营者均属个体织户范畴，因此只有在棉织业和窗纱行业中才有个体织户。个体织户与企业家的区别在于：他们自身既是经营管理者，又是劳动者；他们的收入既有工人创造的剩余价值，又有自己和家人参加劳动应得的报酬。

改革开放以来，个体织户的数量有一个从少到多又由多到少的发展过程。20世纪80年代初农村实行"包干到户"后，高阳县农村产生了第一批个体织户。当时的个体织户主要集中在李果庄、北沙窝、野王等原社队纺织业比较发达的村庄。后来，随着纺织业的迅速发展，特别是在"三巾"行业发展进入第一次高潮期的1995—1997年，农民纷纷购置1515-75型织机和1511型织机，建立"三巾"家庭工厂，个体织户的数量迅速攀升。进入21世纪之后，个体织户的数量非但没有增加，反而有所减少。究其原因，一方面部分个体织户通过连年增添织机，已步入企业家行列；另一方面，"在外摆摊儿者"和其他行业的转入者，甫一建厂，企业规模一般都比较大，从而直接进入企业家之列，而不再走从个体织户逐渐"滚"成企业家的长期发展历程。

个体织户几乎都不用注册，因而在工商局的注册资料中找不到有关个体织户的任何线索，在这种情况下，本书只能根据南圈头村的调查资料，大致看一看个体织户的基本情况。

表 5—10　　　　　2008 年南圈头村家庭工厂机台数量一览

编号	机台数量	编号	机台数量	编号	机台数量	编号	机台数量	编号	机台数量
1	4	11	6	21	4	31	4	41	3
2	6	12	6	22	4	32	5	42	3
3	6	13	6	23	4	33	6	43	5
4	4	14	6	24	7	34	4	44	4
5	4	15	6	25	3	35	4	45	4
6	6	16	6	26	6	36	5	46	6
7	6	17	6	27	6	37	3	47	4
8	6	18	6	28	4	38	4	合计	228
9	6	19	3	29	4	39	3		
10	6	20	4	30	6	40	4		

表 5—11　　　　　2008 年南圈头村织布工厂机台数量一览

编号	机台数量	编号	机台数量	编号	机台数量	编号	机台数量	编号	机台数量
1	32	11	14	21	24	31	8	41	8
2	96	12	12	22	12	32	10	42	8
3	36	13	24	23	12	33	8	43	8
4	34	14	38	24	8	34	12	44	16
5	24	15	38	25	12	35	8	45	10
6	36	16	38	26	12	36	10	46	8
7	42	17	16	27	8	37	12	合计	778
8	24	18	38	28	8	38	8		
9	36	19	12	29	8	39	10		
10	8	20	10	30	8	40	8		

由表 5—10 和表 5—11 可知，2008 年南圈头村共有个体织户 47 家，织布厂 46 家，个体织户的数量与织布厂的数量大体相当。47 家个体织户共有织机 228 台，平均每家合织机 4.85 台；而 20 世纪八九十年代个体织户刚起家时，一般只拥有一两台织机，可见到 21 世纪初，个体织户自身的经济实力比以前大大增强。但是，如果进行横向比较，个体织户的整体实力比织布厂要差得多，它对高阳纺织业的贡献值要远逊于织布厂。

在南圈头村47家个体织户中，笔者对其中的23家开展了详细调查。根据笔者的调查，这23家个体织户有农民、纺织工人、商人三种出身。在开办家庭工厂之前，有15人在家务农，1人在务农的同时兼用农用三轮车（柴油车）搞运输，1人在务农的同时兼做面包车出租，3人为县办各纺织厂工人，2人在民营纺织厂做修机师傅，1人为"在外摆摊儿者"。

三 纱布商人

改革开放后的纱布商人阶层与20世纪二三十年代的纱布商人阶层大不相同。由本章第一节研究可知，20世纪二三十年代的纱布商人阶层主要是指以布线庄为主体的同时经营棉纱购销业务和布匹购销业务的包买主群体；而改革开放后的纱布商人阶层则包括专营织布原料购销业务的商人和专营纺织品运销业务的商人两大群体。

由第三章研究可知，高阳经营棉纱购销业务的商号被当地人俗称"纱摊儿"。"纱摊儿"的注册名称多为"某某纺织站"，间或有注册为"线庄""布线庄"和"供应站"者。高阳最早的私营"纱摊儿"产生于20世纪80年代中后期，此后，随着以"三巾"为主的棉织业的兴盛而兴盛，截至2008年高阳县共注册"纱摊儿"296家。"纱摊儿"的资本组织模式早期多为股份合作制，而后期则以独资为主。其经营模式多为家族式经营，即为夫妻店、兄弟店或父子店。我们假定每个"纱摊儿"平均有两名经营者，则棉纱购销商人群体的规模当在600人左右。据第二章研究可知，高阳的"纱摊儿"多为县城东街人和北街人开设，据业内人士称，直到2008年，尽管不断有高阳四乡农民加入棉纱运销商的行列，但是高阳纺织业大部分原料的运销业务仍掌控在县城东街和北街人手中。因此，从出身看，高阳的棉纱购销商多是县城平民出身，兼有农民出身者。从经历看，大部分棉纱购销商从经商之日起就从事纺织原料购销，很少有从其他纺织行当转变而来者。

纺织品运销商人群体包括"在外出摊儿者"和在高阳纺织商贸城"出摊儿者"两大部分。与个体织户的发展历程相类似，"在外出摊儿者"总体上经历了一个从少到多又从多到少的发展历程。由第一章研究可知，改革开放初期，在商业体制改革启动之前，高阳县所产布匹多通过国营商业企业运销，私人参与运销者较少。到20世纪80年代中期，个体运销专业户兴起，这些专业户多是两三个人结队出行，每人携带一二百匹布，走街串巷销售。据乡镇企业局估计，当时全县有7000人从事布匹运销业务。① 随着各地市场的兴起和高阳县"三巾"产业的发展，20世纪90年代之后，高阳的绝大部分纺织品经销商进入各地市场，承包一个摊位，开始在固定摊点儿经营高阳纺织品批发业务，从此以后，这批在外经销纺织品的高阳商人才有了"在外出摊儿者"的俗称。据第二章保守估计，此时高阳的"在外出摊儿者"总数不下七八千人之多。进入21世纪之后，"在外出摊儿者"的总体数量有所下降，究其原因，一方面，部分"出摊儿者"因回乡办厂或经营不利撤了摊位；② 另一方面，随着纺织商贸城的兴建和投入使用，高阳本地纺织品市场兴起，高阳县城逐渐成为世界"三巾"产品最大的集散地。很多外地客商和国外客商绕过"在外出摊儿"的商户，直接到商贸城来订货。同时，一部分外地客商与某家或某几家织布厂直接建立了长期稳定的购销关系，直接从厂家订货，而不用走通过市场订货的渠道。这些因素都影响到"在外出摊儿者"。据第二章所引在义乌"出摊儿"的B君的访谈材料，2008年义乌市场上高阳的"出摊儿者"由二十多户下降到七八户，其数量下降了将近2/3。如果将这个比率推而广之，则到2008年全县"在外出摊儿者"总数不超过2500人。

关于在高阳纺织商贸城"出摊儿"的商户数量，如果根据2008年高阳县工商局"个体工商户"注册表，该年度高阳全县经过注册的商户共675户，这675户除了在纺织商贸城摆摊儿的商户外，还包括在县城东街和北街等其他地方"出摊儿"的商户。而按照商贸城管委会提供的摊位数据，该市场共有固定商户1200多家，临进商户1468家，合计2700多户。在商贸城经营的商户除经营"三巾"产品者外，还有经营服装鞋帽、棉纱和其他轻工产品者。据商贸城管委会统计，除去经营其他产品的商户，商贸城经营"三巾"的商户占全部商户的90%以上，约2500户。这个数据与工商局的注册数据相去甚远。据笔者在商贸城蹲点调查，商贸城

---

① 《高阳县乡镇企业局关于一九八〇年以来农村织布业发展状况》，1986年8月4日，高阳县档案馆藏，资料号：26—21—8。

② 据笔者调查，经营不利者大致包括三种情况，第一种是尽管苦心经营，但是经营总量始终上不去，而随着竞争加剧，平均利润越来越低，摊位费、房租和基本生活消耗越来越高，当收支相抵所剩无几时，只能撤掉摊位，另谋生路；第二种是本来经营得不错，但是经营者赚钱之后不再专心经营，而是吃喝嫖赌无所不为，以致经营失败，最终不得不撤掉摊位；第三种是由于市场的不确定性，商户被欺骗，以致大伤元气，不得不撤掉摊位。

管委会提供的数据是真实可信的，它之所以与工商局的注册信息相差如此之多，主要是由于在售货大厅经营的临近商户不用注册，部分固定商户或使用他人的注册信息，或属前店后厂型商户，附属于注册工厂，也没有再进行注册。这样看来，在高阳纺织商贸城"出摊儿"的纺织品经销商当有2500人之多。

综上所述，高阳"在外出摊儿"和在商贸城"出摊儿"的纺织品经销商合计达5000人。笔者未对这些人的出身和受教育程度做详细调查，但是可预见的是，其整体状况当与企业家相类似，也应该以农民出身为主，下岗工人和干部出身者为辅，受教育程度当以初中毕业为大多数。

四 纺织工人

（一）人口数量

21世纪初，高阳纺织业包括"三巾"行业、毛纺织业、毛毯业等不同行业，下面我们分别计算各行业的工人数量。

"三巾"行业包括织造企业、纺纱企业、印染企业、纺织设备制造企业以及绣花、印花、合线、浆纱等辅助企业。首先看织造企业的用工情况，据高阳县政府2008年对各乡镇纺织业发展状况调查汇总材料，该年度高阳县共有织造"三巾"的织机40000台，以每台织机需要1名挡车工，每10台织机需要1名整经工和1名修理工，每20台织机需要2名胚布验布工，每4台织机需要1名后整理工，每20台织机需要1名勤杂工计算，2008年织造企业用工约64000多人；再加上企业的管理人员6000人（会计、织造车间管理员、后整理车间管理员、仓库保管员等），"三巾"织造企业共用工70000人。印染企业共52家，用工约6000人。纺织设备制造企业7家，用工约2000人。绣花、印花、合线、浆纱等辅助企业合计127家，用工约10000人。棉纺企业包括宏润集团一家大型企业（环锭纺）和21家小型企业（气流纺），用工约6000人。则"三巾"行业用工合计约94000人。依据高阳县2008年对各乡镇纺织业发展状况调查汇总材料，窗纱、丝网织造行业共有织机2710台，雇佣工人约7000人。毛纺企业，即三利毛纺集团，雇佣工人约4000人。毛毯企业共10家，雇佣工人约12000人。则2008年高阳县纺织行业用工总计约12万人。

（二）基本情况

笔者 2008 年在南圈头工业区 13 家工厂向工人发放问卷 531 份，但最终只收回问卷 112 份。分析这 112 份问卷，认真填写者不过 68 份。按照工种区分，这 68 人包括机修工 6 人，车间管理员 6 人，整经工 4 人，挡车工 44 人，后整理工 9 人。在调查中遇到此种情况，我深感无奈和无助。尽管有县政府和南圈头村委会相助，但是本次调查仍然不被厂方及其工人理解和重视。相对于"三巾"行业 68000 名工人的庞大队伍，这 68 名工人数量太少，不足以代表一般情况，因此，我们在叙述的过程中，尽量根据高阳县政府 2008 年的调查统计资料和业内人士的经验，对笔者调查的数据做出适当的修正。

1. 机修工和车间管理员

表 5—12　　　　织布厂机修工和车间管理员基本情况

编号	工种	性别	年龄	籍贯	文化程度	从业年限	以前职业
1	机修工	男	38	高阳县	初中	8	挡车工
2	机修工	男	40	高阳县	初中	4	安装织机
3	机修工	男	30	高阳县	初中	5	挡车工
4	机修工	男	36	高阳县	初中	10	挡车工
5	机修兼车间管理	男	41	高阳县	初中	5	挡车工
6	车间管理	男	62	高阳县	初中	15	务农兼做小生意
7	车间管理	男	48	高阳县	高中	3	机修工
8	修机兼车间管理	男	46	山东枣庄	中专	26	上学
9	车间管理	女	37	高阳县	高中	12	国企工人
10	车间管理	女	55	高阳县	初中	10	务农
11	车间管理	女	32	沧州市河间县	初中	7	挡车工

由表 5—12 可知，笔者调查的 5 名机修工全部为男子，年龄都在 30 岁以上，都是高阳本县人，都是初中文化程度，从业年限大部分在 5 年以上，在做机修工之前，大部分都做过挡车工。笔者将这个调查结果给几位织布厂的老板看过，据这些老板说，高阳县的机修工确实全部为男子，因为修机器的活儿又脏又累，女人一般做不来。机修工的年龄一般都在 35—45 岁，且大部分是由挡车工转岗而来的。一般情况下，有心的挡车

工一边织布一边留意织机构造，摸索织机修理。由于织机不是什么精密机械，其修理主要靠经验，而不需要多么高深的机械知识，少则五六年，多则十来年，一名挡车工便能够掌握织机修理技术，从而转岗成为机修工。据笔者汇总县政府2008年纺织业调查资料，机修工以高阳本地人为主，大概占到60%；外地人占40%左右，本省以河间、蠡县人居多，外省则以河南、湖北、山东人居多。①

车间管理员在高阳本地俗称"带班儿"。表5—12显示，"带班儿"男、女皆有，年龄也偏大，有高阳县人，也有外地人，都是初中以上文化程度，从业之前的职业五花八门。据业内人士说，织布厂"带班儿"主要负责安排生产和记工。因为工作较为轻松和体面，且负有较大责任，"带班儿"之人需是老板信任之人，所以大部分"带班儿"人员或是老板的亲朋，或是在厂中从事其他工作数年而被老板看中的可靠之人。

2. 整经工、挡车工和后整理工

从性别上看，57名工人，男人28名，女人29名，基本上男女各半。整经工全部为男工，后整理工全部为女工，挡车工则男女都有。据业内人士称，这个结构大致可以代表高阳县纺织工人在性别上的一般情况。

表5—13　　织布厂挡车工、整经工和后整理工年龄分布

年龄	总人数	19岁以下		20—25岁		26—30岁		31—35岁		36岁以上	
		人数	占比(%)	人数	占比(%)	人数	占比(%)	人数	占比(%)	人数	占比(%)
男	28			10	35.7	8	28.6	8	28.6	2	7.1
女	29	2	6.9	14	48.3	5	17.2	5	17.2	3	10.4
总计	57	2	3.5	24	42.1	13	22.8	13	22.8	5	8.8

从年龄上看，男、女工人均以20—35岁为主，这个年龄段的人数占总人数的87.7%。据业内人士称，整经男工平均年龄稍大一些，很多人都是由挡车工转岗而来；后整理女工平均年龄也稍大一些，一般都是由结过婚的家庭妇女充任。与上两个工种相比，挡车工的平均年龄偏小。大部

---

① 2008年，高阳县政府对县内纺织企业做了一次摸底调查。这次调查是由县政府挂帅，各乡镇政府执行。截至笔者调查结束之日，县政府摸底调查的资料汇总工作尚未完成，笔者从县政府拿到了各乡镇填报的数据草稿，这里所用数据就是根据各乡镇数据草稿测算而来。

分挡车工都是在初中或高中毕业后进入织布厂打工,先做上几个月至一两年的学徒,待技术娴熟之后才正式上岗,所以挡车工开始上岗的年龄一般都在20岁左右。做挡车工,虽然没有繁重的体力劳动,但是工作时间每天长达12小时,且需站着干活儿,年岁大的人熬不住,所以一般情况下挡车工做到40来岁就歇业或转岗从事其他工种。

表5—14　　织布厂挡车工、整经工和后整理工籍贯分布

省份	高阳县	河北其他县	安徽	河南	重庆	四川	湖北	贵州	甘肃	山东
男	3	3	8	5	2	2	4	1	1	
女	3	3	3	3	2	6	4		2	2
合计	6	6	11	8	4	8	8	1	3	2

从籍贯上看,57名工人中高阳本地工人仅6人,周边其他县份以及石家庄、邯郸地区的工人6人,其他省份的工人45人。从表中显示的情况看,南圈头织布厂的工人绝大部分为外省工人,且主要来自中、西部省份的农村地区。这个比例并不能代表高阳纺织业的一般情形。据2008年高阳县政府的调查材料,当地纺织业的从业工人基本上是高阳本地人和外地人各半,从数量上看,本地工人5万多人,外地工人亦有5万多人。①南圈头工业区之所以以外地工人为主,与该村工厂的用工习惯有关。据业内人士称,近几年高阳织布厂外地工人所占比例越来越大,尤其是生产规模在40台织机以上的厂家,几乎都使用外地工人。之所以如此,主要是由于本地工人因在本乡本土,一方面家里的杂事儿甚多,常常请假,延误工作;另一方面,本地工人有所仗势,比较难管理。

表5—15　　织布厂挡车工、整经工和后整理工受教育程度分布

受教育程度	小学	初中	高中	职业高中	其他
男	3	19	4	2	
女	4	24	1		
总计	7	43	5	2	

---

① 根据高阳县各乡镇填报的2008年纺织业调查草稿测算而来。

从受教育程度看，无论男性工人还是女性工人，均以初中毕业为主。一方面，国家强制实行9年义务教育，孩子初中不毕业就去打工，有时政府会对家长罚款；另一方面，由于受到《劳动法》制约，大多数工厂也不敢明目张胆地使用童工。但是，据笔者了解的情况，地方政府对《义务教育法》和《劳动法》执行得并不严格，虽然很多工人在受教育程度上填写"初中毕业"，但是其中相当一部分人初中没有毕业就辍学当了学徒，这些人的毕业证多是家长托人补办的。

六 各阶层的收入和社会地位

在这里，笔者之所以将收入和社会地位放在一起研究，主要是因为21世纪之后的高阳，一个人的社会地位与其财产和收入有直接关联，甚至可以毫不夸张地说，财产和收入已经成为决定一个人社会地位的最主要指标。

笔者在调查各阶层状况时，被调查者最不愿意透露的信息就是家庭财产和收入，在采访过程中当问及财产和收入时，没有任何一个被调查者直接告诉我这方面的信息。在没有直接资料的情况下，我们只能通过零零碎碎的资料和笔者的所见所闻估算一下各阶层的收入。

首先估算一下企业家和商人的收入。毛纺行业的三利集团、纺纱行业的宏润集团以及毛毯行业的荣仪、亚奥、新天羽、振华、双羊、华阳、曙光、羽豪、正大、泰兴等公司规模宏大，每个厂的年平均收入当在几百万元至一两千万元。这些企业的老板应该是高阳纺织业老板中收入较高者。"三巾"织造行业一般是以单个机台的利润来核算年收入的。据业内人士称，2008年前后每个机台的年平均收入在20000—30000元。"三巾"织造行业中的一些大厂，如永亮、三妹、东飞、东恩等厂都拥有100多台织机，则其老板的年收入在二三百万元。如本书第二章所述，高阳县的"三巾"织造厂多数是二三十台至四五十台织机的小厂，这些小厂的老板年经营收入在五六十万元至一百多万元最为普遍。"纱摊儿"和"三巾"经销商的收入则主要以年销售量来区分生意大小。经营规模较大的"纱摊儿"和"三巾"经销商每年也有几百万元的收入。

个体织户的收入也按单个机台的利润来核算。个体织户虽然成本较低，但是经营不稳定，订单批次小，不少织户为大厂织加工，因此其平均利润水平也稍低，这样算下来，2008年前后其每个机台的年平均收入与织布厂大致相当，也在 2 万—3 万元。从南圈头村的情况看，织造"三巾"的个体织户以拥有 6 台织机最为普遍，则其收入在 12 万—18 万元。

纺织工人的收入随工种的不同而不同。在所有工种中，机修工收入最高。机修工工资的计算方法主要有两种：第一种是固定包机工资，一般每台织机 300 元/月，每个机修工包 10 个机台，其月收入为 3000 元；第二种是比例包机工资，一般每台车按挡车工月平均工资的 11% 或 12% 计算，正常情况下挡车工的月平均工资为 1200—2000 元，取其中间数 1600 元，两班可达 3200 元，每个机修工包 10 个机台，每月平均收入可达到 3500 元以上。这两种方法的不同之处在于，第二种方法使机修工的收入与工厂的效益挂钩，效益好的年份机修工收入高一些，效益差的年份机修工收入低一些。总之，以每年工作 10 个月计，机修工的年收入当在 30000 元以上。收入仅次于机修工的是挡车工、整经工和管理人员，二者都是计件工资。挡车工计件有两种方法：一种是按产品规格每织 1 件多少钱，南圈头的织布厂普遍是毛巾 0.2 元/件，大浴巾 1 元/件，小浴巾 0.4 元/件；另一种是按打纬数计算，南圈头的织布厂一般是 0.6—0.63 元/1000 纬。无论怎样计件，挡车工的平均月收入都在 1200—2000 元，其年平均收入在 20000 元上下。整经工的计件工资一般按每轮线一轴多少钱计算，月平均工资在 1800 元左右，年收入也在 20000 元上下。管理人员一般每月工资在 1500—2000 元，年收入也在 20000 元上下。再次是后整理工和勤杂工。砸边儿和打包的后整理工也都是计件工资，只不过砸边儿按件计算，在南圈头工业区依据产品规格，从 0.05 元/件至 0.1 元/件不等，月收入可达 1000—1200 元；打包的按包计件，月收入也在 1000—1200 元。勤杂工都是固定工资，在南圈头工业区一般每月 800—1000 元不等。则后整理工和勤杂工年收入在 10000 元左右。

下面核算一下企业利润在企业家和工人之间的分配比例。以"三巾"织布厂为例，每个机台一年获利 2 万—3 万元，则每月每个机台可获利 2000—3000 元，这是企业家从利润中分得的份额。工人的月工资全部折算到一个机台上有：机修工 300 元，挡车工 1200—2000 元，整经工 180 元，后整理工 250—300 元，管理员和勤杂工 350 元，合计约 2200—3100 元。则一个工厂的收入在企业家和工人之间的分配比例大致为 1∶1，也就是说资本和劳动两种生产要素的分配比例是 1∶1。

上述有关收入的分析仅就各阶层的平均收入而言，具体到每个人，则视其具体情况不同，收入也千差万别，高阳流行一句话"有同行没同利"，说的就是这种差别。以企业家和商人为例，影响其经营的大抵有内、外两种因素。内部因素主要是指企业家和商人的个人能力和品行，如在20世纪末毛纺精纺行业受到羊毛涨价和替代品冲击的情况下，大多数毛纺企业都倒闭或转产，只有三利一家靠调整产品结构和开辟新的营销模式顽强地生存下来。三利的成功与其老板王克杰超凡的个人能力分不开。相对于能力而言，品行更加重要。在高阳，一个企业家，尤其是较为普遍的小规模"三巾"织造企业的老板，只要兢兢业业地经营，即便开拓不足，至少还可以守成。很多办企业和经商的失败者，都是在赚钱之后忘乎所以，吃喝嫖赌无所不为，乃至荒废了管理，最终导致破产。外部因素主要是市场的不确定性。外贸企业主要受国际市场波动的影响较大，在1998年的亚洲金融危机和2008年的国际金融风暴中，高阳就有不少外贸企业和"三巾"经销商亏损；国内市场的不确定因素主要是价格波动、拖欠货款和欺诈，每年都有一些企业因外欠货款过多或被骗而倒闭。

在21世纪初的高阳，一个人社会地位的高低主要由他（她）所拥有的财产和日常收入决定。从各阶层的情况看，大企业家和大商人都拥有很多社会头衔，如宏润集团的老板王超是全国人大代表，三利集团的老板王克杰是河北省人大代表，东城门布线庄老板房山是高阳县政协常委，等等，他们的社会地位明显高于一般企业家和商人。而一般企业家和商人又比纺织工人社会地位高。在纺织工人中，尤以机修工、挡车工和整经工三个工种受到重视，社会地位也稍高。据笔者观察，21世纪初农村青年婚嫁，与从事其他工作的打工者相比，在织布厂做挡车工的男女青年，男易娶，女易嫁，在婚姻对象选择上颇受一般家庭重视。

除财产和收入外，影响一个人社会地位高低的因素还有权力。某个人，只要大小是个官员，其社会地位就比普通民众高。2008年，笔者参加了三个葬礼：第一个葬礼是县里某局长的岳母去世，来吊唁的人，车队排出去两三里地，花篮和花圈摆了几百米长，上礼的人中很多都是企业家和商人；第二个葬礼是某村村长的母亲去世，两天时间来吊唁的人络绎不绝，有乡干部、周边各村村长，本村的企业家几乎全部前来帮忙，村民们所上礼金也比一般人家的丧事要高；第三个葬礼是一名普通村民的父亲去世，除一街一头的乡亲们和自家的亲戚们出面张罗外，没有多少外人参加，场面稍显冷清，人们所上礼金也不高。三个葬礼不仅尽显人情冷暖和世态炎凉,而且从中可以看出权力对于个人社会地位的发酵作用。

小 结

清末,高阳的农村是一个以自耕农为主的社会,兼有少量中小地主、雇农和佃农,其中中小地主和富裕自耕农为上层,一般自耕农为中层,雇农和佃农为下层。按一般情形推断,在县城城居者之中,官员、士绅、部分商人为上层,另一部分商人、城居地主、吏役为中层,商贩、店铺伙计、手工业者为下层。在商人阶层中,有功名的绅商为商界上层,也是县城社会上层的组成部分;其余庶民商人则属商界下层,在县城各色人等中仅居中层。

20世纪二三十年代,随着纺织业的发展,高阳城乡社会阶层最显著的变化就是"布线商人阶层"兴起并成为地方经济、社会的主宰。从财产、出身、职业和收入区分,高阳的布线商人可分为四个层次:各布线商号的财东和大掌柜为最高层,二、三号掌柜和外庄掌柜为中上层,写账先生和大小伙计为中层,学徒为下层。从社会地位来看,在高阳的布线商人中,以担任过全国商联会副会长的杨木森和担任过直隶商联会会长的张兴汉地位最高,其次是在县商会中担任过会长、副会长、公断处处长和会董的杨葆森、李秉成、常翊华等人。在受教育程度和文化水平上,受商会办学的影响,以苏秉璋、李恩波等为首的第二代商人,其受教育程度和文化水平明显高于以杨木森、张兴汉等为首的第一代商人。高阳的上层布线商人还呈现出家族化趋势,其中安新南边吴杨氏家族和高阳南街李氏家族势力最大,影响较为持久;高阳南沙窝苏氏家族起步较晚,在后期产生较大影响。与新兴"布线商人"阶层同时出现的还有新兴"织户"阶层和新兴"纺织工人"阶层。按照织机数量划分,新兴"织户"阶层可以划分为三个层次:拥有1—2台平面机和1台提花机者为下层,总计288户,占吴知等人所选调查样本的75.39%;拥有3—5台平面机和2—3台提花机者为中层,总计73户,占调查样本的19.11%;拥有4台以上提花机者为上层,总计21户,占调查样本的5.50%。新兴"纺织工人"阶层指的是被织户和染色整理工厂雇佣的工人,其年收入在50—480元,其中以染色整理工厂的工人收入最高,被织户雇佣织造麻布的工人其次,被织户雇佣织造平面布的工人收入再次,学徒的收入最低。

从土地改革至 1953 年 10 月取缔棉布批发商之前，高阳县的社会结构呈现出前所未有的复杂状况。从 1946 年 9 月至 1948 年 5 月，经过两个阶段的土地改革，原来作为农村社会上层的地主、富农，在政治上被打倒，在经济上被消灭，高阳农村只剩下一个自耕农阶层。从 1948 年 5 月至 1955 年年初手工业社会主义改造完成之前，随着纺织业发展和农村经济恢复，在农村又出现了高利贷、纺织户雇工和土地买卖，在县城出现公营工商业和私营工商业并存的局面，从而形成党和政府的干部阶层、公营工商业的管理干部和职工、私营工商业业主和雇佣工人、新富农、高利贷商人、织户、纺织工人和农业雇工等社会阶层。农业和手工业社会主义改造开始后，高阳城乡的社会结构发生了剧烈变化，私营工商业被取缔，一些私营业主被安置了工作，转变成国营（或合营）企业的干部、职工或国家机关干部，另一些业主则回乡务农；个体农民转变为集体经济的社员。"文化大革命"开始后，私有制被彻底消灭，整个社会只剩下干部、工人、农民三大阶层。由于这三大阶层在工作和生活环境、生活状况方面存在很大差异，以至于在人们的观念和事实上仍存在身份和地位的差别，即国家干部优于工人，工人优于农民。

改革开放后，随着纺织业的发展，高阳县的社会阶层出现了新的变化，形成了新的企业家、商人、个体织户和纺织工人阶层。高阳纺织业中的企业家大多是私营纺织业的投资者并从事企业经营管理的人。到 2008 年年底，高阳县共有企业家 3255 人，占全县总人口的 0.94%。高阳县的企业家以农民出身者最多，占 90% 以上；工人出身者不超过 200 人，占 7% 左右；公职人员出身者最少，占不到 1%。"三巾"织造企业的老板以个体织户起家者最多，也有一些老板靠经商起家。大型纺织企业（毛毯企业）的老板以开设毛线或毛呢厂起家者最多。到 21 世纪初，高阳县的企业家经历了三代人，第二代和第三代企业家的平均受教育程度要高于第一代企业家。个体织户在数量上经历了一个由少到多再由多到少的发展过程。在南圈头村 23 家个体织户中，有农民、纺织工人和商人三种出身。纱布商人包括专营棉纱购销业务的商人和专营"三巾"等纺织品运销业务的商人两大群体。前者多是县城平民出身，且他们中的大多数人从经商之日起就从事棉纱购销。后者包括"在外出摊儿者"和在纺织商贸城"出摊儿者"。"在外出摊儿者"在数量上也经历了一个从少到多再从多到少的发展历程。到 2008 年，全县"在外出摊儿者"不超过 2500 人，在纺织商贸城"出摊儿者"总数也在2500人左右。纺织工人阶层包括"三巾"行业、毛纺行业、毛毯行业等各纺织行业的工人，2008年总数约12万人。以"三巾"行业为例，机修工全部为男工，高阳本地人占60%；外地人占40%，其中本省以河间、蠡县人最多，外省则以河南人、湖北人、山东人居多。车间管理员男、女皆有，年龄偏大，他们或是老板的亲朋，或是被老板看中的可靠之人。整经工全部为男工，后整理工全部为女工，这两个工种工人的平均年龄比挡车工大。挡车工大都在20—35岁之间，男、女各半，高阳本地人和外地人各半。在受教育程度上，纺织工人以初中毕业为主，部分工人还达不到初中文化程度。改革开放后高阳新兴各阶层的收入以大型企业的老板们和大商人的收入最高，其次是小型企业的老板们，再次是个体织户。纺织工人阶层中，以机修工收入最高，其次是挡车工、整经工和管理人员，再次是后整理工和勤杂工。企业利润在企业家和工人之间的分配比例大致为1：1。在21世纪初的高阳，一个人社会地位的高低主要由其所拥有的财产和日常收入所决定，此外权力对一个人的社会地位也有一定的影响力。

第六章

高阳纺织区的社会治理

社会治理是近年来中国政治学界从西方引进的一种新理念。随着这个新理念被首次写入中国共产党十八届三中全会做出的《中共中央关于全面深化改革若干重大问题的决定》,① 国内政治学界围绕它开展了大量研究,这些研究的重心是对党和政府传统的一元社会管理理念进行反思,并探索如何通过多元主体在不同范畴内的分管与合作,改变"大政府,小社会"的管理模式,实现社会的善治。②

从历史上看,至少在明清时期,中国的社会管理一直维持着"小政府,大社会"的模式,整个社会,尤其是基层社会,始终处于多元主体的共同参与管理之下,虽然未必一定能够实现"善治",但是至少在管理主体的多元化方面与当今政治学界倡导的"治理"理念相契合。在这里,我们借用政治学界引进的"社会治理"概念,重点是从社会运行实践的角度展开研究,在这个角度上,所谓"社会治理"就是指各种社会主体在权责上的配置方式以及权责在具体运作时的博弈过程。

第一节 20世纪初社会治理的新变化

明清时期,高阳县没有留下足够的资料,能够令我们借以研究其社会治理。一些学者依据档案资料对宝坻、获鹿的社会治理开展了研究,结果

---

① 中国共产党十八届三中全会做出的《中共中央关于全面深化改革若干重大问题的决定》有专章论述"创新社会治理体制"。

② 周红云主编:《社会治理》,中央编译出版社2015年版。

发现清末前者主要是官绅博弈，后者是官府与庶民的博弈。① 而有的研究者指出获鹿县的情况是一个特例，其运作模式大不同于临近各县。② 那么，相比较而言，宝坻的情况可能更为普遍。想来高阳的情况应该与宝坻相类似。但是，学界以往的研究多依据的是县衙存留至今的档案，这些档案所记录的仍多是社会与国家发生关系的事件或者乡村纠纷的片段，以之研究乡村社会，仍只能停留在探讨与给国家办差相关的治理主体上，难免忽略庶民社会活动中的一些重要内容，如婚丧嫁娶等，从而忽视在这些活动中起关键作用的治理主体——家族。这里所说的"家族"不同于同姓同宗的"宗族"，它是指由血缘近支家庭组成的小族群，在华北平原上一般不超过五服。家族一般在田宅买卖、婚姻、丧葬、过继、分家、训诫不肖子孙、处理族内矛盾等事务中发挥重要作用，甚至往往起主导作用。由于其发挥作用的事务多为纯粹的民间事务，这些事务在官方档案中很少被记载，但可在存留至今的契约、婚丧礼簿、嗣书、分书、族谱族规等民间文书中有点滴线索。如果上述推测成立，借用杜赞奇的说法，则清代至北洋政府时期，高阳的社会治理应该是官府、乡绅、家族三股势力彼此分立又相互合作的一个权力文化网络。从雍正时期的《高阳县志》的记载中，我们大体上可以看出清代高阳官府的治理行为多集中在征收赋税、办学选士、办理河工等公共事业、审理词讼、维持治安等事务。据宣统年间编印的《直隶清理财政说明书》记载，高阳县的征税方式是由县知事下发征税令书至村长，由村长催缴田赋。由此可知，清末高阳县无乡约地保，而是由村长代行其职权。笔者在 2000 年采访高阳四乡老人时，曾问及他们晚清民国如何缴税之事，他们都说以前高阳乡间的习惯向来是由村长先垫付税银，到麦收或秋收之后村长再向各户讨要。③ 村长若代缴税款，则非由一定财力者充当不可，其角色当由村中乡绅担任，或由乡绅安排一个傀儡担任。乡绅的治理行为虽没有任何文字记载，但从其他县份的经验

---

① 对获鹿的研究见李怀印《华北村治：晚清和民国时期的国家与乡村》（中华书局 2008 年版），对宝坻的研究可见黄宗智《清代的法律、社会与文化：民法的表达与实践》（上海书店出版社 2001 年版），对获鹿和宝坻的比较研究见任吉东《多元性与一体化：近代华北乡村社会治理》（天津社会科学院出版社 2007 年版）。

② 任吉东：《多元性与一体化：近代华北乡村社会治理》，天津社会科学院出版社 2007 年版，第 20 页。

③ 见笔者整理之《2000 年高阳四乡老人访谈笔录》。

看,他们无非集中在处理村中的事务,如修桥补路、看青、解决家族纠纷。家族则负责处理族中家庭的婚丧嫁娶等具体事务。

20世纪初,高阳纺织区社会治理最大的新变化就是增添了一个新的治理"元"——高阳商会,这个新的治理"元"是工商业者(特别是纱布商人)的群体组织,它除在经济领域起主导作用外,在其他社会事务中也发挥一定作用。此外,地方政府和乡绅赖以发挥作用的机制也发生了一定变化,其治理行为也或多或少地增添了些许新的因素。

一　高阳商会的社会治理

关于高阳商会,陈美键、顾琳、李小东、张学军和笔者本人都做过一些研究,其中最为详尽者当属李小东的硕士学位论文《高阳商会与近代高阳织布业研究(1906—1937)》。[1] 但是诚如李小东所指出的,以往的研究多运用结构——功能理论,着重探讨高阳商会的社会属性、角色定位、组织结构和功能,尤其注重研究高阳商会对高阳织布业的推动作用。[2] 即便是指出这个弊端的李小东本人也未能完全突破结构——功能理论的藩篱,开拓出全新的研究方法。依笔者看来,除研究方法的单一和重复外,以往的研究还存在一个问题,那就是囿于资料的分布,大部分研究都集中在高阳商会成立初期,而忽略其后期的情况。有鉴于此,在这里笔者首先利用零星的资料展示高阳商会整体的发展脉络,并将商会置于高阳的社会权力网络之中,探讨其组织和行为的创新之处;其次,阐释高阳商会在社会事务中的作用。

首先,我们看高阳商会的发展脉络和结构特征。高阳商会创立于1906年年底,直至1907年11月方得到农工商部批准正式成立。当时,高阳商会对外称高阳商务分会,隶属于天津商务总会。成立之初,高阳商会设总理一名,统管会务;设会董二人,"轮流驻会,襄助总理";设庶务四人,协助总理、会董办理日常事务;设会计、文牍、书记各一人,由

---

[1] 陈美键:《直隶工艺总局和高阳织布业》,《河北大学学报》1992年第2期;[日]顾琳:《中国的经济革命:二十世纪的乡村工业》,王玉茹等译,江苏人民出版社2009年版;李小东:《高阳商会与近代高阳织布业研究(1906—1933)》,硕士学位论文,华中师范大学,2013年;张学军:《直隶商会与乡村社会经济》,人民出版社2010年版;冯小红:《试论高阳商会与高阳织布业》,《社会科学论坛》2001年第6期。

[2] 李小东:《高阳商会与近代高阳织布业研究(1906—1933)》,第7页。

各行推举行董一名，充当评议员。总理、会董任期以一年为限。① 首任总理为韩伟卿，首任会董为任枚选和张兴汉。② 以后的情况据李小东研究，在1917年6月，商务分会改称商会，实行委员会制，每届委员会由入会各商家推荐20人组成，常务委员由委员举荐，正、副会长由常务委员推举。③ 据《天津商会档案汇编（1912—1928）》第一册（第508页）所载"北洋军阀时期直隶各县商会新立改组改选情况统计表（民国元年至民国十七年）"，1917年6月2日，高阳县商会改组，可知此时高阳商会对外已称"高阳县商会"，而不再称"高阳商务分会"，但是其内部组织情况却不得而知。笔者依据零星的记载和调查资料可知，从1905年至1937年，高阳县商会都一直存在和活动。其总理（后称会长）目前可确知者有：首任（1906—1908）、第二任（1909）、第三任（1910）为韩伟卿，第四任、第五任（1911—1912）总理为王企鳌（义兴永钱店财东），第六任（1913）总理仍为韩伟卿。④ 此后，已不能确知高阳商会共有多少任会长，根据笔者目前掌握的文献和调查资料，可知1915年会长仍为韩伟卿，副会长为张兴汉，公断处长为杨木森⑤；1917年6月2日高阳商会改选后，杨葆森任会长，李秉成任副会长；⑥ 之后直至1937年"七七"事变

---

① 《高阳商务分会为申请注册事致天津商务总会的禀（附高阳商务分会集议事由表和高阳商务分会试办便宜简易章程）》，一九〇七年八月廿五日，天津市档案馆：J0128—2—002261—001。

② 韩伟卿为一泉粮店执事，任枚选为万德和布庄执事，张兴汉为荣泰钱店执事，见《高阳商务分会为送各脚色年岁籍贯行业清折致王竹林的禀（附清折）》，一九〇七年十月初二日，天津市档案馆藏，资料号：J0128—2—002261—008。

③ 李小东：《高阳商会与近代高阳织布业研究（1906—1933）》，第21页。

④ 《天津商务总会为韩伟卿续任总理事照会高阳商务分会》，一九〇八年九月十九日，天津市档案馆藏，资料号：J0128—2—002261—024。《高阳商务分会为选举王企鳌为总理事致天津商务总会的禀》，一九一〇年十二月，天津市档案馆藏，资料号：J0128—2—002261—072。《高阳商务分会为推举王企鳌续任总理事致天津商务总会的禀》，一九一一年十二月十三日，天津市档案馆藏，资料号：J0128—2—002261—083。按照1903年所颁《奏定商会简明章程二十六条》第四款规定：商会总理"以一年为任满之期。先期三月，仍由会董会议，或另行公推，或留请续任。议决后，禀本部（商部）察夺"。因此，第二年的商会总理人选需要本年度提前三个月选出并报商部批准。

⑤ 此时，韩伟卿为荣泉号经理，张兴汉为一信厂财东，杨木森为蚨丰号财东，见《中华全国商会联合会职员表》，《全国商会联合会会报》1916年第5号。

⑥ 天津市档案馆等编：《天津商会档案汇编（1912—1928）》第1分册，天津人民出版社1992年版，第508页。杨葆森为杨木森三弟，是蚨丰号财东兼二掌柜；李秉成为合记、元丰、华丰三个工厂的创办人。

前,担任过高阳商会会长者还有丁芸阁和常翊华。①

李小东在分析了高阳商会成立时的会董人员结构之后,认为该会从一开始就是由织布业的成员所主导,类似于行业公所。② 从已知某些年份会员的行业分布以及上文所示历届会长所从事的行业来看,高阳商会的会员的确始终以布线商人为主,但是这种现象主要是由当时高阳的产业结构所决定的,而不是布线商人联手排斥其他行业的商人,将商会改造成行业协会的结果。也就是说,高阳商会由布线商人操纵的事实是自然而然形成的,而非布线商人有意为之。

其次,我们看高阳商会的组织和运行方式。在组织和运行方式上,高阳商会的做法体现了一种民主原则,这是官府、乡绅、家族等其他权力元所不具备的现代行为特征,是使得商会具有强大生命力的源泉。"高阳商务分会试办便宜简易章程"规定,该会经理及会董皆由选举产生,选举办法是先由各行分别推举一名评议员,再由所有评议员投票公推经理和会董。这种办法选出的商会经理和会董必然是"熟悉商情,素孚众望"者。经理和会董任期以一年为限,任期期满之前三个月,由各行评议员重新选举,或换人或留任,皆依选举结果而定。商会的运行,每年开一次大会,选举经理、会董,并报告会中事务;每月开一次例会,"报告会务及市面情形,并研究商业进步之法";若"遇有非常之事关乎商务大局者,应立赴商会,通知总理、会董开临时会";各商号有要求开会议事者,"二十家以上亦可开临时会"。商会开会议事,由各行评议员"悉心讨论,各抒己见,开诚布悃,以候总理、会董采择议决"③,体现了民主集中制原则。正是这种民主制的做法,才使得商会议决的扩充商学、兴办工艺研究所、从布线交易中抽取商捐助学等事由为大多数商家所认可,得以顺利实施。

---

① 据政协高阳县委员会整理之《蚨丰号老职工韩壮孚(又名韩克尤,时年80岁)口述资料》(采访日期为1984年4月17日),丁芸阁在杨葆森之后担任过商会会长,常翊华在丁芸阁之后三任商会会长。据《高阳织布业简史》记载:丁芸阁为蚨丰号三掌柜,在蚨丰号发展中期主管整个布线业务。常翊华原为蚨丰号掌柜,后与李蕴章、李尊一、孔庆府等七人同时辞职,合组汇昌号布线庄(后来成为仅次于蚨丰号的高阳纺织区第二大布线庄),常氏担任二掌柜。

② 李小东:《高阳商会与近代高阳织布业研究(1906—1933)》,第26页。

③ 《高阳商务分会为申请注册事致天津商务总会的禀(附高阳商务分会集议事由表和高阳商务分会试办便宜简易章程)》,一九〇七年八月廿五日,天津市档案馆藏,资料号:J0128—2—002261—001。

再次，我们阐释高阳商会在社会事务中的作用。从笔者目前掌握的资料来看，高阳商会在社会事务中的作用仍然主要集中在经济领域，或者更具体地说是主要在工商业领域。以往的研究表明，高阳商会开展了诸如引进先进织机和推广机纱，建立和扩充商学，创设工艺研究所，请求减免土布税率，多次组织商人参与展销会，设立商团等一系列活动，这些活动都促进了当地以纺织业为主的工商业的发展。据李小东研究，高阳商会在成立之初曾提倡棉种改良，但其证据仅限于天津商务总会要求高阳商务分会推广种植美棉的函以及高阳商会调查本县植棉纺织的复函，且在复函中高阳商会强调的是引进织机、改良纺织的情形，而非引进和推广美棉。① 因此，我们还不能下结论说高阳商会曾参与引进美棉种和改良植棉业。1903年以前发布之《保定府高阳县农务分会章程》第十三条所载农会的职责之一有"劝种美棉，试种柞树"，② 可见，推广美棉主要是农会的职责，而20世纪30年代高阳县第一区，"种美棉者，有兴年俱增之趋势"③。虽然上述两条史料尚不能完全证实高阳县美棉的推广是农会所为，但是与农会相关的证据至少比商会更为充分。

高阳商会在当地经济事务中的作为实质上起到了代行地方政府实业局所的部分职能的作用。据魏光奇先生研究，清末有些州县已经设立了"工艺局""农事试验场"之类的机构，以求发展实业。④ 北洋政府时期，"直隶、山东、陕西有于各县设立劝业所者，亦有于各县设立实业公所者，大抵均以地方热心实业士绅主持办理，成效渐彰"。1925年6月16日，北洋政府颁行《县实业局规程》，将各县劝业所、实业公所统一更名为实业局。《规程》规定：实业局隶属于各省实业厅（1917年设立），以局长一人、劝业员及事务员若干人组成，其职责为商承县知事办理全县实业行政事宜，并督促指导该县实业事务。⑤ 到南京国民政府时期，县政府

---

① 《天津商务总会为推广种植美棉等作物致顺德、高阳等商务分会函》，天津市档案馆藏，资料号：J0128—2—000778—002；《高阳商务分会为调查种棉及织纱情况致天津商务总会申文》，天津市档案馆藏，资料号：J0128—2—000776—006。
② 孙多森：《直隶实业汇编》卷五，1910年，第11页。
③ 河北省棉产改进会编：《河北省棉产调查》，1936年，第79页。
④ 魏光奇：《官治与自治——20世纪上半期的中国县制》，商务印书馆2004年版，第12页。
⑤ 《农商次长代理部务刘治洲呈临时执政为订定县实业局规程缮折请鉴核文（附规程）》，《政府公报》第3308号，1925年6月16日。

以下正式成立公安、财政、教育、建设四局,其中建设局掌土地、农矿、森林、水利、道路、桥梁工程、劳工、公共营业等事项及其他公共事业。① 高阳县清末即设有习艺所 1 处,1906 年 4 月 21 日开办,用旧式织机和洋纱织造"洋线带子";在县城南关外设立农事试验场 1 所,推广种植桑秧和柳、柞等树,到 1908 年共压桑秧 2000 株、柳树 700 株、柞树 2000 株。② 北洋政府时期,由于缺乏资料,尚不能确知高阳县是否有实业局所的设置。南京国民政府时期,高阳县于 1929 年完成县政府改组。改组后的县政府设一科五局,其中建设局设局长 1 名、技术员 1 名、文牍 1 名、庶务兼会计 1 名,每年应支经费 1632 元。③ 以区区 4 人和 1600 余元的经费,去筹划全县经济建设事宜,建设局当不会有太大作为,笔者目前掌握的资料也没有关于建设局作为的只言片语。而高阳商会除上述以往研究者都加以关注的作为外,还有一些属于地方公共事务范畴的事务尚未引起研究者关注,如 1933 年 2 月至 10 月,南开大学经济研究所在高阳建立调查办事处,对高阳织布业进行调查,高阳当地出面予以接待者主要是商会及其会员,以致吴知在《乡村织布工业的一个研究》一书的序言中对商会会长常翊华、全和工厂经理苏秉璋、合记工厂经理李叔良提出感谢。④ 1934 年 3 月 19 日,吴半农受北平社会调查所委派到河北省搞调查,高阳一站的调查也是由商会出面接待,吴氏在后来发表的《调查日志》中说:"蒙该会交际员韩玉亭先生出见,并派一工友做我们参观的向导。"⑤ 1935 年 10 月,李石曾回乡葬母,邀请高阳商界人士赴江南考察实业,高阳商会经过公议,决定派全和工厂经理苏秉璋和义丰工厂财东李福田前往考察。⑥ 上述三件事或为接待外来考察实业者,或为派员外出考察

---

① 《县组织法》,蔡鸿源主编:《民国法规集成》第 39 册,黄山书社 1999 年版,第 70 页。
② 《保定府属未及一年州县事宜各员表册》,1908 年,中国社会科学院文献资料情报中心藏。
③ 民国《高阳县志》,卷二《组织》《附记》,第 129、132 页。
④ 吴知:《乡村织布工业的一个研究》,序言。
⑤ 吴半农:《河北乡村视察印象记》,千家驹编:《中国农村经济论文集》,中华书局 1935 年版,第 430 页。
⑥ 张佐汉为《江南实业参观记》所作序言中说:"去岁李石曾因事返高,同人议及改善高阳工商事业,设计概约,以改良交通,提倡电气事业,改造织染技术,三者当均齐发展,由地方人士自动筹备,再请政府指导与协助。当即推定李君福田、苏君秉璋随同石曾先生南行调查。"在这里,张佐汉虽未言明商会主持其事,但商界同人集议大事,一般都由商会出面组织,且张佐汉、苏秉璋均为商会主事的头面人物,高阳私立职业学校更是商会主办的学校,因此,笔者推定此事是由商会出面组织的。

实业，均属实业局所行政职能分内之事。因此，我们说高阳商会实质上代行实业局所在当地经济事务中发挥部分管理职能并不为过。

除在经济事务中发挥作用外，高阳商会还参与高阳当地其他社会治理事务，如兴办学校、筹建保卫团、防汛救灾等，参与的方式，除办学一项是直接兴办并负管理之责外，其余均只是捐资协办，如高阳县1930年建立保卫团，"由县长召集各区区长、公安局长及商会会长开会讨论销弭盗匪、保护治安之策……第一区划为商民保卫团，以原有之三十名，复续招马步团丁三十名，共增至六十名，服装、饷项由商会负担，推本区区长王之纲为区团长，许书田、李海珊为副团长，自十九年八月起协同警察规划路线，督饬团丁昼夜梭巡，并游击五区盗匪，以安闾阎；并于各大路股匪出没之地设团警巡缉分驻所，以保护行旅"①。可见在筹建保卫团的过程中，商会只负担服装和饷项，而不负管理之责。

商会直接兴办的学校是高阳私立甲种商业学校。该校在南关外新校址扩建之时，曾镌刻一方石碑，以志其事。现石碑虽已被毁，但天津图书馆所藏《高阳县私立职业学校》的一本小册子记录了碑文抄件。据抄件所记，碑阳刻有由清苑县凌煜钊撰文、商会会董李桂元书丹之《高阳县重建甲种商业学校碑记》，碑阴所记为商会会董张佐汉撰文、商会会董李桂元书丹之《高阳县甲种商业学校沿革史略》，二者都详细记述了该校的兴办和沿革情况，兹录其全文如下：

高阳县重建甲种商业学校碑记

学校之制，其来尚矣。古者党庠州序各有专科，其明验也。后世儒者，各立门户，自为师说，王者又以牢笼之术，羁縻士子，而学校之制于以浸衰。迨夫明清，专事帖括，各县虽有义学之设，率多拥皋比而无其业者，充乎其间，亦仅庠类耳。晚清之季，欧风东渐，知文字之不足恃，夷然废科举、立学堂。然只通都大邑创设一二师范，警务又期于速成，反求一有裨于社会实用者，诚不数观。至于工商专门学校，几凤毛麟角矣。高阳蕞尔小邑，幅员偏狭，地势洼下，土质土地墝卤，设遇水旱偏灾，民间几难自活。邑绅张佐汉、韩伟卿等恒为

---

① 民国《高阳县志》卷二《治安》，《中国方志丛书·华北地方·第一五七号》，第136—137页。

异地懋迁计,知非提倡实业,民间几不能生存。始由改良土布入手,不数年成效显著,民间不耕而食者,比比也。于是又研求贾术,使所出布匹可以不胫而走。继复思贾一道,非有人才以干继之,决不足以战胜欧西。遂由商会诸君集资建立商业小学,初止夜班,原不足观,继复改组为初等商业小学,终以小学造就尚浅,迺由本地所出土布筹集款项,并倡率捐资建筑学校,于前清宣统二年,改为甲种商业中学,初亦略具雏形,规模小就而已。邑绅李君晓泠来之斯校,大加整顿,举管理、教授之法,无不立求完善。第一班学生已于民国四年毕业,成绩颇有可观。又以增加班次,学舍狭隘,遂将原有学舍售出,又在邑城南关外里许购地,改建新学舍。计大门一间,存储室、接待室各两间,礼堂五间,讲室十三间,宿舍二十六间,厨房四间,厂棚两间,操场一区,学校园一座,均已毗连,其外围墙共计百丈,局度宏敞,规模完备。乌乎!学校之设,往往勤于始而懈于终。斯校始由诸君极力经营,主校又复殚精积虑,力求完备,为世模。概兹复新建学舍,更是扩张,行见生徒辈出,从事商场,将来与泰东欧西巨商,战胜于比庐廛间,将唯斯校是赖,因不禁属望于创办斯校、维持斯校、主讲斯校及肄业斯校者焉!民国五年七月,值斯校行新落成礼,主者欲将斯校缘起勒石垂后,因属余而为之记。

清苑布衣凌煜钊撰文
商会会董李桂元书丹
商会会董周辅元、李企贤、齐懋德督工

高阳甲种商业学校沿革史略
吾高畿辅瘠区也。前清光绪末叶,不佞与田法宗、韩晋卿诸绅倡立商业夜学于关帝庙禅院,邑令陈公培兰深题其议,允将商家所捐之一文缘全数拨归。适吴鼎昌、马建莹诸君以省视学往来吾高,托为力持原议,并将商业知识为今世国民生存之必要,剀切向众婉劝。奈事属创举,物议骤盛,势行中辍。幸商民好义,风气既开,沛然莫遏。韩绅伟卿、李绅秉熙、杨绅木森、李绅益谦、李绅桂元、齐绅懋德、王绅玺暨吾棣兴汉等均团结精神,奔赴斯设,遂获合城商人赞成,将合城商家岁捐加入底款,而有议立初等商业学校之举,提学卢公批准立案。时,何隆恩大令适摄邑篆,力为维持,而吾高商务分会亦克成立。时，经管商学诸君又复鼓勇直前，筹办商会，首以提倡织业为商会进行要务，盉因地制宜，拓充国货，用广招徕，必如是标本并治，方可以团体名义而布信义于社会也。不及三年，土布名色进出，远服贾者，足迹行遍北七省；而远方设廛于高者，亦增二三百户；而织染两艺，吾高城乡居民靡不尽殚精研求焉。所以至此者，皆商学诸董以商会名义召招而提倡力也。宣统之初，布商行董杨焕文等，以商学仅初等班，不过仅造就商伙而已，求其有海外贸易之能力，恐瞠乎未也。商学诸董事亦详题其义，首由各布商按收布数目每匹认捐京钱六文，改立中等商学底款，其购地、建筑则另由商会诸公协各行商担任。议定后，以团体名义上呈中央商部，已照准办矣。后以自治机关欲挪用此款，缠讼者半载。适傅公增湘提学畿辅，深恐商学为所破坏，急檄王令大城来高剖决此役，率婉劝布商再加二文，以折半为商学底款，而中等商学于以成立。然因自治挪用此款，不敷概算，每年亏累甚巨，商会诸公力任其难，屡筹垫之。贵州陈小石制军以此学之热忱，遂稍为暴白矣，而诸公对斯校维持之责，亦因是亦坚。民国初期，地方纷乱，诸公始终其设。旋自治停办，奉教育部通令，凡从前自治挪用之学款，有案可稽者，仍划归学款，以维学务。是以商会诸公循部令，禀请民政厅长批准，饬县将自治挪用之布捐拨回二文为商校底款，以符原案，学款始不拮据。遂邀邑绅李君晓冷主斯校事，李因精英文而久历教育事业者也，管理、教授均极认真，吾高实业教育得公生色矣。适遵部章改称甲种商业，报部立案，已蒙允准。刻下，头班学生行将毕业，李君拟刊其一切章程，以资永久遵守。屡欲请不佞记其沿革，不佞辞不获已，遂志其涯略于左。虽然不佞此笔之余，不能无慨。吾高旧称瘠区，今不数年，渐成富庶，岂非以人力经营哉？论灌智识之商学仅一部分事耳，充诸公团结精神之力，事业之进步，岂可限乎？善夫伟丈之言曰："吾高生计最终之发展，非浚马家河以便交通纺纱厂以裕织料，吾高生计界终不克伸头角于东亚。与夫吴之南通、日之大阪，并驰骛于太平洋，以树吾高商权之帜也。"不佞志商学事，怅触前言，深望最信仰最精进之全体商人，脑海皆仰此言，投袂奔赴，俾早观其成，不佞尤伫立望之，此甲种商业学校不过商界同仁对公益之区区发轫耳。

民国四年七月三十号
张佐汉志，李桂元书丹

由以上碑文，结合其他史料，我们可知该校的大致情况如下。

其一，该校缘起于商业夜校，而夜校是由张佐汉、田法宗、韩晋卿等人创办，创办时间比商会还早，即商界人士先在关帝庙创办夜校，而后攘助夜校诸绅商方于夜校集会之时决定成立商会。

其二，该校在1915年之前经历了夜校、初等商业学校（俗称商业小学）、中等商业学校、甲种商业学校等阶段，校址最初在城内关帝庙，先迁至县城东街（原为冯家大院），最后迁至县城南门外新址（紧靠高阳通往河间的官道）。① 后因遭水灾，加之连年战争，"校内驻兵，学生星散，门窗什器悉付军人焚火，商教遂以中缀"②。1928年秋季，学校重新恢复并开始招生，暂设织染科，学制定为三年。③

其三，学校建筑经费皆由商家捐助。日常经费则由商家布捐而来，即商家每收一匹布认捐京钱6文。以1916年高阳土布产量1688500匹计，该年度学校经费即可达到10131000文，按照天津当年的银钱比价计算可折合7727.69元（银圆）。④ 而20世纪20年代末30年代初，高阳高级小学每年应支经费仅1786元。⑤ 即便是有半数布匹按规定缴纳学捐，商业学校的用度也较为充裕。因此，商业学校仅向学生收取膳食费、制服费、英文及数学书籍费及零用笔墨等费，而免除学费、住宿费、讲义等杂费，并特设奖学金制度，奖励品学兼优的学生。⑥

其四，天津市图书馆馆藏《高阳县私立职业学校》小册子附有一张

---

① 中等商业学校迁至冯家大院一事见《高阳商务分会呈商立中等商业学堂章程》，一九一〇年正月，天津市档案馆藏，资料号：J0128—2—002147—012。

② 民国《高阳县志》卷二《实业》，《中国方志丛书·华北地方·第一五七号》，第116页。

③ 《高阳县私立职业学校》，天津市图书馆馆藏。

④ 计算依据：梁辰《银元问题研究（1900—1935）》（博士学位论文，南开大学，2010年）第69页所载"1912—1935年银元与铜元比价表"显示，1916年天津的银钱比价为1∶1341。

⑤ 民国《高阳县志》卷二《财政》，《中国方志丛书·华北地方·第一五七号》，第133页。

⑥ 《高阳县私立职业学校》，天津市图书馆馆藏。

商校的平面图，图上清晰地标示出该校的建筑和设施。这些建筑和设施计有校长室 1 间、庶务室 1 间、办公室 1 间、教务处 1 间、训育处 1 间、教员室 5 间，是为校长、庶务、教务长、秘书、办事员及教师办公之所；教室 5 间、图书馆 1 间、仪器室 1 间、织工厂 1 座、染工厂 1 座，是为学生学习和实习之所；厨房 2 间、饭厅 2 间、锅炉房 1 间、水井 1 眼、寝室 9 间、浴室 1 间、盥洗室 1 间，是为学生之生活设施；游艺室 1 间、足球场 1 座、网球场 1 座、排球场 1 座、篮球场 3 座、跳远、跳高、杠子场地各 1 所，均配有沙坑，是为学生游戏和锻炼身体之所。这些设施相对于一个招生仅几十人的专业学校来说可谓相当完备，比之今天同等规模的职业学校恐怕也不遑多让。

若论及商会办学对社会的影响，则首先在于它为高阳商界乃至为中国的纺织行业培养了一批人才。有关这批人才及其代表人物的作为本书第五章第一节已有所交代，这里需要补充说明的是这批人才不仅有商家子弟和富家子弟，也有很多贫家子弟。这些贫家子弟通过读书改变了自己的命运，同时也改变了家庭的命运，其中最著名的代表人物是苏秉璋。苏秉璋之所以能够入私立职业学校读书，完全凭其大哥苏秉衡织大提花布赚钱供应其花费。后来苏家创业时，苏秉璋充分发挥了自己的管理和经营才干，不到十年便使得仝和成为高阳数一数二的织染大厂，苏家因而成为高阳纺织业中的著名家族之一。其次，商会办学带动了当地人对教育的重视。如第五章第一节所言，农家子弟读书识文学算，然后到布线商号学买卖，最终成为商号的伙计和各级掌柜，这条道路成为农家子弟改变自己和家庭命运的可选道路之一，这条道路上的成功者及其榜样作用带动了当地人对教育的重视。尽管很多农民家境并不富裕甚至贫寒，尽管家庭织布业的辅助工序需要孩子们帮忙，普通农家在有可能的情形下也都尽量让孩子读书。吴知在谈到他所调查的 382 家织户儿童的受教育状况时说："至幼年男童，则能受学校教育者，竟有九十三人之多。"在这里，吴先生用了一个"竟"字，以感叹这些家庭的儿童教育普及程度之高。①

从 1906—1937 年，随着高阳纺织业的发展壮大，高阳商会逐渐成长为一种公民社会组织，这个组织逐渐在高阳工商界缔造了一个公民社会。据俞可平研究，作为公民社会主要载体的民间组织有三个特征：非官方

---

① 吴知：《乡村织布工业的一个研究》，第 108 页。

性、独立性和自愿性。① 而在近代中国，作为公民社会载体的民间组织还应具备两个特征，那就是政治合法性和组织公开性，因为近代中国的民间秘密社会组织（或称之为会道门），如冀南豫北一带的红枪会、黄纱会，也具备非官方性、独立性和自愿性特征，但这些会道门组织尚不属于现代意义上的公民社会组织，因而近代中国属于公民社会的社会组织还得加上政治合法性及组织公开性两个特征。从组织和运行方式来看，高阳商会具有非官方性、独立性、自愿性、政治合法性和组织公开性特征，而其在当地经济事务和社会事务中的作为也发挥了县地方政府无法发挥的特殊作用，因此，可以说高阳商会在发展过程中逐渐成长为一种公民社会组织，并在高阳商界缔造出了一个公民社会。

二 地方政府治理机制的新变化

中国地方政府的机构改革始于清末新政，中经北洋政府时期的深入改革，到南京国民政府时期基本定型，改革的路径基本上是从机构科层化和扩展职能两方面入手，即一方面实现政府管理机构的科层化；另一方面建立主管教育、实业、治安、财政的局所，扩展县政府的职能。

清末直隶省县地方政府的主要变化是按省政府的统一要求，建立学、警两政，并且为促进地方经济发展，建立讲习所和试验场等机构。据《保定府光绪34年调查表》统计，学政方面，高阳县建有教育分会一所、劝学所一所、自治学社一所，均建于1908年。建有各种学校44所，其中高等小学堂1902年7月开办，农业学堂1904年8月开办，商业学堂1905年10月开办，女学1908年5月开办，三所初等女学堂分别于1904年4月、1905年12月、1906年1月开办。县初等小学堂最初开办67所，后归并为33所，续办11所，到1908年共计44所。警政方面，城内设巡警总局1所，附设传习所1处；四乡设四个分区，每区设传习所1处。每个传习所设教员1员、巡长3员。全县共招步巡、马巡156名，步巡分设城内和四乡，城内步巡轮流站岗，四乡步巡在四乡要处驻扎，马巡负责巡缉四乡。在促进经济发展方面，设习艺所1处，1906年4月21日开办，用旧式织机和洋纱织造"洋线带子"。在县城南关外设立农事试验场1所，推广种植桑秧和柳、柞等树，到1908年共压桑秧2000株、柳树700株、

---

① 俞可平主编：《治理与善治》，社会科学文献出版社2000年版，第328页。

柞树 2000 株。① 北洋政府时期，直隶县地方政府的改革继续深入。据钱实甫统计，北洋时期中央政府所颁有关县政的法规 20 余部，命令 10 余条。② 虽然这些法令的条文较为粗疏，对县地方政体未做出明确和划一的规定，并且由于政局动荡不安，部分法令根本未能实施，但还是有一部分县份较为彻底地废除了旧体制，建立了教育、警察、实业、财政等局所，扩展了政府职能。同时也有一些县份，或开展了部分改革，或沿用清代旧制不变。③ 与清代的情形相类似，整个北洋政府时期，高阳县政府都没有留下详细资料，能让我们借以研究其县政府组织机构的变化。

到南京国民政府时期，县地方政府的改革达到高潮。国民政府颁行《县组织法》《县政府办事通则》《县行政人员任用条例》和《县组织法施行法》，统一了县政府建制，划分了县政府所属各科局的职能，划一了县主要行政人员的选任办法，并对各省县政府的改组进度做出了时间安排。④ 按照中央政府和河北省政府的要求，高阳县在 1929 年内完成了县政府改组工作。改组后的高阳县政府设"县长一、秘书一、科长一、科员二、事务员四、雇员十二"，下设五局：官产局，设局长 1 名、办事员 3 名；教育局，设局长 1 名、督学 1 名、教育委员 2 名、会计兼庶务 1 名、文牍兼书记 1 名；建设局，设局长 1 名、技术员 1 名、文牍兼书记 1 名、庶务兼会计 1 名；财务局，设局长 1 名、监察员 7 名、文牍兼书记 1 名、会计兼庶务 1 名；公安局，设局长 1 名、课长 1 名、课员 1 名、督察兼教练 1 名、雇员 2 名。⑤ 此外，在治安方面，高阳县还在第一区设立商民保卫团，并在其他四区架设电话以灵通消息，如遇匪患，即以电话召集五区

---

① 《保定府属未及一年州县事寔各员表册》，1908 年，中国社会科学院文献资料情报中心藏。

② 钱实甫：《北洋政府时期的政治制度》下册，中华书局 1984 年版，第 315—316 页。

③ 魏光奇：《走出传统：北洋时期的县公署制度》，《史学月刊》2004 年第 5 期。

④ 《县组织法》1928 年 9 月 15 日由南京国民政府颁行，其详细条文见蔡鸿源主编：《民国法规集成》第 39 册，黄山书社 1999 年版，第 70 页；《县政府办事通则》1929 年 9 月 2 日由内政部颁行，其详细条文见民国《景县志》卷三《县政府沿革及组织》，《中国方志丛书·华北地方·第五〇〇号》，成文出版社 1976 年影印本，第 476—480 页；《县行政人员任用条例》1935 年 12 月 7 日由国民政府颁行，其详细条文见蔡鸿源主编：《民国法规集成》第 39 册，第 128 页；《县组织法施行法》于 1929 年 10 月 10 日由国民政府颁行，其详细条文见蔡鸿源主编《民国法规集成》第 39 册，第 72 页。

⑤ 民国《高阳县志》卷二《组织》，《中国方志丛书·华北地方·第一五七号》，第 129—1130 页。

团、警合力兜剿。从机构设置可以看出，到南京国民政府时期，高阳县政府的确实现了政府组织的科层化。政府职能的扩大则主要表现在财务、教育和治安方面，财务局需要管理县地方财政，[①] 教育局负责管理全县几十所学校，公安局和保卫团负责绥靖地方。上述职能多属地方公共职能范畴，也就是说到 20 世纪 30 年代，高阳县政府的公共职能比以往要繁重得多。值得注意的是，在发展实业方面，县政府的职能没有任何实质性进展。如前所述，南京国民政府在县级政府设有建设局，该局掌土地、农矿、森林、水利、道路、桥梁工程、劳工、公共营业等事项及其他公共事业，[②] 这些事务也都属于公共营业和事业，而没有发展和管理实业的内容。由此可见，在南京国民政府时期的高阳县域经济中，政府仍然不干涉具体经济事务，而是由商会自行管理和由市场自行调节，因而此时的高阳县域经济完全处于一种自由资本主义状态。

尽管南京国民政府实现了县级政府的科层化，但是在政治上并没有多少进步，因为为政在人，除县长之外，政府各科、局长仍多为各县本地人士，且多有旧日官吏留任者，大都是"新瓶装旧酒"而已。在这种情况下，县政府治理地方仍循着原有轨道行事，政府官员在处理政务中多追求自己的利益，而不是为"公"，高阳县亦不例外，如县公安局，"所有警察旧习殊深，因循敷衍之弊尚属难免，顾虑不周，难谓得法"。各区警员"均有吊打、滥罚、栽赃、侵权违法情事"，其行径纯属利用公权力胡作非为。[③]

三　乡绅治理机制的新变化

乡绅治理机制的变化也始于清末新政，并且是在政府办理地方自治的过程中实现的，这个变化主要在于随着地方自治事业的展开，乡绅逐渐由后台走向前台，把持县地方各自治部门，参与县地方治理。

清政府分别于 1909 年和 1910 年颁布《城镇乡地方自治章程》

---

① 根据 1929 年国民政府财政部颁行的《县政府经费支发办法》规定：县政府经费由省库支给，县长可以用虚领虚解方式从经征省款中留支；而县政府各局经费，除去特别规定者外，其余均由原有地方款内开支。财务局就是为专门管理地方款收支成立的机构。
② 《县组织法》，蔡鸿源主编：《民国法规集成》第 39 册，黄山书社 1999 年版，第 70 页。
③ 《视察高阳县各项情形之报告》，河北省民政厅编印：《视察特刊》，1929 年。

《府厅州县地方自治章程》，令各地设立城乡镇议事会、董事会以及县议事会、参事会，负责办理本地的学务、卫生、道路工程、农工商务等。民国元年，临时参议院议决《恢复县议会办法》，令各县议会"限两月内一律成立"。袁世凯任大总统时，先下令停办各级地方自治，后又出台法规，试办地方自治。后来在皖系军阀统治时期，由"安福国会"议决的《县自治法》出台，并在1919—1920年多次下令实施，要求县地方成立县议会、参事会和其他自治团体。从各县《县志》记载看，直隶省的不少县确于1923—1924年成立了参议会，如香河、顺义、沧县、广宗、南皮、邯郸、满城等县。此外，据魏光奇研究，北洋政府时期县地方主管教育、警务、实业和财务的局所，即所谓"四局"，并非县公署的下属分支机构，而是一个与县公署并列的自治系统，其主管人多由地方士绅充任。目前我们只知道北洋政府后期，高阳县有县参事会、县议事会、教育局、实业局、特种税局等机构设置，至于这些局所的人员构成和施政情况则不得而知。①

南京国民政府在县以下推行以区乡制为主体的自治制度。一开始，高阳县被划分为五个区，其中"第一区区公所在县内义仓，第二区区公所在城东之坎尾村，第三区区公所在城南之北辛庄，第四区区公所在城西之六合庄，第五区区公所在城东之旧城村"。区公所设区长1人，助理员2人，区丁4人，夫役2人。区以下编乡，乡公所设乡长1人，副乡长1人，闾长2人。② 1934年3月，河北省裁并区公所，规定三等县不超过三个区。裁并之后，高阳县设三区145乡。③ 由于高阳县乡村的公共支出，"按惯例都由乡长副垫付，等到麦秋或大秋之后，再由乡长副按各户地亩平均分配收敛"，如此一来，凡出任乡长、副乡长者，均需有一定财力，因此，各乡乡长副大都由本乡乡绅担任。④ 与华北某些县份相类似，高阳县在办理自治的过程中，还出现了新绅、旧绅之争。⑤ 自治初兴之时，

---

① 《高阳之经济概况》，《中外经济周刊》第195号，1926年10月16日。
② 民国《高阳县志》卷二《自治》，《中国方志丛书·华北地方·第一五七号》，第138页。
③ 河北省地方志办公室整理点校：《河北通志稿》，北京燕山出版社1993年版，第2889页。
④ 冯华德：《河北省高阳县的乡村财政》，方显廷编：《中国经济研究（下）》，商务印书馆1938年版，第1100—1112页。
⑤ 南京国民政府时期华北的新、旧绅之争见郑起东《华北县政改革与土劣回潮（1927—1937）》，《河北大学学报》2003年第4期。

"惟少数青年，尚称热忱……至于举办村政，青年分子，兴味甚浓；老派方面，视非重要。以故新旧每生冲突"①。笔者1989年协助写本村（辛留佐村）村史时，采访过一位曾经担任过乡长的98岁李姓老人。据他回忆说，20世纪30年代高阳县实行区乡制时，第四区办理得最好，被评为高阳县的模范区。第四区的自治之所以办得好，主要是一批较为富有的中青年乡绅带头起来折腾，夺了旧派乡绅的权。这些新绅大都是由于织布起家的后起之秀，他们上台之后借摊款之机打击旧绅，因为新绅多是乡间织机多土地少的户，而旧绅大都织机和土地都多，而摊派各种款项多是按照地亩数量平摊，这样一来就造成新绅负担轻、旧绅负担重的现象。②冯华德利用在高阳5个村庄的调查资料，也撰文指出高阳县乡村实行的是亩捐制度，并指出"乡间的公共开支，仅按地亩分配负担，忽略其他因子，致田地很少甚至没有田地的乡户，虽家产多，亦可免于负担本乡的公费。这种现象在高阳乡间尤为显著，盖当地织布工业特殊发达，在前数年间颇有许多乡民把自家的田地售脱而以入款投资于织布工业，数年来因此致富的乡户也不少，但因其地亩较少，故其财力虽强而负担反轻"③。冯华德所调查的5个村恰恰是第四区的村庄，因而冯氏的文章为李姓老人的叙述提供了佐证。

至于新绅上台之后的村政，与旧绅掌权时大体相仿，并未发生根本性变化。按照南京国民政府的制度设计，在区乡制下，乡一级自治机构要办的自治事业分六期完成，每半年一期。六期所办事务包括政治、经济、文化、治安、社会救济等各个方面。在政治方面，主要包括制定章程，选举闾邻长、乡长副、区长副；拟定自治公约，筹设乡调解委员会和监察委员会；设立国民训练讲堂，分期训练闾邻长和民众等事项。在经济方面，主要有调查和接收本乡旧日保管的积谷；调查土地数量，实行土地清丈；清理公产、官荒和黑地；改良农工商业，兴办水利、森林等事项。文化方面，主要有设立补习学校，提倡识字运动；调查和改良风俗等事项。治安方面，主要有整顿和训练保卫团。救济方面，主要有筹设简易工厂和职业

---

① 河北省民政厅编印：《视察特刊第二号》，1929年7月，第250页。
② 见笔者整理之《1989年〈辛留佐村村史〉访谈资料》。
③ 冯华德：《河北省高阳县的乡村财政》，方显廷编：《中国经济研究（下）》，商务印书馆1938年版，第1100—1112页。

传习所，教养和救济贫民；筹设卫生、疗养和慈善事业等事项。① 但是，在高阳乡村这些自治事业或根本未曾举办，或仅具名目，实际上纯属敷衍了事。与以前的乡村治理相类似，各村乡公所最大的一项任务就是为应付县区摊派款项而组织征粮征款。此外，各村都设立了自卫团，但据冯华德调查，各村所谓的自卫团不过是冬季巡更和夏秋季节看青，与以前并无二致。而村中的其他政治、经济、文化和社会救济事业更是子虚乌有，冯华德在调查时将乡公所做几块招牌、添一把水壶、修理房子、栽几棵树以及与邻村分担一些修理桥梁的费用全部归入建设费之内，5个村庄合计建设费共99元，仅占总支出的4.10%。② 总之，在南京国民政府时期，尽管新绅代替旧绅掌握了乡村政权，但是社会治理仍然没有太大起色，南京国民政府的乡村治理与县政府机构改革在效能上相类似，不过是"新瓶装旧酒"而已。同时，我们从中也可以看出正副乡长角色的两重性，一重是挟上谋下，即借助政府权威在村中谋取私利，如冯华德所调查的5个村庄中就有两个村庄膳费占到总支出的1/4弱，举凡选举、征收田赋、接待上差都要备饭，其原因冯华德仅认为是正副乡长借机可饱啖一顿美餐，笔者以为更深一层的原因恐怕是正副乡长借公款编织关系网；③ 另一重则是挟下谋上，即借助村民代表的身份在县里谋取私利，据辛留佐村担任过村长的李姓老人口述，在征收田赋和田赋附加时，他就曾替本村地主瞒报过几十亩土地，他本人从中收取了一些好处费。④

第二节　改革开放后社会治理的新气象

中华人民共和国成立初期，中国共产党延续了革命战争年代取得的经验，在基层普遍建立了党组织、行政组织、军事组织和群众团体。以高阳

---

① 徐凤元：《河北省推行地方自治之概略》，《河北月刊》第一卷第一号，1933年1月。

② 冯华德《河北省高阳县的乡村财政》一文"第一表"为"河北省高阳县第四区5个乡村民国二十一年份村公款收支清单分析比较表"，笔者将表中5个村的建设费加总，再除以5个村的总花费，得到文中的百分数。

③ 冯华德：《河北省高阳县的乡村财政》，方显廷编：《中国经济研究（下）》，商务印书馆1938年版，第1103页。

④ 见笔者整理之《1989年〈辛留佐村村史〉访谈资料》。

县农村为例，在党组织建设方面，1945年抗日战争胜利后，高阳县就有基层党支部160多个，此后支部建设的重点转向"空白村"，到1953年，全县各村有党支部169个，各支部设支部书记、副书记，大支部还设有支部委员。在行政组织建设方面，各村设有村公所，设村长、副村长、治安员、会计、办事员等。在军事组织方面，从1950年开始，全县设基干民兵，按村落大小，各村成员多少，分别编成民兵班、排、中队。在群众团体建设方面，各村建立青年团、妇女联合会，分设团支书、妇联会主任；特殊时期还加设临时性群众团体组织，如土改时的贫民团、四清运动后期的贫下中农协会。以后，随着国家基层政治体制的变化，村庄的党政军群组织也有所变化。如1953年实行区乡制，高阳4区下辖的所有村庄被编为52个乡，党支部也合并为53个乡总支，各村公所也合组为52个乡政府，每个乡政府设乡长、秘书及民政、生产建设、财政、文教、治安保卫、调解、工商8个委员会。1957年撤区并乡，全县设12乡1镇（指高阳镇），每个乡镇辖十余村，村级组织又有所恢复。1958年8月推行"一大二公"的大公社体制，① 全县设城关、邢家南、西演、旧城4个大公社，公社设正、副书记，正、副社长，下设农业、工业、多种经济、财政、文教卫生、供销服务、武装公安、民政福利8个部及经济计划、科学技术、监察3个委员会，各村的党政组织又合并于大公社各部和委员会之中。1961年大公社划小，全县划为14个公社，实行公社—生产大队—生产队三级体制，其中生产大队基本上以村庄为基准划分，大队普遍建立党支部，设支书、副支书和支部委员，生产管理系统还设大队长、副大队长、保管和会计；生产队设队长（与大队长相对，俗称"小队长"）、会计、保管等职务。"文化大革命"十年，受"工筹""工总"两个对立派系武斗的影响，高阳的村级组织更是变化频仍，其中20世纪60年代末70年代初大队党和行政组织一度被"革委会"取代，

---

① "一大二公"是大公社的特点。1958年夏季在北戴河召开的中央政治局扩大会议上，毛泽东在发言中提道："人民公社的特点，一曰大，二曰公。我看，叫大公社。大，人多（几千户、一万户、几万户）地多，综合经营、工农商学兵、农林牧副渔三大；人多势众，办不到的事情就可以办到；大，好管，好纳入计划。公，就是比合作社更要社会主义，把资本主义残余（如自留地、自留牲口）都可以逐步搞掉；房屋鸡鸭，房前屋后的小树，目前还是自己的，将来也要公有。人民公社要兴办食堂、托儿所、缝纫组，全体劳动妇女都可以得到解放。人民公社是政社合一，那里将逐步没有政权。"见高魏《"一大二公"》，《档案天地》2009年第3期。

实行"一元化"领导。①

如果把中华人民共和国成立初期的政权组织体制比作人体的神经系统，则中央好比"神经中枢"，基层的党政军群组织就如同一个个"神经末梢"，党中央通过这些"末梢"将"中枢"的"喜怒哀乐"准确无误地传输到每个"末梢"。当然，为政在人，国家是否能够控制农村，还取决于村干部是否能贯彻执行上级党组织的指示。村一级的干部几乎全部是本村人，当是时，他们是否会像20世纪30年代的乡长副一样利用自身角色的两重性而谋取私利呢？或者说，他们是否敢于在执行上级指示的过程中打折扣，从而维护自己和村民的利益呢？据某位学者研究，集体化时代，在乡村与国家的关系上，国家尚不能完全操控乡村，农民通过执着和坚定的抵抗，还能够对国家相关政策的制定起到决定性作用。② 另一位学者也指出：即便在集体化时代，国家权威在乡村社会也存在边界，也常有政策愿望落空、陷入困境及遭遇反讽的时候，乡村社会的传统和习惯一直用融合、再造和过滤的方式应对国家的强制性压力和渗透。③ 前述两位学者都是用微观史方法考察某个村庄得出的结论。在这里，笔者无意用微观史料详细考察高阳某个村庄的情形。如果从常识推断，在任何时代的任何一套体制下，国家都不可能将社会控制到毫无一丝缝隙的极致，因为国家面对的社会由一个个能够独立思考的有各种生活诉求的活生生的人组成，国家不可能将这些个体统一成一个完全一致的整体。也就是说，在集体化时代，国家管控的加强和农民的有限抗争并存，二者不存在非此即彼和非彼即此的矛盾，而是此消彼长和此长彼消的关系。集体化时代，国家对社会的管控达到了较高的程度应该是不争的事实，在这种情况下，无论农民个体，还是农民集体，只能将自身的抗争控制在极其狭小的限度之内，或者说他和他们只能在政策的边界上或明或暗地寻求一丝似是而非或似非而是的擦边的额外诉求，况且普通农民的诉求是否可能实现，还要取决于村干部的行事理念和远近亲疏。回到村干部执行政策的倾向性话题，正如张乐天在研究人民公社制度时所指出的，在盐官地区，经过一轮又一轮运动筛选之后，仍留在岗位上的村干部，大都把贯彻中央的路线、方针和政策

---

① 文中数据分别见高阳县地方志编纂委员会编《高阳县志》，方志出版社1999年版。
② 李怀印：《乡村中国纪事：集体化和改革的微观历程》，法律出版社2010年版，第4页。
③ 张思：《国家渗透与乡村过滤：昌黎县侯家营文书所见》，《中国农业大学学报》2008年第1期。

作为全部工作的轴心。① 高阳县的村干部也不例外。在贯彻上级指示时，他们甚至比盐官地区的村干部更加不打折扣，因为高阳县是当时严重"左"偏的著名县份之一。笔者在采访四乡老人时，他们谈起集体化时代的"人治人"至今仍心有余悸，有三位老人说他们各自的村庄都有因干部执法而致使妇女不得不离婚远嫁他县的事件发生。② 综上所述，在中华人民共和国成立初期的高阳县，国家通过建立党政军群组织和任用极"左"干部，实现了对乡村甚为严密的管控。这种情形，正如俞可平先生的高度概括："改革开放前，中国奉行的是一种政治上高度一元化的组织和领导体制，公与私、国家与社会、政府与民间几乎完全合为一体，或者说，公吞没了私，国家吞没了社会，政府吞没了民间。"③

改革开放后，随着个体和私营经济的发展，高阳县出现了企业家、个体织户、纺织工人等新的社会阶层（详情见第五章）；同时，随着国家对社会的"松绑"，家族、结拜组织等社会组织亦有所抬头。在这些新型阶层和社会组织参与之下，高阳城乡的社会治理逐渐从一元化向多元化演进，到21世纪初形成了一种新的社会治理格局。

一 各治理主体及其角色

21世纪初，高阳城乡的社会治理主体包括政府、工商业者群体、其他社会组织等，这些治理主体在社会治理中各有自身的角色，在社会各个层面发挥着不同的作用。

（一）"地方政府"的治理角色

这里所说的"地方政府"是一个"大政府"的概念，泛指执行公权力的所有机关，包括县委、县政府、县人大、县政协及所属各局委，公、检、法，和乡镇党委、政府。从"拨乱反正"开始，政府治理主要是一个逐渐为社会"松绑"的过程，具体而言，就是结束了疾风骤雨式的"革命运动"模式，归复常态下的执政模式。

首先，我们看"地方政府"治理经济的角色。

---

① 张乐天：《告别理想：人民公社制度研究》，东方出版中心1998年版，第242页。
② 见笔者整理《辛留佐村冯姓老人访谈录》，2008年9月4日；《西柳村王姓老人访谈录》，2008年9月7日；《南板村邱姓老人访谈录》2008年9月10日。
③ 俞可平：《中国公民社会的兴起与治理的变迁》，俞可平主编：《治理与善治》，社会科学文献出版社2000年版，第333页。

改革开放前，高阳县政府通过下达指令性计划，直接管控全县的工业和农业。改革开放后，从农村实行"包干到户"开始，政府对农业逐渐松绑。20世纪80年代初，政府还下达一些棉花种植指标，并对完不成指标的农户给予罚款处罚。① 此后，随着粮、棉、油价格放开，政府便不再下达任何指令，完全退出对农业生产的直接管控。20世纪90年代到21世纪初，政府对农业只是保持一个收税者的角色，即每年夏、秋两季征收"公粮"和"三提五统"。② 2008年之后，随着国家取消农业税，政府便从农业领域完全退出。

在工业领域，随着县营工、商业企业的破产和改制，工业局和商业局被撤销，"地方政府"便不再直接经营企业。对乡村工业，20世纪80年代至90年代中期，在政府文件中称之为"乡镇企业"，并设有乡镇企业局对其进行管理。但是，高阳县的"乡镇企业"从一起步便以个体、私营企业为主，乡镇企业局所谓的管理不过是对新兴个体、私营经济加以调查统计而已。后来，高阳县政府在工业领域主要做了以下几件事。

第一，制定考评办法，并给各乡镇下达指标，促进个体、私营经济发展。

为促进乡镇干部抓好本乡镇的乡村工业，县委县政府多次制定考评办法，如1994年制定《关于促进乡（镇）干部抓好乡镇企业发展的考评办法（试行）》[县党委（1994）9号]，1996年制定《关于对乡镇发展乡镇企业实行年度考核的意见》[高党字（1996）32号]等。

"下指标"本是集体化时代的一种做法，改革开放后仍然被"地方政府"延续下来，以与政绩挂钩的强迫性手段调动乡镇干部的工作积极性。如1996年年初高阳县政府本已给各乡镇下达了乡镇企业发展指标，但是接到保定市政府下达给本县的指标后，发现原来的指标与市政府所下指标差距较大，乃根据市政府的指标重新分解任务，再次向各乡镇下达指标。

---

① 笔者在采访辛留佐村的一名纺纱厂老板时，该老板谈及他初办企业时筹集原始资本的经历，其中部分资本就来自他将自己完成指标后剩余的棉花匀给完不成指标的农户从中赚取的加价。见笔者整理之《辛留佐村某棉纺厂老板冯某访谈录》，访谈时间：2015年6月21日。

② "公粮"是高阳县农村对农业税的俗称。

表6—1　　　　高阳县乡镇企业1996年计划指标调整分解　　　　单位：万元

乡镇名称	总产值	工业产值	总收入	利润	出口交货值	投入（保证数）	投入（争取数）
邢南乡	112000	103000	103000	10000	750	6000	10000
晋庄乡	52000	45000	49000	4700	50	3600	6000
蒲口乡	42000	36000	40000	3500	1000	2700	4500
城关镇	77000	60000	75000	7000	250	7200	12000
西演乡	34000	28000	31000	2900	300	2400	4000
庞佐乡	14000	8000	13000	1200		900	1500
龙化乡	28000	23000	26000	2300		1500	2500
庞口乡	40000	21000	36000	3200	100	3600	6000
小王果庄乡	31000	26000	27000	2600		2100	3500
合计	430000	350000	400000	37400	2450	30000	50000

资料来源：《高阳县人民政府关于调整1996年乡镇企业计划指标的通知》，1996年7月30日，高阳县档案馆藏，资料号：10—299—7。

第二，出台各种发展规划，引领乡村工业发展。如1994年实施"33346"工程，即建成3个产值超亿元乡镇，建30个工业村，抓好30个企业大户，新建4个工业小区，组建6个企业集团、总公司或协会。[①] 1998年年初，县委县政府制定发展个体私营经济的规划，其目标为：到2000年，全县个体工商户达到22154户，年均增长15%；私营企业达到400家，年均增长12%；个体、私营经济注册资本达到59783万元，年均增长32%；个体、私营企业工业总产值完成700000万元，年均增长42.2%；销售总额或营业收入达到581000万元，年均增长40.9%。[②] 1999年，县委县政府制定全县特色经济发展规划，其总体目标为：到2003年，纺织业产值突破74亿元，年均递增22.3%；利润达到5.12亿

[①] 《中共高阳县委高阳县人民政府一九九四年乡镇企业"33346"工程实施方案》，1994年5月19日，高阳县档案馆藏，资料号：1—662—8。

[②] 《高阳县1998—2000年个体私营经济发展规划》，高阳县档案馆藏，资料号：1—704—2。

元,年均增长22.6%。①

第三,制定各种政策和法规,支持乡村工业发展。如1984年县委县政府制定《关于争取对待热情鼓励积极支持"两户"发展商品生产的规定》[县委(1984)第41号],1985年颁行《关于加速发展乡镇企业的决定》(1985年2月25日),1986年制定《关于积极发展乡镇企业建设城郊型经济的意见》,1987年制定《关于放宽政策搞活农村经济的试行规定》[县委(1987)1号],1988年制定《关于促进乡镇企业发展的若干规定》[县党委(1988)9号],1992年制定《关于深化改革扩大开放促进经济发展的试行规定》[县党委(1992)9号],1996年发布《关于进一步加快乡镇企业发展的意见》[高党发(1996)9号],1997年发布《关于大力发展股份合作制企业的实施意见》[高党发(1997)18号],1998年发布《关于进一步加快乡镇企业和个体私营经济发展的意见》[高党发(1998)17号],1999年发布《关于推进乡镇企业二次创业若干政策的意见》[高字(1999)37号],等等。

第四,对重要企业,有时县政府采取重点扶持措施,支持其快速发展。如1997年高阳县委县政府确定了20家重点扶持企业,实施县级领导分包各企业,采取建立发展基金、在税收上予以照顾等措施,扶持其发展。

表6—2　　　　　1996年高阳县20家重点扶持企业名单

企业名称	厂址	法人代表	负责县领导
三利毛纺厂	高任路	王 莉	刘 飞
振华毛纺厂	留祥佐	赵彦忠	颜世民
天丰食品有限公司	边渡口	魏文纪	霍造民
红旗毛纺厂	赵官佐	郭艳凯	王福友
三和养鸡场	六合庄	柴旭华	范登科
西柳滩景泰蓝厂	西柳滩	赵 先	李长乐
春光毛呢染织有限公司	路台营	李红昌	侯全泰
飞舟毛呢厂	南路台	吴长军	林海泉
蓝波节能灯具有限公司	高任路	张小志	段喜录

---

① 《中共高阳县委高阳县人民政府1999—2003年全县特色经济发展规划》,1999年9月7日,高阳县档案馆藏,资料号:1—728—1。

续表

企业名称	厂址	法人代表	负责县领导
东风毛纺厂	陶口店	郑珠	王学民
亚鑫毛纺织有限公司	邢南	陈国维	王志平
友联机房设备厂	季朗	苏志民	张浩
高阳县礼帽厂	高保路	李亦乐	刘颖
光明毛纺厂	留祥佐	王继民	贾德合
仁和毛纺厂	留祥佐	赵荣启	殷会仓
大众毛纺厂	陶口店	宋学义	周方元
高阳县轴瓦厂	北庞口	李顺	岳文民
阳城毛纺厂	高保路	邓连营	龙苏梅
益民毛巾厂	北圈头	孙彦民	王宏伟
东信毛纺织有限公司	北归还	付国安	吕国庆

资料来源：《中共高阳县委高阳县人民政府关于对20家重点企业实施扶持和管理的意见》，1997年4月4日，高阳县档案馆藏，资料号：1—689—1。

第五，规划、建设纺织专业市场和工业区，为个体、私营经济拓展发展空间。关于纺织专业市场的建设经历详见本书第二章第三节，工业区建设情况详见本书第一章第四节，兹不赘述。

从以上各类事务不难看出，从20世纪80年代中期开始，"地方政府"采取了一系列有力措施，扶持和鼓励乡村工业发展。从改革开放初期到21世纪初，"地方政府"治理经济的角色从一个"直接经营管理者"逐渐转变为一个地方经济的"呵护者"和"服务者"。

其次，我们再看"地方政府"治理社会的角色。

改革开放后，"地方政府"主要履行加强公共设施建设、推行计划生育、保护环境和治理污染等公共治理职能。这些公共职能的履行，的确使当地城乡面貌在硬件上发生了质的变化。以道路建设为例，20世纪80年代之前，除津保路、保仓路、高蠡路等几条国道和省道为柏油公路外，高阳乡间全部为土道，碰上雨雪天气，泥泞难行。从80年代末开始，县城与各乡镇之间的公路基本修通。1992年采取国家投资、群众集资和以工代赈等形式，修通柏油路9条，30%的村庄互通了公路。2000年开始实施"村村通"工程，各乡镇与所属各村的公路基本修通，各村主要街道的路面也用砖石硬化，整个县形成以县城为中心能够辐射到每个村庄的公路网络，县内交通大为改善。① 再以电力设施建设为例，80 年代初，由于电力设施不足，农村中的照明和动力线路经常拉闸限电，人们照明还普遍使用煤油灯和蜡烛，浇地普遍使用柴油机，各村的纺织企业和个体户则普遍备有发电机。1900 年，县内建成 110 千伏变电站 1 座，总容量 31500 千伏安；35 千伏变电站 3 座，总容量 20800 千伏安，用电紧张的局面有所缓解。此后，高阳县不断加大投入，扩建电力设施，到 2010 年，全县拥有 220 千伏变电站 1 座，容量 36 万千伏安；110 千伏变电站 5 座，总容量 36.3 万千伏安；35 千伏变电站 8 座，总容量 12.4 万千伏安。② 各村已常年给电，人们照明和生活普遍使用各种电器，每眼机井旁边都建立了配电室，推上电闸即可给水。

政府在履行上述公共治理职能时当然主要是出于公心，但是到具体执行这些职能的办事机构和某些官员，履行公共职能本身有时从目的变成手段，而利用公权力以谋取部门和个人的私利却变成了目标之一。这就是所谓的以权谋私问题，用制度经济学术语可称为"权力寻租"。笔者在调研的过程中或多或少地了解到一些公权力部门的寻租事例。如在处理刑事案件中的"关说词讼"。2008 年夏，某企业家之子酒醉之后与邻村一青年发生争执，他纠集同伙将该青年打成重伤。这本是一起明显的故意伤害案件，按照《刑法》第二百三十四条规定，企业家之子应犯故意伤害罪致刑，但是最后本案经过数月蹉跎，最终不了了之。笔者不了解某企业家活动的详情，只是听该村支书说企业家上下活动花费 50 多万元，凡是参与其中之人都得到了一笔不菲的好处费，村支书就收到了 1 万元的红包。③ 某些人员因部门利益，在执行国家政策的过程中甚至采取过激行为，如执行计划生育政策。计划生育政策本是我国控制人口数量增长的一种基本国策，而在有些乡镇和村庄，该政策却变成了征收超生罚款的一种事由。据某村已离职的妇女主任说，在该村只要交得起罚款，你生几胎都行。该村曾发生过为追缴超生罚款抓人关人事件，邻村还发生过对刻意逃避罚款的农户抄没粮食、家具等家产的事件。④ 还有，某些部门因大量招收编外人员，而不得不利用公权力"吃拿卡要"，以解决编外人员的工资收入问题。如某县局只有 20 多个正式编制，但局里的工作人员竟多达 130 余人。

---

① 宋进良主编：《高阳县志（1991—2010）》，方志出版社 2015 年版，第 130 页。
② 同上书，第 140 页。
③ 笔者整理：《某村支书郝某访谈录》，2009 年 2 月 4 日。
④ 笔者整理：《某村离职妇女主任崔某访谈录》，2009 年 2 月 4 日。

为解决编外人员的"吃饭"问题,该部门常常深入企业检查,以检查不达标为由罚款。笔者在某毛巾厂亲眼看见了一场这样的罚款闹剧。当时该局一科长带领 4 名工作人员突然闯入工厂检查,二话不说就要开具 5000 元的罚单。企业老板抓紧电话联系熟人,最后在熟人的说合下,罚款额度降到 2000 元,企业老板请 5 人大吃一顿,并悄悄塞给带头的科长 500 元好处费,这个事件才算平息下来。① 再如某乡镇派出所共有十几个人,其中正式干警不过五六个人,其余都是从警校毕业生和本乡镇转业军人中招收的协警。为筹集协警工资,该所每年春季都派员到各企业收取一笔治安费。据某纺纱企业老板说,治安费的数额不大,每年也就两三千元。企业缴费之后,派出所的执法力度有所加强,几乎能够做到随叫随到,并在执法过程中明显偏向企业。假如有人到企业闹事,派出所的警员接到报案后一般半小时之内就能赶到现场,并不论事由和是非,先将闹事者铐离企业,随后再解决问题。② 在笔者搜集到的县委有关发展地方经济的文件中,从 20 世纪 80 年代中期到 21 世纪初,不同时期的文件都有优化环境、为企业搞好服务、禁止"吃拿卡要"等内容,③ 2000 年高阳县甚至成立

---

① 见笔者所写《高阳纺织业调查日志》,2008 年 10 月 21 日。
② 笔者整理:《某纺纱企业老板李某访谈录》,2009 年 2 月 10 日。
③ 1984 年 5 月 3 日出台的《中共高阳县委高阳县人民政府关于正确对待热情鼓励积极支持"两户"发展商业生产的规定》(高阳县档案馆藏,资料号:1—598—33)第四条规定:保护"两户"的人身、财产和经济利益。"两户"除按规定交纳税金和提留外,任何单位和个人都不准随意扣押、吊销专业户的营业执照和证件;不准巧立名目,向"两户"派粮派款,额外加收税费;不准敲诈勒索,抢夺"两户"的生产成果;不准向专业户搭干股假联营,不劳而获。如有侵犯"两户"人身、财产和经济利益者,要依法从严惩处。1992 年 4 月 21 日出台的《中共高阳县委高阳县人民政府关于深化改革扩大开放促进经济发展的试行规定》(高阳县档案馆藏,资料号:1—650—8)规定:任何部门不经县委、县政府批准,不准到企业检查评比,坚决制止"三乱"(按:老"三乱"指乱收费、乱罚款、乱摊派;新"三乱"指乱检查、乱评比、乱培训)。1996 年 9 月 18 日出台的《中共高阳县委高阳县人民政府关于进一步加快乡镇企业发展的意见》(高阳县档案馆藏,资料号:1—684—11)规定:坚决防止利用职权,为企业发展设置障碍、阻碍企业发展的现象发生。1998 年 5 月 19 日出台的《中共高阳县委高阳县人民政府关于进一步加快乡镇企业和个体私营经济发展的意见》(高阳县档案馆藏,资料号:1—704—1)规定:各乡镇和县直有关部门要按照职能分工,切实做好各项服务工作,运用产业政策、信息政策、财税政策引导和调控乡镇企业、私营企业,禁止利用行政职务干预企业的正常生产经营活动。2004 年 1 月 5 日,县委办公室印发的《张莹同志(按:时任高阳县委书记)在全县经济工作会议上的讲话要点》(高阳县档案馆藏,资料号:1—893—1)指出:对于优化环境,县里讲了多年,抓了多年,但是仍然存在一些问题,一是不愿放权问题,只讲上级对口部门要求,不看地方实际,死抠条文,生搬硬套,起步不快后退快,启动不灵刹车灵;二是不擅服务问题,重管理轻服务,办事拖沓,效率低下,不找关系难办事,不给好处不办事;三是"三乱"不绝问题,有的单位借各种名义乱收费、乱罚款,严重损害了高阳的形象。

了由县委副书记、常务副县长和副县长负责的"优化投资环境投诉中心"。① 县委县政府的这些行为反过来表明一些部门的寻租行为长期存在、屡禁不止，并影响到了经济发展。总之，这些对公权力的寻租增加了政府社会治理行为的不确定性、随意性和复杂性，给当地政府的治理形象带来了极为恶劣的负面影响。

（二）工商业者的治理角色

这里所说的工商业者包括第五章所列的企业家和纱布商人。如前所述，20世纪初，商人群体有自己的合法组织——商会，利用这个组织，商人在社会治理中的群体作用十分突出。改革开放后，尽管县里有属于群众组织的工商联合会和个体劳动者协会，但是它们相当于政府的附属机构，其地位远不及中华人民共和国成立前的商会，在社会治理中的作用也极其有限。此外，随着纺织各行业的发展，县里也成立了一些行业协会，如1993年成立的毛呢生产行业协会，20世纪90年代初成立的货运装卸行业协会、2001年成立的毛毯业协会等，但是这些协会的作用仅限于调节行业内部矛盾，有时甚至连行业内部的问题也解决不了。② 截至2008年年底，高阳县还没有与中华人民共和国成立前高阳商会相类似的工商业者群体组织，因而大多数时候，高阳的工商业者都是以个体为单位参与社会治理的。

改革开放后，在高阳纺织业刚刚起步时，由于一小部分工商业者是村

---

① "高阳县优化投资环境投诉中心"办公地点设在县纪委信访室，设立投诉电话，县法、检两院、县政府各有关部门，以及各乡镇都设立专线，形成投诉电话网络。投诉人可就高阳县各级党政机关、司法机关、行政执法机关、经济管理部门、公用事业单位及其职能部门和工作人员的下列行为进行投诉：乱收费、乱罚款、乱检查行为；不执行政策，办事拖拉，对企业进行刁难的行为；未经批准擅自设立收费项目，提高收费标准，扩大收费范围；向企业索要产品、物资、赞助，强迫企业提供经费；以办理证照做要挟或以拨付财、物相交换强迫企业捐献；到企业报销不应由企业开支的各种费用；公用行业利用其独立经营地位强买强卖，强制企业、商户接受有偿服务；未经批准对企业进行各种名目的检查评比、达标活动；企业违反规定为国家机关及其工作人员提供费用；对举报、抵制增加企业负担行为的企业、个人进行打击报复；执收执罚单位违反规定收取或者罚没款物；司法、执法机关在办理经济案件中被认为是错案不究的行为；以权谋私、吃拿卡要等不正之风以及危害投资企业、投资者的社会治安问题。见《中共高阳县委高阳县人民政府关于成立优化投资环境投诉中心的实施意见》，2000年3月2日，高阳县档案馆藏，资料号：1—746—1。

② 毛呢生产行业协会的情况见《高阳县毛呢生产行业协会成立》，高阳县档案馆藏，资料号：26—38—14；货运装卸行业协会的情况见增凡华《衣锦天下》，长征出版社2004年版，第200—202页；毛毯业协会的情况见刘屏《情暖人间》，长征出版社2004年版，第104页。

干部出身,如李果庄染厂经理韩钧良(兼任李果庄村支书),①因此,这些工商业者从一开始就参与乡村治理。随着高阳纺织业的发展,工商业者群体的经济实力日益雄厚,社会地位也随之日益提高,他们当中就有更多的人参与到社会治理中来,成为城乡社会的一个重要的治理元。

从治理主体的社会地位和所发挥的作用来区分,参与城乡社会治理的工商业者群体可划分为两大类:一类可称之为"新官绅";另一类可称之为"新乡绅"。"新官绅"和"新乡绅"都具备"绅"的条件,即都拥有工厂或商铺,具有一定的经济实力;二者所不同的是,"新官绅"的头顶上都加有一些所谓的"官衔",一般为各级人大代表或政协委员,属于新时代的"红顶商人";"新乡绅"则没有这些"官衔",相当于中华人民共和国成立前的"土财主"。

相对于庞大的工商业者群体而言,高阳县的"新官绅"数量较少,据笔者估计,最多占到"新绅"群体的百分之一二。"新官绅"大都是工商业者中的头面人物,他们与县地方的官场联系紧密,几乎与县里方方面面的人物都有交往,有的还在市里和省里有些关系。靠着这些或密或疏的关系,他们在地方上有较强的影响力和号召力,其说话、办事至少在县里有一定的面子和分量。在普通百姓眼里,他们不仅有钱,而且有势力。其办事能力,不仅普通百姓望尘莫及,就是"新乡绅"也难以企及,因此,他们在社会治理中发挥的作用较为突出,县里的政策也往往向之倾斜。1998年亚洲金融危机时,高阳县的纺织企业受到冲击,为防止企业破产,为企业排忧解难,县委县政府采取了县级领导分包企业的办法,被包企业共21家,如果分析企业老板的身份,则县级干部中的主要领导——县委书记、县长、常委副书记、常务副县长所包企业的老板,均属"新官绅"之列,县里的财力、物力自然会优先向这些企业倾斜。②如某公司建设二期工程,项目征地涉及迁坟、小企业搬迁等烦琐工作,为扶持该企业发展,县里派出一名副县长牵头负责征地工作,使得这项涉及多人利益的复杂工作不到两月即告完成,随后项目工程顺利开工。笔者在采访某毛毯厂的老板时谈及这件事情,他不无羡慕地说:"人和人真是比不了,我想发

---

① 刘怀章:《一个村庄的变迁》,长征出版社2004年版,第215—217页。
② 《中共高阳县委办公室高阳县人民政府办公室关于县级领导分包企业的通知》,1998年3月30日,高阳县档案馆藏,资料号:1—709—3。

展，多次向县里申请要地，都没有占地指标。再看看人家，一顶人大代表的帽子不是白戴的，想弄多少地就弄多少地。"① 当然，"新官绅"绝大部分为工商业从业人员中的佼佼者，其眼光、胸襟和魄力的确不一般，因而他们往往会提出一些其他人意想不到的办法，从而影响县里的决策。在纺织商贸城初建时，县里缺乏资金，某著名纺织企业老板（当时兼任县政协委员）提出"拍卖地块，令商户自行建房"的办法，该办法最终为政府所采纳。作为回报，有关部门明里暗里将位置最好的地块拍卖给他。这种办法，从表面看使得众多商户付出了更多的金钱，政府一时获利。但是，此后不久，随着商贸城交易中心地位的确立，其商铺租、售价格一路飙升，最初拍得地块的商户均获暴利。最终，这位"新官绅"建议的办法使得自身、政府和众多商户都获利颇丰。②

与"新官绅"相比，"新乡绅"数量较多，是工商业者群体的主体。在社会治理中，保守的"新乡绅"或者仅仅出面维护本家族的利益，甚至仅仅热衷于维护自己家庭和企业利益，对村、乡、县的公共事务漠不关心；激进的"新乡绅"或者本人参选村干部，或者组团参选村干部，借以掌握村庄的话语权和行政权，并和乡政府乃至县政府搭上关系，以为自身谋求更高的社会地位。在村庄里，由于"新乡绅"有自己的企业，村里修桥补路摊款较多，即便他们不在村中任职，村委会对他们的合理要求一般都比较重视。如某村沿乡间公路两侧并排有三四十家企业，这些企业的工人晚上 12 点上下班（上后夜班的工人从家中赶往工厂，上前夜班的工人从工厂回家）要骑车在公路和村庄穿行，在漆黑的夜晚，常常发生一些小事故，女工尤其提心吊胆。有二十来家企业的老板向村委会提出安装路灯的要求，村委会随后召集村民代表开会讨论，最终决定按照修路摊款的办法摊派款项，在不到一个月时间就将路灯安装起来。③

（三）家族、盟兄弟等民间组织的治理角色

家族、盟兄弟、战友会、同学会等社会组织属于纯粹的民间组织，这些组织即便于中华人民共和国成立之初"继续革命"的年代在微观社会的治理方面也未完全销声匿迹，仍然在一定范围内悄悄地发挥着纽带作

---

① 笔者整理：《某毛毯企业老板梁某访谈录》，2008 年 12 月 21 日。
② 笔者整理：《纺织商贸城管委会工作人员王某访谈录》，2008 年 11 月 20 日。
③ 笔者整理：《某村村支书李某访谈录》，2009 年 1 月 5 日。

用。"文化大革命"期间的"工筹"和"工总"两派造反组织的人对同派之人都视为战友,许多农民出身的造反派人物就是在同派战友的提携下获得公职的。据新编《高阳县志》记载,1970年下半年,高阳全县按中共"九大"党章规定的标准,突击发展新党员,其中不少造反派头目、武斗骨干被突击发展成党员,突击提拔为领导干部,致使全县党员、干部和职工队伍猛增。① 还有一些人因为战友提携获得了到县外工作的机会,如某村一造反青年冯某,因在武斗中受伤住院,与同派一名领导住在同一间病房,该领导手中恰有一个北京铁路局的招工指标,因为战友关系,该领导就把指标给了冯某,从此冯某就成了北京铁路局丰台站的职工。② 改革开放后,这些社会组织的活动从暗处走向明处,更加公开化,在微观治理层面发挥的作用更大。

家族是以血缘为纽带的民间组织。改革开放后,华北乡村的族属组织仍然是以不出五服为主要界限的家族,当然,有些团结紧密、较为兴旺的家族也常常突破五服的界限,把族界推向血缘关系的旁支。近年来笔者在从事太行山文书研究的过程中,曾调查过河北省邯郸市永年区西阳城乡西阳城、邓上、郝庄三个村的家族状况,其中西阳城村的刘姓家族、邓上村的刘姓家族都开枝散叶到几百户和上千人口,近些年,两个村的刘姓家族都在本村恢复了刘氏宗祠和族谱,每年春节都举办声势浩大的祭祖仪式,颇有些恢复宗族组织的味道。③ 但是,高阳县各村几乎没有这样庞大的族群,族属组织基本上都是规模较小的家族,各家族也没有祠堂和家谱,家族组织不存在任何外在的形式,只是在伦理上根植于家族成员的头脑中,形成一张无形的关系网。

改革开放后的商品化和市场化浪潮对高阳县的家族组织有所冲击,这种冲击主要表现在两个方面。其一,使家族的权力结构基本上恢复到中华人民共和国成立前的状态。集体化时代,家族中的各个家庭经济条件相差无几,家族的无形领袖一般都是族中的长辈;改革开放后,随着贫富差距加大,家族的无形领袖则变成族中有权势和富有之人。其二,大致使家族走向了两个相反的发展路径:一部分家族结合日益紧密,且族缘有所扩

---

① 高阳县志编纂委员会编:《高阳县志》,方志出版社1999年版,第636页。
② 笔者整理:《北京铁路局丰台站退休职工冯某访谈录》,2009年1月6日。
③ 2016年7月2日至5日,笔者到永年县调查中华人民共和国成立前郝庄天地会的情况,在当地人士的协助下考察了西阳城、邓上、郝庄三个村的家族和会社。

大。如某村的李姓家族,有一人担任该村支书,另一人为该村数得着的富户,并在村中担任支部委员。在两个人的影响和维护下,李姓家族较为团结,不仅各家在红白喜事上走动频繁,而且各家的大事小情族中一般都出面帮助办理。① 另一部分家族内部冲突不断,日益松散,渐成解体之势。家族成员之间甚至亲兄弟之间的冲突大都因为日积月累的经济因素,一旦酿成殴斗和对簿公堂,冲突双方往往结成世仇,家族组织无形中就不复存在了。如与李姓家族同村的冯姓家族也属于该村的大家族之一,家族的户数和人数不比李姓家族少。在冯姓家族中,作为家族中坚力量的最大一户人家有兄弟5人,老大和老二在联合做生意的过程中因股份问题发生矛盾,老二起诉了老大,老大的儿子在恼怒之下用摩托车将老二撞伤;老四和老二因为住宅的流水行道问题也发生殴斗;老三和老五在态度上偏向于老二,和老大的关系也闹得很僵。如此一来,老大、老四分别与老二结仇,多年来不通往来,老三、老五与老大、老四也甚为疏远。这一个大户的分崩离析使得冯姓家族失去了中流砥柱,该家族从此一蹶不振,在村中基本失去了发言权。②

  家族在社会治理中的作用除处理本家族内部的婚丧嫁娶、成员纠纷外,还出面处理与其他家族的纠纷以及扶持家族成员争夺村干部职位等事务。一个家族与另一个家族的纠纷多来自离婚、盖房占地、青年人的打架斗殴等等,其中家族出面最多的还是离婚事件。笔者在读硕士期间,曾亲眼看见了高阳县某村的一起离婚纠纷,女方家族纠集了三四十人到男方家里抢家具,男方家族也出动了三四十人保护家产,双方人马在男方家中对峙,男方和女方的父母互相指责和谩骂,最后由其他家族的村干部出面调停,双方答应各派代表谈判,两个家族的人才逐渐散去。③ 扶持家族成员争夺村干部职位乃是决定一个家族在村中地位的大事,比较团结的紧密型家族大都由族中的头面人物出面动员族中各家各户,再由各户出面游说姻亲、好友和近邻,总而言之,家族在选举村干部中的作用就是竭尽全力帮助本族成员拉票。一旦家族成员当选村长或村支书,他(她)在执政过程中肯定对家族成员有所偏向。这种家族帮忙参选村干部的案例在高阳县

---

 ① 笔者整理:《某村村支书李某访谈录》,2009 年 1 月 5 日。
 ② 2009 年 1 月 7 日,笔者对冯姓家族五兄弟之中的老三和老五进行了采访,他们叙述了家族内部矛盾的缘起和发展过程。
 ③ 见 2001 年 7 月 24 日笔者日记。

各村的村两委选举中俯拾即是，在这里就不必专门举例说明之。

盟兄弟是一种没有血缘关系的男人之间的结拜组织。历史上最为典型也是在民间流传最广泛的盟兄弟组织莫过于东汉末年桃园结义的刘备、关羽和张飞，至今很多正式结拜的仪式仍然在关羽的牌位前焚香盟誓，誓词一般为"不愿同年同月同日生，但愿同年同月同日死"。高阳的结拜组织都是双数，即组织成员为4、6、8、10、12……因为高阳民间谚语有"拜双不拜单，拜单死老三"之说。改革开放后，高阳县城乡结拜兄弟的风气很盛，很多时候一个男人参加多个盟兄弟组织，到处可以称兄道弟。受到男人结拜风气的影响，高阳的女人也有结拜者，称之为拜干姐妹，但从数量上看，干姐妹组织比盟兄弟组织要少得多。从结拜者的年龄来看，高阳的盟兄弟组织可以分成两大类：一类是儿时的结拜团体，一般是儿时要好的玩伴或同学，在某位家长的撺掇之下，结拜成盟兄弟。这类组织一般都举行一个仪式，也就是按年龄排好序，焚香拜关公，盟誓，随后即可称兄道弟。随着时间的流逝，这类盟兄弟组织遭际不一。一些组织的所有成员或大部分成员在成长过程中始终相伴，且关系一直较为紧密，这类组织在成员长大后结合得仍然较为紧密，不仅在红白喜事、家长里短等日常事务中相互走动，而且在村干部选举等政治事件中也发挥重要的纽带作用。如某村村干部选举时，一名李姓候选人便召集儿时成立的盟兄弟组织成员开会分派任务，这些拜把兄弟除了必须保证将各自家庭的选票拉过来之外，参加多个结拜组织的成员还负责去拉其他结拜组织成员的选票，最终通过盟兄弟组织的活动，他就拉到了全村将近1/4的选票。① 另一些组织，由于结拜的成员长大之后人生境遇各异，甚至各奔东西，同时每个人在成长的过程中不断结交新朋友，疏远旧朋友，致使此类的盟兄弟组织逐渐解体，即便是在名义上仍存在的组织，成员之间的活动不过是在彼此的红白喜事中相互上礼而已，在社会治理中产生的影响微乎其微。另一类是成年人的结拜组织。这类组织一般没有正式的结拜仪式，往往在某个人召集的宴会上，一帮新老朋友相互结识，觥筹交错之间，酒酣耳热之际，由一个热衷于社会活动者率先提出结拜的要求，其他人纷纷响应，而后大家按照年龄排排序，当即就改口称"哥哥"和"弟弟"，一个此类的盟兄弟组织就成立了。这类组织一般在社会上层人士中较为流行，组织成员或为

---

① 笔者整理：《某村村支书李某访谈录》，2008年1月5日。

企业家和商人，或为政府官员，用高阳地方话说"大家都弄着点儿事儿"，彼此在生意场和官场的大事小情上能够相互照应。结拜之后，各家的红白喜事大家都出面参与，很多组织还定期组织宴会和旅游，以增进成员之间的交情。通过这些活动，组织里相互生疏的人很快熟识起来，久而久之在社会活动中彼此照应，这个组织便形成一个拥有大量资源的社会关系网。据说高阳县城周边规模较大的纺织企业老板和一些政府官员就组织了几个盟兄弟团体，在这些团体中，有人在生意上彼此照应，有人替企业通报消息和消灾解难。关于这些组织的情况，笔者曾问及几位相关的企业家，他们均讳莫如深，守口如瓶，因此笔者所得到的信息仅仅是道听途说。在农村，三里五乡的企业家、村干部、乡干部参加的盟兄弟组织比比皆是，在访谈中当事人说起此类组织时也不避讳，甚至往往作为一种"本事"向笔者炫耀。这类组织在社会治理中的影响比较显著，往往在处理各种社会矛盾，尤其是村际矛盾时，发挥重要作用。如某村一电气焊工厂给邻村一家纺织厂焊接了两架屋架梁，邻村纺织厂一直不给结工程款，电气焊工厂的老板便委托本村村支书出面，该村支书与邻村的村支书是盟兄弟，他便委托邻村村支书出面说和，最终将工程款追了回来，电气焊工厂的老板从工程款中拿出来几千块钱答谢两个村的支书。①

至于同学会、战友会的组织形式与盟兄弟组织相类似，所不同的是，同学会、战友会是由于上学、参军等际遇自然形成的，其成员无法筛选，成员之间的贫富程度、社会地位差距较大，组织形式大都更为松散，在微观社会治理中的作用更小。

二 城乡治理结构的新格局

（一）县城治理

县城既是高阳县的行政中心，又是经济中心，是高阳纺织业的原料和产品集散地。改革开放后，特别是 21 世纪之后，县城的社会治理逐渐形成了一种政府主导、"新官绅"参与的二元治理格局。

所谓政府主导主要是指县政府根据高阳县经济、社会发展需要规划县城的改造方案。截至 2008 年，高阳县城共进行过两次大的改造，这两次改造都是伴随着纺织市场的兴建而开展的。第一次是与纺织品专业市场兴

---

① 笔者整理：《某村支书郝某访谈录》，2008 年 12 月 3 日。

阳市场的建设相配套，1992年年底县委、县政府提出建设"纺织城"的规划（规划内容详见第四章第二节），并提出"九三年起步，九四年大干，九五年大变，九六年飞跃"的城市建设大会战目标。这次历时四年的会战，使得县城面积由原来的不足1平方公里扩展到6平方公里，实现了城区主要街道的四通八达。① 第二次是与纺织商贸城的兴建相配套，2001年县委县政府提出"打造中国北方纺织强县和建设保定东南区域次中心城市"的目标，此后数年时间，高阳县先后翻新扩建了西环南段、迎宾线、高蠡路城区段、南环西段、商贸城横一路段和东外环，并将县政府由城镇中心地带迁建至北外环路，这些举措都大大改善了城区的交通状况。同时，在20世纪90年代中期至2008年之间，县城新建了文化路小区、木器社小区、公园小区、红旗厂小区、农机公司小区、打井队小区、迎宾小区、东源小区、正阳小区、温馨家园小区、金鑫小区、宏润小区、现代城小区等40多个住宅小区，居民生活条件和县城环境大为改善。所谓"新官绅"参与主要是指在政府规划之下，"新官绅"投资搞项目，来承办政府规划的各项工程。据《高阳县志（1991—2010）》记载：1991—1994年，高阳县城乡建设资金，主要依靠政府投资，资金使用由财政局统一管理。1995年后，高阳县政府引入市场机制，多渠道招商引资，允许和鼓励民间资本参与城乡建设。1995年，全县完成城乡基本建设投资16607万元，其中国家投资6454万元，占38.3%；城镇乡村集体投资2581万元，占15.5%；民间融资7673万元，占46.2%。此后，民间资本所占比重持续增加，尤其是在居民小区的建设中，基本上全部由房地产公司投资开发。② 纺织商贸城的商铺建设也采取的是由政府规划，由商户投资建设的方案（详见第三章第二节）。在房地产项目和城乡改造项目中，高阳本地的某家公司承揽的业务较多，在宏观社会治理中发挥的作用较为显著，高阳县本地人在谈及该公司老板时，大都是负面的评价，说他能够操控政府官员，在高阳县一手遮天。为此，笔者专门造访了该公司，也暗访了该公司的建筑工地，同时就该公司已建成使用的一些小区的建筑质量走访了小区住户。通过明察暗访，笔者认为该公司是一个管理正规化的现代化公司，所开发的小区工程质量也有保证。当然，由于该公司财大气

---

① 宋进良主编：《高阳县志（1991—2010）》，方志出版社2015年版，第113页。
② 同上书，第127页。

粗，在项目竞标中做事难免张狂，同时在涉及处理征地、拆迁等复杂问题时也难免采取过激行动，至于该公司通过权钱交易来操控政府官员等问题，笔者在调研过程中不可能发现蛛丝马迹，相信大多数人的叙述也不过是道听途说和捕风捉影。因此，笔者认为社会上的一些传言其实是有所夸张，应该带有普通人的一种仇富心理。在笔者看来，新官绅在县城宏观社会治理中做出了重要贡献，正如一位被采访人所说的："如果没有某公司的老板，高阳人哪有这么多高楼大厦呀！"① 当然，该公司在开发房地产的过程中也攫取了巨额利润，使其成为集房地产开发、纺织等产业为一体的大型综合性公司，其实力远远超过其他单以纺织为业的企业，这也许是社会各界嫉妒该公司老板的真正起因。

至于微观社会的治理，改革开放后仍延续集体化时代的做法，在高阳镇之下设东街、东关、南街、南关、西街、西关、北街、北关等村，各设村两委管理各该村居民。在新建的居民小区设居委会，管理小区住户。高阳县城与全国其他小城镇相类似，是一种典型的熟人社会，各种公开的、隐形的关系在微观社会治理中发挥着重要作用。一般情况下，在发生矛盾时，矛盾双方多先通过熟人私下调节，在调节无效时才通过村委会、居委会、镇政府等官方行政渠道解决，行政渠道也解决不了时再寻求法律渠道解决。2008 年调研时，笔者坐一个同学的汽车下乡，在县城南关追尾，我的同学与对方车主不认识，双方下车后交涉无效，然后各自打电话找熟人。双方所找熟人到场后相互认识，经他们介绍之后，我们和被撞车主竟然是高中同届同学，最后我的同学做东请大家吃了一顿饭，事故双方均表示回去各自修车，不再追究责任，这件追尾事件在熟人的调解下就这样了结了。②

（二）乡村治理

如前文所述，改革开放前，中国农村实行的是"政社合一"的集体化领导体制，在人民公社下设生产大队、生产队，统一管理农村的生产和生活。改革开放后，农村实行了家庭联产承包责任制，原来那种"政社合一"的一元化领导体制迅速走向空壳化。在这种情况下，中共中央审时度势，适时地改变了人民公社管理体制，逐步建立并完善了村民自治制

---

① 笔者整理：《高阳纺织商贸城某摊位经理赵某访谈录》，2008 年 12 月 18 日。
② 笔者整理：《高阳纺织业调查日志》，2008 年 12 月 20 日。

度。具体而言，1982年通过的第四部宪法第110条明确规定村民委员会是基层群众性自治组织，其主任、副主任和委员由选举产生，从而为村民自治制度奠定了法律基础。1987年11月24日颁行了《中华人民共和国村民委员会组织法（试行）》，明确提出在农村实行村民自治，村委会是村民自治组织，由村民直接选举产生。1998年颁行《中华人民共和国村民委员会组织法》，提出"中国共产党在农村的基层组织，按照中国共产党章程进行工作，发挥领导核心作用；依照宪法和法律，支持和保障村民开展自治活动，直接行使民主权利"。如此一来，村党支部和村民委员会（简称"村两委"）的法律地位便得到确认，成为村民自治制度的主要组织和实施机构，在乡村治理中发挥主导作用。正如本章前文所强调的——为政在人，无论形式和机构如何变革，乡村治理成效如何，关键还是取决于"村两委"的人选，尤其是"当家人"的人选。根据笔者调查，按照"当家人"的出身和身份，高阳县各村的村两委大致可划分为以下四种类型：

第一类，由"新官绅"掌控村两委。这种村庄，在村中众多企业中，一般存在一个大企业，其规模和产值甚为突出，能够形成一枝独秀、鹤立鸡群之势，同时该企业的老板还在村两委中任职，有的是该企业老板直接担任村支书或村主任；有的虽然该企业老板只担任支委、委员等一般职务，但是支书、村主任只是他扶植起来的傀儡，村中的事务实际上还是由他说了算。高阳县凡有大企业的村庄，如六合屯、六合庄、邢家南、留祥佐、南沙窝等村的村两委大抵如此。这种村庄的治理普遍较好。在修桥补路、捐资助学等各项建设事业中，在村中任职的"新官绅"带头出钱出力，大多数时候进行得都较为顺利；同时"新官绅"在县人大或政协都有一定头衔，加之其财力雄厚，在私、官两面都有很多关系，既能为村里争取到官方的政策扶持，又能出面为村民排忧解难；并且"新官绅"一般不贪污、不受贿，在村里处事一般也较为公道，比较受到村民的拥戴，使得整个村庄较为团结与和谐。如六合屯村由亚奥集团董事长李庚田担任村支书，他在助人方面做出了表率，自己常年供养着一个孤寡老人和一个残疾人；在企业效益好的年头，他会个人出资替全村人缴纳农业税。在他的带领下，该村建设了公园、敬老院、图书馆和幼儿园；每年为老年人发放养老补助，为村民子女发放上学补贴。①

---

① 笔者整理：《亚奥集团工会主席李宗元访谈录》，2008年10月25日。

第二类，由"老人"延续掌控村两委。这里所说的"老人"指的是集体化时代即担任大队干部，改革开放后继续担任村支书。这类村庄的党支部一般都坚强有力，支部成员在村民中的威望较高，他们不仅带领村民熬过了集体化时代的艰难岁月，而且在改革开放后能够迅速转换思想观念和工作思路，带领村民走上致富之路。笔者采访过的西田果庄、东田果庄、南圈头等村均属此类。这类村庄的建设和发展并不逊于第一类村庄，尤其是在集体设施建设方面甚至超过第一类村庄，并且村庄能够保持稳定与和谐。以西田果庄为例，该村老支书曹成栓1959年当大队副支书，1960年升任大队支书，除"文化大革命"中退职几年之外，后来一直当村支书，前后达40余年。他有责任心，能团结人。改革开放后，他给村里办了砖厂，并利用砖厂收益改扩建了村小学，建成高阳县农村第一所全封闭式教学楼。①

第三类，由"新乡绅"掌控村两委。这类村庄一般有多家纺织企业（隶属高阳镇的城内各村则为"纱摊"），这些企业大都是二三十台至四五十台织机的小企业，没有任何一家企业比其他企业在规模和产值上更为突出。这些小企业的老板绝大部分属"新乡绅"之列，也就是说在此类村庄存在人数众多的"新乡绅"，村两委和当家人一般都在这些"新乡绅"中产生。岳家佐、北沙窝、北尖窝、野王、于堤、西演等村庄多属此类。在这类村庄，"新乡绅"的派系矛盾是否明显和严重等因素造成村两委的权力结构不同，从而最终导致村庄的治理成效有所不同。一些村庄，或者"新乡绅"中的派系不很明显，或者即便有派系，各派系之间却没有无法调和的矛盾，则这些村庄一般由大部分"新乡绅"推选出几名热心公益的代表人物掌控村两委。这样的村庄一般能做到团结、和谐，村庄的公共建设事业亦较为顺利，特别是与纺织企业发展紧密相关的工业小区建设、修桥补路等事业更为突出。前述村庄大多数属于这种情况。在少数几个村庄中，"新乡绅"存在明显派系，且各派系之间存在明显矛盾。为了在势力上压倒另一方或另几方，各派系都争抢村两委和当家人的职位，以便在村中获得话语权，再加上家族、盟兄弟等其他治理主体的参与，往往使得村两委的选举成为各派系势力之间矛盾的集中爆发点。在这些村庄，村两委的选举大都不很顺利，一般情形下第一次选举各派推举的参选代表都达

---

① 王贤根：《火红的阳光》，长征出版社2004年版，第220页。

不到法定票数，致使选举流产。再次选举之前，在乡政府派人驻村协调之下，有的村才能勉强选出村支书、村主任和其他委员，但是在这种情况下产生的村两委班子成员也往往分成两派甚至数派，在处理村庄公共事务时，私底下暗流涌动，明面上很难形成一致意见，村中的各项建设事业常常议而不决，严重影响了各项治理事业的开展。更有甚者，在极少数的村庄中，即便经过乡政府多方努力，村中各派势力仍然互不让步，经过两次乃至三次选举，部分或全部候选人仍达不到法定票数，最终形成有支书无主任，甚至无支书无主任的局面，整个村庄完全处于分裂状态，各派势力各行其是，村中的公共事务无人出面负责。

第四类，由"流氓"化人物掌控村两委。所谓"流氓"化人物指的是平时行事乖张，在人生经历中恶迹昭彰的人物。在高阳县，由"流氓"化人物控制村两委的村庄并不多见，在笔者调查过的35个村庄中，仅有A村属于此类。A村有30余家纺织企业，但是这些企业的老板们（多属新乡绅之列）大都专心致力于企业的经营管理，无暇亦无意于村政。改革开放后，该村村两委长期由一名老支书带领一帮"老人"（界定同第二类的"老人"）掌控。老支书因病退职后，由一名退伍军人担任村主任，村中最大的家族之一李姓家族推举族中最为活跃的人物李某担任村支书。由于村两委的成员都没有办企业和经商，其背后没有雄厚的财力和势力支持。A村办有砖窑，每年向村委会上缴承包费，其他如企业占地费、计划生育罚没、房基地费用都比较可观，村委会的收入较为丰厚，村委会成员难免通过虚开、冒领等方式侵吞公款以及通过关说词讼等活动获得高额非法收入。该村村民F君曾因组织盗窃集团获刑8年，世纪之交刑满释放回村，一两年之后恰逢村两委换届选举。他利用故旧迅速组织起一个既有"新乡绅"又有鼓吹能手参加的5人竞选班底，一边利用家族、盟兄弟等组织到处拉选票，一边利用自己豪横的形象和做派带人要求清查上届村委会的账目，以威胁手段强迫上届村委会成员退出换届选举。在其活动和威逼利诱之下，最终他当选为A村村委会主任，并将其竞选班底中的骨干分子安插进村两委。虽然原来的村支书李某仍如愿当选为村支书，但在F君流氓式豪横的行事作风逼迫下，李某完全处于劣势，可以说F君完全掌控了村中大权，不仅如此，在执政期间，F君还加入党组织，正式成为一名中国共产党党员。F君执掌村政，给该村的社会治理造成了极坏的影响。首先，他通过明暗两种手段索贿受贿，聚敛了大量财富。其间，他新盖了一溜8间新宅，购置了一辆帕萨特轿车，在3个纺纱厂都算有股份，从一穷二白一跃跻身富人行列。其次，村中某些公共设施遭到严重破坏。A村本有一道大堤，堤上栽满柳树，该堤是1958年修建的灌溉引水渠。虽然这道引水渠一直干涸，从未真正发挥过引水功能，但它毕竟属于公共设施，且是村中一道亮丽的风景。在F君执政期间，他公然卖掉大堤上的柳树，并掘卖大堤的土方。不到5年时间，两道大堤就变成了两道深沟，致使A村的地形地貌遭到严重破坏。再次，带坏了该村的村风。F君本为"流氓"，吃喝嫖赌无所不为。在其执掌村政期间，他公然组织赌场聚赌，并组织以赌博为主要内容的庙会，致使村中赌博之风大盛。F君还与村中一两名荡妇长期保持暧昧关系，公然做些欺男霸女之事。好在F君执掌A村村政的时间并不长，在村两委再次换届选举时，由于其竞选班底的分裂以及他本人民愤极大，F君落选，该村村两委结束了被"流氓"化人物控制的不良历程，逐渐向良性方向转化。

小　结

清代至北洋政府时期，与华北大多数县份相类似，高阳的社会治理应为官府、乡绅、家族三股势力彼此分立又相互合作的一个权力文化网络。官府代表国家行使管理职能，乡绅主要处理村中事务，家族则主要处理本家族内部事务。

20世纪初，高阳县社会治理的最大变化就是增添了一个新的治理"元"——高阳商会。从1906年年底创办至1937年日本侵华战争爆发后停止活动，高阳商会实际运转长达30余年。在组织和运行方式上，高阳商会体现出一种民主原则，因而其决议能够得到大多数商人的支持。高阳商会在社会事务中的作用主要集中在工商业领域，如引进先进织机和推广机纱，建立和扩充商学，创设工艺研究所，请求减免土布税率，多次组织商人参与展销会，设立商团等一系列活动，其某些作为在实质上起到了代行地方政府实业局所部分职能的作用。此外，高阳商会还参与了兴办学校、筹建保卫团、防汛救灾等其他社会治理事务。高阳商会直接创办的私立甲种商业学校为高阳商界乃至中国纺织行业培养了一批人才，同时带动了当地人对教育的重视。高阳商会具有非官方性、独立性、自愿性、政治合法性和组织公开性特征，在发展过程中逐渐成长为一种公民社会组织，在高阳商界缔造出一个公民社会。在这一时段，县地方政府的治理机制发生了诸如科层化、职能扩张等新变化；乡绅也逐渐由后台走上前台，把持地方各自治部门，直接参与乡村治理。但是，县地方政府和乡绅治理乡村的效能并没有出现太大起色，不过是"新瓶装旧酒"而已。

集体化时代，县地方政府实现了对社会的严密控制，形成了以政府为主导的一元化管理格局。改革开放后，随着政府对社会"松绑"和新兴社会阶层、社会组织的出现，高阳县城乡的社会治理从一元化向多元化演进，到21世纪初形成了一种新的社会治理格局。

21世纪初，高阳城乡的社会治理主体包括地方政府，工商业者群体，家族、盟兄弟等其他社会组织。政府治理主要是归复到常态下的执政模式。经济管理方面：在农业领域，2008年取消农业税之后，县地方政府完全退出。在工业领域，县政府采取给乡镇下达发展指标、出台发展规划、制定政策和法规、对重点企业加以扶持、规划建设市场和工业区等一系列措施，促进个体、私营纺织业发展，其角色从一个"直接经营管理者"逐渐转变为一个地方经济的"呵护者"和"服务者"。社会管理方面：地方政府主要履行改善公共设施、推行计划生育、保护环境、治理污染等公共治理职能。工商业者群体可划分为"新官绅"和"新乡绅"两大群体，其区别乃在于前者有一些"官衔"，后者没有。"新官绅"数量虽少，但在社会治理中的作用较为突出，甚至有时能影响县地方政府的决策；"新乡绅"数量较多，他们大多数仅在本家族、本村或本乡有一定影响和作用。改革开放后，家族的权力结构基本上回复到以有权或富有之人担任领袖的状况。受市场化浪潮冲击，部分家族结合日益紧密，且族缘有所扩大；部分家族则内部纠纷不断，日益松散，渐呈解体之势。在社会治理中，家族除处理本族内部的婚丧嫁娶、成员纠纷等事务外，还出面处理与其他家族的纠纷以及扶持本族成员争夺村干部职务等。盟兄弟组织是一种没有血缘关系的男人之间的结拜组织，包括儿时的结拜组织和成年人的结拜组织等。在高阳最为普遍的盟兄弟组织是成年人之间的结拜组织。这类组织一般在社会上层人士中较为流行，其成员或为企业家、商人，或为政府官员，以求在生意场或官场上互相照应。盟兄弟组织在微观社会治理中发挥的作用较为显著。

在上述各治理"元"的参与下，高阳县城逐渐形成一种政府主导、"新官绅"参与的两元治理格局。也就是说，由政府制定县城的建设规划,发布建设项目;而这些规划的实现和项目的完成则主要由"新官绅"投标承办。至于县城微观社会的治理,则主要凭借各种公开的和隐形的"熟人"关系加以处理。在乡村治理中,村党支部和村民委员会("村两委")发挥着主导作用。高阳县的村两委大致包括四种类型:由"新官绅"掌控村两委;由"老人"延续掌控村两委;由"新乡绅"掌控村两委;由"流氓"化人物掌控村两委。一般情形下,前两种类型的村庄都比较稳定与和谐,村庄的治理效应良好。第三种类型,部分"新乡绅"无明显派系和矛盾的村庄尚能保持稳定、和谐,村庄治理的效应也不错;部分派系矛盾突出的村庄,则往往形成分裂,影响各项治理事业的开展。第四种类型,"流氓"化人物在村中为所欲为,所谓的"治理"几乎完全成为其满足私欲的工具和借口。从总体上看,高阳县的村庄以前三种类型为主,最后一种类型仅为个别村庄某个阶段的情况。

第 七 章

高阳的个案与中国乡村工业的
地位、前途和性质

从总体上看,高阳的个案具有一定的典型性。首先,高阳的个案较为完整地表现出中国乡村工业的现代化历程,这个历程始于清末,中经民初的起始阶段、战争环境下的中断、中华人民共和国成立初期的复兴和集体化时代的反复,最终在改革开放之后加速了经济的现代化,因此,它实质上承载的是近代以来中国乡村经济现代化的全过程。其次,仅从经济现代化的角度分析,高阳是一个连续性较强的个案。据赵德馨研究,市场化和工业化是经济现代化的两个层次。[①] 从这个意义上看,高阳的个案在经济现代化的连续性上表现出三个明显特征:其一,工业化行业的延续性。高阳纺织区的传统手工业即以纺织业为大宗,其后来的工业化历程始终围绕纺织业展开,这种工业化的行业延续性区域在全国范围内也不多见。其二,工业化过程的延续性。工业化的主要特征是生产工具的机器化,在高阳纺织业现代化的过程中,其生产工具的改造始于精巧到极致的手工工具铁轮机和提花机,到中华人民共和国成立初期的国营化阶段发展成动力织机,改革开放后的私营经济和个体经济则继续使用动力织机,其生产工具的机器化表现为一个延续性历程。其三,市场化特征在其现代化起点和终点的一致性。高阳乡村经济的现代化始于清末民初的市场化,终于改革开放后的市场化,因此,其经济的市场化在现代化的起点和终点具有一致性。

从社会变迁的角度全方位地剖析高阳的个案,则其经济现代化既

---

① 赵德馨:《市场化与工业化:经济现代化的两个层次》,《中国经济史研究》2001年第1期。

是高阳社会变迁的一个不可或缺的组成部分,又是影响其他社会因素,如社会结构、社会管理和生活方式变迁重要的原动力之一。当然,就社会变迁而言,经济现代化并非唯一的原动力,其他原动力还包括国家管理体制的变革、大政方针的转向、战争与革命等。因此,仅从经济现代化的历程及其结果来看,与中国其他大多数县域相比较,高阳的个案无疑具有一定的特殊性,其现实的图景是我国为数较少的乡村工业发达区的景象,如果计及其百年历程,在当今所有乡村工业发达区中也极为少见,很有些独树一帜的意味。但如果撇开经济现代化,仅从受多种因素影响下的社会变迁的大趋势来看,高阳的个案在大背景下的社会变迁与其他县域的农村又有一定的相似性,体现出一定的普遍性特征。因此,从包括社会经济、社会结构、社会管理和生活方式在内的广义的社会变迁来看,高阳的个案在中国乡村既具有一定的特殊性,又具有一定的普遍性。下面我们就从这个集特殊性和普遍性于一身的高阳个案出发,结合学界的相关研究,去剖析一下在学界颇有争论的中国乡村工业的地位、前途和性质。

一 关于乡村工业地位和前途的论争

在贯穿于近代和当代的中国经济现代化历程中,都有乡村工业兴起和发展的身影,可以说乡村工业是研究中国近代和当代经济一个无法回避的话题。截至目前,围绕中国乡村工业的地位和前途问题,学界形成了两种截然相反的观点。

一种观点认为欧洲原发工业化国家的经验具有局限性,以中国为代表的后发国家具有特殊性,而其特殊性就在于中国的乡村工业化可以替代城市的集中大生产,可以避免大工业生产取得支配地位。也就是说这种观点从现代工业增长模式和产业布局上赋予乡村工业至高无上的地位和光明的前途,并以此反驳国际经济史研究的主流观点,如著名的现代商业史学者阿尔弗雷德·钱德勒所认为的规模经济效益将最终导致大规模公司在大多数制造业中占据主导地位的观点。① 在这里我们姑且将持这种观点的学者

---

① [日]顾琳:《中国的经济革命:二十世纪的乡村工业》,王玉茹等译,第7—13页;[美]王国斌:《转变的中国——历史变迁与欧洲经验的局限》,李伯重等译,江苏人民出版社1998年版,第48页。

称为"乡村工业派"。另一种观点用经济学界对产业经济通用的效率、效益和环境指标作为评判标准,认为乡村工业是一种高能耗、低效率、高污染的产业形式,虽然这种产业形式在中国近代和当代的特殊历史环境中得以形成并有所发展,但是它具有过渡性质,迟早会被城市的集中大生产所取代,中国的经济最终会过渡到一元化。① 在这里,我们将持这种观点的学者称为"城市大工业派"。

上述两种截然相反的观点在高阳纺织业的研究中形成聚焦点。顾琳在《中国的经济革命:二十世纪的乡村工业》一书中将高阳纺织业总结为进口产品替代、大工业替代和标准化生产替代三个特征,并以此为依据,提出"乡村工业化是一种可以替代'城市的集中大生产'的生产方式"②。杜恂诚在《近代乡村织布业的历史地位》一文中对顾琳的观点提出反驳,认为民国时期当国内机器大纺织厂大大加强了织布生产之后,乡村织布业不可避免地陷入衰落。而改革开放后的高阳纺织业之所以能呈一时之繁荣,是因为在改革开放初期国有企业效率低下,乡村工业在与国企的竞争中能够占得上风。"但如果我们把视野再往后推移20年,我们就会发现:乡村工业经营灵活的优势早已消失殆尽,而高能耗、高污染产业又是注定没有前途的。"其结论认为:"从长期来看,同城市大工业比较,其(乡村工业)生产效率的劣势是明显的,它的衰落不可避免。城市大工业的优势会至少一直延续到刘易斯拐点出现为止。"③

二 农民、农村的境遇与中国乡村工业的地位和作用

在对中国乡村工业的认识中,以费孝通先生为代表的"乡土派"可谓独树一帜。之所以称费孝通先生为"乡土派",乃在于他对乡村工业的认识缘于"乡土"又归于"乡土"。所谓缘于"乡土",指的是费老对乡村工业的一系列看法均得自于他对农村的长期调研,这些看法是他在所闻所见基础上总结而来的。所谓归于"乡土",指的是费老所有关于乡村工业的观点都是出于对农民生活幸福和农村发展的人文关怀,其出发点完全

---

① 王毅平:《从乡村工业发展看我国城市化的道路》,《社会》1989年第4期;蓝万炼:《论乡村工业的未来和农村小城镇的发展阶段》,《经济地理》2001年第6期;周端明:《中国乡村工业"消失"之谜》,《经济体制改革》2011年第3期。
② [日]顾琳:《中国的经济革命:二十世纪的乡村工业》,王玉茹等译,第7—13页。
③ 杜恂诚:《近代中国乡村织布业的历史地位》,《贵州社会科学》2012年第10期。

是为了农民和农村,其研究的立足点完全从属于"中国农村怎样发展或者说中国农村怎样实现现代化"这个大命题。

费老对乡村工业的认识始于《江村经济》一书,以后在其《中国乡村工业》《乡土重建》《重访江村》《三访江村》《九访江村》等论著中,形成了他作为"乡土派"代表人物的一系列关于乡村工业化的观点和思想。对于费老相关的思想,学界已有不少总结。① 根据前人的总结,费老的乡村工业化思想大致集中于以下四个方面。(1)在农业增长潜力有限和非农就业途径狭窄的状况下,乡村工业化是农民增收和农村发展的根本途径。(2)中国从农业社会向工业社会演进的过程中(也就是实现现代化的过程中),不能以牺牲农村和农民的利益来成就工业和城市。(3)技术革新(主要是电力的应用)可以使部分工业(一些轻工业、日用品加工业和农产品加工业)分散到农村中,同时与城市大工业相比较,以家庭作坊和小工厂为主的乡村工业由于农村的劳动力成本低廉可以取得成本优势。(4)乡村工业的组织形式应该是合作化的,其未来的发展前景也是走合作化道路。

除费孝通先生之外,可称为"乡土派"的还有20世纪30年代的南开经济学派。与费孝通乡村工业化理论的形成过程如出一辙,南开经济学派的方显廷、吴知等人也是在大量调研的基础上形成的看法。② 其观点大致包括:1. 主张发展乡村工业,以实现农村复兴;2. 主张以合作化代替商人雇主制,以实现乡村工业的复兴。如方显廷在给吴知《乡村织布工业的一个研究》一书所写序言中指出补救高阳织布业衰落的办法只有提倡合作化一个途径,他在《华北乡村织布工业与商人雇主制度(二)》一文中表达了同样的观点。吴知在《乡村织布工业的一个研究》一书的最后一章为高阳纺织业开出的复兴之方也是实现合作化。③

---

① 赵志龙:《高阳纺织业的变迁(1880—2005)——对家庭工业的一个研究》,博士学位论文,中国社会科学院,2006年,"前言";任继新、张桂霞:《"乡村工业是可以有前途的"——费孝通论民国乡村工业化的可能性》,《湖南行政学院学报》2009年第2期;金东:《从"合作"到"模式":费孝通眼中的乡村工业发展形态》,《江苏广播电视大学学报》2010年第2期。

② 彭南生、易仲芳:《南开经济学人的乡村工业理论和实践》,《安徽大学学报》2012年第5期。吴知:《乡村织布工业的一个研究》,"引言"和最后一章"最近高阳布业的衰落及其改革的建议";方显廷:《华北乡村织布工业与商人雇主制度(二)》,《政治经济学报》第四卷第一期,1935年10月。

③ 吴知:《乡村织布工业的一个研究》,"引言"和最后一章"最近高阳布业的衰落及其改革的建议";方显廷:《华北乡村织布工业与商人雇主制度(二)》,《政治经济学报》第四卷第一期,1935年10月。

总之，以费孝通先生为代表的"乡土派"关于乡村工业化的思想在内容上与前述"乡村工业派"大体一致，所不同的是"乡村工业派"的出发点在于阐释中国工业化道路的特殊性，而"乡土派"的出发点在于振兴农村。

遵循"乡土派"的理念和研究思路，我们分别从农民的生活和农村的发展两个角度阐释一下中国乡村工业的地位和作用。

首先，我们从农民生活的角度来阐释乡村工业的地位和作用。在中国农村，农民从事的两个主要产业无非是农业和乡村工业。本书第四章研究了农民的家庭收入状况。20 世纪二三十年代，高阳典型织户的农业收入全年仅为 20 元，仅靠这 20 元的农业收入应付一家人的生活开支远远不够，农民如果单靠农业连生存都无法维持。同时，这家农户的织布业收入可达 164 元，并且这 164 元还是织布业处于衰落期的 1932 年的平均收入，如果在 1929 年和 1936 年的兴盛期，织布业收入将会高得多。如此看来，乡村工业之于农民生活的地位和作用不言而喻。中华人民共和国成立初期，高阳县委在选点调查农村的阶级分化时，于留佐村农民说："不种地能活，不织布就不成了。"东赵堡村的农民也说："不怕涝、不怕旱，就怕花纱布（即公营的花纱布公司）不撒线。"① 这些朴实的话语道出了织布业对于农家生存不可替代的重要地位和作用。改革开放后，农村实行了土地"包干到户"，促进了农业生产的发展，但是"包干到户"后的农业只是解决了农民的温饱问题，却没有使农民实现生活富裕。笔者生长在高阳的一个农民家庭，饱尝了生活贫穷的辛酸。笔者自幼随舅舅长大，20 世纪 80 年代初，外婆、两个舅舅和我一家 4 口人分了 9 亩多土地，丰收之年粮食是足够吃了。全家花钱全靠养猪和养鸡，但是大部分年份卖生猪和鸡蛋的收入不足以应付全年开销，不得不籴粮食来贴补家用。而那时 100 斤玉米只能卖 14 块钱左右，而这 14 块钱有时需要应付三四个月的家庭开支。1984 年，我所在的辛留佐村兴起了焊接钢窗的副业，我二舅和别人合伙焊钢窗，从当年 11 月到次年 1 月仅仅 3 个月时间就挣了 300 多块钱。正因为搞副业挣了钱，那年过年我们全家才吃上了猪肉。② 即便到

---

① 《中共高阳县委关于农村资本主义发展导致阶级分化的一组报告》，1952 年 6 月 12 日，高阳县档案馆藏，资料号：1—5—19、20、21。

② 见笔者 1984 年 10 月 9 日和 1985 年 2 月 18 日的日记。

21世纪，农户的农业收入也不高。2008年，高阳的农户农业净收入每亩不超过900元，以一个五口之家有地10亩计，全年农业净收入不超过9000元，以这9000元应付全家一年的生活开支远远不够。① 而由本书第五章研究可知，一个挡车工全年可得工资20000元上下，一家出两个挡车工，全年收入就能够达到40000元。有了这40000元的收入，全家的消费就显得十分宽裕了。打工家庭尚且如此，那些年收入十几万、几十万乃至几百万的纱、布商人和企业家生活之富裕就不遑多论。由此可见，在乡村现代化历程中，无论近代还是当代，农民仅靠农业最多只够维持温饱，而依靠乡村工业却能够使农村各个阶层的生活实现富裕。

其次，我们从农村发展的角度阐释乡村工业的地位和作用。进入现代化历程之后，特别是改革开放之后，中国农村最典型的两种区域是乡村工业发达区和农民工输出区。② 高阳属于乡村工业发达区之一，其基本情况本书前几章已有详细阐述。对于农民工输出区学界研究较多，我们这里只是围绕农民工自身的命运和农民工输出区的现状展开论述。关于农民工自身的命运，可以用"进退两难"来形容。"进难"是指农民工在城市扎根难。章铮运用年龄结构—生命周期模型，测算出农民工家庭进城定居的最低连续工作年限为20—35年，根据他的分析，阻碍农民工进城定居的障碍有住房、孩子教育和年老后的生活保障预期（即养老问题），其中最大的障碍是房子问题。③ 所谓"退难"是指农民工返乡难。一方面，农民工在主观上更留恋城市，尤其是新生代农民工更有着强烈的留城愿望；④ 另一方面，农民工返乡也没有太多的创业机会，大多数返乡农民工都是被迫返乡。⑤ 关于农民工输出区的现状，可以用"日益衰落"来形容。根据杨昌勇的研究，农民工大量外出，给农民工输出区带来生产力发展的主体要素缺位、客体要素大量闲置、新生主体严峻的教育问题和进城务工倾向等

---

① 笔者整理：《辛留佐村村民冯小五调查笔录》，2008年9月15日。
② 这里的农民工输出区指的是本地农民大量离乡外出务工的区域。
③ 章铮：《从托达罗模型到年龄结构—生命周期模型》，《中国农村经济》2009年第5期。
④ 见孙思《农民工问题文献综述》[《农村经济与科技》2016年7月（下）]一文中对李路路和李培林等学者相关研究的总结。
⑤ 白南生、何宇鹏：《回乡，还是外出？——安徽四川二省农村外出劳动力回流研究》，《社会学研究》2002年第3期。

四大问题。① 这些问题就是大家惯常谈论的"空巢村""土地抛荒"和"留守儿童"问题。总之，绝大多数农民工输出区都呈现出衰落之势。相比较而言，像高阳一样的乡村工业发达区的状况要好得多，还能保持欣欣向荣的发展景象。

综上所述，如果仅从农民生活和农村发展的角度出发，乡村工业化是一条较为优化的发展道路，"乡土派"倡行的乡村工业化不失为一条普惠农民、振兴农村的发展路径。

三　中国工业的城乡分工与乡村工业的发展前途

"城市大工业派"在阐释城市大工业与乡村工业的关系时，强调二者之间的竞争，并认为这种竞争的结果必然导致乡村工业衰亡。纵观近代以来的中国现代化历程，二者之间的竞争在某些行业确实存在，如纺纱行业中就存在机器纺纱业和手纺业之间的竞争，这种竞争最终导致手纺业衰落。但是，并非所有行业尽皆如此。经过一百余年的现代化，特别是经过改革开放以来的快速现代化，在我国城乡之间不仅仅形成了工业与农业之间的分工，就是在工业内部也形成了城市工业与乡村工业之间的产业分工格局。其中，城市（特别是大城市）聚集了大量的资本、人才，并具备科技和信息优势，其工业多为资本密集型和技术密集型产业；而农村缺乏资本、人才和高科技，却存在大量低素质的廉价劳动力，其工业多为劳动密集型产业。二者并行发展至今，尚未形成此消彼长的局面。以京津冀的产业分布来看，北京、天津、青岛等城市聚集了大量高科技产业，而就在环绕这些城市的乡村却存在高阳的"三巾"产业聚集区、白沟的箱包产业聚集区、容城的服装产业聚集区、辛集的皮革产业聚集区等劳动密集型产业聚集区。

上述地处乡村的劳动密集型产业大都属于轻工产业，且多属被大城市淘汰的产业，其产品的科技含量不高，不需要复杂的制造技术和高素质人才，但是这些产业出产的"三巾"、箱包、服装、皮革制品都是生活必需品，具有不可替代性，因而具有广阔而稳定的市场。与城市大工业相比，即便这些劳动密集型产业存在能耗高、劳动生产率低下、污染环境等弊

---

① 杨昌勇：《农民工输出背景下农村生产力发展面临的问题及对策研究》，《理论月刊》2013年第9期。

端，但正是由于其产品的生活必需性和不可替代性，它们不可能被淘汰掉，而是在现有的基础上实现技术、设备和工艺的创新，逐渐降低能耗、提高劳动生产率和加强环保，与城市大工业一道并行发展。从高阳的个案来看，目前高阳的"三巾"织造企业都在更新设备，用高速剑杆织机替代1515型织机。虽然设备更新之后的"三巾"织造企业仍然没有脱离劳动密集型产业之林，但是其能耗大为降低，劳动生产率提高数倍乃至十数倍。对于漂染企业造成的水污染问题，前些年高阳县政府委托宏润集团投资兴建了污水处理厂，各个漂染厂家都用管道将其污水输送至处理厂，这些污水经过处理后再排放到孝义河中。虽然这种措施还达不到零污染和零排放，但是环境污染问题毕竟得到了较为有效的遏制。总之，高阳纺织业目前仍然呈现出一派欣欣向荣的发展图景，尚未出现丝毫衰亡的迹象。这种状况与杜恂诚所预料的前景恰恰相反。同时，我们也不能像顾琳和王国斌一样过高地估计乡村工业（或者说小工业）的地位和作用，从而认为中国可以避免走城市大工业取得支配地位的发展道路。从二者对中国经济现代化的贡献而言，城市大工业的意义要远远高于乡村工业。在历史形成的工业城乡分工格局之下，大城市的资本密集型和技术密集型产业取代不了乡村的劳动密集型产业，同样乡村的劳动密集型产业更取代不了大城市的资本密集型和技术密集型产业。总之，中国的经济现代化造就了工业的城乡产业分工，使得城、乡工业各有各的领域和部门。至少在目前和不久的未来，城市工业和乡村工业仍将维持工业产业分工和并行发展的局面不变，形不成一方取代另一方的趋势。因此，乡村工业会按照自身的逻辑继续发展下去。

关于乡村工业未来的发展道路，从高阳的情况看，有两个方面是必不可少的。其一，就是更新生产设备，以提高劳动生产率。在高阳纺织区，劳动力价格低廉的优势正逐渐消失。2008年一名挡车工的月工资为1200—2000元，而到2015年一名挡车工的月工资增加到4000—5000元，同比增长1.2—1.9倍；同时，为争抢熟练工人，各厂竞相采取改善住宿条件、派班车接送工人上下班、发放年终奖金等措施，这些措施都增加了工厂的用工成本。在这种情况下，为保持一定的利润率，纺织企业不得不将落后的1515—75型织机淘汰，而改用更为先进的剑杆织机。另一方面就是必须提高区域工业集聚水平。顾琳在其著作中特别强调了工业区对高阳织布业的重要意义。① 马库森依据美国的经验，将工业集聚划分为排列式、点线式、卫星平台式、政府控制式四种类型，其中排列式工业集聚是由地方所有中小工商业组成，这些企业从事相同的生产，具有高度统一的目标。② 高阳纺织区正是一个由数以千计生产和经营同类产品的工商企业组成的排列式工业集聚区。也正是有了规模宏大的工商业集聚，才使高阳纺织业从整体上具备了强大的竞争力和生命力。因此，要想使乡村工业区保持长期兴旺，必须尽可能地提高工业集聚水平。要提高工业集聚水平，须由比工商企业层次更高的政府、工商业团体组织（如20世纪二三十年代的高阳商会）或中介组织出面，建立健全商业信息流通机制、科技研发和成果分享机制、生产经营协作机制，等等。而这些机制的建立健全并非一朝一夕之事，其中有些还涉及国家管理体制的变革，当更为艰难和持久。

至于那些心系农村和农民的具有家国情怀的"乡土派"知识分子倡行的合作经济，则更多的是停留在理论和理想层面，在高阳的个案中至今尚未出现过多少苗头和迹象。近年来高阳"三巾"行业在组织模式上呈现出两种并行的发展趋势：一种趋势是大企业的地位和作用日益突出。这些大企业一般都具有业界的知名品牌，它们携资本、人才和技术、设备的优势，不断兼并小企业，扩大生产规模；另一种趋势是产品销售商的地位和作用日益突出。这些销售商以"订单"为指挥棒，驱使大部分小企业为其服务。

四 中国的"二元经济"格局下乡村工业的性质

"乡村工业派"和"城市大工业派"的主要分歧在于中国实现工业化采取何种路径，其分析的具体问题则集中于城市机器大工业与乡村工业之间的关系上。而这个具体问题本身以及通过该问题显示出的研究方法仍然未能脱出结构主义的巢窠。顾琳在其著作中提到了结构主义的二元经济模型，这个模型将后发国家的经济划分为现代经济部门和传统经济部门，并"通常认为增长将导致大规模生产单位取代落后的、小规模的乡村工业部

---

① [日] 顾琳：《中国的经济革命：二十世纪的乡村工业》，王玉茹等译，第11—12页。
② [美] 大卫·L. 巴克利、[美] 马克·S. 亨利：《乡村工业发展：是集聚还是分散》，刘德伦摘译，《北京农业管理干部学院学报》2000年第1期；原文载于美国期刊《农业经济评论》1997年秋季/冬季学刊，第19卷，第2册。

门"。她以小企业非标准化生产的灵活性和马歇尔的工业区理论对二元模型提出挑战。杜恂诚的研究则完全服膺于二元经济模型的主流观点,并使用了"刘易斯拐点"这个二元模型常用的术语。有鉴于此,我们有必要从发展经济学的二元经济论及其相关问题谈起。

迄今为止,发展经济学对欠发达国家经济发展路径的主流认识仍然是结构主义的二元经济论,刘易斯的《劳动力无限供给条件下的经济发展》一文开创了二元经济转型的机制分析。在该文中,刘易斯将欠发达国家的经济划分为"资本主义部门"和"维持生计部门",其经济转型模型是通过储蓄率和投资率的提高,促进"资本主义部门"的增长,使得劳动力不断从"维持生计部门"向"资本主义部门"转移,最终导致劳动力成为稀缺要素和工资水平提高。[1] 在文中,刘易斯首先指出了二元模型的使用区域,即"那些新古典主义和凯恩斯主义的假设并不适用的国家",20世纪以来的中国无疑属于这样的区域之一。

如图7—1所示,最初,资本主义部门的边际生产曲线保持在 N_1,其边际产出等于平均工资 S_1,维持生计部门存在大量剩余劳动力,其平均工资始终保持在维持生存的水平 S,这个阶段就是劳动力无限供给阶段。此后,资本主义部门通过储蓄率和投资率的提高,使其边际生产曲线增加到 N_2,此时,随着资本主义部门从维持生计部门不断吸纳剩余劳动力,维持生计部门的劳动力开始呈现出有限剩余状态,导致该部门的平均工资开始逐步提高。P_1 构成第一个"刘易斯拐点",这个拐点是维持生计部门的劳动力从无限供给向有限剩余的转折点。再往后,随着资本主义部门的不断壮大,其边际生产曲线增加到 N_3,此时,通过资本主义部门一再吸纳维持生计部门的剩余劳动力,导致维持生计部门的平均工资迅速提高,最终使得维持生计部门的劳动力呈现出稀缺状态,在均衡点 P_2 两部门的平均工资相等,二元经济完全转化为一元经济。P_2 构成第二个"刘易斯拐点",这个拐点是维持生计部门的劳动力从有限剩余向稀缺的转折点。

20世纪80年代之后,中国经济史学界逐渐认识、介绍和使用二元经济论来分析中国问题,同时也根据中国的国情指出了二元经济论的缺陷。吴承明先生在《论二元经济》一文中,首先从中国农业生产的实际状况

---

[1] [美] 威廉·阿瑟·刘易斯:《劳动力无限供给条件下的经济发展》,威廉·阿瑟·刘易斯:《二元经济论》,施炜、谢兵、苏玉宏译,北京经济学院出版社1989年版,第1—46页。

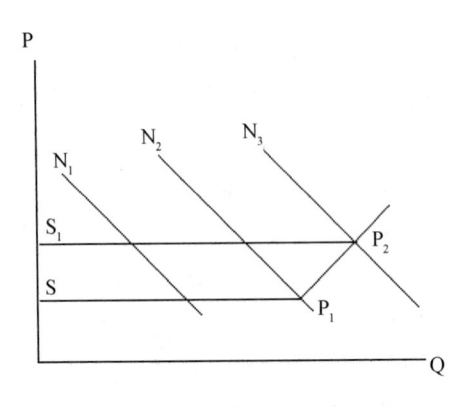

图7—1 二元经济模型示意图

出发，反驳了刘易斯理论中农业零边际生产率说；接着吴先生依据其估算的1933年中国各部门就业人口数量，指出现代工业对旧中国剩余劳动力转移的贡献极其有限。① 吴先生在另一篇文章中指出了刘易斯模型的另一个缺陷，就是该理论所说的传统产业仅讨论传统农业，而于手工业绝少置论。他讨论了日本和中国近代工场手工业的发展状况，指出在二元经济中，虽然不会像原始工业化时期的英国一样出现一个工场手工业阶段，但是工场手工业的发展仍然不可避免，在一些行业（如棉纺织业）甚至不可逾越。② 最终，吴先生在修正二元经济论的基础上，提出了"现代化企业与传统经济互补，农业与工业相辅发展"的二元经济发展道路。总体上看，吴先生对二元经济论的批评涉及三个问题：其一，传统农业对经济现代化是否有积极作用？其二，包括农民家庭手工业、工场手工业在内的传统手工业是否可以被忽略掉？其三，包括传统农业和手工业在内的传统产业与现代产业之间的关系是二元对立，还是二元协调发展？在吴承明先生之后，经济史学界的讨论主要集中在后两个问题上。后两个问题既相互分立又彼此相关，因为有关第三个问题的讨论，在吴承明先生之后，经济史学界很少再讨论传统农业，而是集中讨论传统手工业与现代工业之间的关系。

---

① 吴承明：《论二元经济》，吴承明：《中国的现代化：市场与社会》，生活·读书·新知三联书店2001年版，第51—70页。

② 吴承明：《论工场手工业》，吴承明：《中国的现代化：市场与社会》，生活·读书·新知三联书店2001年版，第71—96页。

第七章　高阳的个案与中国乡村工业的地位、前途和性质

毋庸置疑，对于中国而言，家庭手工业和工场手工业在近代机器大工业产生和发展之后仍然存在并占有相当大的份额，以近代棉纺织业为例，据林刚测算，在20世纪30年代中期，中国的棉纱，机纱占77%—79%，土纱占21%—23%；中国的棉布，机织布约占29%，手织布约占71%。[①]在这种情况下，用结构主义的方法研究中国经济的组成成分绝对不能忽略掉手工业。不仅如此，近代中国的家庭手工业和工场手工业还有所发展，这种发展主要体现在部分地区部分行业的劳动生产率和市场化水平大大提高、出现了撒工制等新的生产组织形式等方面，呈现出类似于西欧原始工业化阶段的一些特征。有鉴于此，中国经济史学界利用结构主义的方法丰富和发展了"二元经济论"，提出"近代三元结构论""半工业化"等新理论。"近代三元结构论"由林刚提出，林刚总结了江南"使用现代部门的产品作为原料的传统家庭手工织布业""为近代工业生产原料的农民家庭农副业"和"盐垦公司的基层单位个体农户"的经济特征，认为这些产业一方面仍然顽强保持着传统产业的一些基本特征，另一方面又和现代部门发生种种联系。他把这些产业归属于"中元结构部门"，并界定"中元结构"的内涵为"传统部门中运用资本进行的与现代部门有直接经济联系的商品生产。它主要以近代出现的新型农村商品工副业为主，但也包括城镇中和现代部门有关联的各类手工业"。他认为近代中国的长江三角洲地区出现了"以自给性粮食种植业为主的传统农业部门、以机器大工业为代表的现代部门，以及具有两部门共同点的新型农村商品性工副业部门"的三元结构。[②]"半工业化"是由彭南生提出的，他以半工业化来描述中国近代若干地区、若干行业中乡村手工业发展和兴起的实际进程，这些地区和行业中最为典型者有华北地区高阳、宝坻、定县、潍县的织布业，长江三角洲通海、江南、平湖等地的织布业、针织业，长江三角洲无锡、嘉兴、湖州等地的缲丝——丝织业，珠江三角洲南海、顺德、三水等地的缲丝业。[③] 关于近代机器大工业与传统手工业的关系问题，彭南生在《近50余年中国近代乡村手工业史研究述评》一文中总结了中国经济史

---

① 林刚:《1927—1937年间中国手工棉纺织业新探》，《中国经济史研究》2002年第2期。
② 林刚:《关于中国经济的二元结构和三元结构问题》，《中国经济史研究》2000年第3期。
③ 彭南生:《半工业化——近代中国乡村手工业的发展与社会变迁》，中华书局2007年版，第131—134页。

学界的看法。根据彭南生的总结，大致而言，国内学者充分肯定民族机器工业与近代手工业的良性互动关系，肯定手工业从附属于传统农业经济到附属于机器大工业的进步作用。① 总之，国内经济史学界提出的"近代三元经济论""半工业化"等理论虽然不像"乡村工业派"的观点那样绝对化，但是他们的研究取向与"乡村工业派"大体上呈现出一致性，那就是均强调乡村工业既不同于城市机器大工业又不同于传统农业的特性，中国近代的工业化道路因乡村工业的产生和发展呈现出不同于西欧道路的特殊性。

与学界对近代经济结构的讨论相呼应，约20世纪80年代中期以后，学界对于改革开放后我国乡村工业迅速发展的现实，提出了当代"三元结构论"。根据林刚总结，"当代三元结构论"强调三点：第一，在我国农村人口数量极大的国情下，由于城市现代部门吸收劳动力的能力有限，致使我国难以从传统经济过渡到现代经济的一元结构；第二，根据改革开放后我国乡村工业大发展并吸收了大量剩余劳动力的实际情况，提出乡村工业构成了传统农业和现代工业之间的新工业系统，传统农业、现代工业和乡村工业构成当代中国的"三元结构"；第三，中国的经济从二元结构向一元结构转化，应该并只能通过乡村工业的发展作为中间环节或过渡阶段。② 从总体上看，"当代三元结构论"与"城市大工业派"的研究取向和结论基本一致，都强调乡村工业的过渡性。

无论上述的"近代三元结构论"，还是"当代三元结构论"，都使用"传统经济"和"现代经济"的二分法概念，同时强调近代和当代的乡村工业既不同于传统经济又不同于现代经济的特殊性。也就是说，这些理论所理解的"资本主义部门"等同于现代工业生产部门，甚至于理解为位于城市中的机器大工业。笔者认为，这种理解与刘易斯的理论不完全相符。在《劳动力无限供给条件下的经济发展》一文中，刘易斯提出的是"资本主义部门"，而不是"现代工业部门"。刘易斯对"资本主义部门"

---

① 对国内学者相关论著观点的总结见彭南生《近50余年中国近代乡村手工业史研究述评》，《史学月刊》2005年第11期。

② 见吴伟东、冯玉华、贾生华《我国三元经济结构问题初探》，《农业经济问题》1988年第5期；李克强《论我国经济的三元结构》，《中国社会科学》1991年第3期；陈吉元《中国的三元经济结构与农业剩余劳动力转移》，《经济研究》1994年第4期。对上述学者观点的总结见林刚《关于中国经济的二元结构和三元结构问题》，《中国经济史研究》2000年第3期。

的界定是"使用再生产性资本,并由于这种使用而向资本家支付报酬的一部分"。① 他把"资本主义部门"比作一座座小岛,这些小岛包括少数高度资本主义化的矿业、电力业、种植园。由此可以看出,刘易斯所说的"资本主义部门"并不仅限于现代工业部门,更不完全把资本主义部门的发生地限定在城市之中,而是范指使用资本进行再生产并从中获取利润的行业。从这个意义上看,近代和当代的乡村工业也都应属于"资本主义部门"。以高阳的个案来看,20世纪初高阳的纺织业,无论是包买制下的布线庄和"织手工"的织户,还是"织卖货"的织户,无不使用再生产性资本,也都是为了从中获取利润;当代高阳的纺织工厂和家庭工厂更是如此。

我国清代的传统产业除农业之外,还有诸如棉纺织、丝织、冶铁、制瓷等手工业,据方行等人研究,清代前期,民间手工业,特别是农民的家庭手工业获得了进一步发展,主要手工业行业门类已基本形成,生产规模扩大,商品生产发展,市场扩大。② 近代以来,随着中国经济进入工业化,传统手工业首先受到波及,从而改变了其自然发展的轨迹,其中部分地区的部分手工行业,如前文彭南生列举的部分地区的织布业、针织业、缫丝业进入了现代化历程,成为"资本主义部门"的一部分;另一部分手工行业,如手工纺纱、冶铁、制蜡、制针、制靛等部门,则逐渐萎缩。③ 在整个近代时期,由于现代工业发展不充分,那些逐渐萎缩的手工行业尚能保留一定比例的产量,不至于完全消亡。而中华人民共和国成立后特别是改革开放后随着国家工业化步伐的加快,与现代工业形成竞争关系的那部分手工业便迅速衰亡。因此,在19世纪60年代到21世纪初的中国经济现代化历程中,中国的经济结构就是一种二元经济结构,其中一元是属于"维持生计部门"的农业和逐渐走向衰亡的传统手工业,另一元是属于"资本主义部门"的城市现代化产业和进入现代化历程的乡村工业。并且随着传统手工行业的分化和各行业的发展演变,中国二元经济两极的构成呈现出一种动态的变化过程。

---

① [美]威廉·阿瑟·刘易斯:《二元经济论》,施炜、谢兵、苏玉宏译,第7—8页。
② 方行、经君健等主编:《中国经济通史·清代经济卷(上)》,经济日报出版社2000年版,第533页。
③ 樊百川:《中国手工业在外国资本主义入侵后的遭遇和命运》,《历史研究》1962年第3期。

刘易斯"二元经济论"的分析路径是在欠发达国家既有的经济格局之下，剖析这些国家实现经济现代化的路径。这个理论的视野是立足当今，着眼未来，因此，与其他经济学模型相类似，这个模型忽视了或者说有意过滤掉了现有经济格局形成的具体过程。而考察经济变化的具体过程则是经济史研究的重要任务之一。中国作为一个后发国家，在经济开始走向现代化之时，城市和乡村同时步入现代化，各自寻找自己最适合的行业和方式发展"资本主义部门"。高阳的个案恰恰揭示出一个乡村区域内"资本主义部门"自身从无到有、从小到大、从使用手工工具到使用机器的具体成长历程。在这个历程中，"资本主义部门"的增长主要是靠储蓄再投资来实现的，20世纪初，高阳的储蓄主要来自布线商号和织户的利润、其他商业的盈利以及地主的盈余；20世纪末21世纪初，高阳的储蓄则主要来自企业利润、普通人的存款和其他营业收入。除此之外，高阳的个案还揭示出"资本主义部门"如何一步步从"维持生计部门（农业）"吸纳剩余劳动力，以及剩余劳动力渐渐被"资本主义部门"吸纳之后"维持生计部门（农业）"又是如何发生变化的。可以说，高阳的个案为刘易斯的"二元经济"模型提供了一个鲜活的实证和一个中观区域内的现实诠释。

最后，我们回到图7—1，讨论一下高阳纺织区"二元经济"的发展阶段。从本书第四章可知，2008年，高度资本化的小规模家庭农场，其劳动生产率（按产值计算）比实行"包干到户"初期提高了15.5倍；高度资本化商品化的小规模家庭农场（一年两熟，小麦和玉米轮种），其劳动生产率（按产值计算）比实行"包干到户"初期提高了6.1倍。如果从收入上看，高度资本化的小规模家庭农场，1984—1986年农业平均每年亩均收入为79.35元；2005—2007年农业平均每年亩均收入为247.72元，后者比前者增长2.12倍。高度资本化商品化的小规模家庭农场（一年一季，种植棉花），1984—1986年农业平均每年亩均收入为160.08元，2005—2007年农业平均每年亩均收入为276.2元，后者比前者增长71.8%。[①] 由此可见，从改革开放初期至21世纪初，农业的劳动生产率和收入并非保持一成不变，而是实现了大幅度提高。同时，21世纪初，1名整劳力经营农业的年收入，高度资本化的小规模家庭农场为2477.2元，

---

① 亩均收入均按1980年不变价格计算。

高度资本化商品化的小规模家庭农场为 2762 元;[①] 1 名纺织工人（挡车工）全年工资为 20000 元，以 1980 年的不变价格折算，合 4213.8 元。[②] 纺织工人的工资比农业劳动者的收入分别高 70.1% 和 52.6%，二者的工资水平相差仍然较为悬殊。上述分析表明，高阳纺织区的"二元经济"已经跨越了图 7—1 所示"二元模型"的第一个拐点 P_1，但是距离第二个拐点 P_2 还有相当大的差距。因此，高阳纺织区跨越"二元经济"阶段，实现区域内经济的一元化，还有很长一段路要走。

[①] 农业收入数据是按 1980 年不变价格折算所得数据。
[②] 折算标准：1980 年价格指数为 106.0，2008 年价格指数为 503.1。

参考文献

一 馆藏档案、档案资料集、公报

高阳县档案馆馆藏档案。

天津市档案馆馆藏档案：经济类。

河北省档案馆馆藏档案：冀中行署档案。

天津市档案馆、天津社会科学院历史研究所、天津市工商业联合会编：《天津商会档案汇编（1903—1911）》，天津人民出版社1989年版。

天津市档案馆、天津社会科学院历史研究所、天津市工商业联合会编：《天津商会档案汇编（1912—1928）》，天津人民出版社1992年版。

宋美云整理：《高阳土布档案选》，《近代史资料》总第74号，中国社会科学出版社1989年版。

《保定府属未及一年州县事宜各员表册》，1908年，中国社会科学院文献资料情报中心藏。

中国第二历史档案馆整理编辑：《北洋政府公报》，上海书店出版社1988年影印本。

河北省政府秘书处编印：《河北省政府公报》，南京国民政府时期印行。

二 调查统计资料、资料集、口述史

苏秉璋、李福田：《江南实业参观记》，河北省高阳县全和机器织染工厂1936年印行。

[日]大岛正、桦山幸雄：《事变前后的高阳织布业》，北方经济调查所，1943年。

《蚨丰工厂调查资料》，政协高阳县委员会1982年油印本。

《合记工厂调查资料》，政协高阳县委员会1982年油印本。

高阳县计划统计局编：《高阳县国民经济统计资料》，1978—2007年。

冀察政务委员会秘书处第三调查组：《河北省高阳县地方实际情况调查报告书》，1936年。

冀察政务委员会秘书处第三调查组：《河北省安新县地方实际情况调查报告书》，民国抄本。

河北省棉产改进会编：《河北省棉产调查》，1936年。

李景汉：《定县经济调查——一部分报告书》，河北县政建设研究院1934年印行。

李景汉：《定县社会概况调查》，上海人民出版社2005年版。

张世文：《定县农村工业调查》，中华平民教育促进会，1936年。

河北省政府建设厅编：《调查报告·第四编·工商》，1928年12月。

河北省政府建设厅编：《调查报告·第二编·路政》，1928年12月。

《河北省概况统计调查表》，河北省政府1936年印行。

《河北省各县概况一览》，河北省民政厅1934年印行。

河北省民政厅编印：《河北省民政概况》，1937年2月。

孙多森：《直隶实业汇编》，1910年。

彭泽益主编：《中国近代手工业史资料》，生活·读书·新知三联书店1957年版。

许道夫编：《中国近代农业生产及贸易统计资料》，上海人民出版社1982年版。

丁昶贤：《中国近代机器棉纺工业设备、资本、产量、产值的统计和估量》，《中国近代经济史研究资料》（第六辑），上海社会科学院出版社1987年版。

孔敏主编：《南开经济指数资料汇编》，中国社会科学出版社1988年版。

徐新吾：《江南土布史》，上海社会科学院出版社1992年版。

中共中央文献研究室、国务院发展研究中心编：《新时期农业和农村工作重要文献选编》，中央文献出版社1992年版。

华北解放区财政经济史资料选编编辑组编：《华北解放区财政经济史资料选编》，中国财政经济出版社1996年版。

蔡鸿源主编：《民国法规集成》，黄山书社1999年版。

《高阳县工商局工商企业注册资料》，2008年。

《高阳织布业口述史资料》，政协高阳县委员会20世纪80年代初采集。

杨学新主编：《根治海河运动口述史》，人民出版社2014年版。

三 地方志、文史资料

天启《高阳县志》，国家图书馆藏民国年间抄本。

雍正《高阳县志》。

民国《高阳县志》，《中国方志丛书·华北地方·第一五七号》，成文出版社 1968 年影印本。

高阳县地方志编纂委员会编：《高阳县志》，方志出版社 1999 年版。

宋进良主编：《高阳县志（1991—2010）》，方志出版社 2015 年版。

同治《清苑县志》。

民国《清苑县志》，《中国方志丛书·华北地方·第一二七号》，成文出版社 1967 年影印本。

道光《安州志》，北京大学图书馆编：《北京大学图书馆藏稀见方志丛刊》第 19 册，国家图书馆出版社 2013 年版。

安新县地方志编纂委员会编：《安新县志》，新华出版社 2000 年版。

光绪《蠡县志》，《中国方志丛书·华北地方·第二一四号》，成文出版社 1969 年影印本。

鲁春芳主编：《蠡县志》，中华书局 1999 年版。

乾隆《任丘县志》，《中国方志丛书·华北地方·第五二一号》，成文出版社 1976 年影印本。

道光《任丘续志》，《中国方志丛书·华北地方·第四九八号》，成文出版社 1976 年影印本。

河北省任丘市地方志编纂委员会编：《任丘市志》，书目文献出版社 1993 年版。

民国《定县志》，《中国方志丛书·华北地方·第一〇四号》，成文出版社 1969 年影印本。

民国《景县志》，《中国方志丛书·华北地方·第五〇〇号》，成文出版社 1976 年影印本。

河北省地方志办公室整理点校：《河北通志稿》，北京燕山出版社 1993 年版。

河北大学地方史研究室、政协高阳县委员会编著：《高阳织布业简史》，《河北文史资料》第十九辑。

四 民国年间著作、期刊

方显廷:《中国之棉纺织业》,国立编译馆 1934 年版。

方显廷:《华北乡村织布工业与商人雇主制度》,南开大学经济研究所 1935 年印行。

方显廷编:《中国经济研究》,商务印书馆 1937 年版。

千家驹编:《中国农村经济论文集》,中华书局 1935 年版。

吴知:《乡村织布工业的一个研究》,商务印书馆 1936 年版。

张培刚:《清苑的农家经济》,中央研究院社会科学研究所 1936 年印行。

《高阳县私立职业学校》,天津市图书馆馆藏。

河北省民政厅编印:《视察特刊》,1929 年。

王又民编:《民国二十三年河北省棉产概况》,实业部正定棉业试验场印行。

曲直生:《河北棉花之出产及贩运》,商务印书馆 1931 年版。

严中平:《中国棉业之发展》,商务印书馆 1942 年版。

《大公报》《益世报》《中华全国商会联合会会报》《冀中导报》《晋察冀日报》等。

《中国农村》《经济统计季刊》《政治经济学报》《中外经济周刊》《工商天地》《河北月刊》《冀察调查统计丛刊》《河北省建设公报》《河北省工商月报》等。

五 经典著作、方针政策、法律法规、报纸

《马克思恩格斯全集》第二十三卷,人民出版社 1972 年版。

2008 年中共十七届三中全会发布的《中共中央关于推进农村改革发展若干重大问题的决定》;2013 年中共中央、国务院发布的《加快发展现代农业进一步增强农村发展活力的若干意见》;2013 年中共十八届三中全会做出的《中共中央关于全面深化改革若干重大问题的决定》;2015 年中共中央、国务院发布的《关于加大改革创新力度加快农业现代化建设的若干意见》等。

1986 年 6 月 25 日审议通过、1987 年 1 月 1 日实施的《中华人民共和国土地管理法》。

《人民日报》《河北日报》等。

六 专著、论文集

严中平：《中国棉纺织史稿》，科学出版社 1955 年版。

纺织工业部研究室编：《新中国纺织工业三十年》，纺织工业出版社 1980 年版。

钱实甫：《北洋政府时期的政治制度》，中华书局 1984 年版。

汪熙等编：《陈翰笙文集》，复旦大学出版社 1985 年版。

张仲礼：《中国近代经济史论著选译》，上海社会科学院出版社 1987 年版。

河北省交通厅史志编纂委员会编：《河北公路史》，人民日报出版社 1987 年版。

黄逸平：《近代中国经济变迁》，上海人民出版社 1992 年版。

石柏林、朱英：《凄风苦雨中的民国经济》，河南人民出版社 1993 年版。

从翰香主编：《近代冀鲁豫乡村》，中国社会科学出版社 1995 年版。

王玉茹：《近代中国价格结构研究》，陕西人民出版社 1997 年版。

李正华：《乡村集市与乡村社会——20 世纪前半期华北乡村集市研究》，当代中国出版社 1998 年版。

张乐天：《告别理想：人民公社制度研究》，东方出版中心 1998 年版。

费孝通：《费孝通文集》第十卷，群言出版社 1999 年版。

方行、经君健、魏金玉主编：《中国经济通史·清代卷》，经济日报出版社 2000 年版。

林刚：《长江三角洲近代大工业与小农经济》，安徽教育出版社 2000 年版。

俞可平主编：《治理与善治》，社会科学文献出版社 2000 年版。

章开沅、马敏、朱英主编：《中国近代史上的官绅商学》，湖北人民出版社 2000 年版。

吴承明：《中国的现代化：市场与社会》，生活·读书·新知三联书店 2001 年版。

李培林、孙立平、王铭铭等：《20 世纪的中国：学术与社会·社会学卷》，山东人民出版社 2001 年版。

侯建新：《农民、市场与社会变迁——冀中 11 村透视并与英国乡村比较》，社会科学文献出版社 2002 年版。

学术会议论文集《走进新世纪的中国商业》，2002年。

马俊亚：《混合与发展：江南地区传统社会经济的现代演变（1900—1950）》，社会科学文献出版社2003年版。

魏光奇：《官治与自治——20世纪上半期的中国县制》，商务印书馆2004年版。

张思：《近代华北村落共同体的变迁》，商务印书馆2005年版。

刘秋根：《中国古代合伙制研究》，人民出版社2007年版。

任吉东：《多元性与一体化：近代华北乡村社会治理》，天津社会科学院出版社2007年版。

彭南生：《半工业化——近代中国乡村手工业的发展与社会变迁》，中华书局2007年版。

李怀印：《华北村治：晚清和民国时期的国家与乡村》，中华书局2008年版。

李怀印：《乡村中国纪事：集体化和改革的微观历程》，法律出版社2010年版。

张学军：《直隶商会与乡村社会经济》，人民出版社2010年版。

周红云主编：《社会治理》，中央编译出版社2015年版。

［美］威廉·阿瑟·刘易斯：《二元经济论》，施炜、谢兵、苏玉宏译，北京经济学院出版社1989年版。

［美］道格拉斯·C.诺斯、罗伯特·托马斯：《西方世界的兴起》，华夏出版社1989年版。

［美］黄宗智：《华北的小农经济与社会变迁》，中华书局1986年版。

［美］黄宗智：《清代的法律、社会与文化：民法的表达与实践》，上海书店出版社2001年版。

［美］赵冈、陈钟毅：《中国棉纺织史》，中国农业出版社1997年版。

［美］赵冈：《中国传统农村的地权分配》，新星出版社2006年版。

［俄］恰亚诺夫：《农民经济组织》，中央编译出版社1996年版。

［美］施坚雅：《中国农村的市场和社会结构》，中国社会科学出版社1998年版。

［美］王国斌：《转变的中国——历史变迁与欧洲经验的局限》，李伯重等译，江苏人民出版社1998年版。

［日］顾琳：《中国的经济革命：二十世纪的乡村工业》，王玉茹等译，江

苏人民出版社2009年版。

杨国斌：《社会阶层论》，中国社会科学出版社2009年版。

七 博士、硕士学位论文

赵志龙：《高阳纺织业的变迁（1880—2005）：对家庭工业的一个研究》，博士学位论文，中国社会科学院，2006年。

李小东：《高阳商会与近代高阳织布业研究（1906—1937）》，硕士学位论文，华中师范大学，2013年。

关永强：《近代中国的收入分配：一个定量的研究》，博士学位论文，南开大学，2009年。

梁辰：《银元问题研究（1900—1935）》，博士学位论文，南开大学，2010年。

八 报告文学

曾凡华：《衣锦天下》，长征出版社2004年版。

王贤根：《火红的阳光》，长征出版社2004年版。

刘怀章：《一个村庄的变迁》，长征出版社2004年版。

刘屏：《情暖人间》，长征出版社2004年版。

九 论文

丁世洵：《一九三四至一九四九年的高阳织布业》，《南开学报》1981年第1期。

刘佛丁、陈争平：《高阳织布业的历史和现状》，《河北学刊》1984年第6期。

陈美健：《直隶工艺总局与高阳织布业》，《河北大学学报》1992年第2期。

孟玲洲：《城乡关系变动与乡村工业变迁——以近代天津与高阳织布业的发展为例》，《华南农业大学学报》2003年第3期。

赵志龙：《高阳纺织业的变迁轨迹：1880—2005》，《中国经济史研究》2006年第2期。

赵志龙：《农户与集群：高阳纺织业形态及其演变》，《中国社会科学院研究生院学报》2007年第5期。

[日] 森时彦:《两次世界大战之间中国的日资纱厂与高阳织布业》,《近代史研究》2011 年第 4 期。

吴承明:《中国近代经济史若干问题的思考》,《中国经济史研究》1988 年第 2 期。

吴承明:《近代中国工业化道路》,《文史哲》1996 年第 6 期。

邢敏:《论股份合作制企业的性质》,《经济体制改革》1999 年第 4 期。

赵德馨:《市场化与工业化:经济现代化的两个层次》,《中国经济史研究》2001 年第 1 期。

张东刚:《近代中国消费需求结构的宏观分析》,《中国经济史研究》2001 年第 1 期。

彭南生:《包买主制度与近代乡村手工业的发展》,《史学月刊》2002 年第 9 期。

王庆成:《晚清华北的集市和集市圈》,《近代史研究》2004 年第 4 期。

罗尔纲:《太平天国革命前的人口压迫问题》,《中国社会经济史集刊》第 8 卷第 1 期,1949 年 1 月。

章有义:《本世纪二三十年代我国地权分配的再估计》,《中国经济史研究》1988 年第 2 期。

郭德宏:《旧中国土地占有状况及发展趋势》,《中国社会科学》1989 年第 4 期。

乌廷玉:《旧中国地主富农占有多少土地》,《史学集刊》1998 年第 1 期。

史志宏:《二十世纪三四十年代华北平原农村的土地分配及其变化——以河北省清苑县 4 村为例》,《中国经济史研究》2002 年第 3 期。

李金铮:《也论近代人口压力:冀中定县人地比例关系考》,《近代史研究》2008 年第 4 期。

李金铮:《相对分散与较为集中:从冀中定县看近代华北平原乡村土地分配关系的本相》,《中国经济史研究》2012 年第 3 期。

凌鹏:《近代华北农村经济商品化与地权分散——以河北保定清苑农村为例》,《中国经济史研究》2012 年第 3 期。

胡英泽:《近代华北乡村地权分配再研究——基于晋冀豫三省的研究》,《历史研究》2013 年第 4 期。

史建云:《近代华北平原自耕农初探》,《中国经济史研究》1994 年第 1 期。

惠富平、阚国坤：《民国时期华北小麦生产与农民生活考察》，《中国农史》2009 年第 2 期。

赵冈：《过密型生产模式的提法错了吗?》，《中国社会经济史研究》2004 年第 2 期。

何蒲明、朱信凯：《我国粮食价格波动与 CPI 关系的实证研究》《农业技术经济》2012 年第 2 期。

［美］黄宗智、高原：《中国农业资本化的动力：公司、国家还是农户》，［美］黄宗智主编：《中国乡村研究》第十辑，福建教育出版社 2013 年版。

［美］黄宗智：《中国隐性的农业革命》，［美］黄宗智主编：《中国乡村研究》第八辑，福建教育出版社 2010 年版。

［美］黄宗智：《"家庭农场"是中国的发展出路吗?》，《开放时代》2014 年第 2 期。

苏昕、王可山、张淑敏：《我国家庭农场发展及其规模探讨——基于资源禀赋视角》，《农业经济问题》2014 年第 5 期。

张正明：《清代晋商的股俸制》，《中国社会经济史研究》1989 年第 1 期。

兰日旭、兰如清：《山西票号顶身股机制再探析》，《福建师范大学学报》2014 年第 5 期。

魏光奇：《走出传统：北洋时期的县公署制度》，《史学月刊》2004 年第 5 期。

郑起东：《华北县政改革与土劣回潮（1927—1937）》，《河北大学学报》2003 年第 4 期。

张思：《国家渗透与乡村过滤：昌黎县侯家营文书所见》，《中国农业大学学报》2008 年第 1 期。

王毅平：《从乡村工业发展看我国城市化的道路》，《社会》1989 年第 4 期。

蓝万炼：《论乡村工业的未来和农村小城镇的发展阶段》，《经济地理》2001 年第 6 期。

周端明：《中国乡村工业"消失"之谜》，《经济体制改革》2011 年第 3 期。

杜恂诚：《近代中国乡村织布业的历史地位》，《贵州社会科学》2012 年第 10 期。

林刚：《关于中国经济的二元结构和三元结构问题》，《中国经济史研究》2000 年第 3 期。

林刚：《1927—1937 年间中国手工棉纺织业新探》，《中国经济史研究》2002 年第 2 期。

林刚：《关于中国经济的二元结构和三元结构问题》，《中国经济史研究》2000 年第 3 期。

樊百川：《中国手工业在外国资本主义入侵后的遭遇和命运》，《历史研究》1962 年第 3 期。

彭泽益：《近代中国资本主义经济中的工场手工业》，《近代史研究》1984 年第 1 期。

史建云：《从市场看农村手工业与近代民族工业之关系》，《中国经济史研究》1993 年第 1 期。

戴鞍钢：《中国资本主义发展道路再考察——以棉纺织业为中心》，《复旦学报》2001 年第 5 期。

彭南生：《论近代手工业与民族机器工业的互补关系》，《中国经济史研究》1999 年第 2 期。

彭南生：《近 50 余年中国近代乡村手工业史研究述评》，《史学月刊》2005 年第 11 期。

彭南生、易仲芳：《南开经济学人的乡村工业理论和实践》，《安徽大学学报》2012 年第 5 期。

吴伟东、冯玉华、贾生华：《我国三元经济结构问题初探》，《农业经济问题》1988 年第 5 期。

李克强：《论我国经济的三元结构》，《中国社会科学》1991 年第 3 期。

陈吉元：《中国的三元经济结构与农业剩余劳动力转移》，《经济研究》1994 年第 4 期。

任继新、张桂霞：《"乡村工业是可以有前途的"——费孝通论民国乡村工业化的可能性》，《湖南行政学院学报》2009 年第 2 期。

金东：《从"合作"到"模式"：费孝通眼中的乡村工业发展形态》，《江苏广播电视大学学报》2010 年第 2 期。

章铮：《从托达罗模型到年龄结构—生命周期模型》，《中国农村经济》2009 年第 5 期。

孙思：《农民工问题文献综述》，《农村经济与科技》2016 年 7 月下。

白南生、何宇鹏:《回乡,还是外出?——安徽四川二省农村外出劳动力回流研究》,《社会学研究》2002年第3期。

杨昌勇:《农民工输出背景下农村生产力发展面临的问题及对策研究》,《理论月刊》2013年第9期。

[美]大卫·L.巴克利、[美]马克·S.亨利:《乡村工业发展:是集聚还是分散》,刘德伦摘译,《北京农业管理干部学院学报》2000年第1期;原文载于美国期刊《农业经济评论》1997年秋季/冬季学刊,第19卷,第2册。

后　　记

这部书稿之所以能够顺利完成并出版，首先得益于政府部门和邯郸学院为本人研究高阳纺织业提供了充足的资金支持。2007年，河北省社科规划办批准"中国乡村工业化的典型个案——河北高阳织布业百年历程及发展规律研究"课题（项目批准号：HB07BLS002），为笔者提供1.5万元研究基金，邯郸学院为该课题以1：1.5的比例提供了配套资金。在这里，本人对提供研究基金的单位一并表示感谢。

本书所用资料大部分来源于高阳县档案馆馆藏档案和田野调查。感谢邯郸学院党委书记杨金廷教授、副校长刘明生教授、科研处处长王丽萍教授和历史系主任董林亭教授，他们为笔者专门设置了专职科研岗位，使笔者有大块时间深入到高阳县城乡开展田野调查。2008年笔者在高阳县搜集资料的过程中，高阳县政府办公室不仅为我安排了食宿，而且专门委派县方志办配合我工作。特别感谢县方志办的宋进良主任，我的每一次行程宋主任都妥为安排，他还将撰写新县志时在全国各地搜集的资料无私地提供给我。感谢高阳县档案局的同志们，无论风霜雪雨还是酷暑严寒，他们每天都按时陪同我调阅档案。感谢高阳县统计局的干部和职工，他们为笔者提供了高阳县历年统计资料。感谢南圈头村和辛留佐村的村干部和村民，感谢三利集团、亚奥集团、三妹公司等企业的管理人员和职工，感谢商贸城管委会的干部和职工，他们在笔者田野调查时提供了许多便利条件，同时提供了大量一手资料。感谢我的好友冯小五、贾振建、石磊、冯平阳、赵艳霞等，他们为笔者提供了有关家计、民间借贷、纺织企业、外出商户的跟踪调查资料。尤其感谢我的同门师妹光梅红副教授，她牺牲自己读博的宝贵时间，协助我查阅档案达两个月之久。

本书是在我硕士毕业论文的基础上扩展写成的。我的硕士毕业论文《高阳织布业的近代化进程》是在刘敬忠教授和李金铮教授的指导下完成的，此后在本书写作的过程中李金铮教授还给予了长期指导。同时，天津社会科学院历史研究所原所长张利民研究员、南开大学经济研究所王玉茹教授也给笔者提供过指导和帮助。此外，在教育部人文社科项目结项鉴定时，河北师范大学党委书记戴建兵教授、南开大学历史学院张思教授、中国社会科学院经济研究所袁为鹏研究员、河北大学历史学院院长肖红松教授均对书稿给出了很好的修改建议。在这里，本人对各位老师的指导和帮助表示衷心的感谢。

感谢我的学生罗晨，他牺牲自己的休息时间，无偿为我校订书稿。感谢中国社会科学出版社宋燕鹏编审，他为本书的顺利出版做出了巨大的努力。

最后，特别感谢我的贤妻田霖女士，多年来她一个人挑起家庭重担，抚育女儿，照顾老人，默默地支持我，可以说我取得的任何成绩都离不开她这个坚强的后盾。

作　者
2019 年 1 月 22 日